日本人の〈ユダヤ人観〉変遷史

松浦寛
MATSUURA Hiroshi

論創社

目次

第4章　同祖論から超古代文明論へ

第5章　満州国とユダヤ人

第6章　「歴史認識」論争とユダヤ人

第7章　寄留の外国人、孤児、寡婦

装幀／宗利淳一

序章

1 「ユダヤ人」の定義

大きな書店に立ち寄ってみると、頭に「ユダヤ人」と冠した書物はこれでもかというほどある。しかし、その大半は、荒唐無稽な内容のいわゆるトンデモ本の類である。ユダヤ関係の書籍の多くが、UFOやらフリーメーソン関連のコーナーにあり、経済やメディアを支配しているとか内容のあやしげなものが少なくない[1]。欧米のように、何世紀にもわたってまとまった数のユダヤ人コミュニティーがあるわけでもない日本で、この「ユダヤ人」への関心の高さは異様としか言いようがないだろう。

しかし、そもそもこの「ユダヤ人」とは何を指すのだろうか。こうした問いは、これまであまり発されてこなかったが、本書の出発点は、語られることばかり多く、要領を得ない「ユダヤ人」なるものへの考察から始めたい。

「ユダヤ人」とは何か。これは「日本人」とは何かと問われた場合とは異なる困惑をもらすだろう。どのような観点から定義するかにもよるが、日本は国名でもあるので、日本人とは「日本国籍を有する人」とでもしておけば、それは誰もが否定できないだろうし、事実これは、『広辞苑』（第六版）の定義である。

しかし、これが「ユダヤ人」となると、事態はそう簡単ではない。「ユダヤ」とは、もちろん国名ではないし、国籍を意味しない。

先の『広辞苑』の定義では、「ユダヤ人」とは以下のようなものである。

（Jew）（ヤコブの子ユダ（Judah）の子孫の意）ユダヤ教徒を、キリスト教の側から別人種と見なして呼ぶ称。現在イスラエルでは、「ユダヤ人を母とする者またはユダヤ教徒」と規定している。十字軍時代以降、ヨーロッパのキリスト教徒の迫害を受けた。近世、資本主義の勃興とともに実力を蓄え、学術・思想・音楽方面にも活躍。

ユダヤ人とはいわゆる「人種」ではないので、その点は誤っているが、ユダヤ人を「ユダヤ人を母とする者または ユダヤ教徒」ととらえるのは広く流布した考え方である。これは、ユダヤ教正統派のハラハー(ユダヤ教法)解釈にもとづく定義であり、一九七〇年三月に改訂されたイスラエルの「帰還法」にも反映している。

「帰還法」という発想自体は、イスラエルの約四分の一を占める、ムスリム、キリスト教徒、さらにドルーズ(イスラム系シーア派起源の宗教共同体)などを度外視したものであり問題含みであるが、「ユダヤ人＝ユダヤ教徒」というのは明快な定義であり、たとえ日本人でもユダヤ教の教義を勉強し、割礼など一定の手続きを踏めば「ユダヤ人になる」というわけである。実際、旧約学者のアブラハム小辻ことと小辻節三(一八九九‐一九七三)や、最近では国際弁護士の石角完爾などのように、「ユダヤ人になる」ことを選択した人物も少数ながら存在する。

この定義は明快ではあるが、これは誰でも何らかの信仰を持っていることを前提とした発想であり、現在のように世俗化が進んだ社会では必ずしもうまく機能しない。それに、こうした宗教的帰属を基準にしてしまうと、プロテスタントに改宗しているハイネやマルクス、さらにはカトリックに改宗した哲学者でノーベル賞受賞者のベルグソン(Henri-Louis Bergson, 一八五九‐一九四一)などは「ユダヤ人」ではなくなってしまう。

それでは、「ユダヤ人の母親から生まれた子供」という血統にもとづく定義はどうだろうか。「ユダヤ人の母親」のユダヤ人たる根拠は、もう一世代前の「ユダヤ人の母親」を前提としており、こうした発想をさかのぼって行くと、それこそ万世一系の母系ユダヤ人の系譜をたどらなくてはならなくなってしまう

しかし、「ユダヤ人の中のユダヤ人」とも言うべきかのソロモン王ですら、「パロの娘のほかに多くの外国の女、すなわちモアブ人の女、アモン人の女、エドム人の女、シドン人の女、ヘテ人の女を愛した」(列王記四上、一一‐一二章)のだから、そのような出生証明が可能か否かは自明であろう。

「ユダヤ人の母親から生まれた子供」という血統にもとづく定義は、両義的な問題を含んでいる。周知のように、イスラエル建国(一九四八)は、歴史的にナチスによるホロコーストに後続している。一九三五年一一月二四日に制定されたナチスによる「帝国市民法第一次施行令」のいわゆる

アーリア条項によれば、四人の祖父母のうち一人がユダヤ教共同体に所属している者は「第二級混血」としてユダヤ人と見なされたので、カトリックやプロテスタントに改宗し、当人に自分が「ユダヤ人」という意識がない同化ユダヤ人まで迫害や虐殺の対象となった。だから、帰還法には、「ユダヤ人」という自己意識がなかった者までも含み、迫害や虐殺の対象となった者を救済しようという意図が読み取れる。しかし一方、「ユダヤ人の母親から生まれた子供」を根拠とした生物学的決定論は、悪しき敵として糾弾する人種主義そのものを再び呼び込みはしないか、あるいは無警戒すぎないかという懸念も払拭できない。先に「両義的」問題といったのは、そういう意味である。

　ともあれ、この二つの立場は、「ユダヤ人である」ということを血統とか血縁などといった閉ざされた体系のなかでとらえようとする立場と、広く誰もが「ユダヤ人になる」ことができるという普遍主義的な立場を折衷したもので、大きな矛盾をはらむ便宜的なものであることは否めないだろう。

　そこで『広辞苑』の編者は、「十字軍時代以降、ヨーロッパのキリスト教徒の迫害を受けた。近世、資本主義の勃興とともに実力を蓄え、学術・思想・音楽方面にも活躍」などと、歴史的・文化的定義を付け加える。しかし、この後半の定義は、ユダヤ人ではないオランダ人や英国人にも当てはまりそうであり、何かとってつけたような印象を受ける。

　興味深いのは、前半の「キリスト教徒」との対比であり、われわれが「ユダヤ人」について考える上で示唆的である。

2　キリスト教徒とユダヤ人

キリスト教の「新約」聖書を見ると、「ユダヤ人」という語が一八六回も出てくる。「新約」は「旧約」の三分の一の分量しかないのに、「ユダヤ人」という語がその倍以上の比率で出てくるのである。この異様さは、新約記者の多くがユダヤ人であり、聖書のほとんどの部分がユダヤ人によるユダヤ人に関する物語であるにもかかわらず、自分たちがまるでその集団に属さないように「ユダヤ人」に言及される異様さであろう。

　新約聖書の初めの部分は、一つの連続する物語構成になっている。最初にイエスの生涯を記した福音書と呼ばれるものが配置され、マタイ、マルコ、ルカ、ヨハネというその記者の名前が冠されている。そして、それに続いてイエスの弟子たちの布教が描かれた「使徒言行録」と信徒への手紙などが続き、全体として初期のキリスト教徒の共同体がどのように形成されたかがわかるしくみになっている。

この「使徒言行録」と書簡のなかで繰り返し「ユダヤ人」との論争の種となっているのが「割礼」をめぐる問題である。ユダヤ人の男児は、生まれてから八日目に割礼の儀式を受ける。割礼とは性器の表皮を切り取る儀式であり、ヘブライ語で「ブリット・ミラー」と呼ばれる。「ブリット」とは契約を意味し、神とアブラハムの間にかわされた契約を示す。ユダヤ教徒の男児にとって割礼とは、ユダヤ人の証しを身に帯びる大切な日であり、この割礼によって正式なユダヤ教徒の一歩を踏み出すとされる。

さて、パウロをはじめ初期の使徒たちの多くがユダヤ人であり、彼らはすでに割礼を受けているので、こうした幼児期の宗規上の儀礼は問題にならなかった。しかし、キリスト教の教線がローマ帝国領の地中海世界に広がっていくにつれて、ユダヤ教という背景を持たずにイエスの教えを受け入れる人々が増加し、そこであらためて割礼の有無が問題になったわけである。

これは簡単に解決できる問題ではないので、エルサレムで使徒会議が開かれ、パウロたちは、パリサイ派から信者になった人々から、「異邦人にも割礼を受けさせ、モーセの律法を守るように命じるべきだ」と糾弾されて窮地におちいる。これに対して、パウロは、ローマ人への手紙のなかで、「割礼を受けていない者が、律法の要求を実行すれば、割礼を受けていなくても、受けた者と見なされる」という立場を明確にし、「文字ではなく『霊』によって心に施された割礼こそ割礼」（二章二九節）と断言し、さらに「神はユダヤ人だけの神」ではなく「異邦人の神でもある」として、割礼の有無に関係なく、「信仰によって義」とされると説き、ユダヤ教の伝統的形式との分離を宣言する。

このようにして、キリスト教がユダヤ教から離脱したわけだが、その際に「ユダヤ人」が「異邦人」と対比されて否定的契機としてとらえなおされ、以後キリスト教は、「ユダヤ人」と、キリスト教徒ないしキリスト教徒となるべく予定された「異邦人」という二種類の人間分類に没頭してゆくことになる。

3　聖書の「ユダヤ人」の含意

パウロは、「神はユダヤ人だけの神」ではなく「異邦人の神」でもあると主張したが、後のキリスト教は、この二分類を等価のままにしておくことはしなかった。それが、もっとも劇的なかたちであらわれるのが、ローマ帝国のユダヤ属州総督ピラトの前に引き出されてきたイエスを糾弾する群衆の描き方の変化である。

よく知られているように、イエスの有罪を確信できない総督ピラトが、「この人の血について、わたしには責任がない。お前たちの問題だ」としたのに対して、「民はこぞって答えた。『その血の責任は、我々と子孫にある』」とマタイは描く。そしてマルコは、応答した民を「群衆」と述べ、マタイにもルカにもほぼ同じような記述が見られる。

そして、三つのいわゆる共観福音書がイエスを十字架につけろと叫ぶ人々を「群衆」としているのに対して、ヨハネは、この「群衆」を「ユダヤ人」と書き換え、イエスの殺害を促す群衆をこう描いた。「ユダヤ人たちは答えた。『わたしたちには律法があります。律法によれば、この男は死罪に当たります。神の子と自称したからです』」(一九章七節)。

イエスの死の責任を負うべき「群衆」が福音記者ヨハネによって「ユダヤ人」と書き換えられて新たな輪郭を与えられた意味は重大である。もちろん、イエスもその家族も、使徒たちも、またルカを除けば福音記者自体もユダヤ人なのだから、福音書における「ユダヤ人」とはユダヤ人一般を指しておらず、もちろん民族主義的な含意もない。

最初の三つの福音書(マタイ、マルコ、ルカ)には共通する記述が多く、一八世紀のドイツの聖書学者グリースバッハ(Johann Jakob Griesbach, 一七四五 - 一八一二)らによる聖書研究の結果、テクストを相互に比較し一覧表にした「共観表」(シノプシス)が作られたことから「共観福音書」などと呼ばれる。マルコがもっとも古く後続の二つの福音書は、いわばその書き換えなので、内容が似ている。福音書のなかで、ヨハネがもっとも後に書かれたものであり、初期のキリスト教集団がユダヤ教との厳しい対立をした時期に書かれているので、古拙をとどめる共観福音書とは異なり護教論的色彩が強い。またその内容も難解で、最初の神学書の趣があるので、神学者のなかでもヨハネを研究する者に限って「ヨハネ学者」という言い回しがある。

そのヨハネ学者の一人であるマーティン・ルイスは、ヨハネ福音書における「ユダヤ人」の特異な含意に関連して、会堂から追放された初期キリスト教徒たちの追い詰められた状況に注目する。神殿を失ったユダヤ人たちは、パリサイ派の指導のもとに統合を図ろうとし、その際に妨げになるナザレ派異端(キリスト者共同体)を正式に破門した。一八九六年に発見された会堂における祈願文には、「ナザレ人たち(キリスト教徒たち)とミーニーム(異端者たち)は瞬時に滅ぼされますように」という呪い文言が含まれ[2]、ユダヤ人キリスト者たちはもはやユダヤ教ナザレ派としては存続できず、新しい信仰集団を立ち上げなければならないような切迫した事態に追い込まれていたのである。ヨハネによる福音書のなかの「ユダヤ人」という言葉に否定的な含意があるのは、こうした歴史的背景を考えないとわからない。

しかし、後代の反ユダヤ主義たちがその根拠を聖書に求める場合、ヨハネ福音書の「ユダヤ人」がユダヤ人一般のこととして頻繁に引用されるようになってしまった。そして、イエスの死をめぐり誰に責任があるかという聖書が提起した問題は、今日まで持ち越されて物議を醸すことがある。

4　オーバーアマウガウの受難劇

十年ごとにイエスの最期を扱う受難劇が行われてきた、アルプス山麓にあるドイツ・バイエルン州の小さな村、オーバーアマウガウの例を挙げてみよう。

これは、ペストが猛威を振るった一七世紀に村人が十年おきにイエスの受難劇を上演することを誓い疫病を沈静化させたという伝説にもとづくもので、村民全員が参加して上演に六時間もかかる、世界最大規模のキリスト教受難劇である。

二〇〇七（平成一九）年七月二二日、NHKが『アルプス山脈 祈りの大舞台―三五〇年守り続けた村の誓い』と題する特番で、オーバーアマウガウの受難劇を紹介した。一九三〇年代にはヒトラーも観劇に訪れてナチスの反ユダヤ主義に利用しようとしたこの受難劇に対して、この年、ユダヤ団体から台詞の再検討の申し入れがあったからである。これに対して、ミュンヘン大学神学部のルードヴィヒ・メーデル教授らの努力によって、カトリック側とユダヤ人側の解釈の溝が埋まるようになった。これは、カトリック教会から反ユダヤ主義の残滓を払拭しようとした前ローマ教皇、ヨハネ＝パウロ二世の尽力を背景としたものであり、二〇一一（平成二三）年に刊行された『ナザレのイエス』の第二巻において、現ローマ教皇・ベネディクト一六世（Joseph Alois Ratzinger, 一九二七-）も、イエス・キリストの死に関するヨハネ福音書のなかの「ユダヤ人」という表現が「イスラエルの民一般を指すものではなく、いわんや『人種的』含意などない」[3]と、ユダヤ人全体が責任を負うとの見方を明確に否定し、ユダヤ人団体などが歓迎していることが世界中に伝えられた。

「十字軍時代以降、ヨーロッパのキリスト教徒の迫害を受けた」という『広辞苑』の定義に見られるように、これまでユダヤ人は、「ユダヤ人」を否定しようとするものを媒介に定義されてきた。この不可思議な定義ならざる定義は、「ユダヤ人」の名付けがたい特異な立ち位置を暗示している。

あらゆる定義をすり抜けてしまう「ユダヤ人」に関しては、ユダヤ教徒という宗教上の区分以外には、ユダヤ人への偏見が解消されない限りは、「自分をユダヤ人と考えている人」、及び「他人から『ユダヤ人』と呼ばれている人」すべてとでもいうしか仕方がない。

したがって、本書で「ユダヤ人」を扱う場合も、それは「ユダヤ人とは~である」といった属性の規定ではなく、日本人との実際の、あるいは想像上のかかわりにおいて浮かび上がってくる「ユダヤ人」、またそこに投影された日本人や日本社会の検討ということになるだろう。

第1章　日本人とユダヤ人の出会い

1　日本史に登場する「ユダヤ人」

さて、ユダヤ系の外国人といえば、タレントのデーブ・スペクター（ロシア系米国人）や数学者にして大道芸人のピーター・フランクル（ハンガリー系）など、日本でもテレビでおなじみの有名人がたくさんいる。海外に目を転じると、カーク・ダグラス（本名はイーズル・ダニエロヴィッチというユダヤ系ベラルーシ人）とマイケル・ダグラスの親子を始めに一ダースほどのハリウッド・スターを挙げられるだろうし、コンピュータのデル社のマイケル・デル社長もユダヤ系である。

一般の日本人が、テレビや映画、インターネットなどの印象からユダヤ人に抱くイメージは、映画界に多いとか、商才に長けているとかいうものが多い。さまざまな偏見含みではあるが、日本人の想像力のなかには、ある種の「ユダヤ人」が存在する。

さて、ユダヤ人と日本人とのかかわりを考えるにあたって、さしあたり大きく二つの時代区分が必要であろう。というのも、日本人がユダヤ人を他の民族集団と区別して理解するのは、日露戦争とシベリア出兵以降のことであり、幕末維新期以前の渡来人がいたとしても、それは「ユダヤ人」というカテゴリーで考えられることはなかったからである。

2　キリシタンの時代と「ユダヤ人」

日本に最初のユダヤ系の外国人が渡来したのは、戦国時代のことである。キリシタンの世紀とも呼ばれる一六世紀の日本には、有名なフランシスコ・ザビエルの他にも多くのキリスト教の宣教師やポルトガルの商人たちが来日した。東洋文庫に翻訳されている有名な『東洋遍歴記』

(*Peregrinacao*, 一六一四) を書いた冒険家のメンデス・ピント (Fernão Mendes Pinto, 一五〇九 - 八三) やイエズス会の宣教師のアルメイダ (Luis de Almeida, 一五二五 - 八三) がユダヤ系だと言われている。

ここでは西洋医療を日本に初めて紹介した医師として今日でも尊敬を集めているルイス・アルメイダを少し紹介しておこう。

アルメイダは、一六世紀に来日したイエズス会の宣教師の一人であった。アルメイダは、当時のポルトガル国王、ジョアン三世から外科医免許状を与えられた医師でもあった。このアルメイダは、「新キリスト教徒」とか「マラーノ」と呼ばれる、改宗したユダヤ系のポルトガル人であった。「マラーノ」とは、ユダヤ教の教義では禁忌の動物である「豚」の意である。それが、強制的に改宗させられたユダヤ人をイベリア半島で示す呼称となり、ユダヤ教を偽装棄教して表面上キリスト教徒になったユダヤ人を指す蔑称となっていた。

アルメイダは、当初商人として成功した。インドのゴアからモルッカ諸島に着いたアルメイダたち「ポルトガル商人は、現地人をだましたり、すかしたりして、労せずして莫大なクローブ (丁子) を獲得し、それを数十倍の高値でモルッカ諸島の商人に売りつけて」暴利をむさぼり、「日ごと夜ごと贅沢、豪遊三昧の限りを尽くし」て、「夜毎に中天に輝く南十字星を眺めては、この世の極楽島だと、有頂天になって」いた。しかし、アルメイダはいくら贅沢を尽くしても満たされることはなく、「何故か心の中は空しく、強い罪悪感のようなものがうごめいて」[1]いたという。

「そんなある日、突然インドの俗僧のように黒衣をまとい、腰布も長衣もつけていないみすぼらしい人がこの島に現」れ、現地の人々の民政のために献身するようになった。それは、日本に初めてキリスト教を伝えたフランシスコ・ザビエルらの一行であった。アルメイダが心にうごめく「強い罪悪感」を告白すると、ザビエルは、「あなたがほんとうに救われたいならどうしたらいいか。富んでいる者が天国に入ることはむずかしいことである。それは駱駝が針の穴を通るよりももっとむずかしいことである」と説き、アルメイダは「そのことばにおののい」た。

アルメイダは、「フランシスコに接した最初の瞬間、全身を指す『愛の矢』のような不思議なものを感」じ、日本におけるザビエルの宣教事業を引き継いだコスメ・デ・トーレス師 (Cosme de Torres, 一五一〇 - 七〇) と、山口において運命的な出会いをとげる。貿易で巨万の富を得て世俗的成功を極めていたアルメイダは、トーレス師の感化によって全財産を放棄。その後中国・九州地方で「『愛』に相当することば Taixet（大切）」を実践し、「"Taixetni moyuru"（大切に燃ゆる）」生涯を送り、故郷に一度も帰ることなく、日本の土となる。

ザビエルがモルッカ諸島に滞在したのは、一五四六年から一五四七年までであり、アルメイダの道行は、「スファラディ」と呼ばれたイベリア半島を追放されたユダヤ人たちが、まずポルトガルに逃れ、さらにポルトガルの「海の帝国」の貿易の担い手になっていたことがよくわかるだろう。

北方に逃れたスファラディたちは、比較的宗教的に寛容だったオランダに逃れ、アムステルダムに「北のエルサレム」と呼ばれるユダヤ人共同体をつくり、イベリア半島のコンベルソとの親族関係や国際商業に不可欠なスペイン・ポルトガル語の知識を駆使して、新興オランダの東インド会社の仕事にも携わるようになった。

アルメイダは、キリシタン大名として有名な大友宗麟（一五三〇－八七）と親交を結ぶ一方、孤児院を作り、身につけた医業を生かして、当時業病として忌み嫌われた癩病（ハンセン病）患者を献身的に介護した。また外科手術を施し、パウロ・キヨゼンなど日本人の医療者を育成。当時最先端の西洋医学の成果を伝えて戦国時代の日本人を驚嘆させ、またその親しみの持てる人柄から、身分の上下を問わず日本人から敬愛された。

3　戦国時代を駆け抜けた「南蛮医」アルメイダ

日本に最初に渡来したユダヤ人は、南蛮医の姿をしたイエズス会士であった。『南蛮医アルメイダ』（一九九三）の著者である東野利夫は、一九八一（昭和五六）年、平戸の北に浮かぶ度島を調査し、この小島の歴史を研究している森重郎から、島内の「薬師様」と呼ばれる場所に案内されて、森が幼い頃島の古老から聞いたという南蛮医アルメイダに関する話を、こう記録している。

むかし、南蛮の薬師がここに来たげな。あっけらかんとした人で、足ば投げ出して長キセルのようなものを吸うて、ひょうきんなことば言うたりして、病人ば看てやったとげな。村のもんたちあ気楽に看てもらいよったげな。

戦国時代から今日まで続く、アルメイダに対する土地の人々の傾倒ぶりがどれほどのものであるかは、現在の大分県医師会病院が、英語名では「アルメイダ・メモリアル・ホスピタル」と呼ばれることからもわかるだろう。戦国時代の日本を駆け抜けた疾風怒濤の人生ゆえに、イエズス会の同僚たちから、アルメイダは「絶えざる運動者」の異名で呼ばれていた。

　一五五八年、アルメイダの献身的な医療活動を中断させる、衝撃的な決定がなされる。ローマのイエズス会本部で行われた最高宗門会議において、「聖職者の地位にあるものは、人間の生命に直接かかわる医療施術、生死の判決にかかわる法律家の職についてはならない」という特命が下されたのである。そして、この医療従事の禁令とともに、アルメイダを始めとするイエズス会士たちは、府内病院から一切手を引き、後事を日本人医療者に託すことになる。

　しかし、ここで驚くべきことが起こる。アルメイダはこの医療禁令を承知しているにもかかわらず、日本人の病者たちの治療を続けるのでる。一五六一年一〇月一日付のアルメイダ書簡には、以下のような治療記録が見られる。

> 　多数の病人を治療し、その中に二人の重傷者がいました。一人は頭痛がひどく数回自殺を試みた者で、十三日間で健康を回復し、あとの一人は全身癩に侵された青年でしたが、この病にきく薬を持参していなかったが、簡易な薬を試みた後は見違えるほど清潔になっていました。これらのキリシタンに対しては、薬によって癒したのではなく主が彼を癒し給うたのであると話しました。

　上長への絶対服従を会則とする当時のイエズス会にあって、これはあり得べからざる逸脱行為であった。小岸昭は、『隠れユダヤ教徒と隠れキリシタン』（二〇〇二）のなかで、アルメイダの「こうした『彷徨』は、しかしその遠い先祖が体験した『出エジプト』という根源的な体験にほかならないのではないか[2]」と問い、マラーノの集団的意識に注意を喚起している。

　来世主義と神の超越性を否定したマラーノの集団的意識は、ユダヤ人の『出エジプト』をひきいたモーセの親交をそれに基礎をおいた現世主義に繋がっていた。イエズス会士アルメイダの疲れを知らないキリスト教布教の実践と、それに向けられた脱ユダヤの意識にもかかわらず、カトリックやユダヤの超越的ロゴスを超えて、時としてマラーノ的現実性が見えてくるのは、布教中の彼の「禁じられた」医療活動の実践においてであった。

　もちろん、戦国時代の日本人にとって、アルメイダがユダヤ系であるか否かなどということにはまったく関心がなく、当時の宣教師やポルトガル商人たちと同様に、「南蛮人」の一人として認識されたであろう。しかし、アルメイダのマラーノとしての逸脱性、「絶えざる運動者」としての一所不在など、ユダヤ人のあり方を考える上で興味深い指摘である。

4　日露戦争とジェイコブ・シフ

さて、アルメイダなどが来日した戦国期から幕末維新期まで飛び石のようにやって来たユダヤ系の外国人は、「南蛮人」や「唐人」など外国人を指す一般的カテゴリーでとらえられたのであって、他の外国人から区別されて「ユダヤ人」と考えられていたわけではなかった。他の民族集団と別個のものとしての「ユダヤ人」と日本人の最初の出会いは、明確な日付を持っている。それは、日露戦争とシベリア出兵の時であった。

ＮＨＫ大河ドラマで有名な小説『坂の上の雲』（一九六八－七二）の根強い人気からわかるように、日露戦争を扱う司馬遼太郎（一九二三－九六）の長編小説は、敗戦の痛手を乗り越えた日本が経済大国という第二の「坂の上の雲」を目指してがむしゃらに突き進んで行った時代にあたるため、高度成長期のサラリーマンのバイブルのような存在だった。戦後日本の高度成長期を支えたのは、終戦時に青年であった世代であり、この人たち対して、司馬遼太郎の小説は、日清・日露の戦争を肯定的に評価することによって、世界第二位の経済大国として自身を深めつつあった敗戦後二〇年たった日本の担い手たちが、一旦は否定した自分と日本に対して自身を取り戻す回路を開き、親子世代を「国民」的規模で架橋した。

ちょうど七つの海を支配した一九世紀の植民地帝国において、小説家のウォルター・スコットが『アイヴァンホー』（*Ivanhoe*, 一八二〇）という歴史小説によって、ノルマン人、サクソン人、ケルト人の融合する英国の「国民」を作り上げたように、司馬は、戦前の中国とロシアとの覇権戦争、戦後の米国との経済戦争という、列強との競合をくぐり抜けてきた日本が抱える内的差異を不問に付すことによって、日本「国民」を遡及的に創作したのである。

司馬の歴史小説は、伝記的事実のつぎはぎであり、思想的にも新しいナショナリズムといってよい陳腐極まりないものである。司馬文学では、歴史的な出来事が、政治や経済、あるいは社会的関係によって重層的に決定されるのではなく、個々人の気概や心構えの問題に矮小化されてしまう。擬人化されたまとまりある全体として「国民」が考えられているからである。

例えば、司馬は日露戦争にまつわる戦費調達に関して、『坂の上の雲』の第四巻で、以下のように述べている。

黒木・藤井のコンビが、日本軍を辛勝へ持ち込んだのに、大勝へもちこまなかったという、いわばないものねだりのような理由で、この両人はのちに元帥や大将になる栄誉をうしなった。信じがたいほどの気宇の狭さが、日本陸軍を支配していた。そのせまさの原因のひとつは、日露戦争遂行についての日本国の最大の痛恨である戦費調達にあるということはすでにのべた。金がなかった。

司馬は、日露戦争における経済的側面を「気宇」などという個人のモラルの問題であるかのように扱い、戦費調達に尽力してくれたアメリカの銀行家のジェイコブ・シフ(Jacob Henry Schiff, 一八四七－一九二〇)について、壮大なドラマのなかのちょっとした逸話のように語っている。しかし、日露戦争におけるシフによる経済援助は、そのような挿話的なものではなく、勝敗の帰趨にかかわる重大なものであった。

世界最大の陸軍国であるロシアと開戦しようとしている日本に勝算が薄い判断していた欧米各国は、日本に同情的ではあっても、うま味のない日本の戦時国債になかなか応じようとはしなかった。しかし、欧米で戦費調達のために奔走していた日銀の副総裁、高橋是清(一八五四－一九三六)に意外なところから助け手があらわれた。救いの手をさし伸べたのが、フランクフルト出身で米国で成功したユダヤ系銀行家のジェイコブ・シフである。

日露戦争が起こる一年前の一九〇三(明治三六)年、当時ロシア領であったベッサラビアで、後に「キシニョフの虐殺」と呼ばれるポグロムが起こった。ポグロムとは、ロシアやポーランドで間歇的に起こるユダヤ人虐殺の呼称である。このポグロムは、元官吏でユダヤ人嫌いで名を馳せていた地元紙の編集長クルシュヴァンの扇動がきっかけでおこり、四月の二日間で、四五人のユダヤ人が殺され、八六人が重傷を負い、数百名が負傷した。また、一五〇〇軒にものぼる家屋と商店が破壊や略奪の被害にあった。

このユダヤ人虐殺に対して、英国やアメリカで大衆抗議運動が起こり、ロシアでも文豪トルストイをはじめとする知識人たちが蛮行に嫌悪を表明し、暴徒たちを黙認した当局を非難した(3)。しかし、ロシア人の内にはユダヤ人への同情者は少なく、神田にある日本ハリストス正教会の教会堂にその名を残す宣教師ニコライ・カサートキン（一八三六－一九一二）さえ、トルストイが「まるで獰猛な犬のように、どんなきっかけも見逃すことなく、自国の政府と聖職者に吠えかかる」（一九〇三年六月二八日の日記）と文豪を非難し、ユダヤ人への嫌悪を表明していた。[4]

二〇世紀になっても終わらないユダヤ人に対する蛮行は海外にまで報道され、世界中のユダヤ人たちを憤激させ、帝政ロシアへの敵意を決定的なものにした。そして、ジェイコブ・シフもまた、ロシアによる蛮行を強く憎む一人であった。

日露開戦の情報を事前につかんだシフは、一九〇四（明治三七）年二月の上旬、ニューヨーク五番街の邸宅に米国のユダヤ人指導者たちを集めて会合を開き、「三日以内に日露間で戦争が勃発するだろう。問題は日本の公債引受の件である。日本公債を引き受けるならロシア在住のユダヤ人にいかなる影響が及ぶだろうか、諸君の意見を聴取したい[5]」と話した。この会合では、全会一致で日本公債の引き受けが決定され、シフは、ロシアにおけるユダヤ人の処遇が改善されない限り、ロシアからの公債引受を拒否する姿勢を明確にした。

この会合の二ヶ月半後の四月二三日、高橋是清は、外債募集のためにロンドンに赴いていた。この時恒例の欧州旅行から米国に帰国する途中のジェイコブ・シフは、高橋の友人のヒル氏の邸のパーティーに招かれていた。「いよいよ食卓に着くと、シフ氏は私の隣に座った。食事中シフ氏はしきりに日本の経済状態、生産の状態、改選後の人心につき細かく質問」したと、高橋は当時を回想する。そして、「日本に勝たせたい、よし最後の勝利を得ることができなくとも」、日本の戦勝によって「ロシアの政治が改まって、ユダヤ人の同族は、その虐殺から救われるだろう、とこれすなわちシフ氏が日本公債を引受けるに至った真の動機であった[6]」と、高橋是清は冷徹に洞察している。

シフたちは、日本の戦費の実に四割を引き受け、その結果日本は陸海に劇的勝利をあげ、それが呼び水となって日本公債の人気が沸騰し、日本はロシアに勝利した。

ポーツマス条約締結後、この戦勝の立役者ともいうべきジェイコブ・シフは、日本に招かれて朝野をあげて歓迎され、一九〇六（明治三九）年三月二八日、明治天皇より勲二等旭日章が与えられた。

司馬は、日本への助力を申し出てくれたシフにふれる文脈のなかで、「日本人の概念ではユダヤ人というのは拝金主義者だということになっている。なによりも大切なはずである金を、勝つか負けるかわからない日本のために投ずるというのは、どういうことだろう」と語っている。

もちろん、二〇世紀への変わり目に、日本人の中でユダヤ人に関して「拝金主義」などの偏見を持ち得たのは、西洋的教養のある知識人だけである。

「ユダヤ人＝拝金主義者」という発想を司馬が日露開戦以前にあったものとして考えているのとはまったく反対に、むしろ日露戦争こそが、日本人の間に「ユダヤ人」に関する観念を生じたのである。日露戦争を財政的に支援し米国世論を日本に引きつけて、歴史的事件の影の演出者がユダヤ系銀行家のシフであり、ロシア革命による君主制の崩壊という、当時の日本人にとって驚天動地の出来事が日露戦争に後続したが故に、「ユダヤ人」に関するある種の観念が日本社会に生まれたのである。

5　日本人のユダヤ人「原体験」

このシフ体験こそ、「財力に富み、米国の対日世論に大きな影響力がある」というユダヤ人に関する固定観念を日本社会に定着させた、日本人のユダヤ人「原体験」である。それは、今日まで連綿と続くユダヤ人像の祖型を形作ったという点で、他のどの体験にも比較できない強い規定力を持っており、日本人の一見奇矯とも見えるユダヤ人観は、すべてこのシフ体験のバリエーションと言っても過言ではない。

さて、日露戦争に先立つ時期、日本ではロシアとの戦闘にそなえて臥薪嘗胆が語られた。周知のように、日清戦争直後、ロシアがドイツとフランスを誘い、下関条約で割譲が決定された遼東半島を清国へ返還するように日本に勧告してきた、いわゆる三国干渉の屈辱を忘れまいとしたのである。アジアにおいていち早く近代化を達成した日本も、国際社会では新参者にすぎず、とりわけ欧米との間で権益が衝突するあらゆる場面で、日本は屈辱を強いられてきた。

日本人とユダヤ人が共通の祖先を持つとか、日本人は古代ユダヤ人の後裔だとかいう奇怪な物語は、国際社会のルーキーたる日本の成功と挫折を背景して成立したのである。

第2章　日本ユダヤ同祖論

1　日ユ同祖論と佐伯好郎

日本において最初に日ユ同祖論を唱えたのは、日本人ではなく英国人である。スコットランド出身の商人だったニコラス・マクレオッド（Nicolas McLeod, 一八六八－八九）は、その著書『日本古代史の縮図』において、イスラエルの失われた十支族の伝説をもとに、天皇家の人々とユダヤ人富豪の顔立ちとの類似などの直感的観察と伝統的習俗の類似から、古代日本には、アイヌ民族や小人族の他に、神武天皇に率いられたパレスチナから渡来した十支族がいたなどと主張していた。

また、日本に最初にイスラエルの失われた十支族の伝説をもたらそうとしたのは、ハンガリー系ユダヤ人でプロテスタントに改宗し、幕末の沖縄で医療活動に尽力した宣教師のベッテルハイム（Bernard Jean Bettelheim, 一八一一－七〇）である。同じ目的でフランスからやって来たフォルカード神父（Théodore-Augustin Forcade）の「琉球日記」には、ベッテルハイムへの言及が繰り返し見られ、一八四六年七月六日付の日記には、同僚のルテュルデュ師からの書簡（七月四日付）には、ベッテルハイムが「もしできればイスラエルの十部族について調べてほしい」と言っており、「彼からはヨハネによる福音書の日本語訳一二部と十部族についての英語の論文が届きました」という記述が見られる[1]。

日ユ同祖論を日本で最初に論じたのは、ネストリウス派のキリスト教（景教）の研究で世界的に有名な佐伯好郎（一八七一－一九六五）である。佐伯は、英文序を付した『景教碑文研究序論』のなかで、京都太秦の大闢神社の「大闢はダビデ David 支那字なり[2]」として、太秦はウツマサとも読み、ウツはイエスを、マサはメシアを意味するなどと論じた。しかし、ユダヤ教にもキリスト教にも関心が薄い明治期の日本人が佐伯の話に注目することはなかった。

マーヴィン・トケイヤー師は、『聖書に隠された日本・ユダヤ封印の古代史』（一九九九）において、「佐伯教授の研究と、先に述べたアサヘル・グラントの『景教徒はイスラエルの失われた部族であった』という主張を考え合わせると興味深い[3]」としているが、もちろん、この日ユ同祖論は佐伯の作り話である。

　晩年佐伯は、良心の呵責からだろうか、歴史家で弟子の服部之総に「太秦を論ず」の裏話を「旧刊案内」（『原敬百歳』所収）という随筆のなかで、以下のように語り、弟子の服部を仰天させた。

> 明治三十八年、三十五歳、法政大学教授時代の先生が、北海道開発を思立ったときのことである。在来の、日本的に矮小な開発計画では駄目だ。ユダヤ人の大資本を導入してやろう。それにはユダヤ人の注意を日本に向けさせる必要がある。（……）アメリカとカナダに五年留学した先生が、ユダヤ資本を日本に導入する志をたてて、そのため打った第一着手が太泰氏＝猶太人の着想であった。

　服部は、同じ記事のなかで、「キリストは青森県に、モーゼは石川県に、ヨセフは神奈川県に、釈迦は長野県に、各々その肉体を埋め、この驚くべき事実の世上への発表をまっている」と述べる山根菊子の「おそるべき本」（『光は東方より──キリスト日本往来の史実』一九三八）に言及し、佐伯の着手した功利的な「企業」の発展について慨嘆している。

　佐伯本人が説明しているように、「太泰＝ユダヤ人」説は、ユダヤ資本を引き出すための作り話なのだが、この佐伯説は、戦後手島郁郎（一九一〇‐七三）が創設した習合主義的な新キリスト教派「キリストの幕屋」に受け継がれ、手島が一九七一（昭和四六）年に刊行した『太秦ウズマサの神──八幡信仰とキリスト景教』（東京キリスト聖書塾）に見られる、民族主義的なシオニズムの神学に受け継がれることになった。

　日本におけるユダヤ人観の変遷を扱う著作のなかで、宮澤正典は、佐伯など「明治の第一世代で、神学もユダヤ人観もかれらが生きなければならなかった時代の緊張とジレンマに対応する形でつくられていった[4]」と適切な指摘を行っている。

　そして、佐伯の「時代の緊張とジレンマに対応する形でつくられていった」神学観がもっとも遺憾なかたちであらわれたのが、一九四二（昭和一七）年に起こった「日本聖公会秘密結社事件」である。

　周知のように、当時の日本政府は米英との戦争の渦中にあり、総力戦下の思想統制のために、日本のキリスト教界を、カトリックの「日本天主公教団」とプロテスタント諸派を総括する「日本基督教団」とわけて一括統制しようとしていた。

そして、この「日本基督教団」への合同をめぐり、聖公会（英国国教会の流れを汲む教会）内部で意見が分かれ、合同を躊躇する聖公会の佐々木鎮次（一八八五‐一九四六）、八代斌助（一九〇〇‐七〇）ら六名の監督を、当時大久保基督教会の信徒総代の一人だった佐伯好郎が刑事告発したのである。

告発理由は、「監督等が聖公会の内規を以て之を解消せしめたる如く装ひ、実質上は之と同一なる結社を取締官憲たる国家機関に秘匿し組織し、その活動を続け居るは、治安警察法第二十八条に抵触することは明白」であり、「国内に於て依然米英的組織を維持して活動を続け、我国民の思想信仰の内に抜くべからず米英依存主義を瀰漫せしめつつある事実を、敵国米英が知るときは其の狡猾なる思想謀略の好箇の餌となり、利用せらるる虞あること明瞭にして、敵国に利益を与ふるものに外ならず[5]」というものであった。

英国国教会とは、そもそもが英国国王を世俗の君主のみならず宗教上の主長とする国教会制度なので、聖公会で「米英依存主義を瀰漫せしめつつある」などと指摘しても仕方のない話だが、告発人たる佐伯好郎は、「一方に於ては米英宣教師等の傲岸不遜なる態度を矯正し、其の横暴専断に対して偏見を維持し、我が大日本帝国並に帝国臣民に対し有する謬り誤れる認識を是正せしめ、他方に於ては我国の基督教徒をして我国古来の醇風美俗の維持発展に努力せしめ所謂日本的基督教の樹立に邁進せしむるに微力を致したる」とのことである。米英など西洋諸国より深いルーツを持つ民族と日本を結びつけたい佐伯による「秦氏＝ユダヤ人」という作り話が、「拝外」と「排外」の間を揺れ動く佐伯自身の思想の如実な反映であることを雄弁に示す史料であろう。

しかし、「秦氏＝ユダヤ人」説の方が、後にトンデモ本に材料を提供するくらいの話ですんだのに対して、治安警察法による同宗の仲間の刑事告発は、冗談ではすまされない結果をもたらした。

戦後の一九四八（昭和二三）年一〇月二七日に、国立国会図書館調査立法考査局が、戦時中の「宗教の圧迫に関する調査依頼」を行うと、聖公会側からは「昭和一七年六月法憲法規を一時停止単立教会として教勢維持に努めたが通牒の疑いにより検挙された」との迫害の理由説明があり、国策への迎合と教会の使命の忘却を批判していた佐々木鎮次主教に関しては「監督、不起訴、出獄死」の回答を得た[6]。

2　ジャパニーズ・ロビンソン・クルーソー

さて、日ユ同祖論という佐伯好郎の山師的「企業」を引き継いだのが、義経＝ジンギスカン説（『成吉思汗ハ源義経也』一九二三）で有名な小谷部全一郎（一八六八－一九四一）である。義経は衣川で自害したのではなく、現在の北海道に当たる蝦夷地に渡ったという伝説は、近松門左衛門の浄瑠璃『源義経将基経』（一七〇六）にもあるものだが、小谷部はこの伝説を発展させ、義経はモンゴルの英雄ジンギスカンとなり、清朝中国の開祖もその後裔だという奇説を展開する。

こんな話を聞くと、現代人は小谷部がさぞ無知で愚かな人間に思われるかもしれないが、実はそうではない。

後に大阪高等裁判所の判事になる小谷部善之輔の一人息子として維新前夜に生まれた全一郎は、苦学の末に渡米、ハワードとイェールの両大学で神学や人類学を学び、学位を取得した知識人であった。その波瀾万丈の人生は自伝『ジャパニーズ・ロビンソン・クルーソー』（一八九八）に描かれており、陸軍嘱託としての軍功により勲六等旭日章を授与される小谷部は、明治時代の立志伝中の人物なのである。

明治初期には異例とも言うべき高い学歴を持つ小谷部がなぜ日ユ同祖論の世界に足を踏み入れるようになったのだろうか。小谷部の自伝は、日ユ同祖論の発生と不可分に結びついていると思われるので、以下に少し詳しく「長い漂白生活」を紹介しておこう。

臨終の祖父が父の善之輔に述べるところによると、自分は領主の流れをくむ最上地方の名門の生まれであり、祖父がもっとも後悔しているのは、「父親が邪険で愛情がないという思い違いを犯した」ことで、「武将の子弟だった私の父は、将来、少しでも賢く優れた子供になることを望んだから、私に厳しかったのだ。（……）お前の息子には、格式ある家系に生まれた子孫として、それを汚せてはいけない」[7]と遺訓したという。

祖父は、ひどく冷淡に扱われた曾祖父の家に書き置きをして家出する。薩摩に行って優れた哲学の師を見つけようと旅だったが、スリにあって明日をも知れない放浪者になる。それを救ってくれたのが一人の立派な風采の旅人であった。てっきり武士と思っていたが秋田藩の御用商で、祖父はその入り婿になった。

気位が高く冷淡な父親の家を出奔し、学を志して旅に出るが零落し、苦境にあるところを思いがけなく善意の人に助けられるという小説もどきの人生を送った祖父だが、全一郎もまた、その祖父とそっくりの人生を繰り返す。

小谷部の父である善之輔は、維新後西欧から導入された法律や政治学の研究に専念し、民事法の顧問として岩崎弥太郎(一八三五-八五)に招かれたという。そして、西南の役の直前「その代表者にミカドの命令に従うように勧めた」が、その進言が入れられないので、野に下り田舎に隠遁してまた研究に没頭して、隠遁者のような生活を始めた。母のいさは、実際的な仕事につくようにすすめたが、父はまったく耳を貸さなかった。

こうした父の寡黙な生活は、母の心身を衰弱させ、二四歳の若さで亡くなった。その時、全一郎はわずか六歳だった。全一郎の不幸は、それだけにとどまらなかった。今度は征韓論に浮かされた父が、祖父と全一郎を残して上京し、祖母までなくなる。こうして天涯孤独の身になった全一郎は、叔母の家に里子に出されてしまった。

全一郎は、ある日、出奔した父が数年間大阪の高等裁判所の判事を務めた後会津に転任したことを知り、父を訪ねて身を寄せる。しかし、権威主義的な教育方針になじめず、いつしか冒険小説と世界地図を愛する夢想的な青年になって行く。

全一郎は、冷淡な父が自分を廃嫡しようとしているのだと思い込み、「いとしい母が死んでからの自分の不幸せを思い出し」て、この世の空しさを悟り、同時に「心の中に、父の家を出て、アメリカのインディアンと同じく日本の未開人種である、アイヌ族のために、自分の命を捧げようという考えが浮かんだ」という。

ちょうどその時、小谷部は末松謙澄(一八五五-一九二〇)の『義経再興記』(一八八五)という本を読み、すっかり魅了されてしまった。この本は、シーボルトの『日本』(*Nippon*, 一八三二-八二)を種本にしたケンブリッジ大学の卒業論文で、その内容は、日本の王子が韃靼国に逃れて、世界的に有名なジンギスカンになったというものである。

思い込みの激しい全一郎は、義経を歓迎したという「アイヌの人たちの間で働くことに身を捧げ、彼らを惨めな孤立居住区から、満州かシベリアのどこかに移して、その広大な未知の大陸に新しい王国を作ろうと決心」する。

しかし一八八七(明治二〇)年七月、放浪の果てに北海道のアイヌ部落にたどり着いた全一郎は、たちまち一文無しとなって、「判事閣下の唯一の息子は、今や、みすぼらしいアイヌ人になって」しまい、アイヌ人の善意によって夜露をしのぐ身に零落してしまう。

小谷部は、ジョン・バチェラー(John Bacheler, 一八五四-一九四四)なる英国人が、アイヌ人の教育に尽力しているのを聞いて、外国人でさえ「わが哀れなアイヌ人」に同情しているのだから、われわれ日本人はもっと「この不幸な同胞」を救けなくてはならないという思いを強くする。

小谷部は「外国の宗教上の教義」については多くを知らなかったが、学校にいた時、キリスト教が、文明諸国、とりわけアメリカ合衆国の支配的な宗教になっていることを読んで知っていたので、いかにして渡米しキリスト教を学ぶかということが目標になったのだという。これでは、教義の信憑性というより、文明国の宗教だからキリスト教を学ぶと言っているようなものだが、キリスト教の教会が、宗教組織であると同時に先進文化の発信基地とも考えられていた文明開花期の青年たちの率直な心情だった。

妻の菊代が「顔は日本人でも性格は外国人」と小谷部を表したように、小谷部の自伝は、その達者な英文のみならず内容においても、日本人の筆になるものとはにわかに思えない。

イエール大学で学位とともに牧師職を得た小谷部が「ハワイ諸島までやって来た目的は、この国に住む異教の偶像崇拝者たちの危険から、キリスト教国アメリカを守るため」であるというのだから、唖然とする他はない。もちろん、同書がアメリカ人向けに執筆されたものであり[8]、牧師としての小谷部が所属する組合派の出版局から刊行されたことを割り引いても、その内容は異様である。「アメリカ人は、日本が自分の子供のようなものだ、ということを思い起こす必要がある」など、戦前に邦訳されていたら、小谷部のパトロンだった陸軍が激怒しそうなことも書かれている。

3　アイヌ問題から日ユ同祖論

帰国した小谷部は、しばらく横浜の紅葉台教会で牧師をつとめた後、北海道の洞爺湖近郊の虻田村に「北海道土人救護会」を創設して、日本で初めてアイヌ人のための実業学校を設立した。その後、何度も政府に請願しては廃案になっていた「土人保護の議」が貴族院を通過し、全一郎が設立した学校が国の移管に移行するのを見届けて、一九〇九（明治四二）年に三人の子供とともに上京する。

さて、その小谷部は以下のようなアイヌ観を披瀝している。

> アイヌ民族の起源はモンゴル人と同じである、と一般に信じられている。しかし、彼らはむしろ古代のユダヤ人に近い。ある著述家は、「アイヌ民族は、エルサレ

ムの寺院への貢ぎものを得るために、ソロモン王によって派遣された、財宝漁りや、水夫の末裔である」と言っている。

この文章から、小谷部が後に展開する日ユ同祖論が、元々は「アイヌ＝ユダヤ同祖論」を土台にしていることがわかるだろう。アイヌ人を介した日ユ同祖論の根拠は、「ミカド」が「御（ミ）」という敬称とイスラエルの失われた十支族の一つであるガド族が訛った「ガド」の膠着語であるなど語呂合わせ的な疑似語源説による強引なものである。[9]

もちろん、日本人の祖先に関しては、今日でも諸説がある。島崎藤村の有名な童謡『椰子の実』の歌詞のように、南方の「名も知らぬ遠き島より」日本人の祖先の一部が渡ってきたと考えるのは、日本列島の形状や海流を考えても有力な推論の一つだろう。しかし、小谷部によれば、日本人の祖先を「南洋の土蕃」と考えてはならないという。たとえ「その痕跡ありとするも、優秀世界冠たる日本民族の研究には、等しく優秀他冠絶せる人種を以て之を対比すべき」[10]だからだそうである。

歴史的推論の道筋が無茶苦茶なのだが、ともあれ、日本人の「あり得べき」祖先として選ばれたのが、他ならぬユダヤ人なのである。

ユダヤ人との同祖論を練り上げるために小谷部が準拠したのは、英ユ同祖論である。『日本及日本国民之起源』（一九二九）の総説において、小谷部は「自国の祖先を公然と猶太人なりと論ずる事は、歐州文明国の先進国たる大英国にありては茶飯事」として英ユ同祖論の歴史について羨望をもって語り、エドワード・ハイン（Edward Hine, 一八二五－九一）を始めとするブリティシュ・イスラエリズムを説明している。

『英国民とイスラエルの失われた十支族との四十七の同一点』（一八七一）の著者として知られるハインは、英国人こそイスラエルの失われた十支族の真の末裔であると主張し、この種の選民伝説は、ヴィクトリア朝時代の英国による植民地支配を正当化するものとして歓迎された。ハインは、ユダ族やレヴィ族、すなわち現代のユダヤ人と英国は合流すべしとして、パレスチナの軍事支配にもっともらしい口実を与えた。

英国でかなりの数の信奉者を獲得したハインは、さらにアメリカにも目を向け、米国人もまたマナセ族の子孫に他ならないなどと説得する大胆な一歩を踏み出した。始めの内は順調に見えたこの伝道活動も、バッファローの町で頓挫した。この地を伝道地に選んだのは戦略的失敗だった。ハインの成功の思惑がはずれたのは、バッファローが「英国人が真の選民かどうかに特に関心を持たないドイツ人とポーランド人の町」[11]だったことである。

しかし、ハインの精神的遺産は、英米両国の世界支配を正当化するいかがわしい根拠、すなわちアングロ・イスラエリズムが広がるきっかけを与えた。このアングロ・イスラエリズムが後に「二つの種」論[12]と結びつき、二〇世紀に白人優越主義と反ユダヤ主義を特徴とする「クリスチャン・アイデンティティ」というイデオロギーを生み出すことになる。

ユダヤ人を同祖とする一方で反ユダヤ主義を唱えるのは倒錯的に思えるが、この矛盾する主張を折衷する方便がこの「二つの種」論である。「二つの種」論とは、イリノイ州のバプティスト派の説教師、ダニエル・パーカー（Daniel Parker, 一七八一－一八四四）が唱えた人種差別観で、その内容は、アダムとイヴとの間にできた子供が本当のユダヤ人である白人キリスト教徒であり、イヴと蛇が交わってできたのがユダヤ人を自称する人々だというものである。[13]

言語道断の妄説だが、小谷部が『日本及日本国民之起源』において、「我大日本の基礎民族は希伯蓬莱神族の正系にして猶太人は其傍系」[14]としているのは、英米人など「白人キリスト教徒」のところに「日本人」を代入しただけのものである。

小谷部や後に説明する中田重治、酒井勝軍など日本の同祖論者は、このアングロ・イスラエリズムから「クリスチャン・アイデンティティ」に至る英米思想を何らかの形で受容しており、同祖論を単なる変人の奇想として片付けてしまうと、帝国主義時代のイデオロギー的背景が見えなくなってしまう。

4　キリスト教原理主義から皇国イデオロギーへ

小谷部の同祖論に着想を与えたアングロ・イスラエリズムは、同じく米国留学経験がある他の同祖論者にも色濃い影響を与えている。

例えば、米国のムーディー聖書学院に留学したホーリネス教会の指導者・中田重治（一八七〇－一九三九）は、その説教集『聖書より見たる日本』（一九三三）において、つぎのように述べている。

英国の基督教界にアングロ・イスラエル主義といふものを主張する者がある。それはイスラエルの失われた十族は今の英国人であると説き、本書にも述べたる如く、英国の皇室はダビデ王の血統を受け継いで居ると、眞しやかに述べて居る説である。それは牽強付会の説で、殊に英国に居るユダヤ人などは大反対を試みて居る。今茲に其論者の説を挙げるわけには行かぬが、あんな事で其説が立つ者ならば、余はジャパニーズ・イスラエル主義を主張し得る尚多材料を提供し得る者である。余の信じる所によれば、失われたる十族の大部分は今のユダヤ人の中に雑り、或幾分は英国人の中にも日本人のうちにも雑つたであらふと想われる。[15]

中田によれば、「日本は日出る国として明白に旧新約聖書に明示されている」とのことであり、エゼキエル書の「神の栄光よりきたりし」という一節が日本を指しているという。ただその理由は、「日出る所もヘブル語の『ミヅラホ』であ」り、「この『ミズラホ』と『ミヅホ』とは何か関係があるまいか、と今尚研究中であるが、ともかく何となく語呂が似ている」からとのことである。

戦後になっても、旧ホーリネス教会の流れを汲むきよめ教会の機関誌『きよめの友』（一九四八年五月一〇日号）に掲載された生田目俊造の「神秘日本」という記事に、「きのうA学院（＝青山学院）のS博士（＝左近義弼）が、突然わが聖書学院に来訪されて、非常に厳かなことを語られた（……）宮中の神聖な場所に、古くからご神体と仰がれている鏡（＝八咫鏡）があった。その鏡の裏にあらわされてあったものが、はじめは模様と見られていたが、それは模様でなく、驚くべきことにヘブル語である事が明らかになった」（括弧内付記は引用者）という、真偽不詳の話が掲載されている。

「小谷部氏の『日本人及び日本人の起源』」についても、「日本の皇帝即位の大嘗会等の儀式は旧約聖書の利未記や述命記を見なければ解るまいと記している[16]」と共感を込めて小谷部説を紹介する中田の手法は、習俗の類似と疑似語源説を根拠とする日ユ同祖論の典型である。

アングロ・イスラエリズムの転用という点では同じだが、中田の考え方には、小谷部には存在しない、原理主義者特有の強烈な終末待望が見られる。これは、在米中に触れたキリスト教の性質の違いによるものである。

小谷部が牧師に叙任された教会が、組合派ないし会衆派と呼ばれるニューイングランドで支配的で比較的リベラルなプロテスタントであるのに対して、聖書の逐字理解と聖書批評学への積極的批判を展開していたムーディー聖書学院は、今日まで続くアメリカの原理主義の牙城ともいうべき存在である。

生前中田はしばしば「日本のムーディー」と呼ばれた。そのムーディー（Dwight Lyman Mody, 一八三七－九九）とは、南北戦争で荒廃したアメリカで起こった信仰覚醒運動の説教師であり、歌手のアイラ・サンキー（Ira D. Sankey, 一八四〇－一九〇八）とコンビを組んで伝道に成功した。小谷部の自伝にもムーディーの大衆的人気に触れた個所があるが、その布教方法は、特定の教団をつくるというよりは、今日の保守的なファンダメンタリストやテレビ説教師たちに、いかに集団心理のなかで人心を掌握するかを教えるものであった。

5　ファンダメンタリストの特異な終末論

ムーディーの信仰は、一九世紀の初頭に英国国教会から離脱したジョン・ネルソン・ダービー（John Nelson Darby, 一八〇〇－八二）の指導下に行われた同胞運動の流れをくむものであり、この運動の発祥地の名前から、「プリマス・ブレズレン」などと呼ばれる。日本でもアメリカでも、特異な終末論を特徴とする福音派の原理主義的キリスト教諸派の多くは、この同胞運動から生まれたものである。

同胞運動における終末論は、ディスペンセーション神学にもとづいている。ダービーによって提唱された神学説は、人類を七つの時代に分け、ハルマゲドンの戦い、イエス・キリストの再臨、サタンの捕縛、千年王国、最後の審判等々の黙示論的区分があり、この世の終わりに世界最終戦争が起きるというものである。そして、最後の艱難期に、原理主義的ドグマを受け入れて回心した、いわゆるボーンアゲインのキリスト教徒のみが、空中への「携挙」（ラプチャー）によって救われるというものである。また、この終末観はパレスチナへのユダヤ人の帰還を前提としているため、シオニズムを後援することが少なくない。

中田の『聖書より見たる日本』にもこの艱難期と「携挙」のことが詳細に語られているが、この原理主義の流れは、大阪聖書キリスト教会の牧師であった宇野正美やペンテコステ派の牧師である小石豊と小石泉の兄弟（前者が「同祖論」、後者が「陰謀論」を担当）など、今日の日本でも途切れることなく続いている。

宇野正美は、『歴史Eye』（一九九二年五月号）に掲載された「ゴグの国・ロシアが中東に侵攻する日」という記事のなかで、エゼキエル書の預言が成就するようなかたちで、旧ソ連、イラン、リビア、エチオピアなどが団結してイスラエルに武力侵攻するなどと述べ、その際旧ソ連軍が馬に乗って弓矢や槍や盾など木製の武器を使うなどとしていた。

この当たったためしのないファンダメンタリストの終末予言は、半世紀以上も前の中田重治の説教にも宇野説を先取りするかのように出てくる。[17]

聖書の預言によれば、日本は世界の各国を掣肘するようになって居る。それが第一ユダヤ人の救に関係して居るから驚かざるを得ない。現今安全地帯を探し求めて居るユダヤ人が軍備等を完備して居る日本に來りて居住するようになり、日露戦争の如く、その金力をば日本の武力と合わせて用ふるやうにならぬとも限らない。これは経世家の大に考慮すべき問題でなからふか。露西亜は聖書の光を以て見れば、以西結（エゼキエル）書三十八章と三十九章にあるゴグ、マゴグ、ロシ、メセク、トバルの国であるから、平和の攪乱者である。これは北の王となるもので、偽基督の手先となりてエルサレムからエジプトまで侵入する者であると預言されてある。日東の天使はどんな事があってもこれとは提携する事はない。やがて患難の時代に日本の進出によりて、大いに周章ふためき、軍を引返して自滅するとあるから（但〔ダニエル〕一〇四四）、大陸に対して大方針を定る日本の政治家又は軍人は此光のもとに行動すべきである。

宇野と中田の終末予言には、ユダヤ人のパレスチナ帰還というシナリオのなかで反共主義が強調されているが、中田の説教の要点は、大陸に進出する日本軍がシオニズムを援助すべきであるという点にあり、まさに後者の理由によって、陸軍におけるユダヤ問題の専門家であった安江仙弘（一八八八－一九五〇）と中田は接近することになる。

両者には東洋宣教会ホーリネス教会出版部から出版された、『ユダヤ民族と其動向並此奥義』（一九三四）という共編著さえある。同書は三版を数え、翌年には「日本神の国教会」から出版された。

戦前の同祖論者には、これも安江大佐と縁浅からぬ酒井勝軍（一八七四－一九四〇）という人物がいる。中田と同様にムーディー聖書学院に学んだ酒井は、中田と似通ったシオニズムに支えられており、日本人とユダヤ人がそろって雄飛すれば、ユダヤ人のパレスチナ帰還は預言の成就として祝福されるべきだなどとしていた。

酒井によれば、「神の三J政策」（Jesus, Jew and Japan）というものが存在するそうで、イエスと日本との関係について「新しい発見」があったという。それはイザヤ書一一章にある、「エッサイの枝より一つの芽出で、その根より一つの枝はえて実を結ばん、その上にエホバの霊とゞまらん」という一節に関わるものである。「其根より生じたる新しい枝」という個所についてこれまではっきりしなかったが、酒井は、一一章一〇節から「二王国」と解し、一四章の「エホバ、シオンの基を置き給へり」という一文から、それが「日東帝国の基礎」であることを知ったという。というのも、「シオンとは日光直射する所、日の本の国」だからだそうである。[18]

さらにイエスの生涯と日本の歴史を比較する酒井は、ユダヤ人と日本人の間に存在する数多くの類似点を発掘し、ついに「日本帝国の前身はイスラエル王国なりと断ずべき直覚」を得たという。

酒井のファダメンタリスト的見通しによれば、天魔両軍の最終決戦（ハルマゲドン）の時が近づいているが、その時、神選民族ユダヤ人と天孫民族日本人が勝利して、神州天子国が確立され、再臨のキリストの託身たる天皇が世界の統治者として君臨するとされ、キリストと天皇を同一視する点を除けば、中田の終末観とほぼ一致している。

中田と酒井の間の関係については、これといった資料はないが、元・日本ホーリネス教会東京中央教会牧師の千代崎英雄によれば、中田の『聖書より見たる日本』は、刊行時には、この本が「酒井将軍（「勝軍」の誤植）著『橄欖山上のキリスト』を焼き直したもの」だという噂がつきまとっていたという。[19]

中田の再臨待望は、パレスチナにおけるユダヤ人のホームランド創設を英国が支持する「バルフォア宣言」の出される一九一七（大正六）年に入るといよいよファナティックなものになり、福音伝道館の機関誌『聖潔之友』には、具体的な日時まで指定した再臨の預言ならぬ予言を行うようになる。

> 新年のラッパの鳴る日は来十七日である。もし此日に主が再臨し給ふなれば其喇叭はユダヤ人が鳴らすのである。もし我等の計算が間違ふて、今年でなく、来年であるとすれば、九月七日である。[20]

「九月七日」の当日、信者は借金を返済し、友人や家族とともに祈っていたが、言うまでもなく、再臨派の予言がことごとくはずれたように、この終末予言もまたはずれた。しかし、中田はそれでも懲りることなく、以下のように強弁する。

> 主は今年来るものとすれば先月十七日の喇叭祭に来るかも知れぬと我等は警告を発したることである。しかるに主は来り給はなかったから、全然来ないことになったといふのではない。お約束は厳として存して居る。時の早晩に関わらず主近き中に来り給ふに相違ない。

を待ち望む態度を有て居る事は大切である。[21]

「時の早晩に関わら」ないのなら、なにゆえ「九月七日」などと言い出したのかまるでわからないのだが、周知のように、マルコによる福音書（一三：三二）に「その日、その時は、誰も知らない。天使たちも子も知らない。父だけがご存じである」とあり、テサロニケの信徒への手紙（五：一－二）に「兄弟たち、その時と時期についてあなたがたには書き記す必要はありません。盗人が夜やって来るように、主の日は来るということを、あなたがた自身よく知っているからです」と指摘されているように、神慮を忖度することは神の専権事項への取り返しの付かない侵犯であって、キリスト教信仰そのものから逸脱である。[22]

カトリックの信仰雑誌『聲』は、第五一四号（一九一八年八月）の「再臨派の行き悩み」という記事で、再臨派の「狂気染みた謬説」を「笑ふ可き」と断じ、メソジスト派の牧師・今井三郎は、世俗的な政治運動に過ぎないシオニズムを終末論に結びつける過ちを、以下のように指摘している。

ザイオニズムについて勿論聖書の預言が文字通りに実現して行く現象とも観ない。吾人は何処までもザイオニズムの運動を以て所謂宗教運動とは見ないのである。それは、寧ろ猶太的意識を中心とする団体運動或は猶太的民主運動と観るべきものである。[23]

カトリックや主要なプロテスタントからの冷ややかな軽蔑をよそに、昭和に入り軍部による大陸進出が本格的になると、「日出る処に於いてイスラエルを救ふ準備を無意識にしつゝある」と唱える中田は、以下のように、ユダヤ人の民族的悲願を実現するために、日本は軍事力によってユダヤ人を支援すべきだと主張するようになる。

日本で今盛んにやつて居る軍備は何の爲に役に立つか、知つて居る者は少いが、之が頓て役に立つ時が來るのである。日本の軍部の人はそんな事は少しも知らずにやつて居るが、聖書の光を以て見れば、是は世界の平和を紊す者を圧へつける爲と、選民イスラエルを救ふ爲に用ひられるやうになるのである。[24]

皇軍の大陸侵攻と再臨信仰を結びつける中田は、『聖書より見たる日本』が刊行された一九三三（昭和八）年の説教「満蒙に進出せよ」では、「かしこに福音を伝え、主が再臨なしたもうときに、かしこからも携挙せらるる者があるように願いまた努る事につきて、誰にも遠慮すべきではない」と言い、さらにシベリア伝道も考えていた。

第3章　キリスト教「再臨派」におけるユダヤ人

1　治安維持法と「再臨派」の弾圧

中田重治が監督するホーリネス教会は、イエスの再臨やユダヤ人問題をめぐって、中田直系のきよめ教会と、車田秋次らの日本聖教会に分裂するが、両者とも、無教会派の基督者グループ（プリマス・プレズレン）などとともに、戦時中は特高警察による弾圧を受けることになる。

一九三三（昭和八）年に刊行された『民族への警告』では、「世界何処を捜しても日本のような国柄がない、其事については聖書に明白に記されてある。聖書ぐらい我が国体と合致したものはない」と述べる中田の考え方は、国粋主義と称してもさしつかえないほど当時の体制に対して迎合的である。中田はまた、「聖書の中には軈て我大和民族が大陸に向つて進出することが書かれている。何処迄進出するのか、今は満州から蒙古の方に出でんとして居るが、やがて亜細亜大陸を横断してペルシャに迄出で、さらにユーフラテス河畔のバグダッドに迄行くといふ事が書かれている[1]」と、大東亜共栄圏を支える宗教的根拠まで提出してくれるのだから、官憲から見ればこれほど御しやすい教団はなく、何故官憲から弾圧されなければならなかったかは、誰しも不思議に思うだろう。

事実、「特高月報」や「特高外事月報」に残されている信者たちの当初の反応は、政府も軍部も批判していないどころか積極的に協力してきた自分たちがどうして弾圧されなくてはならないのかという当惑である。それも道理で、一九三二（昭和七）年に満州国が建国されるや、中田は「満蒙に進出せよ」「満蒙伝道の急務」などで檄を飛ばし、信徒たちに積極的な大陸への移住と伝道を呼びかけ、中田は妻とともに天皇から観桜会に招待されるほど体制との関係は良好だったのである。

さらに翌年三月には、陸軍の安江仙弘少佐（階級は当時）が東中野のメサヤ会館でユダヤ人問題研究座談会を後援、

「アジアの教会」という説教では、軍部の大陸侵攻を「日本人の武力と勇気がユダヤ人の金力と知力に相合致し、立上がるならば、たゞ亜細亜全体の幸福のみならず全世界の幸福となる事と信ずる」などと述べ、ユダヤ人を利用した大東亜共栄圏のイデオローグとして、後のいわゆる「河豚計画」まで先取りしている。

日本政府は、満州の国際的孤立と経済不振を払拭すべくユダヤ人保護案を打ち出し、外資導入と米国の対日世論の改善を図ろうとしていた。しかし、ナチス・ドイツと同盟を結んだ日本の対米戦が勃発するや、安江らの献策による「猶太人対策要綱」は廃案になり、「盟邦」ドイツによる再臨派各教団への迫害と伴走するかのように、ホーリネス教会など日本の再臨派も弾圧されるようになる。

官憲側から見た場合、再臨派がもっとも面白くない点は、その終末論においてユダヤ人が特権的役割を果たすとされていることと、来るべき千年王国において天皇がいかなる役割も演じることがないという二点である。

一九四二（昭和一七）年に行われた、日本聖教会ときよめ教会の治安維持法による一斉検挙では、特高側は、「基督の肉的再臨に依る猶太人中心の地上神の国建設を究極の目的と爲す点に至りては各派全く軌を一にするものにして、『きよめ教会』に於ける我国に対する特殊扱も畢竟日本民族の猶太民族への従属即ち我日本民族は猶太人を援助して神の国即ち猶太王国に依り神の祝福を受くべきものなりとの猶太人中心の観念より発し居る」と、その教義を正確に理解しており、また、「日本民族と雑婚繁殖して肇国せるものなりと妄説する結果、三種の神器に対し奇矯盲誕なる解説を加へ以てその尊厳を冒涜し居れり(2)」と、日ユ同祖論を批判している。

さらに、一九四三（昭和一八）年四月、主任検事の鶴田猛は、きよめ教会内の聖書学院教授・岡村謙一の供述に対して、「天皇統治が右千年王国の建設に際りて廃止せらるべきものなりと做す国体を否定すべき内容のもの」と論告している。

2　「良心的兵役拒否者」と陰謀説

再臨派の弾圧は、ナチス・ドイツの宗教政策にならったものであり、再臨派の弾圧の前には、灯台社（「エホバの証人」の日本支部）の明石順三が検挙されている。明石の取調べにあたった予備役大尉の高乗部長は、「この検挙はドイツのヒトラー政府と策応して行ったのだ。ドイツのワッチタワー文書伝道者二万人も一斉検挙した。聖書がなんだ。神の国がなんだ。日本は神の国だ。日本はすでに満州を自由にした。この次は北支五省を自由にし、やがてはシナを収め、全アジアの大盟主となって大経綸を行うことを決定しているのだ」と怒号し、順三が持っていた聖書を床に叩きつけ、それを踏みつけて見栄をきったという[3]。

このエピソードを紹介する稲垣真美は、明石が、検挙後も虐待にめげず、あくまで非転向を貫いたとして、「一億対六人の戦い」と賞賛している。

たしかに、日本の知識人や宗教者の多くが戦時下の翼賛体制に組み込まれ、世界が戦争の狂気に覆われていた時代に非戦の思想を貫いた勇気は高く評価されるべきであろう。しかし、稲垣が引用する文章は、大資本とファシズムの関係の分析など、「宗教的共産主義」の視点に偏り、灯台社の社員であった明石がいかなる思想的根拠によって当時の日本の国家体制に抵抗したのか正確に見えてこない。

稲垣は、明石をコミュニストの理想的な同伴者として「宗教的共産主義者」という枠組みに押し込めるに、こうした先入観に合致しない部分を公判記録の引用から削除することさえ躊躇しない。

一九四二（昭和一七）年四月七日の第二回公判状況を、稲垣は以下のように引用する。

裁判長　しからば国家も悪魔の組織制度か。
順三　そうです。
裁判長　古代神に反逆して建設したニムロデ以来全部の国家組織は、例外なく悪魔の組織制度で神のものではありません。
裁判長　ニムロデのことは何処に書いてあるか。
順三　創世記十章八節より十二章まで書いてあります。（注、ニムロデは初めて世の権力ある者となれり、とある）
裁判長　日本国家に就いては如何に見ておるか。
順三　日本は基督教国ではありませんが、教理上は異邦国の一つであります。而して全世界は悪魔の世でありまするし、又日本はエホバを神とも信じておりませんから、悪魔の国です。
裁判長　（注、この間、順三がイタリアのファッショの運動やドイツのナチスの運動に対する批判を述べたのをきいた後）ほかにいうことはないか。

最後の「注」を読めば、誰しも省略個所で、順三が「イタリアのファッショの運動やドイツのナチスの運動に対する批判」を展開したのだと思うだろう。しかし、実際に公判記録に残っている文書は、以下のようなものである。

被告　為に私は此の日本をローマカトリックの影響下にある偽物基督教国にならないで異邦国から神の国にせんために福音宣伝をして来たのです。

裁判長　被告の考へとしてローマカトリックの罠に日本は最近かかって来てをると説明してをるが如何。

被告　さうです。現在の日本は其の末期症状を表はしてをります。即ち軍部にしろ司法にしろ思想界にしろ凡てローマカトリックの手先となってをります。

裁判長　司法に於ては如何。

被告　柳川平助の如きはローマカトリックの秘密結社たるイエズス会の巨頭です。

裁判長　イエズス会とは何か。

被告　イエズス会はローマカトリックの秘密結社でありまして、西暦一七七三年頃スペイン人として法皇となった者一味七人に依て十六世紀の宗教改革後結成されたものでありまして、此のイエズス会は其為組織も全世界的に拡大強化されると共に各国の魔手延し日本に於ても秀吉暗殺事件等を生んだのであります。其為徳川時代の鎖国政策により其の魔手が一時閉息したかに見えたるも明治維新と共に再び日本に其の手を延したるも当時は之も猶太人を中心とする世界的秘密結社たるフリーメーソンに凱歌が挙がりついに最近まで日本の上層部は此のフリーメーソンに依て牛耳られてをったので有ります。之をイエズス会が傍観してをる訳はありません、満州事変を契機として国内に起った革新運動です、之は一にイエズス会の使嗾に基くものでありまして之が又国内に於て五・一五事件、二・二六事件として勃発致しました故に今や日本は此のイエズス会の手に乗取られんとしてをるのであります。と（此の間約三十分に亘り伊太利に於けるファッショ運動、独逸に於けるナチス運動とイエズス会とを結びつけて詳細説明す）

引用を見ればわかる通り、稲垣の（注、この間、順三がイタリアのファッショの運動やドイツのナチスの運動に対する批判を述べたのをきいた後）とは、二〇行にもわたる削除個所の後の話なのである。明石の発言はあまりにも支離滅裂なので、さすがの記録係も嫌気がさしたらしく、「約三十分」にもわたる「詳細説明」がわずか二行に省略されている。

明石の発言を正確に引用し、「こうした信仰と陰謀史観のもと、明石らは宮城遙拝やご真影奉拝などの『偶像崇拝』を拒絶し、戦争における殺人なども拒否する姿勢をとった」と、明石の思想を過不足なく紹介しているのは、宗教史家の藤巻一保くらいである。[4] 明石順三は、日本の近現代史を、イエズス会とユダヤ＝フリーメーソンとの戦いという荒唐無稽な陰謀史観によって記述した、日本史上まれなる人物なのである。

順三の発言はことごとく間違っているが、これは検事側の作文とも思えない。なぜなら、官憲側からすれば、天皇の「尊厳神聖と言ふ様な事は全然認めません」「天皇の御地位等は認めません」という言質さえ取りつければ、「国体変更」にかかわる治安維持法第一条を適用して、順三を投獄して灯台社をつぶすことは容易だからである。

3　陰謀説を生む『ふたつのバビロン』

さて、順三の法廷における発言にある、カトリック教会（特にイエズス会）、ユダヤ人、フリーメーソンに対する妄想的敵意は、いかなる来歴を持つのであろうか。

そのヒントは、順三の発言のなかにある「ニムロデ」という言葉にある。ニムロデとは、創世記に出て来る地上の最初の権力者であり、英国のフリーメーソンでは、しばしばサタン（ルシファー）と同一と考えられていた。

このニムロデに関しては、米国のサブカルチャーに詳しい政治学者、マイケル・バーカンが『陰謀文化 ― 現代アメリカの黙示論的ヴィジョン』（二〇〇三）のなかで、簡潔かつ的確に説明している。

多くの陰謀論者たちは、カトリック教会の起源をニムロデとその末裔たちが古代バビロニアで行っていたとされる卑猥な前キリスト教宗教に由来すると見なしている。（……）この神話の起源は、スコットランドの神学者アレグザンダー・ヒスロップが一八五三年にエジンバラで最初に出版した反カトリック冊子に遡ることができる。この『ふたつのバビロン ― 教皇崇拝はニムロデ夫妻崇拝である』は、聖書の漠とした人物ニムロデとその父クシにまつわる複雑な論理構造を打ち立てた。クシはバビロンを建設したとされ、この都市を息子のニムロデとその配偶者で、残虐で卑猥な宗派を生み出したセミラミスがのちに統治したとする。その後、この宗教は地下に潜ったがカトリックに偽装して再浮上し、ヒスロップはこれをヨハネの黙示録の「謎のバビロン」とみなした。(5)

明石が日本支部「灯台社」を委託された時代の「ものみの塔聖書冊子協会」の最高指導者は、ラッセル(Charles Taze Russell, 一八五二–一九一六)の後を継いだ二代目会長のジョゼフ・ラザフォード(Joseph Franklin Rutherford, 一八六八–一九四二)であった。順三は、ラザフォードの著作や機関誌『黄金時代』(*The Golden Age*)を翻訳して、その思想を精力的に摂取した。このラザフォードは、ヒスロップ(Alexander Hislop, 一八〇七–六五)の『二つのバビロン』(*The Two Babylons : Romanism and Its Origins*, 一八五三)に親しんでおり、この著作は、ものみの塔聖書冊子協会の出版物にさかんに引用されていた。(6)

カトリック批判ばかりでなく、十字架の廃止など一般のキリスト教とは異なるものみの塔聖書冊子協会の奇説は、このヒスロップの著作にあるものなのである。(7)

4 カトリック、フリーメーソン、ユダヤ人

順三がその陰謀史観において提出した、カトリック教会とフリーメーソンとユダヤ人という三者への敵愾心は、アメリカの宗教界では、とりわけ一九世紀中葉から高まりを見せていた。

一九世紀から大量に増大した、ユダヤ系、カトリック系移民は、彼らの宗教性だけでなく、その非アングロ・サクソン的民族性が嫌われ、フリーメーソンに対する恐れは、新たに独立した国家の不安定性に起因する、異邦人のイデオロギーに対する猜疑心から生じたものである。この種の外国人嫌いは、アメリカでは一般に「出生地主義」(nativism)と呼ばれている。「出生地主義」とは、国内の少数派に対する強烈な敵愾心とでも定義すべきものであり、「外国の」宗教や「外国の」人々への恐怖心をあらわしている、と先のバーカンは解説している。(8)

ラザフォードがものみの塔聖書冊子協会の会長であった時代、カトリックとユダヤ人に対する偏見は、その出版物の随所にあらわれているが、ある意味で、それはものみの塔聖書冊子協会の「特殊アメリカ的」性質をよく示してい

る。

戦時下に非戦の抵抗を貫いた明石は、戦後出獄すると、ひさかたぶりに手にするものみの塔聖書冊子協会の文献をむさぼるように読んだ。そして、順三はショックとともに大きな失望を感じた。近着のワッチタワーの機関誌に掲載された写真を見ると、一九四六（昭和二一）年八月クリーブランドで開催された大会では、偶像崇拝の象徴として忌避されてきた国旗が舞台一杯に掲げられ、星条旗の前で賛美歌の合唱や祈祷まで行われていたのである。

順三の失望は大きかった。国旗掲揚によって体制に妥協し組織の温存が図られていた証拠だと考えた順三は、「本会（ワッチタワー）の指導下に神と主イエス・キリストの神名に忠実ならんとして、多くのクリスチャンは殺害、暴行、投獄、監禁その他あらゆる迫害を蒙り候。然るに余の出獄後聞く処によれば、ブルックリン総本部部員にして大戦中に検挙投獄されたる者殆どなしとの事にて候」と、ものみの塔聖書冊子協会の言行不一致を指摘し、また、かつてカトリックの位階制度を批判していたワッチタワーが「種々の対人的規約や規則の作製」によってキリスト者の自由を奪い、「ワッチタワー総本部に対する盲従を彼らの上に強制する結果を到来せしめつつあり」と批判して、ラザフォードの後を継いだノア新会長に七ヵ条の質問状を送付した。

しかし、ノア（Nathan Homer Knorr, 一九〇五－七七）は、この質問状に一切答えることなく、順三を排斥し、日本の灯台社は、ものみの塔聖書冊子協会とは無縁のものとされてしまった。順三による総本部批判は、ワッチタワーの教義そのものに依拠した批判であり、その教条主義的徹底によって、かえって総本部の言行不一致を鋭く指摘するものだった。

5　エホバの証人、反ユダヤ主義、第三帝国

ここで一つの疑問が残る。それは、順三やラザフォードの著作に頻出するユダヤ人やカトリックに対する偏見に関するものであり、このような差別的な思想を拠り所として、「ドイツその他の諸国に於ける所謂〝エホバの証人〟」は、いかにしてナチスのヒトラー政権に抵抗し得たのかという疑問である。このような疑問を抱いた者は少なくなく、その一人が、小見出しの「エホバの証人、反ユダヤ主義、第三帝国」をタイトルにした論文の執筆者、ジェームズ・ペントンである。ペントンは、元ものみの塔聖書冊子協会の信者で内部事情にも詳しい、カナダの歴史学者である。

ペントンの『エホバの証人と第三帝国 ― 迫害下のセク

トの政策』（二〇〇四）には、その巻末に、両次大戦間のドイツのものみの塔聖書冊子協会の宣言文やヒトラーに宛てた極秘書簡などの原文が掲載されており、ナチスへの抵抗に踏み切る前のものみの塔聖書冊子協会の優柔不断と迎合的態度が明らかになり、欧米の宗教界と歴史学界を驚かせた。

明石の取り調べにあたった予備騎兵大尉は、「この検挙はドイツのヒトラー政府と策応して行った」とうそぶいたそうだが、順三の陰謀史観に見られる、カトリック、フリーメーソン、ユダヤ人に対する偏見は、ナチスの法廷なら、むしろ検事側が大喜びしそうな類のものであり、ローゼンベルク（Alfred Rosenberg. 一八九三－一九四六）などナチスのイデオローグの著作にあってもおかしくないような性質のものである。

もちろん、日本のみならずドイツにおいても、エホバの証人たちが迫害を受け、大きな犠牲者を出したのは、明白な史実である。そして、ものみの塔聖書冊子協会の公式ウエブサイトでも、「エホバの証人、ナチによる危機に直面しても勇気を示す」と誇らかに宣言されている。ナチスによるエホバの証人の迫害に関する記事は、ものみの塔聖書冊子協会のウェブサイトの記事のなかでもっとも長いもので[9]あるが、タイトルから想像されるような、ナチスによるエホバの証人の迫害史ではなく、半分以上が、以下に示すようなナチス時代のドイツの同協会への批判とそれに対する反論によって占められている。

証人たちが勇敢な態度を取ったことは、立派な歴史家たちにより十分に実証されています。しかし、以前はエホバの証人の仲間だった人々を含め、少数の批評家たちは、初期の証人たちがヒトラー政権と妥協しようとしたと非難しています。そして、ものみの塔協会の代表者たちは新政権のご機嫌を取ろうとしたがうまくゆかず、結局は六〇〇万ものユダヤ人の虐殺を招いた、ナチの人種差別主義思想を、少なくとも一時、支持したと主張しています。そうした重大な主張は完全に間違っています。

ウェブサイトのほとんどの読者には、一体何のどこが「完全に間違ってい」るのかさっぱりわからないだろう。委細は、こうである。

ドイツ全国のエホバの証人たちは、一九三三（昭和八）年六月二五日、ベルリンのウィルメルスドルファー・テニスホールに集まるよう急遽要請された。約七〇〇〇人の参加者たちは、「事実に関する宣言[10]」と題する決議を採択した。

この宣言のなかには、「多くの国の人民を搾取し、虐げられる手段として大企業を作り上げ運営してきたのは、英米帝国の営利主義的な考えを持つユダヤ人です」という言明が見られる。

この言明に対する批判に関するものみの塔聖書冊子協会の反論は、こうである。

この言葉が一般のユダヤ人を指しているのでないことは明らかです。もしも誤解されて、何らかの不快な気持ちを抱かせる原因になってきたとすれば、それは残念なことです。当時、ドイツの教会は大抵、ユダヤ人に対して敵意を抱くように教えていました。エホバの証人も同様に敵意を抱いていたという人もいますが、それは全くの偽りです。ナチ時代中、証人たちは自分たちの文書と行動によって反ユダヤ主義的な考えを退け、ユダヤ人に対するナチの虐殺を非難しました。

ものみの塔聖書冊子協会への批判は「完全に間違って」おり、「全くの偽り」との主張がなされているが、この記事の奇妙な点は、その主張を裏付けるような具体的資料がまったく示されず、誌面末の注記によると、「誌面の関係で、史実に基づくこの記事の裏付け資料を全部提示することはできませんが、奉仕者の皆さんのお申し出があれば、参考文献をまとめた一覧表をお送りいたします」とのことである。

しかし、そのような手間をかけずとも、「事実に関する宣言」は、ものみの塔聖書冊子協会の一九三四（昭和九）年版の年鑑で公開されているし、その他ユダヤ人に言及した著作や冊子なども復刻版やCD版で購入できるし、ウェブ上でも簡単にそれらを検索することができる[11]。

先の「英米帝国の営利主義的考えを持つユダヤ人」に関する言及の後には、以下のような文面が続いている。

この事実は特にロンドンとニューヨークという大事業の拠点で明らかです。このことはアメリカでは特に顕著で、ニューヨークではつぎのようなことわざが出来たくらいでした。「ユダヤ人が所有し、カトリックのアイルランド人が支配し、アメリカ人が支払う」。

この文章にはまた、「現在の〔ナチス〕ドイツ政府によって打ち出された崇高な理想は、私たちの出版物のなかに提示され、支持され、強調されていることがわかります」とか、「私たちの出版物と活動が現在のドイツ国家のこれらの原則にとって脅威になることはあり得ず、反対に私たちはそのような崇高な理想のもっとも力強い支持者なのです」などの宣言も見いだされ、人を唖然とさせる。文中のことわざも、ドイツのエホバの証人が引用するにはいかにも場違いなものであり、当時のものみの塔聖書冊子協会の会長だったアメリカ人のラザフォードの承認を強く印象づけるものであろう。

また、ものみの塔聖書冊子協会のドイツ・マグデブルク支部は、同時期にヒトラー宛の極秘書簡を送付しており[12]、そのなかで記者は、現在エホバの証人が受けている迫害が「聖職者、とりわけカトリックから」なされたものであるという荒唐無稽な意見を開陳した後、「ブルックリンのものみの塔聖書冊子協会は、長きにわたり極めて親独的であった」と述べ、機関誌『ものみの塔』と『聖書研究』は、米国ににおいて反独宣伝活動に参加しなかった理由で発禁になり、七人の役員が一九一八（大正七）年に投獄されたとしている。

最後の投獄事件だが、ラザフォードなど協会幹部たちが「反独宣伝活動に参加しなかった理由で」投獄されたなどという事実はない。ラザフォードなどの逮捕の経緯は、当時の新聞[13]にも報道されており、幹部たちの逮捕理由は「兵役拒否」であるとはっきりと書かれている。

末端のエホバの証人たちがナチスから迫害を受けている時、ものみの塔聖書冊子協会の幹部は、ヒトラーに対して、事実を曲げてまで自分たちがいかに親独的であったのかを強調する書簡を送り、ドイツのマグデブルク支部から出されたその書簡のなかで、ドイツ支部は、自分たちの団体が、「ナチス党綱領の第二四条で活動が許されている宗教団体に当てはまる」とし、「積極的キリスト教はわれわれの内外のユダヤ的唯物精神（jüdisch-materialistischen Geist）と闘い、根本的に内面からのみから達成されるわが民族の永遠の救済を確信させる」という個所を含む第二四条全文を引用して、ヒトラー政権に取り入ろうとしていた[14]。今日誰でも閲覧できる「ナチ時代中」のものみの塔聖書冊子協会の関係文書は、エホバの証人たちが抵抗に踏み切ったのが、ナチスへの懐柔策がすべて失敗に帰してからに過ぎないことを教えている[15]。

しかし、この失敗は当初から予見され得たことである。ナチスは邪悪ではあるが、愚かではなかった。ナチスは、ラッセル会長時代の親シオニズム的主張をよく覚えており、またナチスが何よりもエホバの証人たちに対して気に入らなかったのは、思想的傾向と言うよりは兵役拒否の姿勢であり、欧州占領政策に支障を来しかねない軍規の弛緩を恐れたのである。

6　明石順三の「日ユ同祖論」

あまり知られていないのだが、この明石にも「日ユ同祖論」が存在する。一九四三（昭和一八）年一月分の特高月報には、日本がカトリックに支配されているという例の珍説を繰り返す順三が、日本の国家観について尋ねられた際の記録が掲載されている。

明石はまず、「日本帝国発祥に就ては『古事記』に於ては天之御中主神外神の創造に成るものなりとも説くも、『日本書紀』に於ては国常立尊外二神の創造に成るものとあって、巧妙に悪魔の三位一体を表はさんとして馬脚を露はしてゐる」などとして、日本の古典を「三位一体」というキリスト教の教義でとらえるという異様な観点を打ち出している。これは、大阪府警察部の思想第二課の槐島定介の斡旋で、警察官錬成所などで講演を行っていた三村三郎など戦前の日ユ同祖論者の主張とまったく同じである。[16]

また、いわゆる三種の神器について、明石は、「八咫鏡の裏にヘブライ文字が書いてある、其の年代から推してかかる鏡を持ってゐた者は猶太の娼婦であった、かかる娼婦が猶太に対する羅馬の迫害に堪え兼ね極東に流浪し現在の日本を始めたものと思われる」などとし、「以上を総合すると日本の神国論は成立せず猶太の一漂流民が建てた国であり、将来神の前に撃滅一掃せらるべき異邦人の帝国の一つに過ぎざるもの」と断じた。

ユダヤ女性が持っていた鏡と三種の神器の八咫鏡を結びつける議論は、日ユ同祖論の嚆矢ともいうべき、マクレオドの『日本古代史の縮図』に書かれている有名な逸話だが、日本が「猶太の一漂流民が建てた国であり、将来神の前に撃滅一掃せらるべき異邦人の帝国の一つに過ぎざるもの」というユダヤ人に対するすさまじいばかりの敵意は、注目に値するだろう。

7　「置換神学」と反ユダヤ主義

ものみの塔聖書冊子協会の場合、初代会長ラッセルの信仰は、出発点においては孤立したものではなく、一九世紀米国の第二次信仰覚醒運動のなかで、一八四三年のイエスの再臨を預言したウィリアム・ミラー（William Miller, 一七八二－一八四九）の流れを組む、いわゆるミラー派運動の一潮流であり、[17]セブンスデイ・アドヴェンティスト（SDA）など他の再臨派と同様に、ユダヤ人との関係は良好であった。

ワッチタワーの当初の教団名が「シオンのものみの塔聖書冊子教会」（Zion's Watchtower Tract Society）が雄弁に物語っているように、ラッセルは初期のシオニズムにさえ格別の好意を抱いていた。一九一九（大正八）年六月一一日にセントルイスで行われたラッセルの説教の題は「シオニズム、世界の希望」というものであり、同年刊行された著書『御国の来たらんことを』（*Thy Kingdom come*, 一九一九）では、第八章全体を「イスラエルの再建」に関する考察にあてるほどの熱の入れようだった。

ところが、明石順三も親しかった二代目会長ラザフォードの時代になり、ヨーロッパがファシズムの波に覆われるようになると、反ユダヤ主義の余波が北米にまで及ぶことになる。

一九三〇年代になると、ラザフォードは、ユダヤ人に対する公然たる軽蔑を口にするようになる。ラザフォードは、カナダのマニトバ州ウィニペグで、同地の聖書研究生（「エホバの証人」の当時の呼称）を前にし、ユダヤ人に関して、「街頭に立ち諸君から小銭をせしめようとする、あの猫背で鉤鼻のチビ」[18]などと、反ユダヤ主義者が用いる典型的なカリカチュアでユダヤ人を描き、その著書『証明』の第二巻（*Vindication*, Book2, 一九三二）において、ユダヤ人から神の「選民」たる資格を決定的に剥奪する。

一九九三（平成五）年に刊行された、ものみの塔聖書冊子協会の公式記録書『エホバの証人 ― 神の王国をふれ告げる人々』は、こうしたユダヤ人に対する姿勢が、今日においてもまったくかわっていないことを、以下のような言葉で示している。

> 一世紀のエルサレムに荒廃が臨んだのは、ユダヤ人が神であるみ子であるメシア、つまりエホバの名によって遣わされた方を退けたためでした。（ダニエル 九：二五－二七。マタイ 二三：三八、三九）ユダヤ人は一つの民として、自分たちの態度を変えていないことが徐々に明白になりました。先祖が犯した邪悪な行いに関する悔い改めはなかったのです。一部の人々はパレスチナに帰りましたが、その動機は神への愛でもなければ、神のみ名が言葉の成就によって大いなるものとされることを願う気持ちでもありませんでした。この点は、ものみの塔聖書冊子協会が一九三二年に（英文で）発行した「証明」という本の第二巻のなかではっきりと説明されました。[19]

公判における明石の発言に見られる、ユダヤ人への憎悪は、カトリック教会に対する偏見とともに、ラザフォード会長時代のものみの塔文献にしばしば見られるものである。明石順三に関する参考文献としてよく挙げられる文献に、津山千恵の『戦争と聖書 ― 兵役を拒否した燈台社の人々と明石順三』(一九八八)がある。そしてそこには、稲垣が巧妙に隠した公判文書が全部引用されている。

しかしそれは、現役のものみの塔の信者である津山の、「兵役を拒否した燈台社の人々」の勇気は紹介したいが、かといって《背教者》である明石にあまり目立ってもらっては困るという、この宗教団体の明石に対する公的立場に対する忠実さを示すものに過ぎない。

津田は、『イエス・キリスト 奇跡の人』(一九九八)のなかでコハネ福音書を祖述する際、イエスの「『血は、わたしたちとわたしたちの子供とに臨んでもよい!』確かに、ユダヤ人たちはこのことばによって、自らを、そしてその子孫たちを罪に定めた。聖書によれば、その報いは、千数百年ののちの世代まで、彼らユダヤ人たちの歴史のうえに臨んだのである[20]」などとし、ユダヤ人迫害の原因を聖書的根拠に求めるなど、ものみの塔聖書冊子協会のユダヤ人に対する偏見を踏襲している。

8 明石順三を偶像化する知識人たち

第二次世界大戦後、多くの知識人たちが明石を、天皇制ファシズムに抗して非転向を貫いた人物として偶像化しており、その典型が鶴見俊輔(一九二二-二〇一五)である。

鶴見には、一九七二(昭和四七)年の八月から九月にかけて四回にわたり『朝日新聞』に掲載された記事をまとめた「明石順三と灯台社」という論文がある。そのなかで鶴見は、「国家権力が古事記を援用して軍国主義を説く時も、戦後の占領軍がキリスト教文明の名において反共主義を説く時も、それをうのみにしない別の立場が民衆ひとりひとりにひらける。それが、明石順三の考える宗教だった[21]」と明石を褒めそやすが、はたして実際そうであったのだろうか。

戦時中に英語放送の翻訳に従事していた鶴見は、戦後「思想の科学」研究会で、戦時中の《転向》に関する共同研究を主催してこの問題に没頭していた。明石の存在が過剰に理想化されるのは、鶴見のような知識人たちが、抵抗らしい抵抗もできずに戦時体制に組み込まれてしまったことへのやましさがあるからに他ならない。

戦時中に海軍軍属に志願したことに関して、「なぜ戦争中に抗議の声を上げて牢屋に入らなかったたっていう思いは、ものすごく辛いんだよね」[22]と述べる鶴見は、戦時体制の抵抗者に関しては、それが低い階級の出身で学歴がない非転向者であれば、それだけ一層戦時中の自分の振るまいに対するやましさがかき立てられ、時に史実を曲げてまで美化してしまうのである。

一九七九（昭和五四）年から一九八〇（昭和五五）年におけるカナダのマッギル大学での講義録をもとにして書かれた『戦時期日本の精神史 一九三一－一九四五』（一九八二）において、鶴見は以下のように述べている。

灯台社、セブンスデイ・アドヴェンティストなどの小さなキリスト教宗派が戦争に対して批判的な態度を中日戦争の初期の段階からとっていたということは、これらの宗派が、戦争によって利益を得ないばかりか、強い打撃を受けている下層社会の人々に訴えていたからです。この戦争の初期の段階では、大学に進んでいる青年たちは徴兵猶予の恩典を受けなければならず、健康上合格すれば、軍隊に入隊することになって、同じ年配の大学生にくらべてはっきりと高い死亡率に直面していました。さらにもう一つ、灯台社の場合には、その信者にたくさんの朝鮮人がいました。[23]

戦時中は英語放送の翻訳に従事し、「高い死亡率に直面し」なかった「同じ年配の大学生たち」の一人である鶴見の負い目が端的にあらわれた文だが、徹底的な弾圧を受けた「小さなキリスト教宗派」に関するその主張には、史実と異なるところがいくつもある。

まず、ホーリネス教会が弾圧されたのは、その終末観におけるイエスの再臨論において天皇の役割が無視されており、「国体を変革せんとする不逞結社」と考えられたからであって、「戦争に対して批判的な態度を中日戦争の初期の段階からとっていた」などという事実はない。それどころか、中田重治は『民族への警告』（一九三三）において、中国大陸どころかパレスチナに至るアジア全域への皇軍の進出を督促しているほどである。

また灯台社に関しては、「戦争によって利益を得ないばかりか、強い打撃を受けている下層社会の人々に訴えかけていた」などという主張にも疑問が残る。一九三一（昭和六）年から翌年にかけて、灯台社の機関誌『黄金時代』は、天皇、宮家、首相、内大臣、各大臣、貴衆両議院議長、議員、枢密院、各省庁の高官まで無料で届けられ、まさにこの件により官憲の注目を引き、一九三三（昭和八）年三月一四日、第五師団長の二宮治重から陸軍大臣・荒木貞夫（一八七七―一九六六）に、「黄金時代ト題スル思想印刷物郵送越ノ件」という報告書が送られているほどである。

明石の偶像化にもっとも貢献した稲垣真美にしても、どうして「特高月報」に加工を施してまで灯台社を持ち上げるかという理由は、鶴見と同じであり、『兵役を拒否した日本人』（一九七二）の「あとがき」で、稲垣は、赤裸にその事情を説明している。

入隊する私は死刑囚の心境に近かったのである。いまにして思えば、はっきりと拒否すべきであった。事実、そういう気持も抱かないわけではなかったが、一方では軍隊内で抗命した学徒兵のあるものは銃殺されたという話も耳に入っていた。それはあるいは故意に流されたうわさであったかもしれないが、やはり実際に抗命すればただちに直面するにちがいないと思われる軍法会議や処刑の危険を冒し、生死を賭してまで抵抗する勇気はなかったのである。それだけに、そのような恐怖と脅しに満ちた巨大な軍隊の機構に対し、なおかつ兵役拒否をなしとげた人があり得たとしたら、という願望にも似た思いも、自分がそれをなし得なかったことによる贖罪の意識とともに、戦後日本が平和憲法のもとに再出発してからも執念深く私の脳裏をさらなかった。

稲垣によれば、順三の長男である明石真人は、「自分はキリスト者として聖書の〝なんじ殺すなかれ〟の教えを守りたいので、銃器をお返しします」と申し出たとし、『良心的兵役拒否の潮流』（二〇〇二）においても、「聖書を読んだ人なら知っているだろう。そこには『殺してはならない』という教えがある。仏教でも『不殺生』はもっとも大切な法の一つである。だったら大量の人殺しをともなう戦争や、そのための兵役は拒否するしかない」などと、キリスト教に関して、俗耳に入りやすいいいかげんな説明をしている。(24)稲垣は、大学院で美学を学んだプラトン学者であり、この無知の擬態は放置すべきではないだろう。

9 「なんじ殺すなかれ」の意味

旧約聖書はしばしば武力紛争を語っており、ユダヤ教にもキリスト教にも「万軍の神」なる主という表現があって戦争は禁じられておらず、また申命記二〇章にあるように戦争に関する法的指令さえ含んでいる。そして、旧約がみずからが確立した原則と矛盾しないとすれば、いわゆる

「モーセの十戒」の第六戒は、その基本的意味からして以下の領域を含んではいない。

(a) 戦争の拒絶、総じて平和主義
(b) 死刑の廃止
(c) 動物殺の禁止、菜食主義

以上三点を指摘する旧約学のヴェルナー・シュミットは、第六戒に用いられているヘブライ語の動詞に注意を喚起している。「なんじ殺すなかれ」の殺すには「ラーツハ」という旧約のなかでも使用頻度が低い動詞が用いられており、この動詞は、個人の仇敵の殺害や故殺の場合に限ってあらわれる。この「ラーツハ」に対して、戦争による政治的敵対者の殺害や法によって処罰されるべき者の殺害に関しては、「ハーラグ」（一六五回）や「ヘーミート」（二〇一回）などの動詞が用いられている。[25]

だからこそ、現代のトーラー（モーセ五書）の代表的英訳の一つであるユダヤ出版協会版（*TANAKH, The Holy Scriptures*, 一九八五）においても、第六戒は〝You shall not **murder**.〟と訳され、ものみの塔聖書冊子協会の「新世界訳聖書」においても〝You must not **murder**.〟という具合に、〝kill〟という訳語が避けられているわけである。

モーセの十戒の内の第六戒「なんじ殺すなかれ」の意味するところは、「殺人罪を犯すなかれ」ということであり、律法で生命を保証されている者を殺害してはいけないという意味である。もちろん、戦争も故殺も神のさだめた命を奪うことだから、キリスト教神学のなかで伝統的に支配的であった「正戦論」さえ欺瞞だとしてそれを退ける考え方があってもおかしくはない。第六戒を根拠に、キリスト者が絶対平和主義だとか死刑廃止を説くことには無理がある。カトリックでもプロテスタントでも、戦争や死刑に関する意見が各人各様なのはそのためである。

10　マイケル・ウォルツァーの正戦論

ユダヤ思想との関連でもっとも問題含みの「正戦論」は、現代アメリカの政治学者マイケル・ウォルツァー（Michael Walzer, 一九三五－）のものであろう。

ユダヤ系のウォルツァーによる「正戦論」は、その著作における出エジプト記からアモス書まで縦横無尽の引用にもかかわらず、ユダヤ教の伝統との関係は直接的なものではない。『出エジプトと解放の政治学』（*Exodus and*

Revolution, 一九八五）において、ウォルツァーは、「出エジプト記は一つの物語、大いなる物語であり、西欧の政治文化の一部になってきた。一連の政治的出来事は、この物語が用意する語りの枠組のなかで位置づけられ、理解されてきた[26]」などとし、ピューリタン革命、アメリカ革命、フランス革命などを引き合いに出している。一七世紀に北アメリカ大陸へ移住したピューリタンが、自らの経験を出エジプト記の故事になぞらえてエクソダスと解釈し、自分たちは「ピューリタン・エクソダス」を実践し、神意の下にある選民であると考えた[27]。

　そして、アメリカ革命もその延長線上にあるものだが、フランス語の〝exode〟（出エジプト）が歴史的な出来事に用いられるのは、第二次世界大戦のドイツ軍進攻時に、パリから避難民が南下したことぐらいで、フランス革命を出エジプトとのアナロジーでとらえるのは、それほど一般的な発想ではない。フランス革命との関連づけも、テルミドールの反動に参加したコロー・デルボワ（Jean-Marie Collet d'Herbois, 一七四九－九六）による、恐怖は「三十年から五十年の間」耐えなくてはならないだろうという告知だけであり、「イスラエル人の荒野における四十年の放浪を数字だけかえて引用していたと私は思う[28]」というウォルツァーによる表現は、ほとんど牽強付会の見本とでも言うべきものであろう。ウォルツァーのような発想は、世界でもプロテスタントの福音主義的伝統に訴えかけられる地域（主に英米圏）にしか適合しない。

　ユダヤ系の米国の歴史学者、ハンス・コーン（Hans Kohn, 一八九一－一九七一）が指摘するように、「一七世紀の英国で最初に完全なかたちであらわれ」た近代民族主義において、「ピューリタンの影響下に、選ばれた民、神との契約、メシアへの期待というヘブライ民族主義の三つの主要な観念が復活」し、「英国は自らを新たなイスラエルと見なし、英国の民族主義は、宗教的な母体から生じ、その独特な性格を一貫して保ってき」た。英国で生まれ今日アメリカに引き継がれている、「自らを新たなイスラエルと見な[29]」す福音主義的な伝統をウォルツァーはあてにしているのである。

　出エジプトという出来事は、奴隷の軛から解放され、ユダヤ人がその共同体的な信仰を再び獲得したわけである。一方フランス革命によって、ユダヤ人たちはゲットーから解放されたが、ユダヤ人共同体が信仰上のフリーハンドを獲得したわけではなく、政治的には均一なフランス公民となるのと引き替えに信仰は個人の内面の問題になり、また経済的には、キリスト教徒との自由競争のなかに投げ込まれた。封建時代から金融に携わり成長する資本主義経済にいち早く順応したユダヤ人たちは、キリスト教徒との商業的競合のなかで嫉視にさらされ、古代中世のような「神学的」反ユダヤ主義とは異なる別種の経済的反ユダヤ主義に直面することにもなったのである。

「国民に関する限り、ユダヤ人に対しては一切を拒否しなければならない。しかし人間である限り、ユダヤ人に対してはすべてを認めなければならない（……）国民のなかにさらに国民が存在するはずがないからである」と、クレルモン＝トネール（Stanislas Marie Adélaïde de Clermont-Tonnerre, 一七五七‐九二）は市民権に関して一七八九年一二月の議会で討論する際に断言したが、この考え方を突きつめて行くと、公民権獲得ために、ユダヤ人は、ユダヤ教の信仰を個人の内面の問題にとどめてユダヤ人としての独自性を失うか、共和国から放逐されるかを選ぶ二者択一を迫られることになるだろう。

そして、多くのユダヤ人たちは、同化することによる宗教の棲み分けの道を選び、西洋世界のユダヤ人たちは、外面的には近代民主主義社会に同化し、他方内面でユダヤ的独自性を追求するという新たな模索を強いられたわけである。

ウォルツァーの正戦論の前提となっている考え方は、ユダヤ人が西洋に同化して、西洋の一部となった「われわれ」を立ち上げることによって非西洋社会と対峙するというネオコン的思想の先駆的形態とでも言うべきものであり、ネオコンの領袖であるアーヴィング・クリストル（Irving Kristol, 一九二〇‐二〇〇九）が『コメンタリー』誌（一九九一年八月号）で示した、以下のような発想に近似している。

たとえユダヤ人が合衆国で多少いらいらさせられることがあったとしても、彼らが「自分の家」にいる感触を見失うことはもはやないだろう。（……）危険はキリスト教のぶり返しには起因するまい。アメリカのユダヤ人は（もし彼らが賢ければ）、充分キリスト教とも生きていくことができる。むしろ、危険は、キリスト教、ユダヤ教、そして西欧文明に反旗を翻す反＝聖書的な野蛮性の高揚に起因するのだ。(30)

ウォルツァーの正戦論の基本的な枠組みは、トマス・アクィナス（Thomas Aquinas, 一二二五‐七四）が一二七一年頃に書いた『神学大全』（*Summa Theologica*）第二部の「戦争について」で展開した、キリスト教の伝統的な正戦論を基本的に踏まえたものだが、従来の正戦論にない発想は、その先制攻撃論である。ウォルツァーは、「国家は、戦争の脅威に直面して軍事力を使わないことがみずからの領土保全や政治的独立を深刻に危うくするときはいつでも、軍事力を使ってもよい。そのような状況のもとでは、国家は戦うように強いられており、侵略の犠牲者となっていると言ってもよいだろう[31]」などと述べているが、脅威を感じただけで「侵略の犠牲者となっている」と見なすとは論理の飛躍もはなはだしく、ウォルツァーの先制攻撃論は、紛争解決にも戦争抑止にも役立たないばかりか、世界各地で疑心暗鬼を生み、かえって戦争を誘発することになりかねない。

ウォルツァーまた、サルトルの「外在的」批判が無効であるとする『解釈としての社会批判』(*Interpretation and Social Criticism*, 一九八七)のなかで、そのサルトルの批判の対極にあるものとして、旧約のアモス書による暮らしに根ざした「内在的」批判を評価し、「正義と義がイスラエルの伝統の核心をなす価値[32]」であるとしながら、アモス書が戦争に言及し正義の何たるかを示しているにもかかわらず、正戦論ではそれに口をつぐんでいる。

アモス書で神は、イスラエルの兄弟民族であるエドムの罪を、「彼らが剣で兄弟を追い、憐れみの情を捨て、いつまでも怒りを燃やし、長く憤りを抱き続けた」(一:一一)からだとし、またイスラエルに対しては「弱い者の頭を地の塵に踏みつけ悩む者の道を曲げている」(二:七)と非難している。そして、「罪に染まった王国に目を向け、これを地の面から絶たれる」として驕れる人々への審判を予告する一方、「ヤコブの家を全滅させはしない」(九:八)と、神の教えに立ち返ることによって、イスラエルが回復されると預言しているのである。

つまり、預言者アモスを通して神は、旧怨を捨て周辺諸民族と和解し、正義の業によって和平を実現することをイスラエルに呼びかけているのである。予防原則にもとづくリスク管理としての戦争などというウォルツァー流の発想は、ユダヤ教の経典のいかなる書にも見いだすことはできない。ウォルツァーの先制攻撃論は、ユダヤ教の教えとは何ら関係がない。

第4章　同祖論から超古代文明論へ

1　プレイアデス星団に住む「神」

さて、明石順三がものみの塔聖書冊子協会に所属していた頃の会長は、先述のようにジョゼフ・ラザフォードであり、順三は、ラザフォードの著作『和解』(*Reconciliation*, 一九二八)を出版からはやくも二年後に邦訳している。その文のなかには、当時のものみの塔聖書冊子協会が、神についてどのように考えていたかを示す一節があり、明石は以下のように訳出している。

此の昴宿七星の一つが最高の天に位し、其処が神エホバの御座所だと称されている。(……)其の重要性に就ては他の巨大なる諸星も此の昴宿には及ばず、何故なれば昴宿は神エホバの永遠の宝座であるからである。(1)

「神エホバ」がプレイアデス星団に住んでいると主張するラザフォードの考えをそのまま訳出し、何の違和感も抱かない明石のキリスト教観には、順三が再三「真のクリスチャン」と自称しているだけに、唖然とする他はない。

もちろん、こんなことは聖書のどこにも書かれていない。ラザフォードの原文には、「どうか、あなたのお住まいである天からこれに耳を傾け」という歴代誌(下、六章二一節)と「すばるの鎖を引き締めオリオンの綱を緩めることがお前にできるか」というヨブ記(三八章三一節)という引用があるだけで、これらの聖句を字義通りとらえると、神は地球外生命体になってしまうようだ。

言うまでもなく、「神エホバ」がプレイアデス星団に住むなどというオカルト的な星辰信仰は、反キリスト教的な発想である。しかし、一八九一(明治二四)年から一九五三(昭和二八)年まで六二年もの間、ものみの塔聖書冊子協会は、クリスチャンを自称しながら、こうした反キリスト教的教理を保持していたのである。

そして、一九五三（昭和二八）年の教理変更も、たまたま『ものみの塔』（英語版）の一一月一五日号の読者欄で、「ニューヨーク在住のW.S.」によるヨブ記に関する質問に答えるという形式で行われたもので、ものみの塔聖書冊子協会側の回答は、以下のようなものであった。

ついでながら、プレイアデスはもはや宇宙の中心とは考えられず、わたしたちが神の玉座を宇宙の特異点にあると考えようとしたのは無分別であったのかもしれません。わたしたちがプレイアデスを神の宝座と考えようとした時、わたしたちはあの星団に特別な崇拝の念をもって不適切に見ていたのかも知れません。

キリスト教的観点から星辰信仰を否定するのは適切だが、機関誌の読者からの質問に答える際の「ついで」がなかったら、ものみの塔聖書冊子協会は、神のプレイアデス星団存在説をどう扱うつもりだったのだろうか。こうした疑念を持つのも、一九九四（平成六）年に刊行された『聖書に関する洞察』のなかの「神の属性」の説明において、ものみの塔聖書冊子協会は、相変わらず、「まことの神は遍在する方ではありません。神は特定の場所を持っておられると言われているからです。（王一八：四九：ヨハ一五：二八：ヘブ九：二四）その玉座は天にあります」などと述べているからである。

一九二四（大正一三）年、ものみの塔聖書冊子協会は、『天使と女性』（*Angels and Women*）というファンタジー小説を出版した。これは、アン・スミス（Ann E. Smith, 一八一一－一九〇五）という米国の作家が一九世紀末に書いた『セオラ』（*Seola*, 一八七八）という作品を翻案したもので、聖書や古代神話の登場人物の名前を持つ人物が錯綜するとりとめのない筋立ての小説で、前書きで聖書研究生は「スピリチュアリズムを極力避けるべき」としながら、一種のチャネリングの世界を描くスピリチュアリズムそのものの内容になっている。作中では、堕天使へスペルスが西空の星を見て、「かつて幸せに清らかに住んでいた、わたしの王国に帰りたい」などと語るところが、天の「玉座」という神の住まう「特定の場所」への執着を見せていた、ものみの塔聖書冊子協会の世界観と親和性があったのだろうか。

地球から四百光年の距離にあるプレイアデス星団についての荒唐無稽な話だから、神の天在説がおかしいと言っているわけではない。モルモン教のように、「アルシオネ星」を「コロブ星」に置き換えても、不都合は同じである。[2] それがいかなる宗教集団であれ、キリスト教を自称する限り、神を存在物と考えるのは誤りである。出エジプト記（三章一四節）において補語を欠く破格の構文で告知された、「わたしはある」という神名が暗示するように、神はいかなる属性にも回収できず、また時空的制約をうけるものでもない。[3]

2　オカルト占星術からピラミッド学へ

今日、大型書店の宗教書のコーナーに行くと、キリスト教や仏教の関係書を、スピリチュアルを解説する本が圧倒している。なかでも人気があるのは、プレイアデス星人とチャネリングしただとか、太陽系はアルシオネ星を中心に約二万六千年周期で銀河系を回っており、フォトンベルトを通過するたびにアセンションと呼ばれる意識レベルが高次元に進化する等々、新たな装いを施した即興的千年王国運動を説くオカルト本である。[4] 古代の密儀宗教から今日に至るまで、プレイアデス星団は、オカルティストたち憧憬の地なのである。

古代の占星術的な天文学は、一九世紀のブラヴァツキー夫人（Helena Petrovna Blavatsky, 一八三一 - 九一）の神智学から今日のスピリチュアリズムまで、顕著な影響を与え続けている。ブラヴァツキー夫人なき後、神智学協会の指導者となったアリス・ベイリー（Alice Baily, 一八四七 - 九一）は、プレイアデス星団のアルシオネ星がわれわれの太陽軌道の中心に位置するとし、[5] プレイアデス星団は北極星と同じように諸民族の運命と密接なつながりを持っているなどとマックス・トスは説明している。[6]

神の御座がアルシオネ星に存在するというものみの塔聖書冊子教会の初代会長ラッセルの考え方は、ラッセルはピッツバーグ時代に交流のあったルター派の牧師、ヨーゼフ・ザイス（Joseph Augustus Seiss, 一八二三 - 一九〇四）からその着想を得たものである。

オカルティストとしての側面もあったラッセルは、ギザのピラミッドに魅せられており、『御国の来たらんことを』のなかで、アルシオネ星に関するザイスの著作『石の奇跡、あるいはエジプトの大ピラミッド』（一八七七）から長い引用を行っている。

天文学者たちは、どこが宇宙の中心かということに関して意見の一致を見ていない。しかしながら、それをプレイアデス星団、とりわけ有名な中心星であるアルシオネ星と考える者もいる。このことを最初に発見したのはドイツの天文学者、J・H・メドラー教授である。アルシオネ星は、科学の先端的知見によれば、「真夜中の宝座」であり、すべての引力システムが収斂する台座であって、全能の主がそこから自分の宇宙を統治している。そして不思議な暗合がある。多くの国々の伝統においてまだ一年の始まりと考えられているのだが、その秋分時に中天に輝くプレイアデス星団のアルシオネ星の位置は、大ピラミッドからの子午線と正確に一致しているのである。(7)

聖書の記述と科学的知見をこじつける聖書解釈は、今日コンコーディズムと呼ばれ、カトリックやプロテスタントの信仰理解からは退けられているが、さしずめザイス説などはその典型であろう。

秋分時のアルシオネ星とギザのピラミッドの位置との照応を最初に唱えたのは、スコットランドのチャールズ・スミス（Charles Piazzi Smith, 一八一九‐一九〇〇）であり、このスミスこそ、オカルト的ピラミッド学の大成者であった。

ギザの大ピラミッドの底辺を囲み石の幅で割るとちょうど三六五、つまり一年の日数になることを「発見」したスミスは、囲み石の幅が二五インチよりわずかに大きいので、これが聖書に描かれている「神聖なキューービット」であると考えた。「キューービット」とは、古代オリエント地域で普及した度量衡の単位で、人間の肘から中指の先までの長さがもとになっている。この「神聖なキューービット」を二五等分すると、大体英国で用いられている一インチになることから、これがピラミッド製作者の用いた「ピラミッド・インチ」と結論づけた。そもそも何故割ったり足したりしなくてはならないのかという演算そのものに何の根拠もないので、スミス説はデタラメなものだが、スミスは、この「ピラミッド・インチ」こそ、アングロ・サクソンのインチになったのだと吹聴した。

このような「研究」を後押しした背景には、北アフリカにおけるイギリスとフランスの植民地争奪戦がある。一八六九年、ナポレオン三世の皇妃ウージェニーがギザの大ピラミッドを訪問したことが、アングロ・サクソン至上主義者たちの対フランス警戒心をいやが上にも高め、そこで、英国によるエジプト領有の正当性を根拠づけるため、古代エジプトと近代英国との緊密な結びつきの「発見」が喫緊の課題になったのである。

この偉大な仕事は、アングロサクソンの兄弟国であるアメリカ合衆国でも共感を呼び、一八七九年にはボストンで「度量衡を保存して完全にするための国際協会」が結成され、第一回の会合がもたれた。そして、協会の目的として、神聖ピラミッド基準に合うように計量単位を改訂することと、フランスの「無神論的メートル法」と断固闘うという決議が採択された。

マーティン・ガードナーは『奇妙な論理』（一九五二）の「ピラミッドの神秘」という章のなかで、先の度量衡国際協会の定期刊行物に掲載された卓抜な歌詞をこう紹介している。(8)

ではあの外国の学派が教えた、「メートル」系を残らずぶった倒せ。
われらは今も父なる神をあがめ、父の「規則」を守るのだ！
完全なインチ、完全なパイント、アングロの正直なポンドをして、
地上に当然の地位を占めさせよ、時の最後のラッパが鳴りわたるまで！

スミスやザイスなど奇天烈な人物たちは、当初歴史の闇に消えるかに見えたが、ガードナーが紹介した歌詞に見られる、黙示録的な予言の部分が、プロテスタントの一部のファンダメンタリストの宗派に強い影響力を行使し始めた。(9)

3　ピラミッドによる予言

スミスのオカルト的ピラミッド学にもっとも大きな影響を受けた一人が、他ならぬ「ものみの塔聖書冊子協会」の創設者、チャールズ・テイズ・ラッセルである。

ラッセルは、スミスの提唱する「ピラミッド・インチ」によって内部の坑道の距離を測定し、それが歴史の過去を刻み、また未来をも予見するものであるという主張に夢中になった。そして、ついに一八八九年、有名な『聖書研究』の第三巻目が刊行され、「一八七四年には、キリストが『目に見えないかたちで』再臨している」とした。さらラッセルは、「ピラミッドは、一九一四年が終わりの日の始まりであることを証明している」などとした。

この予言癖はラッセルがミラー運動から受け継いだもので、ミラーたちは、人口希薄な西部開拓地に野営し、ダニエル書八章一四節のなかの「日」を年と考えて終わりの日を算出し、一八四三年にキリストが再臨するという確信を披瀝して、聴衆たちを再臨待望の熱狂に巻き込んで行った。

もちろん、一八四三年は何事もなく過ぎ去ったので、終わりの年を翌年に持ち越したが、この年も前年同様何も起

こらなかった。そして、イエスの再臨を待ち望んだ民衆たちのある者は落胆し、またある者はミラーのもとを離れていった。ものみの塔聖書冊子協会やセブンスデイ・アドヴェンティスト（SDA）などの源流は、挫折したミラーのこの再臨待望運動にある。

4　予言がはずれるとき

予言が成就しなければ、欺かれたと思う民衆たちは、みな四散してしまうというのが一般的推測だろうが、実際にはミラー運動の挫折は、新たなる再臨待望運動を生み出した。

常識的観念に反するこの奇妙な現象に着目したのが、アメリカの社会学者、レオン・フェスティンガー（Leon Festinger, 一九一九－八九）であり、有名な「認知不協和」の理論は、ミラー運動の成就しなかった予言と失意のメシアたちの研究から生み出されたのである。

「この世の破滅を予知した現代のある集団を解明する」という副題を持つフェスティンガーらの共著のキー概念である「認知不協和」の理論とは、以下のようなものである。

二つの認知要素を仮にAとBとしておくと、よく持ち出される例として、ある人が「タバコを吸っている」（認知要素A）が、同時にその人は「タバコは有害であることを知っている」（認知要素B）というものがある。ここで、BからAには帰結せず、不協和が生じている。この場合、二つの認知要素を根本的に解消しようとするなら、当人がタバコを止め、認知要素Aを非Aに変えてしまうことである。しかし、どうしてもタバコを止められないと、認知不協和を低減するためには、Bそのものに変更を加えるという戦略が必要になってくる。タバコはなるほど有害であり、致死の有毒性があるかもしれないが、人間は誰でも死ぬのだからそれは別にたいしたことはない等々の理屈を作り出すわけである。

ある宗教集団の予言がはずれた後になって、むしろ布教活動が活発になり大きな教団に発展して行くという逆説的な現象にフェスティンガーは着目し、この「認知不協和」の理論を考えたのである。

ラッセルによれば、ピラミッドの坑道の寸法から算出した年代予測から、一九一四年にこの世の終わりが来て千年王国が到来するはずだったが、むろんそんなことは起こらなかった。するとものみの塔聖書冊子教会は、「一九一四年に起きると期待されたすべての事がその年に起きたわけではありませんが、それは確かに異邦人の時の終わり、特別な意味を持つ年になりました。多くの歴史家もまた解説者も、一九一四年が人類史の転換点であることに同意しています」(『二〇世紀におけるエホバの証人』より)などと適当な理由をつけてごまかし、フェスティンガーの「認知不協和」の理論の正しさをあらためて立証した。

しかし、ピラミッドの坑道測定による未来予見は、エドガー兄弟(John & Morton Edgar)という共感者を見いだし、先に紹介した名著『奇妙な論理』の著者ガードナーは、兄弟の活躍をこう描いている。

イギリスではジョンとモートン・エドガーがラッセルのピラミッド理論に強い感銘を受け、二人はさっそくエジプトへ出かけて自分で測定を行った。ここで彼らは、「この驚くべき構造の象徴的・予言的な教えの中に、ある日は兄が、次の日には弟がというふうに新鮮な美をつぎつぎに発見し」、ラッセル師の考えが「ものの見ごとに立証」されるのを見いだしたのだった。彼らの英雄的研究は、後生の人々のために厚い二巻の本として記録されている。(……)ラッセル師の信者がひどく失望したことは、彼が予言した一九一四年には第一次大戦が勃発したものの、それ以上にドラマチックなことは何も始まらなかった。(……)モートン・エドガーは(兄のジョンはその大きな期待はずれがおこる前に死んでいた)一九二〇年代に一連のブックレットを出版したが、そのころにはラッセルの信者たちのあいだでは、一九一四年からキリストが(一八七四年からすでに地球にもどってきていた)が目に見えない正義の支配を開始したという考えが支配的になっており、ブックレットもそういう線に従うものだった。(10)

先の日ユ同祖論の章で酒井勝軍という人物に少し触れたが、この酒井はまた古代日本にもピラミッド文明があったと唱えており、原田実の『日本トンデモ人物伝』(二〇〇九)のなかで、ひときわ燦然と輝く人物である。「類は友を呼ぶ」というべきか、モートン・エドガーの邦訳者が他ならぬこの酒井勝軍なのである。

ピラミッドの坑道測定から、新旧約聖書の各年代の出来事を割り出すのみならず、地球の未来をも予見するなどというトンデモない内容の訳書は、驚くなかれ、今日まで続く日本史の老舗出版社、吉川弘文館から一九三六(昭和一一)年刊行された。「モルトン・エドガア原著、酒井勝軍譯述」というのがくせもので、「譯者曰、〜」と酒井が度々顔を出しては、日ユ同祖論の立場からコメントをつけ、例えば、ピラミッド内の「大廊下の長さ」の測定から「一千九百十五年には地上に之に該当すべき大事実が起こった筈である」というモートンの主張に対しては、「譯者曰、世界統一神政復古の前兆として、二千六百年流浪亡国の民であったイスラエル人が其諸国に帰還するといふことは、聖書に明らかに預言せられたことであった。而して之を応験すべき地上の一大事は言ふまでもなく世界大戦であって、其結果猶太人はパレスチナに帰還する自由を得たのであることは周知の事実である」などと注釈している。

5　日本のピラミッド文明

ユダヤ=キリスト教の歴史とピラミッド文明の照応関係を論じた、モートン・エドガーの『ピラミッドの正体』（*The Great Pyramid*, 一九二四）を酒井勝軍が翻訳するようになった経緯が、訳書の序説に書かれている。

序説によれば、同書の原書は、酒井が陸軍嘱託としてパレスチナに派遣される旅程の読書の糧として、海軍大将・山本英輔（一八七六－一九六二）から贈呈されたものだという。酒井は気づいていないが、ここには自身も日ユ同祖論者だった山本のある種の思惑が働いていた。単純で暗示にかかりやすい酒井は、山本の計算通り、ピラミッド文明と古代のユダヤ史に関するさまざまな「発見」を携えて帰国し、それらの「発見」を日本史にこじつけて、ギザのピラミッドを「メシアの神姿」であり、「世界に君臨する日本天皇の神姿」（『太古日本のピラミッド』）などと言い始めるのである。

昔から「必要は発明の母」というが、ピラミッドが「世界に君臨する日本天皇の神姿」であるならば、当然日本国内にもピラミッドがなくてはならない。こうした逆転の発想で、日本にもピラミッドを「発見」してしまうのが、酒井の面目躍如である。これが、今日でもオカルト雑誌でよく特集が組まれる「剣山のアーク」伝説の始まりである。

酒井のケースを、フェスティンガーの「認知不協和」の理論に当てはめてみると、（認知要素A）は、ユダヤ人の歴史と密接な関係があり、未来予見さえ可能にするとされる「高度な古代文明の証しとしてピラミッド文明が存在する」というものである。そして、（認知要素B）は、日ユ同祖論の自明性からして「古代日本にはピラミッドが存在する」というものである。

言うまでもなく、今日までピラミッド状の古代遺跡など日本で発見されたことはない。そこで酒井は、エジプトには自然の山がないから石を切り出してピラミッドをつくらなければならなかったが、普通の山にしか見えない日本の山こそ「本来のピラミッド」だと（認知要素Ｂ）を変更してしまうのである。

この日本のピラミッド伝説は、戦後酒井が亡くなった後も受け継がれ、今度は、酒井に『ピラミッドの正体』の原著を渡した山本英輔が、「ソロモンの秘宝」の調査という名目で剣山を発掘調査する。

読売新聞の記者であった柞木田龍善は、一九七八（昭和五三）年、この剣山の「ソロモンの秘宝」伝説を現地取材し、『日本超古代史の謎に挑む――日本・ユダヤ同祖論の深層』（一九八四）というルポルタージュを書き上げている。

一九五二（昭和二七）年、元海軍大将・山本英輔は、徳島県に埋蔵文化財発掘許可書を提出して許可され、古代史マニアの早大講師・仲木貞一、宙光道教という新興宗教の幹部・中村資一郎らと剣山に入山した。柞木田が剣神社の宮司や役場関係者に取材したところによれば、「黙示録によりユダヤ王ソロモンが隠した時価八千億の宝物」をめぐって、当時地元では「でる」「でない」と議論が沸騰したという[11]。

秘宝発見の「七つのカギ」を握るという乙姫さま竜宮教の教主だという伊藤妙照も入山し、「神の啓示やら電磁波光を頼りに掘りも掘ったり約六十尺、『古代人発見』『人体の化石発見』とセンセイショナルな発表で掘り進んだものの、九月一日『墓所に達する重要な場所』で、ハタと行きづまり、いつの間にやら、一人へり、二人へり、残ったものといえば穴の開いた発掘口、基地にされた見越剣神社と貞光町の旅館にたまった十万余の借金」という、無残な結果に終わった。

今日この剣山ユダヤ伝説を引き継いだのが、あの宇野正美である。大阪聖書キリスト教会の牧師だった宇野は、『古代ユダヤは日本で復活する』（一九九四）において戦前の日ユ同祖論を繰り返し、「聖書が明かす剣山と契約の箱の謎」をまことしやかに解説している。

しかし、この剣山には、およそトンデモ本とは縁のなさそうな人物も入山している。外交官で元駐日イスラエル大使のエリ・コーエン（Eli-Eliyahu Cohen, 一九四九－）である。

宮本武蔵の『五輪の書』を愛読し、空手の達人であるコーエンは、『驚くほど似ている日本人とユダヤ人』（二〇〇六）のなかで、徳島県の美馬を訪れ、町会議員の案内で剣山に入山した時の印象を、以下のように書いている。

徳島県の剣山には、ユダヤの王・ソロモンの秘宝や、失われた聖櫃（アーク）といわれる神の箱を埋めたという伝説のみならず、古代のユダヤと日本のユダヤとのつながりを感じさせる遺跡が多数あるとされている。限られた時間の中の視察だったが、剣山とその周辺で見た遺跡や神社の数々は大変興味深いものであり、できればもう一度尋ねて行って、ゆっくりと見てみたいと感じる場所ばかりだった。（……）倭大国魂神社という本来は宮中で祀られていた国家の守護神を祀る神社にも案内された。そこで驚いたのは、その神社の神紋が七枝の木の形をしており、それはユダヤのシンボルである七枝のメノラーにそっくりだったことだ。（……）日本各地には、ユダヤ人が来た伝説がある。本当に美馬の地に来たのか、わたしにはわからない。が、神は唯一でメッセージも一つ。それがいろいろな方法で日本に伝わり、似た習慣や遺跡が残っているとすれば大変興味深い[12]。

元駐日イスラエル大使は、「コーヘン」という名前が、ユダヤ教の祭司階級に受け継がれた名前であることを、この著書で強調している。同じく聖職者のマーヴィン・トケイヤーなどにもこの手の日本ユダヤ比較論は多いが、それが単なる社交辞令なのか、本心からそう思っているのかは、わたしにはわからない。が、酒井勝軍が生涯をかけて力説した日ユ同祖論が、いろいろな方法で後生に伝わり、似た発想が残っているとすれば大変興味深い。

6　メナセ・ベン・イスラエルの『イスラエルの希望』

真面目な読者は、元イスラエル大使だとか、ユダヤ教団の主席ラビだとか、著名な大学の教授などユダヤ社会の名士たちが、日ユ同祖論などという児戯めいた妄想に、同意の言質は与えないまでも、一応は耳を傾ける素振りを見せることを不思議に思うだろう。

例えば、『ユダヤ人と日本人の不思議な関係』（一九九一）のなかでベン＝アミー・シロニーは、「数あるユダヤの言い伝えのなかでも、『失われたイスラエル十支族』の伝説はもっとも魅力的なものの一つだ」と前振りをしながら、「共通の祖先という考えに魅了される人々がどちらの社会にもいる理由の一つは、それが、少しでも数を増やしたいというユダヤ人の欲求と、少しでも深いルーツを持ちたいという日本人の欲求をそれぞれ満足させるからだ[13]」と主張しており、シロニーが日本がバルフォア宣言を支持したことに高い評価を与えていることに注意すべきであろう。

もちろん、旧日本帝国がバルフォア宣言を支持したこのは、ユダヤ人の立場を格別留意したからではなく、当時はまだ失効していなかった日英同盟を尊重したからである。

バルフォア宣言も、英国以外の列強の支持も満遍なく取り付けなくては空文になってしまうので、上海のシオニストたちは、ロイド・ジョージ英首相に感謝の電報を送る一方で、当時アジアの主要な独立国であった、日本、中華民国、そしてシャム王国（タイ）に対しても、バルフォア宣言を支持してくれるよう積極的な働きを行った。

一九一八（大正七）年七月、上海シオニスト協会のカドゥリー会長（Eleazer Silas Kadoorie, 一八六七－一九四四）は、妻子とともに夏期休暇を過ごすために横浜に向けて出帆した。もちろん、夏期休暇とは表向きの理由で、実際の目的は、バルフォア宣言に対する支持を日本政府の要路に働きかけるためである。カドゥリーら上海のシオニストと日本政府のチャンネルになったのは在日フランス大使館であるが、相次ぐ人事異動があり、富山県で「米騒動」が発生して寺内正毅内閣が総辞職し、とても支持を要請できる雰囲気ではなかった。

しびれを切らしたカドゥリーらは、九月二四日、フランス大使に対して上海シオニスト協会の要請を日本の外務大臣に取り次いでくれるよう要請し、年末の一二月二七日になってやっと、在日フランス大使館のロジェ・モーグラ（Roger Maugras, 一八八一－一九六三）臨時代理大使を介して、「帝国はあなた方の願望の実現を同情をもって歓迎する」との日本政府からの回答が伝えられた。[14]

先の「少しでも数を増やしたいというユダヤ人の欲求」というシロニーの発想は、二〇世紀初頭から今日まで続く一貫したシオニスト的戦略の延長線上にあるものと思われる。

さて、周知のように、マーヴィン・トケイヤー師の「著作」と称されるもののなかには、日本人とユダヤ人の同祖論に関心を示したものが多いが、それらの著作の内で英語の原文が刊行物で存在するのは、メアリー・シュオーツとの共著である『河豚計画』（*The Fugu Plan : The Untold Sory of the Japanese and the Jews during the World War II*, 一九八二）くらいのものである。

それ以外の著作は、一九七五（昭和五〇）年に刊行された『ユダヤと日本 謎の古代史』（産能大学出版部）を始めとして、トケイヤー師との英語による対談を翻訳したものだそうで、同書の翻訳者の箱崎総一は、カバラの研究者でもある精神医学者（多摩美術大学）である。

そして、月刊誌『自由』の一九九七（平成九）年一二月号で「対極の民・日本人とユダヤ人 東京裁判は戦勝国の復讐劇だった」という奇妙なタイトルの記事を翻訳したのは、「東住吉キリスト集会」でキリスト教を学んだというラジオ伝道師の高原剛一郎。また、この『自由』誌の編集委員会代表だったのは、著名な外交評論家で保守派の論客・加瀬英明であり、『日本・ユダヤ 封印の古代史―失われた一〇部族の謎』（一九九九）の翻訳者の久保有政は、レムナント社主幹で福音派の牧師である。最後の二人は、日本イスラエル親善協会の役員でもあり、現在日本における日本ユダヤ同祖論の磁場を示している。

日本イスラエル親善協会の会長は、「ユダヤ教徒ふうのキリスト教徒[15]」の「キリストの幕屋」の神藤燿であるが、手島郁郎の次男・佑郎の手記[16]によれば、『生命之光』が「キリストの幕屋」（現代表：長原眞）の機関誌であり、手島郁郎の長女「虹子は、原子化学研究者の神藤燿に嫁」いだという。この神藤のシオニズム的な政治的立場が「岡崎久彦『イスラエルの危機』への批判[17]」などによって明らかにされている。

しかし、創立者の手島郁郎の時代はともかく、今日の「キリストの幕屋」は日ユ同祖論と距離を置いている。モーリス・フリードマンの『評伝 マルティン・ブーバー』（二〇〇〇）下巻の「訳者あとがき」によれば、「大学に入って間もなく、無宗教系のキリスト教者の群である『キリストの幕屋』に導かれて、キリストを信じる者となった」ミルトス編集代表の河合一充は、同祖論を「少しでも数を増やしたいというユダヤ人の欲求」としたシロニーとの共著『日本とユダヤ―その友好の歴史』（二〇〇七）のなかで、「日ユ同祖論にキリスト教に触れた人々が目立っているのは、不思議な現象である。現在でも、この種の著作をたれ流している諸氏がキリスト教の牧師であったし、今なお牧師である人もいる。もっともキリスト教の主流を代表する人々ではないが[18]」と批判し、同祖論に関しては、「キリストの幕屋」と福音派の一部とは立場が異なるようである。河合は、同祖論者たちが「その根拠に『聖書』を引用する。しかし預言書の中に『日本』や『天皇』のことが書かれているなどという読み方は、いかがわしい。学問的な聖書解釈では赦されない、勝手で強引な読み方がされているのである[19]」と、日ユ同祖論を批判しているが、もっともである。

最後の久保有政は、『日本とユダヤ 運命の遺伝子』（二〇一二）という著作のなかで、失われたイスラエル十支族は日本に来ていたことがついに科学的な遺伝子調査で判明したなどとして、バイオテクノロジーの時代の新手の同祖論を展開しているが、生物学的決定論による人種主義が、かつてヨーロッパでいかなる展開を見てユダヤ人の運命にいかなる影響を与えたかを、少し真剣に考えてみるべきであろう。

加瀬英明は、こう書いている。『なぜアメリカは、対日戦争を仕掛けたのか』（二〇一二）において「日本人は『悪辣で、残忍な野蛮人だ』」というトルーマンは、「ユダヤ人も嫌っ」て、「彼らみな、私欲だけによって駆られている。私はやつらに構わないし、どうなろうと知ったことではない」とも言ったそうである。また、マッカーサーも「人種差別主義者」で、「ジャップは、おぞましい悪」という信念の持ち主で、ユダヤ人のことも嫌っており、「トルーマン！ユダヤ人の名前だ。あの卑しい顔を見れば、どうしても隠すことができない」、と。

先の大戦中の米国の戦争指導者が日本人もユダヤ人も嫌っており、日本人とユダヤ人も、同じ差別を受けた仲間だと言いたいのだろう。

ここまでの話なら、「少しでも数を増やしたいというユダヤ人の欲求と、少しでも深いルーツを持ちたいという日本人の欲求をそれぞれ満足させる」（ベン＝アミー・シロニー）というシオニスト的戦略のバリエーション――つまり、同祖論ならぬ同質論――としてよかったのだが、加藤は勇み足で戦略を間違えてしまった。ユダヤ人を嫌うマッカーサーは、側近とルーズベルトを話題にするときは、「わざと『ローゼンフェルド』と名前を間違えて見せた。ローゼンフェルドは、典型的なユダヤ人の姓である[20]」などと余計なことを言ってしまったのである。この本の全体の主張は、ルーズベルトが敷いた戦争のレールに日本が無邪気にも乗せられてしまったというもので、ルーズベルトを強く批判する内容である。これでは、同じ差別を受けた仲間として、日本人からユダヤ人への同情心を引き出そうとしているのか、日本人とユダヤ人を仲違いさせようとしているのか、さっぱりわからない。何事もやり過ぎは禁物である。

ところで、第2章で指摘したように、日ユ同祖論は、英ユ同祖論をプロトタイプとしている。日本と英国は、世界中で同祖論がもっとも濃密に存在する二国なのである。

両国は近代になってこそ欧亜のリーダー的存在になったが、古代・中世以来大陸の先進的文化への劣等感に悩まされ、軍事的・経済的ヘゲモニーによってやっとそれを克服して来た島国という共通点を持っている。同祖論は、自分たちを見下して来た大陸諸国より長い歴史を持つ民族とリンケージにすることによって、その劣等感を補償することができる。これが、同祖論を受信する側の象徴的利得である。

反対に、内心は噴飯物と思いつつ一応は迎合するようなポーズを取る側の利得は、おそらく象徴的というよりももっと実利的なものであろう。

あまり知られていないことだが、この同祖論というのは、元々は非ユダヤ系ではなく、シロニーの指摘するように、ユダヤ人の側から「少しでも数を増やしたいというユダヤ人の欲求」により、極めて実利的な目的で、一七世紀の中頃にオランダの首都アムステルダムで発信されたものなのである。

中世期に英国から追放されたユダヤ人は、日本の徳川政権の初期にあたる一六五一年一〇月、アムステルダムから英国への再入国の機会をうかがっていた。

そして、クロムウェルの政権の親ユダヤ的性質を見極めたメナセ・ベン・イスラエル（Menasseh ben Israel, 一六〇四－五七）は、時機到来と判断し、ユダヤ人の入国を見極めるための請願書を提出した。

その際メナセの提出した請願書の内容は、以下のようなものだった。

(1)　ユダヤ人の入国を許可し、イギリス市民と同等の保護を与え、あらゆる場合に、軍隊による警護を補償すること。
(2)　イギリス本国とイギリス植民地でユダヤ人がシナゴーグを持ち、ユダヤ教を信仰することを許可すること。
(3)　郊外にユダヤ人専門の墓地を確保し、何者にも煩わされずに死者の埋葬を行うこと。
(4)　あらゆる種類の商取引の許可。
(5)　ユダヤ人の争いについては、ユダヤ教会の指導者がモーセの律法によって独自に裁きたいこと。

現代のように市民権の確立した民主主義社会ではありふれたものばかりだが、異端審問の荒れ狂うイベリア半島ではどれもかなわないものばかりだった。

《失われた十支族》の伝説というのは、アムステルダムでレンブラント（Rembrandt van Rijn, 一六〇六－六九）の筋向かいの家に住み、画家が肖像絵にも描いたこの有名なラビが、クロムウェル政権への請願の際に英国側の好意を取り付けるために書いた『イスラエルの希望』（*Esperança de Israel*, 一六五〇）のなかにある友人の旅行譚に始まるものなのである。

同書が大いにもてはやされたのは、メナセの友人である旅行家アーロン・レヴィによって南米の辺境地にヘブライ語を話す白い肌をしたコロニーと遭遇したという「発見」を含んでいたからである。依然として割礼を実行し、悲しいときには衣服を切り裂くという習慣を持つこのコロニーの人々は、古代に東に向かいアジアを通ってベーリング海を越え、まずグリーンランドに定着した後、ラブラドル海峡を経て南下したのだという。

故郷のポルトガルから、フランスのラ・ロシェルを経て、アムステルダムにメナセが居を定めたちょうどその頃、英国のピューリタンのなかでも手に負えない過激な言動ゆえに追放されたもっとも過激な人々が、アムステルダムに本拠を構えた。英国の選民たちは、この異境の地で、同朋、すなわち異端審問から逃れてきたユダヤ人に会ったのである。

思い込みの激しいピューリタンの狂信者たちにとって、この「出会い」が偶然であるわけはなく、この「出会い」は早速、ユダヤ人の離散と帰還という人類救済史のなかに編入された。メナセとこの本を英訳した過激なピューリタンたちの目論みは、ディアスポラ（ユダヤ人の離散）が英国まで及べば「地の果てから果てまで」（申命記 二八：六四）実現した後母国に戻るという記述に注目を集めることだった。

南米という最果てにまで選民が見つかったとなれば、旧約の預言が実現するためにはユダヤ人がいまだ排除されている唯一の「地の果て」である英国にまで離散が及ぶことが必要であり、中世の語源学では、英国（仏語で Angleterre）は、〝angle de la terre〟（「地の角」の意）に他ならなかった。[21]

メナセの友人による「発見」は、西欧的想像力のなかで《失われた十支族》の伝説に訴えかける力を持っていた。アッシリアに連れ去られた後、聖書から忽然と姿を消したとされる十支族が実は別所で生き延びているという伝説は、人類の救済史における前衛的役割を自負していたピューリタンたちに大いに歓迎され、さらに一八世紀に英国の支配が「七つの海」に及ぶや、リチャード・ブラザーズ（Richard Brothers, 一七五七 - 一八二四）によって英国民こそ《失われた十支族》だという英ユ同祖論（ブリティッシュ・イスラエリズム）に換骨奪胎されたのである。

メナセの放ったドミノ牌の一はじきは、同祖論や再臨説を勢いづけ、クロムウェル時代から続くプロテスタントの復帰論の伝統を踏まえた福音主義の潮流に訴えかけて、自分たちこそ神による人類の救済計画に参与できる選ばれた民であるという確信を英米の福音派に鼓吹し、三世紀にもわたる息の長い影響力を行使し続けた。

英国の「辺境性」をユダヤ人の歴史と巧みに結びつけたメナセによる同祖論の政治利用に関して、度会好一が「イギリス帝国の傘下に身を寄せた二〇世紀のシオニズム運動を先取りしている、と表せないこともない」[22]としているが、もっともである。

今日のイスラエルのシオニストと米国の原理主義キリスト教徒の同盟のひな形は、メナセ・ベン・イスラエルによる清教徒の懐柔策にあり、シオニストたちにとっては、神や隣人への愛より土地や国家への愛を優先することは偶像崇拝ではないか等々うるさいことを言ってくる正統派のユダヤ教徒より、米国の原理主義者たちを懐柔してアメリカの政界へロビー運動をする方が、自国の防衛に役立つというわけである。

さて、文化的劣等感を自尊心に切り替える転轍機とでもいうべき同祖論は、例えばイタリアとかフランスといった国々では、さっぱり人気がない。というのも、これらの国々はヨーロッパ文化の嫡流にあり、その文化的卓越性は自他共に認める自明事なので、同祖論のようないかがわしい梃子入れをあてにする必要がないからである。

もちろん、ユダヤ人の古代日本渡来説や同祖論などは、オカルト雑誌などで好事家の酔狂のタネであるうちは大過はない。しかし、こうした珍説が思いも寄らぬ場所に出現して人を驚かせることがある。

例えば、以下の引用を読んで、読者はどう思われるだろうか。

ユダヤ教も日本神道も偶像崇拝を禁止している。また、世界広しといえども「三種の神器」というものがあるのは日本とイスラエルだけであろう。

外見から明白なように皇族も一般の日本人も一〇〇パーセントユダヤ人ではない。(……)イスラエル人の血や影響などは日本人全体から見ると非常に小さな部分しかしめていない。しかし、日本の伝統文化の中核である神道には、これまで見てきたように古代イスラエルの影響が非常に強く表れていることは否めないのである。

五三八年に仏教が公伝すると、平面的広がりを持つ前方後円墳に代わって、垂直に伸びる高い塔や鳥居とお堂がワンセットになった神社が建設されるようになった。(……)飛鳥時代には、支配者層がイスラエル系であったことが明確に表れている。

日本に渡来した「失われた十支族」は、アラビア半島に相当する紀伊半島の北緯三三度線上地域を信仰の中心として選んだのだろう。

音読みが「ユウ、ユ」と「ホウ、ホ」である字、由・夕・有・湯・油などや鵬・法・峰・保・穂・浦なども全て宇宙船(UFO)を表わすと思う。これは私の考えである。

多くの読者は、これがトンデモ本かオカルト雑誌からの抜き書きと思われるかもしれないが、これらの主張は、国立大学の紀要にれっきとした学術論文として掲載されているものなのである。論文の題名は、「日本・イスラエル比較文化研究：日猶同祖論考[23]」というもの。このタイトルだけを見ると「日猶同祖論」なる奇説がいかに発生したかを分析する歴史的ないし社会学的考察が展開されているように思えるが、そうではなくて、宇野正美（『古代ユダヤは日本で復活する』一九九四）だの久保有政（『日本の中のユダヤ文化』二〇〇三）などを信頼すべき典拠とする、おそるべき「論文」なのである。

同祖論を展開する宇野正美や久保有政らが、シオニズムとキリスト教信仰を折衷する原理主義の牧師ないし説教師であることは、日ユ同祖論発生以来連綿と続く伝統だが、そうした特殊な事情を度外視した議論のナイーヴさには、驚く他はあるまい。

さて、先に同祖論のプロトタイプとして、メナセ・ベン・イスラエルの『イスラエルの希望』の英訳本を紹介した。現在同書は、英国オックスフォードのリットマン社から普及版が刊行されている。アンリ・メシュランとジェラール・ナオンの長い序文（マラーノ文学論）と綿密な注釈を付す優れたクリティック・エディションで、読者には是非お読み頂きたい[24]。

この『イスラエルの希望』は、クロムウェルのピューリタン政権下の英国への再入国を請願するという明確な目的をもった政治パンフレットである。請願書としては、いささか間延びしているが、トマス・モアからラブレーに至る奇想に富むユートピア文学の一つとして読むなら、英語文学の歴史に加えるべき傑作である。

大航海時代の南北アメリカからアジア・太平洋に至る旅行譚や航海誌はもとより、古代のプリニウスから同時代のマテオ・リッチなどのイエズス会士の報告書、果てはクロードド・デュレの言語史までが縦横無尽に引用され、ユダヤ人の離散が世界中に及ぶと強弁する手腕は、メナセの比類のない知的力業である。

もちろん「地の果ての」イギリスにディアスポラが及べば聖書の預言が実現するとの暗示はこじつけだが、異端審問の恐怖から同朋たちを安全な地に逃したいというその切実なる思いは、今日のわれわれ読者にも伝わってくる。

英文学畑の熟練の翻訳者で邦訳が期待される『イスラエルの希望』の批評版を一読すれば、宇野正美など有象無象のつまみ食いで同祖論が論じられるなどという心得違いは一掃されるに違いない。同祖論はその出発点においては、単なる変人の奇想などではなく、異端審問という間近に迫った恐怖に対するユダヤ人の苦悩を証言するものだったのである。

7　竹内文書と天津教

さて、酒井勝軍と交流があった人物の一人として、天津教の竹内巨麿（一八七五－一九六五）なる人物がいる。ノンフィクション・ライターの藤原明は、『日本の偽書』（二〇〇四）のなかで、いわゆる「竹内文書」が、酒井と竹内の「言説のキャッチボール」のなかでいかに捏造されたかをユーモラスに語っている。

竹内文書によれば、日本こそ世界人類発祥の地であり、釈迦もモーセもキリストも、さらには孔子までおよそ世界に知られた古代の聖者は、みな日本に来て学んだのだという。小学生でも吹き出しそうな話ではあるが、地下鉄サリン事件（一九九五）を引き起こしたオウム真理教の教祖・麻原彰晃が執着を見せていた超古代金属ヒヒイロカネは、酒井が竹内巨麿からその霊力を聞いて、自らが主催する月刊誌『神秘之日本』に発表した、いわくつきの霊石なのである。[25]

竹内文書の神統譜によれば、われわれの住む宇宙は三一七五億五〇〇〇万年の昔にさかのぼり、人類の歴史は二千億年前に日本で誕生した皇子たちが世界中にちらばって始まったのだという。また、神武創業以前にも「ウガヤフキアエズ朝」七十三代ほか百五代総計数百年を想定し、古代の天皇は「天之浮船」と呼ばれる飛行船のようなものに乗って世界中を巡回していたとのことである。

この超古代文献には、なぜかボストンとかメルボルンなどという地名が存在し、ユダヤ人をエジプトの虜囚の地から解放した人物は、同時にローマを建国した人物でもあり、その名をモーゼ・ロミュラスとされる。このロミュラスとは、明らかにローマ建国神話に出て来る「ロムルス」のことだろうが、それが英語訛りで表記されているのもご愛敬で、米国帰りの酒井の関与をうかがわせる。酒井と竹内の「言説のキャッチボール」から竹内文書が生まれたとする藤原明の主張には、極めて説得力がある。

天津教は、一九三〇（昭和五）年と一九三六（昭和一一）年の二回にわたって官憲から弾圧を受けるが、罪状は詐欺罪から不敬罪に移行しており、酒井が編集する『神秘之日本』も七回にわたり発禁処分となっている。もちろん、酒井も竹内巨麿も熱烈な天皇崇拝者であり、主観的には官憲に楯突こうなどという気持ちはさらさらないので、こうした弾圧は不本意であっただろう。

周知のように、戦前の公式史観では、一九四〇（昭和一五）年が、神話上の神武創業から数えて紀元二千六百年と想定されており、この年運転を開始した旧日本海軍のエース戦闘機が「ゼロ戦」（「零式艦上戦闘機」の略称）と呼ばれたのはあまりにも有名である。

この「紀元」とは神武天皇の即位「紀元」なので、この「紀元」なるものが悠久の昔から存在するように思われがちだが、そうではない。「紀元」という発想は、幕末の欧州留学生として、西周（一八二九－九七）とともにオランダのライデン大学でフィッセリング教授（Simon Vissering. 一八一八－八八）に学んだ法学者・津田真道（一八二九－一九〇三）の建議によるものなのである。

ライデン大学で学ぶ間、津田は、ヨーロッパではキリスト教「紀元」という共通の暦法が普及していることを知り、それまで天皇即位や戦乱または天変地異のたびに細かく変わっていた日本の元号にとって替わる独自の「紀元」を着想した。日本の「紀元」は、西暦より数百年長く、また封建時代の文化大国であった中国の歴史より少ないという点が肝要なのである。

津田は、福沢諭吉や森有礼（一八四七－八九）らと明六社を結成した開明的な啓蒙思想家であった。しかし、明治初期には、まだ四書五経の儒学教育を受けてきた旧士族階級が大きな力を持っており、彼らが中国の学問を尊重してきたことを無視するわけにはいかなかった。だからといって、日本人を差別する欧米人の後塵を拝するのも面白くなかった。西暦より数百年長い日本独自の「紀元」とは、逆立ちしても欧米諸国に太刀打ちできなかった時期の日本と西洋との競合意識と、孔子の国の歴史よりは長くないという旧勢力への配慮から生み出された、絶妙な折衷案なのである。

思慮の足りない酒井勝軍らが、軽薄にも、日本の歴史を何百億とか何千億の昔にまで遡及するのは、西暦より数百年長い「紀元」の意味合いが理解されていないということであり、戦前の天皇政府の国家的体面を毀損するという点で、はなはだ「不敬」なのである。

しかし、この酒井は、竹内巨磨のみならず、日本人とユダヤ人の問題で欠かすことができない重要人物との交流においても重要な役割を果たしている。

その人物とは、安彦良和の人気漫画で『月刊コミックトム』に、一九九〇（平成二）年一一月号から六年間連載された『虹色のトロツキー』（現在は「中公コミック文庫」に収録）にダブルの背広で颯爽と登場するヒーロー、安江仙弘大佐その人である。

この安江大佐に登場してもらう前に、まずは、日本のユダヤ政策の転換点となり、安江渡満の原因となった有名な事件に触れないわけにはいかないだろう。

第5章　満州国とユダヤ人

1　シモン・カスペ誘拐殺害事件

ドイツでナチスが政権を奪取した半年後の一九三三（昭和八）年六月一二日、東京の日本青年館でピアノ・リサイタルが行われ、日本の洋楽ファンを喜ばせた。ピアニストは、パリの高等音楽院（コンセルヴァトワール）を卒業したばかりの若きフランス系ユダヤ人、セミヨン（シモン）・カスペ（Simon Kaspé, 一九〇九－三三）だった。

フランス系とはいってもそれは国籍だけの話で、シモンはハルピン在住のユダヤ系ロシア人だった。当時満州では白系ロシア人のギャングによるユダヤ系や中国系の富裕層への恐喝事件が頻々として起こっており、ホテル・モデルン（Hôtel Moderne）を経営する富豪の父のヨシフ（ジョゼフ）がフランス国籍を取得してホテルに三色旗を掲げたのは、家族の安全と財産を守るための方便だった。

しかし、日本でのコンサートを成功させて、満州に帰ったシモンの身に、まさに父ヨシフが恐れていたことが起こった。

満州事変（一九三一年）が勃発して、中国の東北地区に日本軍が進駐して以来、満州の治安は乱れ、人心は荒廃していた。ジャーナリストのエドガー・スノー（Edgar Snow, 一九〇五－七二）は、『日本は新たな植民地を作る』[1]（一九三四年）において、ハルビンの惨状とシモン・カスペ事件の概要を以下のように伝えている。

かつて喜びに溢れた町だったハルビンは今日生きたまま死を味わう町として有名である。世界のいかなる主要都市でもこれほど危険なところはおそらくないだろう。ハルビンの住人にとって白昼ですら武器を持たずに外出するのは、生命を危険にさらすことになる。追い剥ぎ、強盗、殺人、誘拐は日常茶飯事である。（……）私が滞在したモデルン・ホテルのオーナーのヨシフ・

カスペ氏は、最近亡くした息子のシモンのために悲嘆にくれていた。フランス国籍の才能あるピアニストだったシモン・カスペはロシアのギャングに誘拐され、三〇万ドルの身代金を支払わなければ彼の指を切断するという脅迫状が父親のもとに届いた。指の代わりに彼らは両耳を切断し、ついに殺害した。他にも多くの人々がギャングによって町から数マイルと離れていないところに監禁されている[2]。

ハルビンのユダヤ人社会を震撼させ、満州からユダヤ系住民の脱出を加速させた、悪名高いシモン・カスペ拉致殺害事件である[3]。

一九三四（昭和九）年一一月二六日、在ハルビンの江口治刑事課長は、同地の新聞記者たちを招き、シモン・カスペ事件に関する調査結果を発表した。調査によると、カスペが殺害されたのはユダヤ人であるが故であり、犯人のロシア人グループは、共産革命によって祖国を追われ、共産主義とユダヤ人は同義であると考え、復讐のために凶行に及んだという。江口は、ロシア人の行為は同情に値するので、法廷は彼らを寛大に扱うだろうし、身代金はロシアのために有意義に使われるだろうと発表した[4]。

カスペ殺害事件は、関東軍に後援されたものであり、憲兵隊のお雇いロシア語通訳で通称「コースチャー・ナカムラ」という満州ゴロにそそのかされた白系ロシア人のファシスト・グループの犯行であった。

マルティノフやシャンダリなど実行犯の六名が逮捕され、一九三六年六月、地方法院は、中華民国の暫定懲治盗匪法によって、四名に死刑、二名に無期懲役の判決を下した。しかし、日本側はこの裁判をひっくり返し、高等法院の山口次長は、減刑と特赦の手段を使い、六名とも無罪同然で釈放された。

この事件の報告書を見たハルビンに駐在する各国領事団は「厚顔無恥だ」として憤りを表明し、満州国以外からも日本の官憲の対応に対する非難が高まった[5]。

あろうことか、日本の警察は犯人側に同情し、犯罪者が庇護され愛国心が称揚されたのである。ハルビンのユダヤ人社会は恐慌状態に陥った。

この事件は、直ちに海外のユダヤ人社会にも伝えられ、日本の官憲の事件対応に非難が集中した。広田外務大臣は、在ハルビン総領事・森島守人宛の訓令（一九三四年一二月一二日及び二四日付）において、在満ユダヤ人たちが「白系ロシア人の背後に日本官吏ありと邪推をめぐらせているらしい」ので適当な機会に「啓発」する必要があるとして、調査と報告を求めた。

この訓令は、在満大使、在華大使さらに在ニューヨーク総領事にも転送されたが、それには、上海アシュケナージ・ユダヤ協会の決議文（一九三四年一二月一八日）と『イスラエル・メッセンジャー』誌の編集者エズラの手紙の写しが同封されていた。その手紙のなかで、エズラは、「この二〇ヶ月間、ハルビン・ユダヤ人社会全体を中傷し、ユダヤ人に罪を着せる宣伝・扇動が ロシア語新聞によって 繰り返されており（……）それが警察当局により黙認されている」ことは信じがたいとし、日本官憲の対応を厳しく糾弾した。(6)

この事件は、樋口季一郎（一八八八―一九七〇）の回想録に収録されている、元憲兵司令部第三課長の河村愛三による解説においても言及されており、そのなかで河村は、「裁判の結果、ギャング団に対する処分は極めて軽く、然も短期間に釈放を許されたので却て勢を増し、ユダヤ人圧迫の情勢は、益々つのるばかりで、ユダヤ人大衆は大恐慌を来していた」などと述べている。河村はまた、ペストの大流行を「ユダヤ人のやった細菌謀略」のせいだと断定した満州国警察に対して、「善良なユダヤ人を敵視し、徒に圧迫するのは民族協和の精神にもとるものだと考え」て抗議し、「白系ロシア人ファシスト党からは、ユダヤのパパ等と蔭でかなり露骨な非難を浴びましたが、これは最初から覚悟の上で、ただ信念を実行の上に移すまでのことだと考えてい(7)」たのだそうである。

満州における日本人とユダヤ人の交流史が語られる時、やれ「民族協和」だとか、極東ユダヤ人大会だとかについて晴天の霹靂のように語りが始まることが多い。このような語りは、何故ユダヤ人にそのような融和策が取られることになったのかという前史を隠すための巧妙な隠蔽装置なのである。

極東ユダヤ人大会の開催に至る経緯は、在ハルビンの鶴見憲総領事が広田弘毅外務大臣に宛てた機密電（一九三八年一月一三日発）に説明があり、先の河村愛三からの話が詳述されている。

河村愛三によれば、同大会は、ハルビン・ユダヤ人協会側の自発的活動によるもので、会長のアブラハム・カウフマンから、「我々ハ日本カ極東ニ於テ占ムル地位ヲ認識シ日本ニ依存ノ決意ヲ今後ハ日満両国ノ国策ニ順応シテ生存ノ途ヲ求メントスルナルニ付我々ノ結成ニ対シ日満両国官憲ノ内部的了解ヲ得度キ」旨の申し出があり、これに対して河村は、「秘密裡ニ行動スルハ却テ外部ノ誤解ヲ招ク惧アリ且又日本ニ依存シ来レル者ニ対シテハ日満官憲ハ正当ノ援助ヲ与フルニ吝カナラサルヲ以テ正々堂々ト公ニ行動スルコト然ルヘキ」と説明したところ、カウフマンは大いに力を得たとのことである。

このカスペ事件が起こったちょうどその時期、後にリトアニアでユダヤ難民を救済することになる杉原千畝（一九〇〇－八六）が満州国の外交部に在勤していた。千畝は、この事件が起るちょうど半年前の六月二八日、北満鉄道売却交渉委員会の第二回会議で満州側の委員に任命されていた。交渉は千畝の周到な事前調査によって日本側に圧倒的に有利な条件で買収が成功し、約二万人いた鉄道従業員がソ連に帰国した。満州に四万人ほどいたいわゆる赤系ロシア人の中核がいなくなったことで、日本にとって白系ロシア人を保護する意味が薄れ、相対的にユダヤ人の重要性が増して来た。[8]

河村の話からは、カスペ事件によって日本の官憲の対応が満州国内外から非難され、その対応に日本側が苦慮していたという状況説明がすっぽり抜け落ちており、個人の人道主義のような話にすり替えられているが、「白系ロシア人ファシスト党からは、ユダヤのパパ等と蔭でかなり露骨な非難を浴び」る背景には、阿部吉雄が「戦前の日本における対ユダヤ人政策の転回点」と呼ぶカスペ事件の後始末という背景があったのである。

一九四二（昭和一七）年から一九四四（昭和一九）年にかけて六版を数え、三万五〇〇〇部という恐るべき増刷を重ねた戦時中のベストセラー本がある。毎日新聞の戦時版編集部長の北條清一編著の『思想戦と国際秘密結社』（晴南社刊）がそれである。

同書の「猶太問題篇」には、以下のようなすさまじい偏見が披瀝されている。

拝金主義者で狡猾な人間のことをわれわれは「あいつはユダヤ人みたいな奴だ」と譬に云ひます。一体、ユダヤ民族とは、どんな性格を持つた民族であるのか――といふことを、極めて通俗な言葉で表現しますと、「嘘つきで詐欺の常習犯」がユダヤ民族の性格であります。そしてこの事実をなによりも有力に証明してゐるのは、旧約聖書であり、彼らの聖典であるタルムードであります。そして、彼らの世界制覇の野望は、シオンの議定書の中に戦慄すべき文字をもつて綴られてゐるのであります。[9]

裏表紙に黒衣の胸にどくろをあしらった処刑人の姿を配するこの俗悪な反ユダヤ本の表紙には、「憲兵隊司令部推薦」とあり、見開きに「推薦の辞」が掲載されいる。そのなかで当時の憲兵司令部第三課長は「思想謀略戦今や酣なるとき、敵米英謀略戦の本拠たる実態をよく見究めて、これに対処する心構えを十二分に準備して置くことは極めて肝要である。北條清一君の著書『思想戦と国際秘密結社』を広く世に推奨する所以である」と述べている。そしてこの「憲兵司令部第三課長」こそ、誰あろう、「憲兵大佐 河村愛三」なのである。「ユダヤのパパ」の仕事は、どうやら多岐にわたるようだ。

この河村は、樋口季一郎（一八八八‐一九七〇）が一九七〇（昭和四五）年の一〇月に亡くなるや、その一ヶ月後に、日本イスラエル協会の機関誌『日本とイスラエル』（一九七〇年一一月一一日号）に「ナチスに追われたユダヤ人二万の追憶」を載せている。

「二万人のユダヤ難民」救済の樋口美談の始まりである。

2 樋口季一郎とオトポール事件

一九三八（昭和一三）年三月、ソ満国境に殺到した「二万人のユダヤ人」難民の窮状に同情した樋口季一郎中将が、満州国と交渉してそのユダヤ人を保護した。これが、いわゆるオトポール事件の概要である。

もちろん、今日「二万人のユダヤ人」難民がソ満国境に殺到したなどという荒唐無稽な話を信じている研究者もジャーナリストもほとんどいない。

二〇一〇（平成二二）年、樋口季一郎に関する最初の評伝が刊行された。ジャーナリストの早坂隆による『指揮官の決断―満州とアッツの将軍 樋口季一郎』がそれである。このなかで早坂は、一般の読者にはあまり知られてこなかった、「二万人のユダヤ人」入満の虚説がどうして樋口の回想録に掲載されるようになったかの経緯を説明している。

「二万人のユダヤ人」の虚説の流布に関して、最大の被害者は実は樋口季一郎その人なのであるという。というのも、防衛省防衛研究所の資料閲覧室に保管されている樋口直筆の原稿には「二万人のユダヤ人」云々という記載はなく、また「二万人のユダヤ人を救う」という小見出しもない。これらの記述は原稿が編集される段階で何者かが書き込んだわけだが、早坂が「問い合わせてみたが、案の定、当時の担当者はすでに亡くなっているということだった。現在、この件に関してわかる者はいない」[10]という。

この「二万人のユダヤ人」の虚説が一人歩きし出したのは、樋口の回想録や相良俊輔による小説『流氷の海 ある軍司令官の決断』（一九七三）によるものであるが、数字の誇大化は、終戦後しばらくすると始まった。日猶関係研究会の三村三郎は、『ユダヤ問題を裏返して見た日本歴史』（一九五〇）のなかに、「数万ユダヤ人の恩人 ― 銀欄簿に輝く樋口中将を訪う」という訪問記を掲載し、そのなかには「ナチスに追われた約三、四万のユダヤ人が、アメリカを目ざして逃げる途中、シベリア線でソ満国境に差しかかった時です」などと自慢気に救出劇を説明する樋口が登場する。しかし、樋口の著作を読んでも、自分の功績を誇大に吹聴するような人物ではない。『ユダヤ問題を裏返して見た日本歴史』は樋口以外に関してもでたらめな記述が多く、戦後最初のトンデモ本とも言うべき代物なので、このようなインタビューが実際に行われたのかどうかさえにわかに判断できない。

『流氷の海』の著者の相良俊輔は、一九七〇（昭和四五）年一〇月二〇日付の「ユダヤ人二万の陰に恩人」「ソ満国境に救援列車」という見出しの樋口の追悼記事のなかで、「これは日本陸軍が行った最大の善行と言えるでしょう」などと述べている。さらに元々少年向けの冒険小説の作家である相良は、子供向きに書いた『人類愛に生きた将軍 ユダヤ難民救出秘話』（一九七六）では「三月五日、満州里と国境を接したソ連領のオトポールにナチスのユダヤ人狩りから逃れてきた、やく二万五千人のユダヤ難民が吹雪の中で立ち往生」などと、難民数を水増しして、いいかげんな話を子供たちに吹聴している。

　オトポール事件を実際に担当し命令書を作成した、松岡満鉄総裁の秘書・庄島辰登（満鉄会理事）は、三月八日に最初に到着したユダヤ難民を一八名としており、その数は、樋口の遺品として一九九四（平成六）年八月一四日付の『北海道新聞』に掲載された写真に写る難民の数と合致する。庄島による満鉄会の記録調査によれば、最初の一八名についで、五人あるいは一〇名と一週間おきに相次いでユダヤ難民が到着し、三月から四月末までに総計約五〇人のユダヤ人を救援したとある。[11] その後、第二陣、第三陣と少人数の難民が後続し、当時の「浜州線（満州里―ハルビン）の車両編成や乗務員の証言から考えて一〇〇～二〇〇名[12]」というのがオトポール事件の実際である。

　もちろん、一九三八（昭和一三）年の春にユダヤ難民がソ満国境にやってきた事件自体は史実であり、日独伊三国防共協定を結んだ後のことであるから、国会でも問題になっている。一九三九（昭和一四）年二月二三日、第七四回帝国議会貴族院予算委員会で赤池濃議員の質問に対して、有田外相は「シベリア経由で満州に入ったユダヤ人数は八十余名、百人足らずであり、満州国の官憲が満州国在留を希望しなかったので上海に向けたものと思われる」と明言している。

3　ハインツ・マウルの『日本はなぜユダヤ人を迫害しなかったのか』

ドイツ現代史の研究者、ハインツ・マウルには、邦訳のタイトルが『日本はなぜユダヤ人を迫害しなかったのか』（二〇〇四）という著作がある。題名から内容が容易に想像できるように、戦時日本のユダヤ政策を擁護する立場から書かれたものだ。ドイツのボン大学に提出された学位論文[13]を基礎にしたものである。

原文では、野戦重砲兵連隊長の橋本欣五郎（一八九〇－一九五七、陸士二三期）が大連特務機関の安江仙弘大佐（陸士二一期）の上司であったり、美濃部達吉が「実濃部亮吉」、酒井《さかい》勝軍《かつとき》が〝Sakai Katsugun〟、「水戸学」が〝Mito gakkô〟となるなど、日本の歴史と文化に蘊蓄を感じさせる意欲作である。[14]

もちろん、問題点がたくさんあり、それは金子マーティンの論文「ハインツ・マウル氏の博士論文『日本人とユダヤ人』とその和訳本を検証する」にまとめられている。金子が採り上げている問題点は多岐にわたるが、原文と和訳をつき合わせてすぐに気づくのが、和訳の五七－五八頁に対応する原文が学位論文に存在しないことである。[15]そして、他ならぬその個所でオトポール事件が扱われ、「いまや二万人ちかくにふくれあがったユダヤ難民」の話が出て来るのである。

原文がないのに和訳だけが存在するのは誰が考えても奇妙な話なので、この点について筆者（松浦）が編集部に照会したところ、編集部を介して、翻訳者の黒川剛氏から回答を得た。編集部からの転送メール[16]によれば、邦訳版は、学位論文をそのまま翻訳したのではなく、大幅に加筆した第二稿が存在し、それをもとに翻訳作業を行ったとのことである。

以下に、和訳の五七頁を示し、黒川氏からPDFファイルでご提供頂いた第二稿との異同を検討してみよう。

＊黒川剛氏による翻訳

しかし、ソ連当局は、これらのユダヤ難民がハバロフスク近郊のビロビジャン自治区へ定住することを許可しない。そのため、いまや二万人ちかくにふくれあがったユダヤ難民が、満洲里対岸のソ連国境地域に集結してしまった。一九三八（昭和一三）年春のことである。満州国の実権をにぎっていた関東軍はこの問題の解決をせまられる。放置しておけば悲惨な状況におちいるほかない**ユダヤ人たち**を救ったのは、樋口の果敢な介入であった。ユダヤ人迫害の政治的意味を知り、また清教的といってもよい人道的信念から、樋口は満州国外交部と折衝し、難民が合法的かつ早急に満州国に入国し通過することを認めさせる。

＊黒川氏の提供によるマウル原稿（第二稿）

しかし、ソ連当局は、これらのユダヤ難民がハバロフスク近郊のビロビジャン自治区へ定住することを許可しない。その間、そのため、いまや二万人ちかくにふくれあがったユダヤ難民が、ソ連国境地域に押しやられた。それにともない、満州国の実権を握っていた関東軍は、ユダヤ問題に直面していることに気づいた。一九三八（昭和一三）年春、満州里という国境都市の近くにたどり着いた**何千人かの避難民**は、放置しておけば悲惨な状況におちいるほかはなかったが、樋口将軍の果敢な介入によって救われた。樋口将軍はその清教徒的な信念から、満州国外交部と巧みに折衝し、難民たちが合法的かつ早急に満州国に入国し通過することを認めさせた。

邦訳本と実際の翻訳に用いた第二稿との間で決定的に異なるのは太字にある個所で、邦訳では単に「ユダヤ人たち」になっているところは、実際には「何千人かの避難民」（Tausenden von Flüchtlingen）である。マウルには第三稿も存在し、それが邦訳本とおなじ『日本はなぜユダヤ人を迫害しなかったのか』（二〇〇七）が総タイトルになったドイツ語の単行本である。そこでは、「何千人かの避難民」[17]という個所はあるものの、「二万人のユダヤ人」への言及は消えている。

つまり、マウルは日本の読者には「二万人のユダヤ人」の虚説を提示し、ドイツの読者向けにはそれを書いていないである。学位論文に存在しなかった「二万人のユダヤ人」の虚説を含む文を何故加筆しなければならなかったのかという点が不可解だが、その点についてマウルが黒川氏に説明するところによれば、翻訳本では「日本の読者を対象とする日本語では樋口についてより敷衍した叙述があったほうが適切であろう」との趣旨からだそうである。

さて、マウルの学位論文の審査委員は、ペーター・パンツァーとミヒャエル・ヴォルフゾーンである。前者は日本学の専門家で、時々来日し、ドイツにおける日本の書誌学などについて講演している。後者は、『ホロコーストの罪と罰――ドイツ・イスラエル関係史』の邦訳が講談新書から出ているので、日本でも知る読者が多いだろう。

ヴォルフゾーンは、テル＝アヴィヴ出身のユダヤ系ドイツ人で、イスラエルの国防省に勤務した後、ザールラント大学やミュンヘンのドイツ国防大学の教官を歴任した。ナチスのみならず「普通のドイツ人」もホロコーストに荷担したとする大胆なテーゼで物議をかもしたゴールドハーゲン事件ではそのテーゼを批判し、ジョージ・ブッシュ元米大統領の対イラク強硬策を支持する保守派の論客でもある。

日本語版の序文では、研究の協力者の名前が列挙されているが、そのなかでも一人の人物に「特段の謝意」が示され、「長年にわたり緊密な関係をたもってきた元防衛研究所教官郷田豊氏のおかげで貴重な知識を得ることができた」とされている。文中の郷田豊氏とは、「英霊に答える会中央本部運営委員」で、南京攻略戦に関連するいわゆる「百人切り訴訟」の積極的支持者であった、あの郷田豊である。

有事法制制定の積極的支持者として「日本会議」などでも講演する極右の理論家の提供する「貴重な知識」に支えられたマウルの研究体制は、ドイツの新保守主義と日本の歴史修正主義の結節点にあるものであり、関根真保は、マウルの著作が「ユダヤ人を虐殺したドイツとユダヤ人を救った日本を完全に二分化する」[18]ことを目的にしたものだという意図を的確に見抜いている。

「二万人のユダヤ人」の虚説の流布は、ドイツ史の専門家からも疑義が提出されており、ドイツ現代史の木畑和子は、以下のように批判している。

日本における誤解の一例として、樋口季一郎というハルビンの特務機関長が、ソ満国境まで逃げてきた二万人のユダヤ人を満州に入れて、救ったという話をとりあげてみましょう。一九九〇年代には日本の新聞にも雑誌にも「美談」として掲載されたようです。しかし樋口の話は一九三八年三月のことです。この時期まで毎年約二万人のユダヤ人がドイツから出国していました。二万人全部のユダヤ人がその時期にソ満国境にいたとは考えられません。[19]

マウルがソ満国境への「二万人のユダヤ人」の殺到について確信があるなら、ボン大学における学位審査の際に主張すべきであり、日本にはマウルよりも満州の歴史に詳しい読者が多いので、「日本の読者を対象とする日本語では樋口についてより敷衍した叙述があったほうが適切であろう」などという配慮は、余計なお世話である。それよりも、マウルには、その年にドイツから亡命したユダヤ人の大多数がソ満国境に殺到したという「驚愕の真実」を、日独の歴史関係の諸学会で発表し、日独の学術交流に貢献してもらいたい。

日本におけるマウルの協力者をもっとも喜ばせたのは、

おそらく、一九六七（昭和四二）年の米国からイスラエルのヘブライ大学への一七七名の留学を計画したとされるニューヨーク市立大学のハイマン・クブリン教授（Hyman Kublin）の引用を含む以下の部分だろう。

> 日本人はもともとユダヤ人への知識や関心が乏しかったこともあり、急に難民を憎め、嫌えと言われても受けつけるはずはなかった。そもそも日本では争いを避け調和をはかるのが美徳なので、反目をしいるナチの宣伝は非日本的なのだった。反ユダヤ主義はどちらかというと軍部に多かったが、彼らといえども大量虐殺など考えたことはない。アジアの専門家ハイマン・クブリンはこう言っている。「日本の将校は残虐な行為もおこなうし、野蛮な行動もみられるが、ナチスの殺人鬼とは比べ物にならない。捕虜や占領地の住民を虐待したりそれを黙認したりすることはあるが、それは大抵その場の激情にかられたもので、悪魔的な大量殺戮計画の一部であったためしはない。たとえ自分の民族の優越性を確信していたとはいえ、ナチスのように他の民族を抹殺することでそれを立証しようとはしなかった[20]」

日本では「争いを避け調和をはかるのが美徳」なので「反目」は「非日本的」なのだそうであり、日本の将校が「残虐な行為」や「野蛮な行動」を行ってもそれは「その場の激情にかられたもの」であり計画的なものではないとのことである。まるで、重罪犯に関して裁判官の情状酌量を求める弁護士の台詞だが、日清戦争以来半世紀も対外戦争を日本が遂行してきたのも、おそらく「争いを避け調和をはかるのが美徳」と日本人が考えていたからに違いない。

先の引用は、ユダヤ人自身によって戦時中の日本とドイツの行為の隔たりを際立たせる効果を狙ったものだが、このあざとい戦略は、職業的な研究者を除けば、多くの日本の読者が、「アジアの専門家ハイマン・クブリン」（「アジアの専門家」という説明語句も原文にはない訳者の追加分）がユダヤ系の労働シオニストであることに気付かないことから、効果を減じている。

一九三八（昭和一三）年がいかなる意味を持つかは、満州の歴史に詳しい読者ならすぐ気づくだろう。樋口が在職していたハルビンの南方約二〇キロのところに平房という小さな町がある。そして、「この年の後半には、平房の複合施設がついに機能可能な状態にな[21]」ったのである。七三一部隊の「死の工場」（シェルダン・H・ハリス）が稼働し、細菌戦や化学戦を想定した人体実験が、マルタと呼ばれた捕虜などを実験材料として始まろうとしていたのである。

「関東軍防疫給水部本部」(七三一部隊はその秘匿名称)に属していた三友一男(獣医軍曹、一〇〇部隊員)は、ハバロフスクの戦犯裁判で以下のように証言している。

粥に約一グラムのヘロインを混入し、之を中国人の一囚人に与えました。……食後約三〇分にて人事不省の侭儘約一五~一六時間経過した後に死亡しました。……私は朝鮮朝顔、ヘロイン、バクタル、ヒマシの種子の効力を調べる為、若干名の囚人に対してそれぞれ、五~六回まで実験を行いました。……私は又、私が実験に使用した囚人三名を憲兵が銃殺した時に臨場しました[22]。

杉原千畝は、満州国外交部を辞めた理由を尋ねられた際、関東軍の横暴に対する憤慨から、「日本人は中国人に対してひどい扱いをしている。同じ人間だと思っていない。それが、がまんできなかったんだ[23]」と幸子夫人に答えている。外交官としての諜報活動という職責上、千畝は五族協和の美名に隠れた満州国の「内幕」を知ってしまったのである。

「二万人のユダヤ人」の樋口美談が、関東軍の残虐行為から目をそらせる隠れ蓑として、国史を美化したい右翼や歴史修正主義者たちにとって格別の使い道がある理由がこれでわかるだろう。

相良俊輔によれば、樋口季一郎は「ユダヤ問題の権威[24]」だそうだが、相良から見れば誰でも何らかの「権威」である程度にはそう言えるかもしれない。

もちろん、樋口は有能な軍人であり、その誠実さは疑う余地がない。しかし、『回想録』は樋口の最晩年に書かれたものであり、特にユダヤ関連の記述において要領の得ない話が少なくない。

例えば、「洋行せる日本青年がまず魅かれるのはユダヤ婦人であらねばならぬ」とか、「マルクスがシオニストであったという文献的確証がない[25]」などとする樋口の主張は、どうにも理解しがたいものである。

なかでも一番要領を得ない記述は、上杉千年が『教科書が教えない歴史』(一九九六)に引用している、以下の一節である。

かつて私が、秦(彦三郎中将)と共に南ロシア、コーカサスを旅行して、チフリスに到った時、ある玩具店の老主人(ユダヤ人)が、私共の日本人たることを知るや襟を正して、「私は天皇こそ、我らの待望するメッシアでないかと思う。何故なら日本人ほど人種的偏見を持たない民族はなく、日本天皇はまたその国内において階級的に何ら偏見を持たぬと聴いているから」というのであった[26]。

このエピソードにおける天皇は、ユダヤ教のメシア概念からかけ離れた存在であり、樋口が相良の述べるような「ユダヤ問題の権威」ならば、その老人が日本の天皇制に関して単に無知であると即座に判断できるだろうし、間違っても回想録に収録したりはしないだろう。樋口の立場は「『排ユダヤ否定』で充分であろう」というもので、それはそれで一つの見識ではあるが、樋口は健全な常識人で、それ以上でもそれ以下でもない。

旧軍内でユダヤ関連にまとまった知見を有していたのは安江仙弘だけであり、だからこそ、樋口はオトポール事件が「あって以後、ユダヤ人に関する問題が逐次重大性を帯びて来た。そこで私の同期であり、古くからのユダヤ問題研究家でありパレスタインにもいたことのある安江仙弘中佐を大連特務機関長として、その仕事に従わせるように進言した[27]」としているのである。

ユダヤ関連について記述した時期の樋口の記憶は、相当に混乱している。安江が大連特務機関長に就任したのは一九三八（昭和一三）年の一月、つまりオトポール事件の発生する以前のことであり、三月に桃源台に居を構えて家族を呼び寄せる以前に、「元旦を家族と名古屋の自宅で過ごした安江は、単身大連に向っ[28]」ているのである。オトポール事件が発生した時、安江の一家はすでに満州におり、「二万人のユダヤ人」が入満しているのに、陸軍最高のユダヤ問題の専門家に何の連絡もなく、安江にまったく動きがないなどということはあり得ない。長男の弘夫はすでに一四歳の中学生であり、「二万人のユダヤ人」が入満したのであれば、大佐が軍務の委細を語らないにしても、父親をめぐる慌ただしい雰囲気を記憶しているはずである。

吉田俊夫は、一九三八（昭和一三）年頃、「ドイツから、ドイツ軍の迫害をのがれた約三万人のユダヤ系白系ロシア人が避難し（……）シベリア鉄道で満州里に到着し」、「安江大佐は、急を知って東京に飛んだ[29]」などと、オトポール事件の対応を安江に帰すような無茶苦茶な話をしている。安江はオトポール事件と何ら関係がない。安江大佐の長男の安江弘夫も、オトポール事件の際実際に命令書を作成した庄島辰登（松岡満鉄総裁の秘書）も「二万人のユダヤ人」の樋口美談を明確に否定している。

金子マーティンは、「二万人のユダヤ人」の虚説を「日本の国家主義者たちが繰り返す『おとぎ話』に過ぎない[30]」と述べているが、まったくその通りである。

自由社に版元をかえた『新しい歴史教科書（市販本）』には、オトポール事件に関して、関東軍の参謀長であった東條英機（一八八四－一九四八）が、「『日本はドイツの属国ではない』として、部下である樋口の処置を認め、ドイツから抗議もうやむやにして、一万一〇〇〇人のユダヤ人が逃げたと伝えられている[31]」などとしているが、そのようなことはまったく「伝えられていい」ないし、とりわけ当事者の樋口当人がそう述べていない。これは、単なるデマゴギーである。

このようなでたらめな記述が教科書にふさわしいか否かは自明であろう。およそ歴史研究に携わるものなら、一人の目撃者もなければ証言もなく、いかなる史料や記録にも載っていない、二万人のユダヤ人などという「おとぎ話」からそろそろ卒業すべきである。

4　シベリア出兵と『シオン長老の議定書』

安江仙弘がユダヤ問題と出会ったのは、日本のシベリア出兵（一九一八－二五）の時期にさかのぼる。シベリア出兵とは、ロシアの革命軍によって囚われたチェコ軍を救出するという大義名分で、英米軍などとともに日本も軍隊を派遣した、ロシア革命への干渉戦争である。その際日本は、革命の日本への波及を恐れて、反革命の白衛軍を率いるコサックの首領セミョーノフ（Gregory Mikhaylovich Semyonov, 一八九〇－一九四六）を積極的に支持した。酒井は米国仕込みの英語力を買われて、英米など連合国との通訳として派遣され、安江はロシア語堪能を以て、セミョーノフ軍との連絡将校として細野辰雄旅団長の傘下にあった。安江は、一九一九（大正八）年九月のバクダトウスカヤ付近の赤軍との戦闘で、壊滅寸前にまで追い詰められたセミョーノフ軍を督励し、支隊を指揮して友軍を全滅の危機から救った[32]。文官的イメージの強い安江の数少ない武勇伝だが、以後セミョーノフらの信頼を得た安江は、白衛軍内に流布していた反ユダヤ文書の存在を知ることになる。

ロシア革命で成立した新政府に少なからずのユダヤ人がいたことから、革命をユダヤ人の陰謀ととらえるセミョーノフ軍の陣内では、ユダヤ人の世界支配の陰謀をまことしやかに説く、悪名高い偽書『シオン長老の議定書』が広く流布していた。

この偽書は、フランスの弁護士モーリス・ジョリ（Maurice Joly, 一八二九－七八）が、一八六四年にナポレオン三世を風刺するために書いたパンフレット『モンテスキューとマキアベリの地獄での対話』をロシアの秘密警察が改ざんした贋文書である。この『議定書』を入手した安江は、一九二四（大正一三）年、これを包荒子のペンネームで『世界革命之裏面』と題して解説付きで訳出した。そのなかで安江は、「我が国の一部論者の言ふやうなシベリア白党の作った宣伝書ではなく、實に猶太人の手になった眞物であることは、疑ひを入るゝ余地がない(33)」などと述べており、この時期の安江が反ユダヤ主義者と見なされても仕方がないだろう。

しかし、一九三〇年代になると、安江のユダヤ観はにわかに変化して行った。この劇的な変化は、ホーリネス教会の中田重治らとの交流と、陸軍から欧州とパレスチナにユダヤ問題研究のために派遣されたことによるものである。

それまでセミョーノフの反革命軍の間で流布していた議定書の類に依存していた安江は、視察地でユダヤ人の実際に触れ、白系ロシア人がばらまく反ユダヤ文書から得ていた知識とはかけ離れていることを知り、亡国の民にむしろ同情を寄せるようになった。

在郷軍人会本部の依頼で書かれた『猶太の人々』（一九三四）の末尾には、安江がたどり着いたユダヤ観がこう披瀝されている。

以上猶太民族に就いて色々のべたが、猶太人の一人々々を観れば、数千万の猶太人が一人残らず、革命に参画して居るのでもなく、又皆一様に大財閥である訳でもない。多くの猶太人の中には、之を分類すると色々の種類がある。例へば、絵で見る基督のやうな、昔ながらの服装をして、『猶太の泣壁』に朝夕集まり、救世主の降臨を祈り、全く現代とかけ離れて、猶太教のみに没頭して居る宗教的猶太人がある。又一方にシオニストとして、パーレスタインの猶太国建設のみに熱中して居る猶太人があるかと思へば、又他方には国境を超越して、世界を舞台として活躍するインターナショナルな猶太人もある。更にシオニズムによつて一般に覚醒されたとはいひながら、シオン運動には無関心に自己の商売のみに熱中している猶太人もある。即ち猶太人であるからといふて、誰も彼も危険視すべきではない。我が国に取つて有害な人物もあれば、無害な善良な人もある。

今日の視点からすれば、いささか凡庸な意見ではあるが、これは、ドイツでナチスが政権を奪取した直後であり、翌年には日独伊防共協定が締結される年の発言である。この『ユダヤの人々』を軍人会館事業部から刊行することは、安江が現役の陸軍中佐であっただけに、相当大胆な行為だったに違いない。

5　「猶太人対策要綱」

一九三八（昭和一三）年、安江仙弘大佐は、陸軍中央から満州に派遣されて大連特務機関長に就任した。安江には、満州人や中国人のみならず、ユダヤ人や回教徒、白系ロシア人などが混在する満州で、諸民族間の紛争を解決し、秩序を維持するという任務が託された。

まず「現下ニ於ル対猶太民族施策要綱」（一月二一日付）を策定し、さらそれを発展させた「猶太人対策要綱」を構想し、五相会議において一二月六日に決定を見た。その方針は、以下のようなものであった。

> 一、現在日満支ニ居住スル猶太人ニ対シテハ他国人ト同様公正ニ取扱ヒ之ヲ排斥スルカ如キ処置ニ出ツルコトナシ
> 二、新日、満、支ニ渡来スル猶太人ニ対シテハ一般ニ外国人入国取締規則ノ範囲ニ於テ公正ニ処置ス
> 三、猶太人ヲ積極的ニ日満支ニ招致スルカ如キコトハ避ク但シ資本家技術者ノ如キ特ニ利用価値アル者ハ此ノ限ニ在ラス

この「要綱」の成立過程に関しては、これまでその詳細が明らかではなく、「安江は関東軍司令部と打ち合わせのうえ、東京に飛び板垣陸相と話合った結果、陸相を提案者として五相会議で『猶太人対策要綱』が十三年十二月六日決定された[34]」という安江大佐の長男の安江弘夫による発言が唯一の言及であった。しかし、関根真保が、「要綱」とほぼ同じ内容を含む「満鉄外国経済調査係ニ課スル研究問題」（一九三八年一〇月二七日）と題する文書の存在を中国で刊行された研究書のなかに発見し、旧満鉄側のメモ書きにあった「本件ハ安江氏ノ私案ナリ」いう記述から、安江弘夫の推定の正しさを立証した[35]。

「要綱」の成立過程を説明する安江弘夫の知的誠実さには疑いを入れないが、その記述はいささか混乱しているように思われる。

> 戦後、我国およびユダヤ系の学者の一部が「日本が特に理由無くユダヤ人を助ける筈が無い」という先入観から主文後半の「外資導入」とか「対米関係」に着目し、日本政府が自らの利害だけを考えてこの政策を決めたと納得しているが、それは誤解である。政府の中

心勢力は軍部であり、海軍をも含めて独伊に強く接近しており、そのような時期にこのようなユダヤ人保護政策を決めさせたのは、安江の人道主義とユダヤ民族に対する個人的心情に他ならない。そして「外資導入……」の語句は五相会議で決議させるため、ユダヤ資本導入派との妥協を図ったためと、ユダヤ人を助けることはメリットもあると思わせた政策上の理由から加えたものと思われる[36]。

「要綱」の策定の出発点は、安江弘夫の述べるように「安江の人道主義とユダヤ民族に対する個人的心情」に他ならず、この点に関して否定する者は誰もいない。陸軍に安江大佐が存在しなければ、「要綱」など策定されることもなく、極東にやって来た難民や在満ユダヤ人の運命は過酷なものになっていただろう。しかし、安江弘夫の説明では、そうした安江大佐の「個人的心情」と日本政府の思惑が混同されており、さらに陸軍内でも特異な親ユダヤ的立場にあった安江の考え方と陸軍全体の考え方が未分化なのである。「『外資導入……』の語句は五相会議で決議させるため、ユダヤ資本導入派との妥協を図ったためと、ユダヤ人を助けることはメリットもあると思わせた政策上の理由から加えたもの」というのはまったくその通りである。しかしそうであるならば、その主張は、「『日本が特に理由無くユダヤ人を助ける筈が無い』という先入観から主文後半の『外資導入』とか『対米関係』に着目し、日本政府が自らの利害だけを考えてこの政策を決めたと納得しているが、それは誤解である」というのは見解とは整合しない。

むろん後者は、「誤解」ではなく、明確な資料によって裏付けられる史実である。以下にそれを裏付ける史料を具体的に示そう。

当時の「政府の中心勢力は軍部であ」るというのはまったくその通りであり、「日本政府が自らの利害だけを考えてこの政策を決めた」というのは間違いではない。そして、陸軍も海軍も「ユダヤ人利用論」に関しては完全に一致していた。

先の「満鉄外国経済調査係ニ課スル研究問題」が書かれた翌月の一一月、陸士の同期で安江の最大の理解者の一人であった石原完爾（一八八九－一九四九）は、「外交国策ニ関スル所見」において、「吾人ノ見解ハ独ノ了解ヲ求メテ『ユダヤ人』ヲ徹底的ニ利用スルノミナラズ、進ンデ極東ノ一角ニ『ユダヤ』国建設ノ好意ヲ示スモ不可ナラズトスルニアリ。之ガ米国ノ輿論ニ与フル影響ノ大ナルコトハ何人ノ予測モ許サザルベシ」と述べている。

また、海軍側のユダヤ問題に関する責任者だった犬塚惟重（一八九〇－一九六五）の同年一〇月の講演は以下のような内容のものであった。

猶太人ヲ利用スルニハ親善ニ堕スコト最モ戒ムヘク現地ニ於テハ猶太人ノ咽喉ヲ扼シ徹底的ニ之ヲ圧服スルヲ要ス即チ日本側カ厳然実力ヲ振ヒ得ル今日確固タル自信ト強烈ナル意気込トヲ以テ彼等ヲ牽制圧伏シ我国ニ依存スルノ必須ナル所以ヲ了解セシメ他面其馴致工作ヲ実施スルヲ適当トス。

当時の「政府の中心勢力は軍部であ」り、その思惑は「猶太人ノ咽喉ヲ扼シ徹底的ニ之ヲ圧服」して「徹底的ニ利用」することであった。対米戦が勃発し満州への「外資導入」などが問題外になるや、一九四二（昭和一七）年一月一七日、東郷茂徳外相は「緊急猶太人対策」を在外大公使館に通報して、「同盟国ヲ除中立国籍無国籍猶太人ハ我方利用中ナルモノ又将来利用セントスルモノノ中帝国ノ施策ニ反セサルモノハ好意的ニ取扱ヒ其以外ノモノニ對シテハ監視ヲ厳重ニスルト共ニ適性策動ヲ排除断《ママ》圧ス」と方針変換を指示し、三月一一日、大本営政府連絡会議は、「日満支其ノ他我カ占領地ニ対スル猶太人ノ渡来ハ特殊ノ事由アルモノヲ除キ一切之ヲ禁止ス」として、一九三八（昭和一三）年の五相会議決定は廃止された。

河村愛三・憲兵大佐の「推薦の辞」を巻頭に掲げ、「憲兵司令部推薦」と赤字の白抜きで表紙に記した、俗悪な反ユダヤ本『思想戦と国際秘密結社』（北條清一編著）の初版が刊行されたのは、まさにこの一九四二（昭和一七）年のことであった。

丸山直起が指摘する通り、ユダヤ人対策に関する「五相会議の決定は関係機関それぞれの思惑を集約したもの[37]」に過ぎず、その内実は、「『ユダヤ人』ヲ徹底的ニ利用スル」ための方便であった。

先の講演からわかるように海軍の犬塚の主張する「ユダヤ人利用論」は徹底しており、日本政府の対ユダヤ人政策の内幕を記録した極秘文書『日本権益確保ノ観点ヨリ見タル猶太処遇問題ノ研究』（昭和一六年一〇月）においても、上海ユダヤ財閥の中心人物、ヴィクター・サッスーン（Ellice Victor Sasson, 一八八一－一九六一）について、「表面英国貴族ヲ気取」っているが、「利益ニ就テハ飽ク迄一個ノ猶太商人ナリ、此ノ点帝国カ当面最モ緊急ヲ要スル経済的方面ニ於テ利用価値アリ」などと述べている。

6　安江仙弘大佐と「河豚計画」

一九七〇年代の後半、「スペースインベーダー」というゲーム機が一世を風靡した。このゲーム機は、「プレイヤーの心理をとらえ、揺さぶる奥行きを持っており、それまでアーケードゲームに関心を示さなかった人たちも惹きつけた」[38]。この歴史に残る有名なゲーム機を開発したのは、株式会社「タイトー」であった。その創業者のミハエル・コーガン（Michael Kogan, 一九二〇－八四）は、ハルビンで育ったロシア系ユダヤ人であり、在満中に安江大佐と親交があった。一九三九（昭和一四）年に東京の早稲田経済学院で貿易実務を学んだコーガンは、五年間の日本滞在中、ロシア文学者の米川正夫（一八九一－一九六五）の家に下宿し、ドストエフスキーの翻訳を手伝ったりした。

そのコーガンが戦後神田の古書店で偶然見つけた外務省のユダヤ関係の機密文書「コーガン文書」をもとにして、マーヴィン・トケイヤーが作家のマリー・シュオーツと共に書いたものが、『河豚計画』（*The Fugu Plan*, 一九七九）である。トケイヤーは、コーガンが、一九五〇年代に外務省の機密文書を読んで犬塚がユダヤ人の友であったためしなどなく、極め付きの反ユダヤ主義者であった事実を発見し、犬塚と対決して激しく糾弾したとしており、結局犬塚は日猶懇話会の会長職を退くことになった[39]。

先の書物のタイトルの「河豚計画」とは、一九三〇年代に軍部が中心となった日本政府の対ユダヤ政策に関する俗称である。毒はあるが料理次第では美味であるというフグをユダヤ人を利用するうま味にたとえたものであるという。

一九三九（昭和一四）年一二月二三日から二六日にかけて開催された第三回極東ユダヤ人大会において、ユダヤ人の収容地区を満州内に造ることが秘密決議されたことを受けて、安江仙弘大佐は、満鉄調査部特別調査班に具体的なプランを練ることを依嘱した。そこで、一九四〇（昭和一五）年五月、高橋輝正によって「猶太避難民収容地区ノタメノ所要面積推定」という調書がまとめられ、満鉄総裁らに配布され、安江には三〇部渡された[40]。

日本初のシンクタンクとも言うべき満鉄調査部には、戦後各界で活躍する知識人が結集しており、安江の下には後に神戸に渡ってきたユダヤ難民の世話係をすることになる、ユダヤ学者・小辻節三がおり、ユダヤ研究の中心的役割を果たしていた。その研究は今日の観点から見ても驚くべき水準に達しており、レオ・ベック（Leo Baeck, 一八七三－一九五六）の古典的名著『ユダヤ教の本質』（*Das Wesen des*

Judentums. 一九〇五)の翻訳もその成果の一つである。[41] さらに、ユダヤ問題の百科事典的性格を有するアルトゥル・ルッピンの『猶太人社会の研究』の翻訳(一九四一)から『タルムード研究資料』(一九四二)の編纂まで、満鉄調査部の特別調査班は、日本のユダヤ学の黎明期を画したと言っても過言ではない。[42]

「安江の潔白とは言い難い過去を熟知していた」小辻と安江の間には、「当初から確執があった」小辻は、『シオン長老の議定書』の翻訳者であった安江をひどく嫌っていたが、その小辻ですら、「安江は、満州における彼の職務上のつきあいのあったユダヤ人たちからは、真の恩人と考えられており、実際安江がユダヤ人たちをあまたの手段で救ったというのは、まったくの真実である[43]」と言わざるを得なかった。

特別班は、松尾史郎を主査、長守善を主任として、石堂清倫、島野三郎などによって担われていた。なかでも左翼からの転向組である石堂と安江とは強い軋轢があり、石堂の自伝には、「係員のなかで山口と私の書くものが機関長の意に満たなかったのか、ある日安江大佐が係へやってきて、山口と私を立たせ、軍刀で床をたたいて威嚇するのである。貴様らの前身は百も承知している。貴様等を消すのは蠅をひねるようなものだ。それでも反抗するというのかといった調子である。ロシア人が大連でしばしば行方不明になるという話を聞いたことがあるので、ゾッとした[44]」などという、よく引用される一節がある。

石堂は、中日新聞の取材に対して、「三井、三菱でもこないのに、米資本が来るものか」と、満州にユダヤ資本を導入しようとする安江の計画を作文化することに抵抗があったとしている。[45] 東大「新人会」出身のマルクス主義者で、ゾンバルト(Werner Sombart, 一九六三‐四一)の『ユダヤ人と経済生活』(一九一一)を翻訳するとなれば、当代随一の経済学者・大塚金之助(一八九二‐一九七七)に依嘱するというように念の入ったところを見せる石堂から見ると、経済に明るいとは言えない安江の見通しが甘いと思われたのだろう。

結果としては石堂の洞察が正しかったわけだが、この「軍刀」云々と「ロシア人が大連でしばしば行方不明」などの個所は、額面通りとらえるべきなのだろうか。

というのも、安江は儀式のような「軍務公用で外出の他は軍服を着ないで背広姿」という大連特務機関員だった蝦名治三郎の証言[46]があり、また日本軍の間諜(スパイ)として働き、後に満州支配の内幕を暴露したアムレトー・ヴェスパが書いた『日本の密偵 ― 日本帝国主義の手引』(一九三八)に石堂は言及しているが、この回想録には、有名な音楽家のシモン・カスペ誘拐殺害事件など、関東軍が後援した白系ロシア人ファシストたちによる、ユダヤ人や中国人の拉致事件には頻繁に触れられているが、ロシア人が行方不明になるなどという話は出てこないからである。

安江のユダヤ人に対する姿勢が、植民地官僚によく見られるような現地人に対する家父長的温情主義に過ぎないとしても、陸軍主流派から疎まれ、特高の尾行が付き、挙げ句の果てに予備役に編入する憂き目にあってもなお、ユダヤ人や回教徒などの在満外国人のために尽力した人道的行為は、一定の評価をされて良いだろう。

安江大佐ともまた遺族とも交流のあったコーガンは、犬塚のみならず、『シオン長者の議定書』の翻訳者であった安江の著作に反ユダヤ主義的な言辞を簡単に見いだすことができただろう。しかし、コーガンは安江の反ユダヤ主義的過去をあげつらい、それを糾弾するようなことはしなかった。それどころか、シベリアのラーゲリ（強制収容所）で没した安江大佐の葬儀について心配し、「極東のユダヤ人たちの安江への恩返しの気持ちだから、葬式を出させてくれ」と遺族に協力を申し出たのである。それは、在満時代の安江がユダヤ人保護のために尽力する姿をコーガンが間近で見ていたからである。

コーガンが創業した株式会社「タイトー」は、当初の「太東貿易」という社名を、一九七三（昭和四八）年に改名したものである。「太東」の太とは「猶太」の太であり、東とは「極東」の東の意である。「極東の猶太」という意味合いを込めた社名は、コーガンら在満ユダヤ人にとって安江がどれだけ大きな存在であったかを暗示しているだろう[47]。また、安江と昵懇だったアブラハム・カウフマン（ハルビン・ユダヤ人協会会長）の自伝『ラーゲリの医師』にも、日本人抑留者に対する同情心はあっても、日本を批判する言葉はまったく見られない[48]。

7　レオン・ポリアコフとオリエンタリズム

この安江の言動に関してもっともデタラメな解説をしているのは、『反ユダヤ主義の歴史』の著者として知られるフランスの研究者のレオン・ポリアコフである。ヨーロッパのファシズムや反ユダヤ主義について研究する者にとって、ポリアコフは誰でも読む優れた学究として知られており、『アーリア神話 ― ヨーロッパにおける人種主義と民族主義の源泉』（一九八五）の邦訳などは、特に評価が高い。『反ユダヤ主義の歴史』邦訳は全五巻として訳出されているが、最後の第Ⅴ巻は、第二次世界大戦までを扱った前の四巻とは元来別物の共著であり、原著（一九九四）を最初に読んだ時には、日本語も読めないポリアコフが日本論を扱っていたことに驚かされた。

　当初危惧した通り、ポリアコフの日本論は、事実認識からして間違いだらけであり、比較的まともなところは、トケイヤーの『河豚計画』（一九七九）やベン＝アミー・シロニーの『日本人とユダヤ人』（一九九一）からの借用個所だけであるといっても過言ではない。

　ポリアコフは、日本の反ユダヤ主義に関連して、以下のように主張している。

> かくして、一人の日本人将校、安江仙弘［16］が『議定書』を翻訳するにいたった。一九四五年の春、ドイツの第三帝国の降伏後、安江に近い立場にあった二人の将校、日高大佐と中村提督が名誉ある戦争終結を模索し、ユダヤ人の「実力者」たちと水面下の交渉を始めようとしたが、いうまでもなく、アメリカのユダヤ人がそのような申し出に応じるわけもなかった［17］。安江は戦後もなお右翼の中核として活動し、『議定書』を再版し続けた［18］。一九六七年、イスラエルの電光石火の勝利ののち、日本の反ユダヤ主義は極左陣営からの加勢を得ることになる。極左陣営のなかからは、重信房子と岡本公三という、イスラエルで約二〇人のプエルトリコ人巡礼者の命を奪う「テル・アヴィヴ＝ロッド空港事件」の首謀者も出た。（原文 四八〇：邦訳三九三）

満州の歴史に関心のある読者が、「安江は戦後もなお右翼の中核として活動し、『議定書』を再版し続けた」などという個所を読んだら仰天するに違いない。原文では、この訳文の前に「しかし安江はそれで意気消沈することなく」という前置きがあるが、それが抜けており、言うまでもなく、それに後続する部分の訳文は誤訳である。
　原文のフランス語には、過去時制に置かれた「近接未来」（allait）の構文があり、ポリアコフは「戦後もなお右翼の中核として活動し、『議定書』を再版し続けた」と述べているのではなく、この文は、戦後における安江の目論みについて言及しているのである。[49]
　訳注の［18］には、「戦後、他の編者による日本語訳『議定書』の新版は数冊存在するが、戦後、安江自身が没年一九五〇年までに『議定書』を再版した形跡は訳者の知る限り見当たらない」などの解説があるが、戦後安江はソ連の強制収容所にいたのだから当たり前だ。また、訳注の［16］には、安江に関する「詳細については、安江弘夫『大連特務機関と幻のユダヤ国家』（八幡書店、一九八九年）を参照」などという付記があるが、訳者が実際に同書を読んでいるなら、日本の敗戦後満州に進駐してきたソ連軍によって安江が拘引され、ハバロフスク強制収容所の第二一分所で一九五〇（昭和二五）年に亡くなったという記述[50]を見逃すはずがない。

ハバロフスクの収容所から家族との間で取り交わされた書簡は三通で、「最後の通信は、昭和二三年六月三日付」であった。「限られた紙面の上に、ソ連の検閲もあるので」、無事の消息だけだったという。関東軍の高級将校に陸士時代の知己がいた安江にとって、敗戦後いちはやく帰国することなど造作もないことだった。しかし、安江は「日本をこのようにしてしまったのは、我々年配の者達の責任だ。俺はその責任を取る。ソ連が入ってきたら拘引されるだろう。俺は逃げも隠れもしない[51]」と家族に言い残し、その五年後にシベリアの凍土に没したのである。

ポリアコフの叙述のなかで、原文では〝Fuzako et Kozo〟（フザコとコーゾー）という名前の二人組がロッド空港乱射事件の「首謀者」になっているのも感心できない。「コーゾー」というのは、岡本公三のことだろうが、日本赤軍の重信房子が関与したのは、一九七四（昭和四九）年のハーグ事件の方である。もちろん、ロッド空港における銃乱射事件を起こすことも良いことではないが、ハーグでフランス大使館を占拠することも良いことではないが、「フザコ」こと重信房子をやってもいない事件の「首謀者」にしてしまうことは、あまりほめられたことではないだろう。ちなみに、〝Fuzako〟〝Kozo〟は原著巻末の索引でも同じ誤記で、誰がこんなデマを吹き込んだのかわからないが、ポリアコフには、日本に「フザコとコーゾー」なる凶暴な極左コンビが存在するという強固な観念連合があるらしい。

8　ユダヤ人抜きの『ヴェニスの商人』

ポリアコフによる日本の歴史と文化に関する言及は、事実認識からして間違いだらけであり、日本の反ユダヤ主義の理解に役立つものはほとんどない。

ポリアコフは「シェイクスピアの作品として最初に翻訳、上演されたのが、ユダヤ人をシャイロックの人物像に押し込めてしまおうとする『ヴェニスの商人』であった。加えて、キリスト教の布教がかなりの成功を収め、当時の規範に則り、『神殺しの民』という要素がさかんに強調された事実がある[52]」などとしているが、そのような事実はない。

明治期の日本人がいかに「ユダヤ人」に無関心であった

かは、一八七七（明治一〇）年に『ヴェニスの商人』の翻案が出版された当時の日本人の反応によくあらわれている。『ヴェニスの商人』が、特に西欧で「ユダヤ人＝強欲な守銭奴」という偏見を助長したことに異論はないだろう。しかし、日本における『ヴェニスの商人』の受容は、当初「ユダヤ人」に対する言及抜きで行われたのである。

日本におけるユダヤ人に関する議論を追跡した宮澤正典の『追補 ユダヤ人考』（一九八二）の付録「ユダヤ人問題論議文献目録」には、「胸肉の奇訴」と題されて出版された劇作の翻案が、最初の文献として挙げられている。

この翻案は、一八八七（明治二〇）年、福沢諭吉が主催していた『民間雑誌』の九八号と九九号にわけて掲載され、舞台は大阪の堺という設定である。借金の三千ダカットは三千両になり、シャイロックは「欲張頑八」、ポーシアは「清香」と性格をあらわす名前が割り振られた。借金返済を督促する欲張頑八に対して、清香は「慈眼視衆生福聚海無量」と述べ、仏教訓話で慈悲を説く人情話に換骨奪胎され、「ユダヤ人とキリスト教徒という宗教対立と差別被差別の歴史が抜け落ちて[53]」いたのである。

ポリアコフはまた、「キリスト教の布教がかなりの成功を収め、当時の規範に則り、『神殺しの民』という要素がさかんに強調された」などと述べているが、今日にいたるまで、キリスト教人口が日本の総人口の一パーセントを超えたことがないという日本人周知の事実さえ、ポリアコフは知らないのである。

「キリスト教の布教がかなりの成功を収め」と言うポリアコフは、すぐ後で「ユダヤ＝キリスト教の道徳は日本人には適応不可能である。日本人の生き方はまったく別物であり、彼らが西洋のイデオロギーに対して抱く執拗なまでの反感もそこに由来する」という「数学者、ミッシェル・ドザ」の所見を引用している。「ユダヤ＝キリスト教の道徳は日本人には適応不可能である」との引用をしておきながら、「キリスト教の布教がかなりの成功を収め」たなどというポリアコフの言明は、もはや支離滅裂である。

ポリアコフは、なぜ日本について奇妙な所説を展開するのか。もちろん第一の理由は、ポリアコフが日本語を読むことができず、日本の歴史と文化に無知であり、日本に関する英仏語の限られた二次文献に依拠しているからである。

次の引用からわかるように、『ヴェニスの商人』とキリスト教からの「神殺しの民」云々という書き出しは、ベン＝アミー・シロニーの『ユダヤ人と日本人の不思議な関係』（*The Jews & the Japanese*, 一九九一）の「日本型反ユダヤ主義の発生」の書き出しの引き写しである。

『ヴェニスの商人』は日本で初めて舞台にかかったシェイクスピア劇であり（……）この劇に親しむなかで日本には、ユダヤ人＝強欲なシャイロック、というイメージが浸透することになった。こうしたイメージを強化したのが新約聖書である。（……）新約聖書は、神の子を拒絶し、裏切り、殺した民族としてのユダヤ人像を伝えている。[54]

ポリアコフは、ヨーロッパの反ユダヤ主義を説明するときの常套手段で、日本の反ユダヤ主義を説明しようとしている。まずは聖書に由来するとされる神学的憎悪から解き明かそうとするが、どうにもうまく説明できない。日本には、ユダヤ人もキリスト教徒もわずかしかいないのだから当たり前である。

しかし、日本論におけるポリアコフの珍説の由来は、単に無知ばかりが原因なのではなく、それは、以下の主張によくあらわれている。

日本人の民族としての誇りは、西洋からの借り物、つまり科学技術の負債が返済不可能である点をありのままに受け止めることを許さず、そして、この科学技術という執拗な彗星の光り輝く核に相当する部分にユダヤ人の存在が位置づけられていたのではないか。[55]

日本人とユダヤ人との関係に関してこれほど荒唐無稽な説明は、おそらく世界中で誰も読んだことがないだろう。

ポリアコフは、一方に西洋、他方に日本を置き、つぎに西洋に科学技術を帰し、日本からはそれを剥奪する。そして、日本が「返済不可能」の「負債」がある西洋の「彗星の光り輝く核に相当する部分」にユダヤ人の存在が位置づけられる。つまり、ポリアコフにとって日本とは、「彗星の光り輝く核に相当する部分」にユダヤ人が存在する西洋が科学技術における自己の卓越性をうっとりとながめるために存在する鏡、すなわちナルシスティックな自己確定のための他者にすぎないのである。ポリアコフは、例えば高速鉄道技術の分野で、日本の新幹線がフランスのTGVの最大のライバルである程度のことも知らないらしい。どうやら、ポリアコフの日本理解は、ピエール・ロティの『お菊さん』あたりで止まっているようだ。

9 「アンチセミティズム」の語源

さて、この「反ユダヤ主義」という訳語だが、『広辞苑』

（第六版）を見ると「アンチセミティズムに同じ」と定義されている。しかし、「アンチセミティズム」とは、実は「反ユダヤ主義」と同心円で重なる用語ではない。

日本語の反ユダヤ主義が英語の「アンチセミティズム」の訳語というのはその通りである。しかし、この「アンチセミティズム」は、そもそもドイツの大衆作家ヴィルヘルム・マール（Wilhelm Marr, 一八一九‐一九〇四）の造語である“Antisemitismus„が語源であり、この語の内の「セム」とは、単にユダヤ人のみを指すのではなく、西アジア、アラビア半島、北アフリカなどに分布するセム系の言語を用いる民族の総称なのである。

したがって、「アンチセミティズム」を批判する者は、本来、アラブ人やパレスチナ人への差別や偏見も遺憾とする者でなければならないはずである。しかし、ポリアコフとその共著者たちが「アンチセミティスム」という術語を用いる時は、そのような意味合いでは用いられておらず、もっぱらユダヤ人だけが特別視され、ユダヤ人に対する偏見のみが遺憾とされている。

例えば、ポリアコフは、現代のイランについて以下のように述べている。

あらゆる見地からして、この国が国際テロリズムの舞台で演じることとなった役割は、あらかじめ歴史によって運命づけられていたかのように思えてくる。というのも、中世にあって、「暗殺者」（英・仏 assassin）と呼ばれるテロリスト的な一宗派は信仰的に死をもたらすことによってみずからの聖なる義務と心得ていたのだ[56]。

同じことをフランスの政治家や外交官が述べたらただちに更迭されかねないような、言語同断の暴言である。これが、例えばイランの核開発等が問題になっているのなら、各人各様の意見があるだろう。しかし、ポリアコフは、イランが「国際テロリズムの舞台で演じることとなった役割は、あらかじめ歴史によって運命づけられていたかのように思えてくる」と、中世の歴史を根拠にして主張しているのである。

ホメイニ革命以前のパフラヴィー王朝では西欧化が積極的に推し進められ、現在の体制とは似ても似つかぬものであったのだから、ポリアコフの主張が誤っていることは子供でもわかるだろう。ポリアコフの暴論は、中世イランからパフラヴィー王朝、さらにその後のホメイニ体制以降現在に至るイラン社会の連続性を立証するという、研究者なら当然踏まえるべきデュー・プロセスを無視しているという点で、単なる放言と見なされるべきものである。

この種類の暴論は、『推測と反駁』（一九六三）において、カール・ポパー（Karl Raimund Popper, 一九〇二－九四）が「歴史法則主義」と呼んだものであり、「歴史法則主義は陰謀理論からの一派生物」と考えるポパーは、いみじくも「近代的形態における陰謀理論は、宗教的迷信の世俗化の典型である」[57]と指摘している。ユダヤ陰謀論など反ユダヤ主義を批判するまさにその著書のなかで、ポリアコフは、自分自身が「陰謀理論からの一派生物」たる歴史法則主義を用いて現代イランを記述している倒錯にまったく気づいていない。ポリアコフの方法論的無自覚は、もはや度し難いものである。

ポリアコフが「中世にあって、『暗殺者』（英・仏 assassin）と呼ばれるテロリスト的な一宗派」を現代のテロリズムと短絡させた暴論は、イラク戦争（二〇〇三）の勃発直後、大西洋の対岸で、イスラム学の著名な研究者、バーナード・ルイス（Bernard Lewis, 一九一六－ ）の共感を受けることになる。ルイスは、『聖戦と聖ならざるテロリズム』（二〇〇三）において、「アサッシンというセクト」を「いわゆる〈イスラムのテロリスト〉の先駆けと呼べるかも知れない」[58]などとして、ポリアコフと同様の観点を打ち出している。大西洋を挟むイスラム学とユダヤ学の泰斗が、晩年にネオコンの騒がしくも愚かしい反知性主義に行き着くのには、人を唖然とさせるものがある。

ポリアコフの第Ⅴ巻のアメリカ論では、「アーヴィング・クリストル、ノーマン・ポドレッツといったユダヤ知識人が政界のご意見番として活躍」などという記述に当惑させられるが、このアメリカ論を執筆しているローラン・ミュラヴィエック（Laurent Murawiec, 一九五一－二〇〇九）に関しては、「一九五一年、フランス生まれ、アメリカ在住の政治学者。チェコ出身の両親のもとパリに生まれる。ソルボンヌに学び、一時、経済ジャーナリストとしてドイツの通信社に勤務。イスラム世界の政治学、とりわけイスラム原理主義に精通する。パリ社会科学高等研究院で講じるかたわら、フランス国防省で戦略顧問を務める。その後アメリカに渡り、ランド・コーポレーション客員フェローを経て、現在、ワシントンのハドソン研究所で政治研究指導員」などの訳注がある。これだけを読むと、あたかも無色中立な学究のような印象を読者に与え、ミュラヴィエックが「サウジアラビアを合衆国の第一の敵と見なしてい[59]」るネオコンの代表的論客の一人であるという周知の事実が見えてこない[60]。ポリアコフの第Ⅴ巻は、それまでの第Ⅰ巻から第Ⅳ巻までに見られるような、歴史上の反ユダヤ主義に関する客観的報告とはまったく異なり、日本やイスラム圏を古典的ともいうべきオリエンタリズムの観点から貶下し、米国のネオコン的中東政策を翼賛する観点から書かれていることを見逃してはなるまい。

また日本論の末尾で、ポリアコフは、「日本において、ユダヤ人という存在は、西洋全体、とりわけアメリカに対して、日本にふさわしい精妙さをもって挑戦状を突きつけるための排気弁、逃げ道としての役割しか果たしていないように思われる」[61]などと、世界中でポリアコフ以外には思いつかない珍説を披瀝しているが、これなどは、『ユダヤ人はなぜ迫害されたか』（一九八三）におけるデニス・プレガーの愚鈍な議論と五十歩百歩である。

プレガーによるアメリカとユダヤ人に関する意見はこうである。

> 善良な人々が存在するかぎり、ひとりユダヤ人だけが反ユダヤ主義の標的になることはない。とりわけ、こうした標的の今日的な事例がアメリカなのである。ユダヤ人を嫌う人はしばしば同様にアメリカを嫌う。ユダヤ人嫌いとほぼ同義語のアメリカ嫌いは、国家、体制さらに人間個人についての考え方を検査するリトマス試験紙になっている。アメリカは自由、高品位の生活、その価値観のためにすすんで闘う意思を代弁している。独裁者や破綻した社会経済に特徴づけられる体制、もしくはこうした体制を支援する西側の人々、あるいはユダヤ人に中傷を加える反ユダヤ主義者と同様の理由でアメリカを中傷したがる人々からは、これらの価値観は一顧だにされない。

この著書で、比較的まともなのは、古代や中世に関する歴史的記述と最後にあるカトリックの神学者ジャック・マリタン（Jacques Maritain, 一八八二－一九七三）からの引用くらいのものである。プレガーのトンデモ本を読んでも、ユダヤ人が迫害される理由はさっぱりわからないが、プレガーがユダヤ人仲間からさえ嫌われる理由はよくわかる。

二〇〇六（平成一八）年このプレガーは、米国憲政史上に残る愚かしい事件を引き起こした。プレガーは米国下院初のイスラム教徒のキース・エリソン議員（Keith M. Ellison, 一九六三－）が連邦議会における就任宣誓で「コーランを用いることはアメリカ文明を毀損する行為だ」などといいがかりをつけ、「聖書に宣誓できないなら、議員になってはならない」とまで述べたのである。

さすがにあまりにひどいイスラム差別に対して、通常は世界中の反ユダヤ主義をモニターするＡＤＬ（ユダヤ名誉毀損防止連盟）も激怒し、一二月一日に以下のような、公式の非難声明を出した。[62]

プレガーは、滑稽にもエリソン議員による〔コーランによる〕宣誓が「九・一一テロ以来形成されたアメリカの統一と価値観にダメージを与えかねない」などとしている。プレガーがわかっていないのは、アメリカを真に統合するものが宗教的自由と多様性であって、独善と強制ではないということである。

ポリアコフのような知的訓練を積んだ学究は、もちろんプレガーのような野卑な物言いはしない。しかし、もってまわった言い回しだろうが、直截な暴言だろうが、イスラムに対して述べている内容はあまりかわらない。「アンチセミティズム」という造語の起源の忘却、あるいは「起源の忘却」の忘却が、別の差別と偏見を生み出す契機になることもあり得るという典型的な事例だろう。

二〇一〇（平成二二）年九月に、米国のゲインズヴィルにある福音派の教会「ダヴ・ワールド・アウトリーチ・センター」のテリー・ジョーンズ牧師がコーランを焼却する計画を提案したように、ホロコースト否定論など新たな装いの反ユダヤ主義の昂進とともにイスラム嫌悪（イスラモフォビア）が同時進行する二一世紀初頭は、皮肉にも、「セム人種がインド＝ヨーロッパ人種に比して、実際に人間性の劣った組み合わせを示しているという事実を最初に認めたのはこの私である」（『セム諸語通史ならびに比較体系』一八五五）とルナン（Ernest Renan, 一八二三－九二）が豪語した意味での「アンチセミティズム」、つまりユダヤ人とイスラムの両方への偏見が蔓延していた一九世紀ヨーロッパの時代風潮と不吉な近接を示している。[63]

第6章　「歴史認識」論争とユダヤ人

1　杉原千畝と「歴史認識」論争

日本における反ユダヤ主義や戦時日本の対ユダヤ政策に関する研究は、日本史において極めてマイナーなテーマであると長らく考えられてきた。これらのテーマに関する研究は、宮澤正典の『ユダヤ人論考』（一九七三）などに限られていて、『ユダヤ人問題論議文献目録』によって日本に膨大な量の反ユダヤ文献が存在したことが明らかにされたが、その後の研究は進まなかった。

しかし、「二〇〇〇年頃から、この種の議論がにわかに活況を呈し始めることになる。これは日本の戦時政策を再評価しようとする動きが強く関係していると思われる」と、関根真保はその著書『日本占領下の〈上海ユダヤ人ゲットー〉』において適切に指摘している[1]。

なぜ二〇世紀末から二一世紀にかわる時期に「歴史認識」論争が沸騰したのかについては、しかるべき理由がある。

この「歴史認識」とは、主に第二次世界大戦中の残虐行為に関するである。よく知られている例は南京事件にまつわるものだが、戦時の禍害や被害に関する問題なら、本来は終戦直後に提起されるべきものであった。ところが、朝鮮戦争からベトナム戦争へと、戦後世界がただちに米ソ二大国を中心とする東西対決の時代に移行したことから、「歴史認識」の問題が背景に退いてしまったのである。

二〇世紀末の最後の二〇年で、旧ソ連と東欧における社会主義体制が、そのすべての改革の試みとともに頓挫し、冷戦体制が崩壊した。戦後数十年たったまさにこの時期、かつては対立していた東西両陣営でも、第二次大戦に関する機密文書を安全保障や外交上の観点から秘匿しておく理由がなくなり、それまで閲覧できなかった軍や外交関係の史料が各国で公開されるようになった。そして、その最大規模の展開の一つが、オバマ大統領の就任式の際に立会人を務めた民主党のユダヤ系大物議員、ダイアン・ファインスタイン（Dianne Goldman Berman Feinstein，一九三三－）の名前を冠した、通称「ファインスタイン法案」である。

ファインスタイン上院議員は、一九九九（平成一一）年旧日本軍の人体実験や南京事件などの残虐行為に関して、「旧日本軍記録省庁間作業部会」を設置。アメリカ政府や米軍が第二次大戦中から戦後にかけて得た機密扱いの記録を広く集め、公表するための「大統領作業部会」を設置する法案を米上院に提出し、二〇〇〇（平成一二）年五月一八日、この法案を「日本帝国軍公開法」として可決させた。このような動きは各国で進み、日本に関しては、南京事件、七三一部隊、従軍慰安婦問題など、戦争加害の実態が明らかになった。

第二次世界大戦中、ユダヤ人と中国人はとりわけ大きな被害を受けた民族集団であったので、特にアメリカにおいて連携して戦争被害の実態を明らかにする動きが活発になり、戦争加害の問題で日本政府が糾弾され、戦前植民地や占領地の人々を使役していた企業の賠償問題にも発展した。

こうした動きに脅威を覚えた「日本会議」のような右翼組織や「新しい歴史教科書をつくる会」など歴史修正主義団体は、戦争加害に荷担していないことが明白な駐カウナス日本外交官の義挙の「利用価値」を発見したのである。

日本イスラエル商工会議所会頭という肩書きを持つ藤原宣夫は、日本会議の機関誌『日本の息吹』（一九九九年九月号）において、以下のように述べている。

日本政府はナチス・ドイツと同様だった、という誤解が世界中に蔓延していますし、また最近アメリカなどを中心に、中国人グループとごく一部のユダヤ人グループが結託して、反日宣伝をやっていますから、これに対してクサビを打ち込みたかったのです。そこで、私は昨年五月、ロサンゼルスのヴィーゼンタール・センターに併設されているホロコースト博物館に杉原さんを象ったセラミックの肖像画を寄贈した際、集まったユダヤ人たちを前にさきほどの資料を公開して、杉原さんの行為の背景には日本政府のユダヤ人を排斥しない政策があった、ということを訴えたのです。

藤原は「最近アメリカなどを中心に、中国人グループとごく一部のユダヤ人グループが結託して、反日宣伝をやっていますから、これに対してクサビを打ち込みたかった」と述べており、杉原千畝の政治利用の背景をこれほど明確に示す文章もめずらしい。

2　捏造される杉原千畝像

第二次世界大戦の際、リトアニアのカウナス領事館に赴任していた杉原は、ナチス・ドイツの迫害によりポーランド等欧州各地から逃れてきた難民たちの窮状に同情して、外務省からの訓命に反して、大量のビザ（通過査証）を発給し、およそ六〇〇〇人にのぼる難民を救ったことで知られる。その難民の多くがユダヤ系であった。帰国後、千畝はその責任をとらされるかたちで、外務省を事実上解雇された。

外務省を追われた千畝には、「外務省の同僚であった人たちの口から『杉原はユダヤ人に金をもらってやったのだから、金には困らないだろう』という根も葉もない噂が語られる」[2]ことになる。

もちろんこの噂は、戦後は電球の訪問販売までして生涯貧窮に生きた千畝の生涯を考えれば、ばかげた中傷だ。[3]歴史家の渡辺勝正は、この噂に関して調査するため、一九九八（平成一〇）年五月二五日イスラエルまで飛び、エルサレム郊外に住む元イスラエル宗教大臣、ヴァルハフティク（Zorach Warhaftig, 一九〇六－二〇〇二）を訪れてそのインタビューをテープに収めた。その内容は、二〇〇〇（平成一二）年一二月一四日、杉原千畝顕彰記念講演会が催された際、早稲田大学の大隈講堂を埋め尽す聴衆の前で公開された。

若き日のヴァルハフティクは、ワルシャワ大学を出た弁護士であり、「杉原ビザ」の受給交渉の際ユダヤ難民たちのリーダーだった。

そのヴァルハフティクは、ヘブライ語の通訳の竹入栄一を介して、渡辺の質問に対して以下のように噂を否定した。

それは絶対にない。ビザを取得する時には、今でもビザ代を多少なり支払うが、私たちはその時、ほんのわずかのビザ代だけのお金を払った。杉原氏が多額のお金を受け取るということは、まったくない。そんな話はでたらめだ。ビザ代はそんな高い額ではなかったが、私も支払ったように、皆がそのビザ代のみを支払っていた。それに私たちは、多額のお金を持っていなかった。[4]

この金にまつわる千畝に対する言語道断の中傷は、まことしやかな委細を持って語られ、その発生源が誰であるかを暗示している。一九九六（平成八）年三月一二日、日本イスラエル親善協会の理事である篠輝久は、千畝の義弟にあたる小沼文彦（一九一六－八八）を盛岡の自宅に訪れ、この噂がどのようなものだったかをインタビューしている。

小沼は、共に渡欧した幸子夫人の妹の菊池節子の夫であり、後にドストエフスキーの翻訳で知られるロシア文学者である。加藤剛が千畝を演じたテレビ映画『命のビザ』（一九九二）では、ルーマニア時代にボヤナブラショフの別荘に「小沼書記生」として顔を出す小沼は、「杉原は外務省員に疎まれており、ユダヤ人から賄賂として受け取った金を外国の銀行口座に預金している[5]」というものであったことを証言している。中傷を流したのは、その発言が省内で信憑性があると考えられ、預金に外国の銀行を使用するという習慣を家族でもないのに知っている人物、つまり在欧時期に千畝と接触があった、数人から数十人の外務省員の内の一人以外にはあり得ない。

千畝に対するもう一つの中傷は、杉原の行為が元々日本政府のユダヤ人保護案の方針に従ったに過ぎないというものである。

この保護案とは、前の章で紹介した、一九三八（昭和一三）年一二月七日の「猶太人對策要綱」のことであり、これは、「戦争ノ遂行特ニ経済建設上外資ヲ導入スルノ必要ト対米関係ヲ悪化スルコトヲ避ケルヘキ観点ヨリ」なされたものであり、「資本家技術者ノ如キ特ニ利用価値ノアル者ハ此ノ限リニ在ラス」というものであった。

もちろん、千畝は先の「要綱」を熟知していた。しかし、近衛内閣の五相会議決定にある「資本家、技術者ノ如キ特ニ利用価値アル者」に該当する事例は一件のみ（「『ベルクマン』他約十五名ノ有力ナル『ワルソー』出身猶太系工業家一行」）であり、カウナスの日本大使館を取り巻いた難民たちの多くは、必要な書類や携帯金を持っていなかった。

一九三八（昭和一三）年一〇月七日、本省から在外大公使館に送られた極秘の訓令「猶太避難民ノ入国ニ関スル件」では、「我盟邦ノ排斥ニ因リ外国ニ避難セントスル者ヲ我国ニ於テ許容スルコトハ大局上面白カラサルノミナラス現在事変下ニ在ル我国ノ実情ハ外国避難民ヲ収容スルノ余地ナキヲ以テ此種避難民（外部ニ対シテハ単ニ『避難民』ノ名義トスルコト、実際ハ猶太人避難民ヲ意味ス）ノ本邦内地並ニ各種植民地ヘノ入国ハ好マシカラス」としていた。つまり、ユダヤ人に対する差別が外部に露見すると非難を受けることは必至なので、「外部ニ対シテハ単ニ『避難民』ノ名義トスルコト」とわざわざ念を押して、ユダヤ避難民が日本に来るのを断念させるよう仕向けよと訓令していたのである。

このように、表向きは保護案を掲げ、裏では来日を阻止しようという二重外交が、戦時日本のユダヤ対策の方針だっ

たのである

3 「命のビザ」

戦後に書いた「杉原手記」で、千畝は、「日本外務省の規定では入国査証発給には本省との事前打ち合わせを必要とするが、通過査証発給には事前請訓を必要とせず、領事独自の判断で処理してよいことになっている」。そこで「規定及び常識の許す範囲内で極力援助してあげたいが、何分大人数のこと故、単なるトランジットとはいいながら、公安上の見地からも上司、即ち外務大臣に向って伺いを立てて、穏やかに事を処理していきたい(6)」と考えたことを述べている。

ナチスに追われてポーランドから命からがら逃げてきた避難民たちは、ソ連に占領されたリトアニアで「『ゲペウ』ノ仮借ナキ其電撃的『テロ』工作」（一九四〇年七月二八日付電信）の脅威にさらされ、いまや進退窮まっていた。

難民たちの切迫した状況に同情した千畝は、「人道上、どうしても拒否出来ない」ので、「発給対象としてはパスポート以外であっても形式に拘泥せず、彼らが提示するもののうち、領事が最適当のものとして認めたもの」を追認してくれるよう特例ビザの発給の許可を願い出た。しかし、七月二二日の第一回回訓で特例ビザ発給が拒否され、第二回の請訓電報にも、二四日拒否が回訓されてきた。

千畝は苦悩の末、独断によるビザ発給を決断。本省は、八月一四日、「本邦通過査証ヲ与ヘ得ルハ行先国ノ入国許可手続完了ノ者ニ限ルニ付若シ同人等カ右手続未了ナルニ於テハ上陸モ許可セラレサル次第ナルニ付右御含置アリ度」と重ねて厳命し、「最近貴館査証ノ本邦経米加米加行『リスアニア』人中携帯金僅少ノ為又行先国手続未済ノ為本邦上陸ヲ許可スルヲ得ス之カ処置ニ困リ居ル事例アルニ付」（八月一六日付）と困惑を示した。

九月三日には、千畝の不服従に対して、「貴殿ノ如キ取扱ヲ為シタル避難民ノ後始末ニ窮シオル実情ナルニ付」と本省は怒りも露わにし、さらに翌年も「『カウナス』本邦領事ノ査証」（二月二五日付）云々と、千畝は名指しで厳しく叱責された。

千畝が本省とやりとりしている時期、第二次近衛内閣は、日独伊三国軍事同盟の締結（一九四〇年九月二七日）を控えており、諸事多忙の折にカウナスから厄介事を持ち込んでくる杉原の思惑を測りかねていた。ビザ発給の可否がただちに難民たちの命にかかわることを知る出先の千畝と本省との間には、事件対処に関して大きな温度差があった。

本省と千畝との電信のやりとりを見てもわかるように、難民がユダヤ人であるか否かなどということはまったく問題になっておらず、論点はビザ発給の条件をめぐるものである。別の言葉で言えば、カウナス事件は「難民問題」であって、ユダヤ人をめぐる「民族問題」ではない。カウナスにおけるビザ発給は、日本政府のユダヤ人保護政策とは関係がない。

4　不誠実な者たちの後ろ手の同盟

杉原幸子夫人も指摘するように「杉原はユダヤ人に金をもらってやった」というのは、「根も葉もない噂」であり、千畝の「口惜しさはどれほどのものだったか」想像するにあまりあるだろう。しかし、ここで道徳的義憤で終ってしまっては、この「根も葉もない噂」が持っている重大な意味を取り逃がすことになる。

「杉原はユダヤ人に金をもらってやった」という噂がまことしやかに「外務省の同僚であった人たちの口から」流布されたということは、外務省と参謀本部が千畝による難民への大量ビザ発給の理由を理解できなかったということであり、それは、すなわち「杉原ビザ」が日本政府のユダヤ政策とは何の関係もなかった決定的な証左なのである。

今日に至るまで、千畝はさまざま誹謗中傷の対象にされてきた。表向きは「顕彰」と称しながら、実際はその逆のことが行われてきたのもしばしばであった。その担い手たちは、主に以下の四つのグループにわけられる。

(a)　千畝の功績を妬み、また不服従を不快に思う旧外務省関係者
(b)　日本のユダヤ人保護策に一括したい旧軍関係者
(c)　「国史」を美化したい右翼や歴史修正主義者
(d)　(c)を支援する原理主義的なキリスト教系の新興宗教団体

これらのグループの政治的、経済的なものから宗教的に至る底意はさまざまであり、その思惑が必ずしも同心円で一致するわけではないが、カウナスにおける杉原領事の人道的行為から個人的契機を簒奪したいという点では一致しており、不誠実な者たちの後ろ手の同盟の成果が、日本会議国際広報委員会、軍事史学会、日本イスラエル商工会議所、同台経済懇話会の共催による「ホロコーストからユダヤ人を救った日本」(於サンケイ新聞社ビル)と題する特別シンポジウムであり、またヒレル・レビンのスキャンダラ

スな著書『千畝』（一九九八）への取材協力であった。

このあたりの事情の一端は、岩波書店の月刊誌『世界』の二〇〇〇年九月号にも書いたのでご参照頂きたいが[7]、この記事を書いた時点ではまだわからなかった事実も、後の幸子夫人への名誉毀損裁判の過程で次々と明らかになってきた。

外務省関連では、まず「『外務省文化第一課』は一九九四年、『千畝』の著者であるレビン氏を『平成六年度先進国招聘プログラム』の一環として日本に招い[8]」たのだという。『千畝』の英語原本巻末には、レビンの取材に協力したりインタビューを受けたりした、外務省関係者を含む興味深い人名リストがあるので、参照して欲しい。

千畝の前妻クラウディアに対して「彼はあなたを何とよんでいましたか」（邦訳一〇一頁：原文p．六八）というレビンの問いかけに対して、邦訳では「ユリコ」となっているが、原文では「ユキコ」となっており、レビンは〝Klaudia/Yukiko〟（p．六九）と確信を込めてその呼び名を繰り返しているので誤植ではない。つまり、千畝は、前妻も夫人も、同じ名前で呼んでいたというわけだ。

しかし、これなどはまだかわいげ気のあるもので、つぎの例などは、怒りを通り越して、もはや呆れ果てる他はない。

『千畝』のなかには、「一九二〇年代の吉原」に触れた個所（九四頁）がある。そして、「ある日、満州から来た千畝、志村、そして彼らの上司であった当時のハルピン領事大橋忠一が繰り出した」とされている。邦訳では「志村は、彼らがどのように登楼したかを語る」と曖昧な表現になっているが、原文（p．六四）では「トルコ風呂に行った[9]」となっており、「志村が誇らしげに指摘するところによれば、それは『ソープランド』と呼ばれていた[10]」などという言及さえある。「一九二〇年代」といえば、大正末期から昭和初期の話である。翻訳者自らが「原著は、もっとむちゃくちゃだった[11]」と認めるだけに、英語原本の記述はすさまじいものである。

レビンによれば、独ソ戦の時期の特定という国家の浮沈に関わる重大使命を帯びていた千畝が頻繁にパーティーを催していたらしく、「リトアニアで各国の外交官相手に最高級の会食を重ねたせい」で「体型に影響が出てきたり」（五一頁）、カウナス領事館に存在しないピアノを「何時間も弾いた」（二五一頁）りと、相当に暇だったらしい。また、生涯一面識もない千畝と樋口季一郎が「長い満州勤務時代を通じて旧知の間柄」（二一七頁）であったりと奇想天外であり、研究書でなく小説としてなら、なかなか楽しめるしろものである。

一九九一（平成三）年一〇月には、鈴木宗男・外務政務次官（当時）が幸子夫人を招き、杉原副領事の人道的かつ勇気ある判断を高く評価し、杉原副領事の行動を日本人として誇りに思うと述べ、半世紀にわたり外務省と杉原副領事の家族との間で意思の疎通を欠いていた無礼を謝罪した。しかし、当時まだ外務省に在職していた佐藤優は、その文壇へのデビュー作『国家の罠』（二〇〇五）において、その名誉回復すら「当時の外務省幹部の反対を押し切[12]」ってなされたものであったとし、千畝の不服従に対する外務省関係者の執拗な敵意の存在を証言している。

佐藤優が外務省関係者の敵意を指摘した一九九一（平成三）年から三年後、外務省文化第一課の「平成六年度先進国招聘プログラム」よるヒレル・レビンの招聘が行われる[13]。『千畝』の奥付にある「著者紹介」によると、レビンは「現代アメリカを代表する歴史家の一人」だそうだが、日本語が読めず、日本の歴史や文化にも不案内だ。誰が考えても、千畝の評伝を書く適任者ではないだろう。

しかし、レビンが日本語が読めないことは、歴史を都合のよいように改竄しようとする歴史修正主義者たちにとって、はなはだ好都合なのである。例えば、雑誌『ＳＡＰＩＯ』（二〇〇〇年三月八日号）の「秘史発掘『ユダヤ人救出作戦』こそ日本の誇り」と題された特集にヒレル・レビンが寄稿し、「ユダヤ人救済のための特命を受けていたという証拠も見当たらない」としているにもかかわらず、この記事の見出しは「ヴィザ発給を後押しした日本の要人たち」となっているのである。

また、『千畝』の翻訳の監修者である諏訪澄は、「あとがき」において「ユダヤ系アメリカ人である著者のレビンは、同胞を救った者への思い入れから、杉原に、何とか時流に抗した〈自由主義者〉の席を用意しようとしており[14]」などと述べている。

確かに、自分の長男に広田弘毅の「弘毅」から「弘樹」と命名するくらいだから、千畝のものの考え方は、どちらかと言えば保守的である。しかし、諏訪には、千畝に対してレビンが「〈自由主義者〉の席を用意しようとして」いるように見えるのは、レビンと諏訪自身の思想的傾向の隔りとは無関係ではないだろう。

諏訪は、『Ｗｉ Ｌ Ｌ』（二〇〇七年八月号）に寄せた「『従軍慰安婦』に入れあげたＮＨＫ」という記事のなかで、「若くて強健な肉体のあるところ、そこにはそれ相応の旺盛な欲望 ― 食欲と性欲の存在を想定しなければならない」とし、「この二つの欲望充足の問題は、品のいい譬えではないが、家を建てる場合、応接間などよりも、まず台所と便所を確保しなければならないのと同じこと[15]」などとしている。

一方レビンは、従軍慰安婦問題など戦争加害に関して大きな関心を持っており、アジア女性基金が「武力紛争下の女性の人権」テーマで催した国際専門家会議の第二三回研究会において「『慰安婦』問題の解決に向けて」と題する講演さえ行っている[16]。

旧日本軍による戦争加害のテーマは『千畝』の原著（*In Search of Sugihara*, 一九九六）においても追求されており、例えば以下のような一節がある。

第二次大戦中、生物兵器の試験がハルビン近郊の秘密の実験施設で実施された。日本陸軍が実戦を想定して編成された悪名高い「七三一部隊」が医学実験として数千人に冷酷な拷問と殺人を行った。ハルビンの生物爆弾は数千人の市民の命を奪い、数百万人に対して使用されたかもしれない（原文、p. 五〇）。

しかし、このような言及は、この文を含む後藤新平（一八五七－一九二九）による植民地経綸などにも触れた前後の個所とともにごっそり翻訳では削除され、「第二次世界大戦で日本帝国が崩壊してから半世紀たった現在、植民地主義の傷跡は、なお日本人の感情を刺激し、論争や弁明を引き起こしている」（七三－七四頁）などという原文に存在しない文章に置きかえられている。

邦訳「あとがき」にある「日本出版にあたって、原著者の了解のもと、やや煩瑣にわたる部分を一部割愛し、若干の加筆を行[17]」ったとされる個所がここである。

5　歴史修正主義の常套手段

このヒレル・レビンの『千畝』や第五章（七四頁）で紹介した、ハインツ・マウルの『日本はなぜユダヤ人を迫害しなかったのか』などについて、日本のユダヤ問題に詳しい、金子マーティン（ドイツ・オーストリア史）、関根真保（中国史）など歴史研究者たちは、その政治的底意を見抜き、厳しく批判している。

世紀の変わり目で日本の読書界に歴史の改竄があらわれたが、それにはしかるべき理由がある。

同盟関係にあったナチス・ドイツの旧日本帝国との違いを際立たせ、読者からの批判的アプローチを封じることを念頭に置いた歴史修正主義者たちの思惑がある程度成功した理由は、以下の通りである。

1　一般の読者は、原典を取り寄せて翻訳の妥当性を吟味するために読み比べるなどという面倒なことはしない。

2　日本におけるユダヤ問題は、日本史の研究のなかでも、長い間宮澤正典一人で担われてきたマイナーなテーマであり、該当分野に熟知している者は、研究者やジャーナリストでも数名ほどしかいない。

3　読者が翻訳に触れる前から原著者が一種の「権威」と「信憑性」を帯びている。例えば、ヒレル・レビンとは、典型的なユダヤ名であり、ユダヤ系の学者がユダヤ人がらみのテーマに言及すれば、ある種の説得力を持つ。また、かつて日本と同盟国で会ったドイツの学者がナチスと旧日本軍との違いを際ただせてくれるのも、歴史修正主義者にとってはありがたい。

日本の修正主義者の発想の低劣さは、欧米のリヴィジョニストたちと似たり寄ったりだが、「翻訳」による歴史の改竄を狙う日本人の取材協力者たちの手口はマンネリ化しているので、「日本会議」などの右翼組織や、「新しい歴史教科書をつくる会」などの歴史修正主義団体を超えて賛同者を見いだすのは難しいものであった。

さて、千畝と本省との電信のやりとりを読めば、旧軍関係者たちの「猶太人對策要綱」をカウナス事件に結びつける発想は論外だが、「要綱」を最初に発想した安江仙弘大佐自身は、極めて興味深い人物であり、陸軍での昇進を棒に振ってまで、在満ユダヤ人や回教徒、また白系ロシア人を保護した人道的功績は認めないわけにはいかないだろう。

安江と千畝とは直接は面識がないが、戦前三井物産に勤務していた古崎博は、重要な軍事物資だった水銀調達のために満州にわたり、安江と面談した時の大佐の談話を、こう記録している。「リトワニアにいた日本領事が外務省の反対を押し切って、満洲に逃げてくる千人近いユダヤ人に査証を発行してこれを救ったことがある。この領事は外務省から叱られて本国召還をくらったようですがね」[18]。一九四〇（昭和一五）年のこの面談の日付は明示されていないが、難民たちがカウナスの領事館に殺到した七月から安江がまだ予備役に編入される前の九月の間であることは疑いを入れない。「本国召還」などは史実と相違しているが、「カウナス事件」という名前で外務省内において問題視されていた千畝にまつわる事件が、在欧武官府から東京の陸軍中央まで伝えられていた事実を証言している。

『中央公論』の一九七一年五月号に掲載された「日本のなかのユダヤ人」と題する記事のなかで、評論家の加瀬英明は、「リトアニアにあった日本領事館では、杉原千畝領事がやってくるユダヤ人に対して本省に聞かずに日本の入国査証を濫発していた。このため杉原は譴責されることになる」としていた。

ところが、この同じ加瀬英明は、「ホロコーストからユダヤ人を救った日本」の第二回シンポジウムにおいて前言を翻し、「外務省が戦後、ビザ発給の理由をもって杉原氏を退職させたという流説は極めて悪質なもので、外務省はビザ発給後の杉原氏を昇進、任官させているし、また叙勲も行われている」（『同台』二〇〇一年一月三一日号）などと政府見解を擁護する立場に意見を変えている。

もちろん、後者は誤りであり、文藝春秋の月刊誌『諸君！』（二〇〇二年六月号）の「堺屋太一、加藤寛、渡部昇一対談：バッシングのカゲで焼け肥り、《官勢いや増すばかり》」と題された鼎談記事では、終戦連絡中央事務局連絡官兼管理局二部一課から千畝の解雇が進言された過程が具体的に証拠立てられ、政府見解の誤りが指摘されている。

元イスラエル大使の都倉栄二は、「当時、ソ連課の若い課長代理として活躍していた曽野明」が、「今後の日本はアメリカとソ連の両大国との関係が非常に大切になってくる。特にソ連は一筋縄ではいかぬ相手であるだけに、わが国の将来を考えるならば、一人でも多くのソ連関係の人材を確保しておくべきである[19]」と述べたことを証言しており、他ならぬこの都倉は、千畝から三ヶ月も遅れてシベリア抑留から復員したにもかかわらず、外務省勤務が即刻認められ、「ソ連関係の調査局第三課にこないか」と曽野から誘われている。また、杉原が乗船した同じ復員船で帰国した部下の新村徳也は、帰国と同時に外務省外局の終戦連絡中央事務局に勤務することができた。こうした事実から、「外務省きってのロシア通」として、省内でその名前を知らぬ者がいなかったにもかかわらず杉原が解職されたことを、戦後の「人員整理」に帰する公式見解には、これまでも研究者の間から強い疑念が向けられていた。

先の終戦連絡中央事務局の話には、曽野明というキャリア官僚が出てくるが、渡部昇一がその著作で「杉原は本省の命令を聞かなかったから、クビで当たり前なんだ。クビにしたのは私です」と証言したとするこの曽野明に対して、経済学者の加藤寛がその内容を照会したところ、はたして「日本国を代表もしていない一役人が、こんな重大な決断をするなど、もっての外であり、絶対、組織として許せない」と曽野は述べたという[20]。

先の加瀬英明の父が加瀬俊一だが、一九九五（平成七）年七月一二日、パメラ・サカモトが松岡外相の秘書官だった加瀬俊一に杉原のカウナスからの電信について問い合わせてみても、ユダヤ問題に関する電信を覚えていなかった。

「『基本的に、当時は他の切迫した問題がたくさんありましたから』」[21]と加瀬俊一は答えており、東京の本省は条件不備の難民にもユダヤ人云々にも、まるで眼中になかった。

外交評論家を自称する加瀬英明が理解していないのは、在欧勤務を命じられた杉原の本来の任務の重大さである。

6　独ソ戦迫るヨーロッパへ

一九六七年に杉原は、カスナスにおける諜報活動に関するロシア語の報告書（正確には「返信」書簡）を作成した。この報告書は、千畝による独ソ間の諜報活動に協力していた旧ポーランド亡命政権の情報将校、ミハウ・リビコフスキ（Michał Rybikowski, 一九〇〇–九一）によってポーランド軍事博物館の文書部に寄贈され、エヴァ・パワシュ＝ルトコフスカとアンジェイ・T・ロメルによる『日本・ポーランド関係史』（一九九六）にも写真複写が転載されている。[22]

そのなかで千畝は、日本人が一人もいないカウナスに公使館を設置する目的に関して、ソ連に対する「ドイツの攻撃の日時を迅速かつ正確に特定すること」と明確に述べており、その理由を「参謀本部が、ドイツ軍による西方からのソ連攻撃に対して並々ならぬ関心を持ってお」り、「それは、関東軍、すなわち満洲に駐留する精鋭部隊をソ満国境から可及的速やかに南太平洋諸島に転進させたかったから」であるとしている。

在欧勤務が命じられた時まだ三十代だった青年外交官の両肩には、日本の国家存亡にかかわる重大任務が課されていたのである。

カウナスからケーニヒスベルクに転任し、ベルリンから連日続々と北上する軍用列車、ドイツ人の野戦将校に命じられたロシア語習得、またソ連側の穀物の大量備蓄などを確認した千畝は、独ソ線が指呼の間に迫っており、「独蘇関係ハ六月ニ何等決定スヘシトナス」と本省に打電し、はたして、一九四〇（昭和一五）年六月二二日に独ソ戦が勃発した。これらの優れた諜報活動と分析結果に対して評価があるのは当然であろう。千畝が戦後実質上解雇されたのは、日本の敗戦によって独ソ間の情報収集の意味がなくなり、日本が省庁の機能を回復するにあたり、カウナスにおける不服従があらためて問題になったからである。

外務省への電信記録を調べてみると、千畝の報告には誤報がなく、非常に高い確度で情報の収集と分析がなされていたことがわかる。しかしこの外交官としての並外れた能力が、敗戦後の外務省においてまさに千畝の立場を窮地に陥れたのである。歴史が証明する千畝の報告の確度の高さは、逆の立場から見れば、ドイツがさかんに喧伝していた対英攻撃（アシカ作戦）を鵜呑みにし、独ソ戦のドイツ勝利による短期終結などの楽観論に支配されていた他の在欧外交官たちの無能を証明するものだからである。

『杉原千畝と日本の外務省』（一九九九）のなかで、杉原誠四郎は、「日米開戦時の『宣戦布告』の手交を指定時間にできなかったという前代未聞の失態に関する直接の責任者二人、つまり井口貞夫と奥村勝蔵」が「占領解除前後に外務次官に就任した」[23]ことを厳しく批判しているが、官僚の無謬性という神話にすがりつき前非を顧みることをしない外務省の体質こそ、帰国後の千畝の運命を予告していたのである。

学費が官費から支給される外務省特別留学生として就学したハルビン学院から変則的なかたちで入省した千畝は、大公使への道が開ける高等文官試験の受験を希望していた。そこで、一九四一（昭和一六）年九月一六日、千畝は外相宛に「本官、欧州在勤満四年以上に及び墓参り並びに子供の教育及び健康上浅間丸廻航を機会に賜暇帰朝致し度きに付き右特別御詮議」と色々理屈を並べては願い届を出したが、外相より「一等通訳官杉原千畝賜暇帰朝許可す」の回訓を得たのは、ミッドウェー海戦の敗北後数ヶ月も経った一九四二（昭和一七）年一二月二日のことであった[24]。翌年二月二日には、ドイツ軍がスターリングラードでソ連軍に降伏。枢軸国側の敗色濃厚なヨーロッパで、千畝にはもはや敗戦の報を待つしか術がなかった。

7　手嶋龍一の『スギハラ・ダラー』

先に指摘したように、千畝は独ソ間の情報収集のために亡命ポーランド政府の情報将校を活用していた。旧日本軍と戦前のポーランドの参謀本部とは、旧ソ連を共通の敵とすることから、とりわけ第一次大戦後、情報の交換から暗号解読の技術の伝達まで、東欧を主な舞台として活発な交流がなされることになった。

ドイツとロシアというヨーロッパの二大国に挟まれた東欧諸国にとって周辺地域に関する諜報活動は自国の存亡にかかわる重大事であり、活発な情報戦は、作家たちの関心をかき立ててきた。ポーランドの作家、シュトルンフ＝ヴォイトキェヴィチ（Stanisław Strumph-Wojtkiewicz, 一八九八－一九八六）には、『ティーアガルテン』（*Tiergarten*, 一九七八）という、日本とポーランドの対独諜報機関の協力を描いた有名なノンフィクション小説がある。

日本でも元ＮＨＫワシントン支局長で作家の手嶋龍一に

よる『スギハラ・ダラー』（二〇一〇）という小説が最近刊行され話題を呼んだ。「先物取引」の父、レオ・メラメド（Leo Melamed, 一九三二－）をモデルにしたアンドレイを中心に、第二次大戦中の杉原千畝の諜報活動から昨今の経済事情までを扱う盛りだくさんの小説である。

小説はフィクションという建前なので、そのなかで手嶋が何を書こうが自由である。しかし、手嶋は、その対談やインタビューまた書評などを通じて、「物語の筆を執ると『これを小説だと思っているのは著者たったひとり』――世の中はなんとも不思議」（『小説新潮』二〇一〇年三月号）などと、思わせぶりな口調で小説の内容がおおむね史実に準拠しているかのような印象を読者に与えようとしており、この点は見逃せないだろう。

手嶋は、『週刊現代』（二〇一〇年三月一三日号）において、「杉原に情報を提供していたポーランド情報部員が真実を語り始めたので、そろそろ書きどきかなと考えた」と述べ、先の『小説新潮』（二〇一〇年三月号）における対談では、「僕らインテリジェンス・ワールドの人間は、杉原千畝という人にはもうひとつ違った素顔があることに気づいていました。それを補強してくれるロシア語の杉原供述書が見つかり、そろそろ機が熟した頃と思って、新たなスギハラ像を読者にお届けしました」などとしているが、これらの事情説明からしてすでに間違いである。

レシェク・ダシュキェヴィチの『諜報機関G――報告および資料』は、英国ですでに一九四八年に刊行されており、その後に杉原千畝によるロシア語の書簡（一九五七作製）、ミハウ・リビコフスキの『対ドイツ情報 組織と活動』（一九七一年一月～三月小野寺夫妻からリビコフスキ宛の書簡収録）と続き、最後にルドヴィク・フリンツェヴィチの『リトアニア・コヴノにおける暗号名「柳」グループ』が、一九八八（昭和六三）年にワルシャワで刊行されている。(25) つまり、もっとも早いものは第二次世界大戦直後に刊行され、もっとも新しいものでも、『スギハラ・ダラー』が執筆される四半世紀も前に刊行されているのである。そして、これら回想録の内容は、これまでさまざまな研究書で引用もされてきた。

手嶋が指摘する回想録の類は、最近「見つか」ったのでもなければ、旧ポーランド政府の情報将校たちが近頃「真実を語り始めた」のでもなく、単に手嶋が、杉原千畝や第二次大戦の戦史、満州やポーランドの歴史等に関する研究の蓄積を最近まで知らなかっただけの話に過ぎない。

『SAPIO』（二〇〇九年八月二六日号）において、以下のように述べているのにもまた驚かされる。

当時の杉原の最重要の任務は、独ソ関係に関する情報の収集であり、ビザ発給はその助けになると冷静に読んでいたのだろう。実際に彼の助手を務めていたのは、ポーランド陸軍の情報機関が送り込んだ要員であり、ユダヤ系のポーランド人だった。こうした欧州のユダヤ・コネクションを通じて、不可侵条約を結ぶドイツとソ連も、やがて独ソ戦に突入していくと怜悧に見立てていたのである。杉原はこうした一級のインテリジェンスを刻々と日本に伝えていった。カウナスのインテリジェンス・オフィサー、杉原にとって、ユダヤ人へのビザ発給は情報収集と表裏の関係にあった。だが、情報の世界に携わった者は一切を語らない。杉原が築き上げたユダヤ・コネクションがいかなるものだったか、杉原は生涯沈黙を守り続けて一九八六年夏に逝った。

どうやら、杉原が「一切を語ら」ず「沈黙を守り続けた」にもかかわらず、世界中で手嶋だけが熟知している、千畝の「インテリジェンス・ワールド」があるようだ。さらに唖然とさせられるのは、『みるとす』（二〇一〇年六月号）に「『スギハラ・ダラー』をどう読むか 下」という記事で、佐藤優が、「手嶋氏が『スギハラ・ダラー』で展開する〈亡命ポーランド政府のインテリジェンス組織は、全欧ユダヤ人の情報ネットワークとぴたりと重なっていた〉という話に誇張はない」などと、途方もない発言をしていることである。

手嶋龍一との対談集『インテリジェンス 武器なき戦争』（二〇〇六）で、杉原が「外務省を去った後は、小さな貿易会社をつくって、ずっとモスクワに勤務していました」など佐藤はしており、手嶋は「単なるヒューマン・ドキュメントの主人公ではなく、インテリジェンスの世界の住人だったわけですね[26]」などと感心してみせるが、佐藤と手嶋の杉原に関するインテリジェンスはまるで当てにならない。

千畝は「小さな貿易会社」などつくったことはなく、戦後最初に就職した先の川上貿易は、当時は日ソ貿易の最大手であり、一九六〇（昭和三五）年秋に杉原は、日ソ東欧貿易会にいたハルビン学院時代の教え子・佐藤休を介して同社に入社したのである[27]。川上貿易時代の杉原を補佐した冨井英雄は、貿易産業技術研究所の所長として現在も翻訳業務に従事している[28]。

8　満州からカウナスへ

手嶋龍一も佐藤優も『スギハラ・ダラー』の内容を、おおむね史実であると読者に思い込ませようとしているのであり、このような欺瞞的な言説を放置することはできない。そこで、手嶋が『スギハラ・ダラー』やこの小説に関連する対談やインタビューで述べていることが、いかに史実とかけはなれたものであるかを、以下に具体的示そう。

『スギハラ・ダラー』には、やたらに「ユダヤ系」だの「ユダヤ人」などという言葉が枚挙され、後のユダヤ難民救済の布石として小説のなかにばらまかれているが、その多くが事実ではない。

まず、初めの方に出てくる杉原の前妻クラウディアに関する記述からして間違いだらけである。このクラウディアに関して手嶋は、以下のように述べている。

独身であった杉原千畝氏は、ハルビンの盛り場にあった酒場に時折出入りしていたのが目撃されています。ここで働いていた麗しい少女がクラウディア・セミョーノヴナ・アポロノヴァでした。ロシアの中部に広大な農園を所有する貴族の家に生まれたのですが、ロシア革命によりすべてを喪い、ハルビンに身を寄せたいわゆる白系ロシア人のひとりです。当時クラウディアは十六、七の、少女といっていい年齢だったのですが、杉原千畝氏は、その可憐で、少し寂しげなクラウディアの美しさに心惹かれて、やがて恋に落ちて行きました。（……）クラウディアの家系はユダヤ系なのですが、彼女はロシア正教徒でした。結婚にあたって新郎の杉原千畝氏もロシア正教に入信し、セルゲイ・パブロビッチという洗礼名を授かっています。[29]

クラウディアに関して手嶋龍一と似通った主張をしている杉原研究者は、内外に一人しかいない。先に紹介した、アメリカの歴史学者のヒレル・レビンである。

一九九四（平成六）年になされたレビンによる志村儀亥知との対談と、それにもとづくとされるクラウディアに対するインタビューに関する個所は、『千畝』の翻訳では以下のようになっている。

突然、私は〈最初の〉杉原夫人がいたに違いないと思いいたった。志村たちもこれを肯定した。彼女の名はクラウディア。ロシア人で、まだ生きていることを発見した。千畝を映していた万華鏡が一回りしたような気がした。それが彼の動機なのか。ロシア系ユダヤ人と結婚していたからこそ、彼らを救ったのだ。〈隠れたるエステル女王〉と私は思った。（……）彼らがハルピンで出会ったのが一九二〇年代であることがわかった。彼女の両親は貴族出身で、帝政時代には中部ロシアに領地を持っていた。（……）「で、あなたは彼を何と──」「セルゲイ──セルゲイ・パブロビッチ。私はまだ若く十六歳でした。そんな私に、彼はよくキャンディを持ってきてくれました。自分勝手な人ではありませんでした。踊るのが好きで、私をよくファンタジアというダンスホールにつれていってくれました。私は、彼が人に対し、いえ動物にだって優しいのを知りました。私は若く、男の人のことも知りませんでした。それで、彼は自分の家に連れてゆき、愛し合うようになったのです[30]」

レビンのインタビューの内容が、手嶋によるクラウディアの説明の内容と出自や年齢の細部に至るまで酷似していることがわかるだろう。

手嶋やレビンのクラウディアに対する言及は、荒唐無稽なものである。クラウディアは、「ユダヤ系」ではないし「貴族」でもない。この点に関しては、杉原千畝研究会の八田三邦氏がオーストラリア在住のクラウディアの甥のマイケルに直接照会している[31]。

さらに、千畝の聖名（洗礼名）は、パヴロフ・セルゲイヴィッチであって「セルゲイ・パブロビッチ」ではない。共に正教徒である幸子夫人（洗礼名はマリア）が残した回想録『六千人の命のビザ』（一九九三）を読めばわかることであって、長男・弘樹（洗礼名はヤコブ）による英訳にも同様の記載がある[32]。同じく洗礼を受けた妻子に対して、自分の洗礼名を誤り伝えるはずがない。

クラウディアを「ユダヤ系」としたり、千畝の洗礼名を「セルゲイ・パブロビッチ」としたりする誤りは、芳地隆之の『満州の情報基地ハルビン学院』（二〇一〇）にも見られ、杉原の「卓越した交渉術がそれを可能にしたのだが、そこには妻と関わりのあるユダヤ人脈が大いに係わっていたと思われる[33]」などとされている。これは、クラウディアが後にオーストラリアでユダヤ人医師ドーフと結婚したことから想定された誤った推測である。そして、こうした誤謬の発生源は、芳地が参考文献に挙げているヒレル・レビンの『千畝』（一九九八）であり、後に誤りが繰り返されたのは、ポーランド学者の阪東宏が「研究の名に値しないキワモノ出版物[34]」とするレビンの杜撰な著作の主張が踏襲された結果である。

手嶋がさかんに喧伝する「ユダヤ・コネクション」も根拠薄弱であり、他ならぬ手嶋が指摘している「杉原に情報を提供していたポーランド情報部員」の回想録自体がそれを明確に否定している。

ダシュキェヴィチは、「日本領事によるビザ発給の日が来ると、ユダヤ人はこぞって申請に詰めかけたがポーランド人の希望者は少なかった。申請者は十数名に過ぎず、私は彼らを優先すべくあらゆる手を尽くした[35]」と述べており、救済の順位として、非ユダヤ系のポーランド人が「優先」されており、他のユダヤ系難民等へのビザ発給は、当初まったく予期していなかったついでの事柄なのである。手嶋の言うような「ユダヤ系の将校が中心となっていたポーランドの情報組織」(『インテリジェンス 武器なき戦争』二九二頁) なら、このような区別立てそのものがおかしい。

また手嶋が指摘する「ロシア語の杉原供述書」とは、実際は「供述書」ではなく、在欧時代の千畝の諜報活動に関する問い合わせに対して、一九六七年に千畝がロシア語で書いた返信、つまり書簡である。これは、現在ワルシャワのポーランド軍事博物館に収蔵されているが、アンジェイ・T・ロメル所蔵のコピーがルトコフスカの『日本・ポーランド関係史』にも写真転載されている[36]。

千畝の返信には、全体にセクション番号が付されており、別々のトピックが扱われているので、箇条書きの問い合わせに関する回答と思われる。

そのなかで千畝は、ユダヤ難民への大量ビザ発給に関して、神戸などの市当局が困っているのでこれ以上ビザを発給しないように本省が求めてきたが、「外務省から罷免されるのは避けられないと予期していましたが、自分の人道的感情と人間への愛から、一九四〇年八月三一日に列車がカウナスを出発するまでビザを書き続け」たと説明している。

手嶋が『スギハラ・ダラー』の巻末にもっともらしく挙げている「参考文献」のなかにも「ユダヤ・コネクション」云々を裏付けるような証拠は何も載っていない。例えば、その「参考文献」のなかには、確かに日本とポーランド諜報機関の双方を助けた組織の名前が載っている。しかし、それは「ユダヤ系」の機関ではなく、ヨーロッパどころか世界中にネットワークを持つ別の組織である。

手嶋が挙げている「参考文献」の二つ目にあるチャップマン論文の千畝に関する言及を、以下に訳出してみよう。

ゲシュタポは、一九四一年三月、ローマの同僚からバチカンやイエズス会総長のヴロディミール・レドホスキ神父と取引している疑わしい日本人に関して警告を受けた。後に傍受した情報は、ストックホルムを経由してロンドンからワルシャワへの情報や資金の流れを暗示するものであり、ケーニヒスベルクの杉原に対する不満が再燃したことを考え合わせると、それは、ストックホルムからベルリンやローマさらにソ連を経由して東京に至る外交行嚢を利用したクーリエの存在を示すものであった。ワルシャワからベルリン行きのクーリエがティーアガルテンで拘束されたことによって、クンツェヴィチと満州国領事館の賄い婦であるサビーナ・ワピンスカが逮捕された。拷問の結果、クンツェヴィチは、元ポーランド軍の将校で、本名はアルフォンス・ヤクビャニェツであることを自白し、日本や満州の外交官との協力関係が露見した[37]。

チャップマンは、日本とポーランド諜報機関との関係を後援しているのは、「ユダヤ・コネクション」ではなく、イエズス会総長のヴロディミール・レドホウスキ神父をはじめとするバチカン、すなわちカトリック教会であることを明確に説明している。

このことは、ドイツ諜報機関の責任者であったヴァルター・シェレンベルク（一九一〇-五二）の回想録にも載っており[38]、その記述は、ドイツ保安本部の調査にもとづいている。

杉原と親しかったヤクビャニェツの自供を元に、ドイツ保安本部のラインハルト・ハイドリヒ（Reinhard Heydrich, 一九〇四-四二）は、外相リッベントロップ（Joachim von Ribbentrop, 一八九三-一九四六）に宛てた「ドイツ帝国における日本人スパイ」と題する報告書を提出したが、そこでは杉原の名前が筆頭に挙げられ、ドイツ側は千畝を「好ましからざる人物」として領事館から本国に召還するよう日本外務省に圧力をかけたのである。

ハイドリヒ報告書の書き出しは、以下のように始まっている。

在カウナス日本領事は、ポーランドおよびイギリスに親しい人物と見なすことができ、カウナス在任中からすでにわが国の軍事情報に並々ならぬ関心を示していたことは周知の事実でありました。杉原はケーニヒスベルクの日本領事館の責任者として在任中、限度を超えた情報活動をしたため、彼の駐在は独日関係の思わぬ負担になろうとしております。そのためケーニヒスベルクの州長官は、外務省を通じて杉原が召還されるよう目論んでおります。情報部部門で杉原に協力しているのは、スタニスラフ・ペシュ〔注、ダシュキェヴィチのこと〕で、彼はカウナス時代から杉原の知人であり、杉は彼に日本国籍を与えました。（……）ストックホルム駐在の日本の武官小野寺大佐は、旧ポーランド将校リビツキ〔注、リビコフスキのこと〕が自称白系ロシア人ペーテル・イワノフの偽名で、「担当官」として付けられています。また、イタリア国防省の報告によれば、ローマ在住の日本大使館一等書記官・河原畯一郎（現ベルリン在住）がイエズス会の総長ウロディーミル・レドホウフキの元に頻繁に出入りしていたといいます。ローマの日本大使館経由ベルリンの外交急便を用いた違法な往復書簡で、幾度となくドイツに関する軍事上重要な報告を受け、転送したのです。（……）イエスズ会総長レドホウスキについて述べた事柄に関して、さらに以下の報告をしなければなりません。没収したヴィリニュス発一九四〇年九月一三日付のレドホウスキ宛ての手紙は、ドイツ人によるロシアのカトリック聖職者迫害について述べております。この書簡で興味深いのは、レドホウスキに対するクンツェヴィチ〔注、ヤクビャニェツ〕の報告です。それによれば、彼はヴィリニュスから数多くの違法郵便を、日本の外交急便に託して、ストックホルムへ送っています。郵便はロンドンのポーランド亡命政府シコルスキに転送されます。[39]

ハイドリヒによる報告書は、チャップマン論文にも引用されており、そのコピーは、千畝のハルビン学院の後輩だった、笠井唯計（元・在ベルリン満州国公使館一等書記官）だけでなく、『バルト海のほとりにて』（一九八五）の著者・小野寺百合子も所有していることは、防衛庁防衛研究所による「平成一六年度戦争史国際フォーラム」の報告書「日露戦争が二〇世紀前半の日波関係に与えたインパクトについて」（二〇〇四）にルトコフスカが明記している。手嶋自身が「小野寺武官の百合子夫人が亡くなる前に親しくさせていただいた[40]」と述べているのだから、この報告書について知らないとは考えにくい。

日本の外交機関とポーランド諜報機関を支援していたのは、イエズス会総長、ウラディーミル・レドホウスキ総長を中心とするカトリックのネットワークであり、手嶋の主張する「ユダヤ・コネクション」などではない。

手嶋の主張を裏付けるような史料は、手嶋が挙げている「参考文献」に載っていない。もっとも、手嶋は、『スギハラ・ダラー』を文庫化した際に改題した『スギハラ・サバイバル』（二〇一二）の「著者ノート」において、「物語作者の禁を半ば破っていえば、『スギハラ・サバイバル』はこれらの資料に依拠して書かれたのではない。物語を書きあげた後で、信頼する史料検索の専門家に膨大な外交文書をあらためて渉猟してもらっ」て、「果たして読み筋通りの機密の公電が次々に見つかった」[41]のだそうである。「杉原の諜報網を支えたのは、ポーランド軍のユダヤ系情報将校だった。『命のビザ』は彼らが提供してくれる貴重な情報の代償だった」とは、エヴァ＝パワシュ・ルトコフスカや阪東宏等のポーランド学者すら知らない奇説であり、その「次々と見つかった」「機密の公電」の内容を明らかにしてもらいたものである。

9　岡部伸『消えたヤルタ密約緊急電』

ところで最近、杉原について言及する二冊の本が新潮選書として刊行された。白石仁章の『諜報の天才 杉原千畝』（二〇一一）と岡部伸の『消えたヤルタ密約緊急電 ― 情報士官・小野寺信の孤独な戦い』（二〇一二）がそれである。

この二冊には、裏表紙に「ユダヤ系ネットワーク」だとか「ユダヤ系諜報網から得た正確無比なオノデラ電」という宣伝文句が書かれており、手嶋は、この二冊に書評（『産経新聞』二〇一一年四月三日付、新潮社『波』二〇一二年八月号）を書いたが、ここでも「ユダヤ系情報網」が強調されている。

しかし、不思議なことに、書評の対象になっている二冊の本文には、「ユダヤ系ネットワーク」とか「ユダヤ課報網」に関する言及がまったくない。

「あとがき」で「一方ならぬご指導を頂いた」と手嶋に謝辞が述べられている『消えたヤルタ密約緊急電』のなかで、岡部伸は、「杉原が難民にビザを発給した最初の動機は、情報の見返り。つまり諜報任務のためである」[42]などと、まったく見当違いのことを述べ、ダシュキェヴィチの回想録の引用から、「日本領事によるビザ発給の日が来ると、ユダヤ人はこぞって申請につめかけたが、ポーランド人の希望者は少なかった。申請者は十数名に過ぎず、私は彼らを優先すべくあらゆる手を尽くした」[43]という個所を落とし、ポーランド軍の諜報将校が、ユダヤ人と非ユダヤ系ポーランド人を区別し、後者を優先している事実を隠匿している。

また、ポーランド課報機関の思惑を先のルトコフスカ教授が「ポーランド人の難民を北米大陸などに逃し、亡命者で結成されたポーランド軍に加えさせようとしたのでしょう」[44]という推測から「ポーランド軍に加えさせよう」「ポーランド人の」の個所を抜き、さらに「ポーランド軍に加えさせること」と文末を勝手に断定に変えて引用しているが、いわゆる「杉原ビザ」の受領者でポーランド人部隊など作られなかったし、また作れるはずもない。

　以下に示す二つの理由によって、ルトコフスカの推測は見当違いであると思われる。

　第一に、亡命ポーランド政府による軍内にユダヤ人部隊を創設しようという試みはまず、後に第七代イスラエル首相となるメナヘム・ベギン（Menachem Begin, 一九一三－九二）から、有名なアンデルス将軍（Władysław Anders, 一八九二－一九七〇）に対する提案によって一部が実現した。将軍はユダヤ人嫌いの多いポーランドの将校団を懐柔するために、一九四一（昭和一六）年に秘密指令を出しており、その内容を、ユダヤ人軍事組織「ハガナ」の新聞『エシュナブ』を発行していたエリアゼル・リーベンシュタイン（リヴネ）が一九四三年六月二八日に紙面に出した。この秘密指令のなかで、アンデルス将軍は、まずユダヤ人に対する敵対感情を「全く理解できる」が、連合国がユダヤ人の圧力下にあることもポーランドの将校たちは理解せねばならないと述べる一方、将校たちが故郷に戻るとなると、「我々は自らの郷土の規模と独立性に合わせてユダヤ人問題を扱うつもりである」と述べている。

　アンデルス将軍が指揮するポーランド将校団における反ユダヤ主義を暴露した事件は、ロンドンで刊行された『ジューイッシュ・クウォータリー』の一九六九（昭和四四）年春号に「シコルスキ事件」という記事のなかで明らかにされており、ポーランド史が専門のルトコフスカがこのような事実を知らないはずがない。

　米国のユダヤ系歴史家であるレニ・ブレンナーは、このスキャンダルに関して、「これはヒトラーの爪から逃れられたようなユダヤ人はすべて軍から排除することをほのめかしているのだと受けとってもらいたいと言っているように理解された」と的確に評言している[45]。

　また、そもそも「杉原ビザ」の受領者は、ユダヤ系ばかりではないし、国籍もポーランド籍の他にリトアニア、チェコスロバキア、ドイツ、オーストリア等多様である。ビザは一家に一通で良かったので、家族持ちは多くの場合父親が申請者名にあるが、千畝自身が露文書簡で述べているように、「難民たちには、男性だけでなく、女性や老人、子供までいた」のである。そして、もっとも大きな母集団が神学生であれば[46]、杉原がビザを発給した難民たちが軍務に適しているか否かは自明であろう。「ポーランド軍」云々は、亡命ポーランド政府側からすれば希望的観測であり、ビザを求める難民側からすれば、取得を容易にする殊勝な理由であるに過ぎない。

　ルトコフスカの推測を額面通り捉えるなど、外交の二重底がわからず、共産政権崩壊後の新生ポーランド政府がなぜ杉原の叙勲を決めたのかわからないのと同種のナイーヴを示すものに他ならない。

岡部はまた、先の回想録から「私は領事から、ビザ発給の件は一〇日後になるという返事を受け取った。すでに日本政府の同意が得られ、あとは外務省からの指示を待つだけだというのである」という個所も引用していない。

今日誰でも知っているように、日本政府は杉原への電信において、難民に対する杉原の大量ビザの発給を繰り返し非難している。「日本政府からの同意」云々とは、もちろんポーランドの情報将校とその関係者への若干のビザに関する言及なのだが、岡部はこれをカウナスの難民たちへの大量ビザ発給と混同させようとしているのである。

このような議論を起動させた最初のものは、手嶋がみずから「亡くなる前に親しくさせていただいた」と称する「小野寺武官の百合子夫人」の次女である大鷹節子による「ユダヤ人六千人を救った日本のシンドラー杉原千畝『美談』の陰に」（『諸君！』一九九六年九月号）という短い記事である。思わせぶりなタイトルの記事だが、この時点では、まだポーランドの情報将校たちの「ユダヤ系」説は出てこない。この短い記事は、エヴァ・ルトコフスカとアンジェイ・ロメルによってパリで刊行されたポーランド研究誌に掲載された論文の邦訳(47)のレジュメという体裁をとっており、両者は「ユダヤ系」説など唱えていないからである。

このユダヤ・ネットワークなるものに関する奇説の提唱は、まず手嶋龍一が始めたもので、以下の引用から、手嶋、そして佐藤優、岡部伸などとの「言説のキャッチボール」によって増殖するありさまがよくわかるだろう。

＊手嶋龍一――

「ヒューマニズムだけではなかった『情報士官（インテリジェンス・オフィサー）』としてのユダヤ難民救済――杉原千畝」

実際に彼の助手を務めていたのは、ポーランド陸軍の情報機関が送り込んだ要員であり、ユダヤ系のポーランド人だった。こうした欧州のユダヤ・コネクションを通じて、不可侵条約を結ぶドイツとソ連も、やがて独ソ戦に突入していくと怜悧に見立てていたのである。杉原はこうした一級のインテリジェンスを刻々と日本に伝えていった。カウナスのインテリジェンス・オフィサー、杉原にとって、ユダヤ人へのビザ発給は情報収集と表裏の関係にあった。（『SAPIO』二〇〇九年八月二六日号）

『諜報の天才 杉原千畝』の書評

隣国リトアニアに情報拠点を構えた杉原は、欧州全域に張り巡らした諜報網を駆使して、国際政局を精緻に読み抜いて誤らなかった。彼の目となり耳となったのは、ポーランド軍のユダヤ系情報将校たちだった。

（『波』二〇一一年三月号）

『スギハラ・サバイバル』（『スギハラ・ダラー』改題）のあとがき

杉原の諜報網を支えたのは、ポーランド軍のユダヤ系情報将校だった。『命のビザ』は彼らが提供してくれる貴重な情報の代償だったのである。（二〇一二年五月）

『消えたヤルタ密約緊急電』の書評

中立国スウェーデンにいた小野寺信駐在武官は、亡命ポーランド政府から世紀の密約を入手していた。大戦前夜にリトアニアに赴いた杉原千畝・領事代理が命のビザを発給して六千人のユダヤ難民を救ったことにユダヤ系情報網は貴重な情報で報いたのだった。（『産経新聞』二〇一二年九月二日付）

＊佐藤優――

『スギハラ・ダラー』の書評

手嶋氏が『スギハラ・ダラー』で展開する〈亡命ポーランド政府のインテリジェンス組織は、全欧のユダヤ人の情報ネットワークとぴたりと重なっていた〉という話に誇張はない。（『みるとす』二〇一〇年五‐六月号）

＊岡部伸――

『消えたヤルタ密約緊急電』のあとがき

バルト三国というロシアの弱い脇腹を攻め、ユダヤ系情報網を築いた点で、佐藤氏こそ小野寺氏のＤＮＡを引き継いでいる。

手嶋は、とりわけ『諜報の天才 杉原千畝』『消えたヤルタ密約緊急電』という二冊の論評を通して「ユダヤ系諜報網」なる虚説を流布しようとしている。前者の裏表紙には「ユダヤ系ネットワークは危険を顧みず献身した」、後者には「ユダヤ系諜報網から得た正確無比なオノデラ電」などのキャッチコピーがあるが、両書とも、本文にそれを裏付ける言及がまったくない。

手堅い実証史家らしく、さすがに白石仁章は「ユダヤ系諜報網」に言及するなどというかつなことはしていないが、岡部は、早速「ユダヤ系情報網を築いた点で、佐藤氏こそ小野寺氏のＤＮＡを引き継いでいる」などと言い出す始末である。

『消えたヤルタ密約緊急電』の著者には、そもそも一体自著のどこに「ユダヤ系諜報網」などというしろものに対応する部分があるのか尋ねてみたいものだが、「ユダヤ人に寛容だったポーランドには、第一次大戦後、ヨーロッパや中東からユダヤ人が押しかけた。その数は三百万人とも四百万人ともいわれる」[48]などと言うくらいなので、そもそも第二次大戦前のポーランド・ユダヤ人の状況がまるでわかっていない。

ワルシャワのユダヤ史研究所長のフェリックス・ティフ（Feliks Tych, 一九二九-）が編纂した『ポーランドのユダヤ人』（二〇〇四）のなかで、ヨランタ・ジィンドゥルは、「ポーランド共和国の成立時のユダヤ人口は二八五万人です。しかし、全人口との比は一九二一（大正一〇）年の一〇・五パーセントから一九三九（昭和一四）年の九・七パーセントへ漸減していきます」と概括した後、第一次大戦後に発生した、ポーランドにおけるポグロム（ユダヤ人虐殺）についてこう述べている。

ポーランド国家独立を象徴する一九一八年一一月一一日という日にキルツェの町でポグロムが起こり、四人の死者と多くの負傷者が出ます。さらに恐ろしい事件がその十数日後にルヴフで起こります。ここではポーランド軍によってウクライナ人が追放された後、ユダヤ人側がウクライナ側の支援によるかと思われる勢力によって襲われます。一一月二二日から二三日にかけてこの東ガリツィアの都で七二名のユダヤ人が殺害され、四三三人が負傷したのです。シナゴーグは破壊され、何百もの店や家が壊されたりします。ユダヤ人を襲った群衆の中には民間のポーランド人のほか、軍服の兵士や士官もいました。[49]

ホロコーストの歴史に関心のあるものなら、文中のキルツェという町の名前を見てただちに想起することがあるだろう。

ナチス・ドイツが敗北し、欧州での戦いも終わっている一九四五（昭和二〇）年、ポーランドの各地で反ユダヤ主義的な都市暴動が堰を切ったように起った。まず八月一一日、暴動が最初に本格化したのは、ポーランドの古都クラクフで、これは、ユダヤ人がキリスト教徒の子供を殺害したという、中世を思わせるような「儀式殺人の噂話」から、ポーランド人の五人の兵士と六名の民間警察を含む暴徒がユダヤ人に襲いかかった。

そして、一九四六（昭和二一）年七月一日、キルツェ市に住む八歳の少年、ヘンリク・ブワシチクの姿が見えなくなった。実は、前に住んでいた所で少年は果樹園で採れるサクランボを食べたく思い、二日後の晩の七時頃、サクランボをどっさり抱えて帰宅した。前日捜索願を出していた父親のバレンティ・ブワシチクは、再度警察署に出向き、あろうことか、「息子はユダヤ人に誘拐されていたのだが、何とか逃げて来た」と虚偽の申告をした。そして、七月四日再度警察署を訪れる途中ブランティ通り七番地のユダヤ人会館の前を通り過ぎる時、息子のブワシチクは、自分はここに監禁されており、たまたま建物の前に立っていた緑の帽子の男を指さし、あの男に荷物を建物に運び込むのを手伝ってくれるよう頼まれて建物に入ったところ監禁されたと証言した。

警察分署の巡査部長は、緑の帽子の男を逮捕して尋問するように命じ、逮捕に向かった一行が「ユダヤ人に誘拐されていた少年が逃げてきた。我々は今から犯人のユダヤ人を逮捕しに行くところだ。ポーランド人の子供も救出する」と通行人と会話しているのを聞きつけた群衆は、「ユダヤ人がキリスト教徒の子供を殺した」と大声でわめき、騒ぎ始めた。建物は群衆に取り囲まれ、三階のバルコニーから地面に投げ落とされた少女は、とどめを刺され、ユダヤ人委員会のカハネ博士も背中から銃撃されて絶命した。周囲にいた群衆はついに暴徒化し、死体検査報告書にあるだけでも、女性一一人、男性二六人が銃殺されたり撲殺されたりした。死者のなかには、妊娠六ヶ月の女性さえいた(50)。

ポーランドには、ナチスによる占領やホロコーストとは別に、自前の反ユダヤ主義が存在し、アウシュヴィッツ以後にさえユダヤ人虐殺が発生したのである。

岡部伸は、研究の出発点にあるべき基本的な史実さえ確認しておらず、加えて手嶋龍一の「杉原の諜報網を支えたのは、ポーランド軍のユダヤ系情報将校」などという思い込みを額面通り受け取っているので、議論がおかしな方向に進んでいるのである。手嶋や佐藤優による「亡命ポーランド政府のインテリジェンス組織は、全欧のユダヤ人の情報ネットワークとぴたりと重なっていた」などに至っては、単なる小説のネタに過ぎない。

さて、カウナスにおけるユダヤ難民のリーダーであり、杉原からのビザ受給交渉にあたった人物に、ゾラフ・ヴァルハフティク（Zerach Warhaftig, 一九〇六－二〇〇二）がいる。周知のように、千畝に「諸国民の中の正義の人」賞を授与した元・イスラエル宗教大臣である。

ヴァルハフティクの有名な回想録の第一部二章は、「ホロコースト前のポーランド・ユダヤ社会」と題されており、両次大戦間のポーランドのユダヤ人がおかれた状況が概括されているので、以下にお目にかけよう。

一九三七年、ポーランド各地で反ユダヤ暴動が発生した。ビルナ、シニアドボ、チセボ、ザンブルフ、ジアロシン、ドルゴシオドロその他数十の町や村でユダヤ人が襲われ、八名が殺され、多数の者が負傷したほか、ユダヤ人所有の施設が破壊された。一九三七年、政府与党のオゾン最高委員会は、次のような対ユダヤ三項目を発表した。(1)パレスチナその他への移住を促進して、国内のユダヤ人口を削減する。(2)ユダヤ人を経済分野から追放し、ポーランド人にその地位を与える。(3)社会、文化上ユダヤ人をボイコットする。[51]

戦前のポーランドでは、「ユダヤ人に寛容だったポーランドには、第一次大戦後、ヨーロッパや中東からユダヤ人が押しかけた」という岡部の主張とは、まったく逆の事態が進行していたのである。

一九三九（昭和一四）年、ポーランドの与党陣営による『国籍管理政策に関する指南書』のユダヤ人に関する部分には、「ポーランド民族の傍らに寄り添ってきた異分子は、過去に基礎を据えた何ものをもわれらポーランド民族にもたらすことはできず、したがって、われらの現在に参加することも、未来の準備に貢献することもできない[52]」とされていた。

10　ゲットーの壁の内と外

千畝が難民たちにビザを発給する一九四〇（昭和一五）年の夏は、フランスからロンドンにシコルスキ（Władysław Eugeniusz Sikorski, 一八八一－一九四三）のポーランド政府がやっと亡命したばかりの時期であり、ポーランドの対独レジスタンスのなかでユダヤ人抵抗組織「ジェコダ」がつくられたのは、一九四二（昭和一七）年も末のことである。

ポーランドやリトアニアには、ナチス占領期以前からの長い反ユダヤ主義の歴史があり、ドイツ軍がバルバロッサ作戦を発動した直後の一九四一（昭和一六）年七月四日付のロンドンの亡命政府への報告書では、「ポーランド人がユダヤ人に対するポグロムを組織した」とされ、抵抗組織の『戦況報告』の八月前半号は、「ドイツ軍は解放軍として歓迎されている」とさえ記している。[53]

手嶋龍一や岡部伸の議論の問題点は、ポーランド人やユダヤ人が、ナチスに抵抗するまとまりある意志の統一体として措定されていることである。

ユダヤ人虐殺は、ナチスばかりでなく、ポーランド人やリトアニア人の手によってもなされたのである。少年時代に千畝と交流のあったソリー・ガノールは、独ソ戦が始まるや、「ショーリアイ」（「愛国者」の意）とよばれるリトアニア人のならず者たちによるユダヤ人虐殺が始まったことを証言しているが、これはよく知られた史実である。[54]

ナチスの保安警察や刑事警察の補助機関としてリトアニア保安警察が設立され、ヴィリニュス近郊で一九四一（昭和一六）年七月から始まった「ポナリの虐殺」では、数千名のユダヤ人が虐殺された。

日本の連合赤軍などの研究でも知られる、フランスの歴史家、ミカエル・プラザンは、その著書『アインザッツグルッペン（移動殺戮部隊）』（二〇一〇）のなかで、杉原千畝の事績を想起しながら、ポナリの虐殺にかかわる証言を報告している。この報告のなかで、もっとも驚かされるのは、虐殺からの奇跡的生き残り者ばかりでなく、「ポナリの虐殺者」と呼ばれた下手人たちさえインタビューに応じ、さらに実名と写真付きで登場していることである。[55] 西はフランスから、東はポーランド、リトアニアに至るドイツ軍占領地域におけるユダヤ人の運命をさらに過酷にしたものは、占領地のヨーロッパの住民たちもまた、ユダヤ人に好意的ではなく、多くは無関心で、時に密告者さらに虐殺の共犯者とさえなったからである。

先の大戦中は、ポーランド抵抗運動にたずさわり、一九八〇（昭和五五）年にノーベル文学賞を受賞したリトアニア系ポーランド人の詩人チェスワフ・ミウォッシュ（Czesław Miłosz, 一九一一－二〇〇四）が、戦時中に書いた詩に「カンポ・ディ・フィオーリ」（*Campo dei Fiori*, 一九四三）というものがある。

以下に、西成彦がポーランド語から邦訳した詩の一部を示そう。

ぼくはワルシャワの回転木馬のかたわらで
カンポ・ディ・フィオーリのことを思った
春の晴れた夕べ
はずむような音楽が流れるかたわら
ゲットーの壁の向こうにとどろく一斉射撃は
はずむような旋律にかき消され
雲ひとつない空に向かって
男女のペアが舞いあがった

ときおり炎上する建物から風が吹きつけ
黒い凧がはこばれてきて

回転木馬にまたがりながら
そのひらひらをつかむものたちもいた
火事場に起きる竜巻が
少女らの美しいワルシャワの日曜日
陽気な群衆は笑っていた

カンポ・ディ・フィオーリとは、ローマにあるもっとも活気がある広場で、ルネサンス期の自由思想家ジョルダーノ・ブルーノ（Giordano Bruno, 一五四八－一六〇〇）が異端審問の結果火刑に処せられたところだった。ミウォッシュは、ブルーノの火刑とゲットー内でのユダヤ人虐殺を重ね合わせ、その外の祭りで華やぎを対置して、第二次大戦中のユダヤ人とそのユダヤ人の運命に無関心だった多くのポーランド人の良心に問いかけているのである。

もちろん、そのポーランド人にはミウォッシュ自身も含まれ、同じモチーフで書かれた「哀れなクリスチャンがゲットーをみつめる」（*Biendny chrześcijanin patrzy na getto*, 一九四三）は、ゲットーで死に行くユダヤ人を前に、「ぼくもまた彼の目には死を幇助するひとりでしかないだろう／割礼の傷痕のないひとりとして」という詩句で終わる。

後者に触発されたヤギェウォ大学のヤン・ブウォンスキ教授（Jan Błoński, 一九三一－二〇〇九）は、一九八七年一月、カトリック系の週刊誌に「哀れなポーランド人はゲットーをのぞき込む」という論文を掲載し、ユダヤ人の苦境を見ていたポーランド人の心理的深層と道義的罪責について迫り、ポーランド知識人の間で大きな論争を巻き起こした。[56]

この詩は、ミウォッシュが「シュラフタ」と呼ばれる貴族階級出身であることによって、一層興味深いものになる。

ポーランド・リトアニア国は、しばしば「シュラフタの共和国」と呼ばれ、人口の約一割をしめる貴族階級が選挙によって国王を選び、身分制議会を通して国政の主導権を握ってきた。ポーランドの貴族社会は、ながらく西欧向けの穀物輸出によって潤ってきた。この貿易取引や領地経営には「ファクトール」と呼ばれるユダヤ人たちがかかわってきた。しかし、一七世紀になって西欧の農業生産高が増大すると、貿易不振に陥り、シュラフタのなかには没落して大貴族の使用人になるものまで出てきた。

穀物輸出の不振で収入を激減させた貴族領主たちが目をつけたのは、プロピナツィアと呼ばれる酒の製造・販売権である。重労働に従事する農民たちにとって、酒は日頃の憂さ晴らしのための唯一の楽しみだった。没落するシュラフタにとって、ユダヤ人たちは、このプロピナツィアや領地の管理権をめぐり競争相手になった。[57]

領地経営はシュラフタの伝統的仕事の延長線上にあった

が、彼らは毛皮や革の扱い方をしらず、酒造や酒場を経営する分野では、商才にたけたユダヤ人の敵ではなかった。零細シュラフタにとって、ユダヤ人たちは自分たちの権益を奪う競合相手であり、農民たちにとっては、封建領主の手先として自分たちを搾取する憎むべき対象であった。近代東欧における反ユダヤ主義は、古代社会のような神学的憎悪に由来するものではなく、未発達な商業制度のなかで、勃興する資本主義にいち早く順応したユダヤ人とキリスト教徒の間の経済的競合関係の産物であった。

一九九五（平成七）年、東京日仏学院で、クロード・ランズマン（Claude Lanzmann, 一九二五－）監督の『ショアー』（*Shoah*, 一九八五）という映画が公開されたことは、よく知られていよう。九時間半にわたるこのホロコーストを扱った映画のなかでもっとも戦慄すべきシーンはどこだろうか。もちろん、ユダヤ人を虐殺した証拠隠滅の徹底ぶりも驚きだが、それにもまして戦慄すべきは、強制・絶滅収容所周辺に住んでいたポーランド住民たちのユダヤ人たちの運命への冷淡さではないだろうか。

ポーランドのヘウムノ収容所近くの町グラブフの町の民家の前に集う婦人たちは、こう証言している。

「ポーランドの女たちは、働いていた。ユダヤ女はね、何もしないで、ただ美容のことばっかり考えてさ、着飾っちゃって……」

――ああ、ユダヤ女は、働かなかったんだ！

「ぜんぜんよ」

――どうしてですか？

「金持ちだったからね。ポーランド人は、金持ちのユダヤ女に仕えなけりゃならなかったのよ。働かなけりゃ、やっていけないでしょ」

――［通訳に］今〝資本〟（カピタル）という言葉が聞こえたけど……

「ユダヤ人が握っていたのは、ポーランド全土よ」

――当地から、ユダヤ人がいなくなって、あなた方は満足ですか。

「いなくなったからって、別に困りはしないさ、どっちみちね。でも、あんたも知ってるだろうけど、戦前、ポーランドの全産業は、ユダヤ人とドイツ人が握っていたんだ[58]」

これは、戦後四〇年以上たったときになされたインタビューで、もちろん絶滅収容所で何が行われたかを知った上での証言なのである。

岡部伸は、『消えたヤルタ密約緊急電』のなかで、リトアニアは「宗教がポーランドと同じカトリックであるため、信仰に根ざした生活習慣が近く、ポーランド情報士官が紛れ込んでも違和感がない」という的確な指摘しているが、[59]その一方、リトアニア人やポーランド人とユダヤ人の間に横たわる根深い対立をまるで理解していない。

「ユダヤ系情報網」との協力などあり得ないことは、先のハイドリヒ報告書を再読してもわかる。そこには、杉原やポーランド諜報網との協力者として、二つの名前が報告されている。一人は、日本大使館一等書記官の河原畯一郎で、もう一人は、当時のイエズス会の総長であったヴロディミール・レドホウスキ（Wlodimir Ledóchowski, 一八六六－一九四二）であり、バチカンの関与を明示している。

11 「隠された」回勅

まずここで、当時のローマ教皇庁の外交政策を概観しておこう。

当時のバチカンにとっての主敵は、言うまでもなくロシアに出現した共産主義国家のソ連であった。だからこそ、ドイツとは政教条約（一九三三）を結び、満州国に教皇使節を派遣したのである。つまり、日独の反共大国によって、ボルシェヴィズムによってヨーロッパが席巻されるのをせき止めることが期待されたのである。

ドイツとロシアという二大国に挟まれたポーランドは、歴史的にそのどちらをより危険視するか、協定の可能性があるかという関数によって、外交政策が模索されてきた。帝政ロシアが共産ソビエトになった時、ポーランド人の多くにとって、ロシアは帝政時代よりもさらに一層危険な存在となった。国民の大多数がカトリックであるポーランド人にとって教会や信仰そのものを否定する無神論のソ連とは折合う余地が少なかったからである。

ポーランド・ソビエト戦争（一九一九－二一）から「カティンの森の虐殺」（一九四〇）に至る報復合戦は、その妥協のない確執を示している。一九四三年四月二五日、ソ連とロンドンのポーランド政府は外交関係を断絶。戦後ソ連圏に組み込まれた共産ポーランド政権下で、ソ連による「カティンの森の虐殺」に言及することは、長い間タブーであった。

両次大戦間に政権を担った保守的な政治家やワルシャワの「大佐たち」は、当初反共を掲げるドイツとの脆弱な同盟関係に希望を持っており、レドホウスキもまた例外でなかった。レドホウスキは、一族の歴史がポーランドとオーストリアの歴史と緊密に結びつく名門貴族の出身で、ポーランド人なら誰でも知っている人物であり、実弟のイグナーティは、ソ連との戦いでポーランドの軍団長まで努めた人物である。

独ソ間でポーランドが分割占領された一九三九（昭和一五）年九月二八日、レドホウスキはバチカン放送から、「おまえは決して敗れはしない。おまえは、再び栄光のうちに立ち上がるだろう、わが愛する、わが殉教のポーランドよ！」[60]と呼びかけ、抵抗運動を鼓舞した。

しかし、このレドホウスキほど、ポーランド人とユダヤ人との間で歴史的評価が正反対の人物もめずらしい。ポーランド人にとって、レドホウスキはレジスタンスの精神的支柱の一つである勇気ある人物である。しかし、ユダヤ人にとって、同神父は、反ユダヤ主義を弾劾するピウス一一世（Pius XI, 一八五七‐一九三九）の回勅が出るのを遅延させた許しがたい人物なのである。

フランス最大の右翼組織「アクシヨン・フランセーズ」の国家に対する異教的な考え方を断罪した当時のローマ教皇ピウス一一世は、一九三一年に、イタリアのファシズムにおける国家の役割の全体主義的な考え方に反対する回勅『ノン・アッビアーモ・ビソーニョ』を出し、返す刀で『ディウィニ・レデムプトーリス』（一九三七）で、ボリシェヴィキの無神論を弾劾した。そして、ラテン語で書かれるのを常とする回勅の慣習を度外視して、ドイツ語で直接ナチスの新異教主義を糾弾した『ミット・ブレネンダー・ゾルゲ（燃える憂慮をもって）』（一九三七）[61]を出し、左右の全体主義を厳しく批判した。

しかし、第二次世界大戦が勃発し、ナチスの占領政策、とりわけその残忍な人種政策の実態があきらかになるにつれ、改めてナチズムを根本的に批判する必要を実感してきた。

一九三八年九月六日、ドイツのニュルンベルクでナチス党大会が行われた日、ピウス一一世は、ベルギーからの巡礼団を接見して、「キリストにより、キリストにおいて、私たちはアブラハムの霊的子孫なのです。キリスト教徒は断じて反ユダヤ主義に荷担してはなりません。それはとうてい容認できないことです。私たちは霊的にセム族なのです[62]」と述べた。

それは、ナチスの人種政策に対する公然たる断罪であり、ヒトラー主義の本質的邪悪さを感得したピウス一一世は、いまこそナチスに鉄槌を下すときが来たと感じていた。

歴代教皇の回勅、特に社会教説を含む回勅を教皇自身が執筆することはまれで、多くの場合、該当分野に通暁した聖職に委任されることが多い。今回は、アメリカでイエズス会の機関誌『アメリカ』を編集するジョン・ラファージュ（John LaFarge, 一八八〇－一九六三）に白羽の矢が立った。ブルターニュ出身でナポレオンのもとで軍務についたフランス系の祖父を持ち、母方はベンジャミン・フランクリンの直系の子孫というラファージュは、とりわけ語学に堪能で、ハーバード大学を卒業後叙階され、イエズス会の機関誌の編集に携わるかたわら、人種差別と闘う団体「ニューヨーク・カトリック異人種交流協会」を設立し、黒人差別と闘っていた。そして、『人種間の正義』（*Interracial justice*, 一九三七）という著作を書いて、「人種」という概念に科学的、生物学的根拠がなく、人種差別を唱えるナチズムがキリスト教の根本原理である「人類の一致」に反するものであると説いていた。

ナチスの人種政策を批判する回勅を準備しようとしていたピウス一一世は、この重大な今日的課題をラファージュに委嘱した。

教皇の期待を受けてラファージュが用意した草稿には、「ユダヤ人に対する現今の迫害状況」を憂慮し、「反ユダヤ主義を断罪[63]」するなど文言を含み、この回勅が実際に出されれば、ドイツによる欧州占領地区の何億人ものカトリック信者の良心に訴えかけることになり、カトリック信者はユダヤ人迫害に荷担してはならないという明確なメッセージは、ナチスの占領政策の大きな支障になったことは疑いを入れない。ヒトラーやヒムラーなどのナチスの幹部たちも、その信仰態度は別にしても、幼児洗礼を受けたれっきとしたカトリックなのである。

しかし、この回勅は出されなかった。一九三八年六月二二日、ラファージュは、教皇のいるカステル・ガンドルフォからローマに戻り、委嘱された原稿についてイエズス会のレドホウスキ総長に報告した。自分に事前の相談もなく重要な命令が下されたことに驚いたレドホウスキは、自らカステル・ガンドルフォにおもむき、ラファージュが本当に使命を受けたことを確認した。草稿を受け取ったレドホウスキは、その内容に驚きを隠さなかった。ボリシェヴィキの危険に比べれば、「ユダヤ人の状況や人種差別といったことは彼の目から見てそれほど緊急のテーマではなかった[64]」からである。

教皇が回勅の草稿作製を執拗に要求したため、レドホウスキ総長は、ようやく一九三九年一月二一日になって、バチカンに提出した。重病だったピウス一一世は、二月一一日に招集するイタリア司教団に向けての重要な演説の原稿を執筆しようとしていた。それは、ファシスト政権が、来るべき「人類の一致」をまっこうから否定しており、「すべての民族、すべての国家、すべての人種はひとつになり、人間の大家族と共有する関係において血族となる」と書かれたところで筆跡が乱れ、最後の力を振り絞った教皇は、同日急死した。

　その演説原稿の内容は、出されるはずだった回勅と同じ内容で、「人類の一致」とは、予定されていた回勅のタイトル（『フマニ・ゲネリス・ウニタス』）そのものであった。

　ピウス一一世の死後、レドホウスキのアメリカ人補佐官のマーラー神父が、ジョン・ラファージュに草稿の「仏語版と英語版」を返すので、この問題に関して本を書くときに必要になったら、「ピウス一一世の意思に一切触れないという条件で」、これを利用してもよいとされた。そして、グスタフ・グントラッハ神父も上司から草稿の独語版を受け取り、これを使ってもよいが、作られた過程を明らかにしないよう指示された。二人の神父は、「この一件は葬り去られた」とそのとき理解した[65]。

「杉原の諜報網を支えたのは、ポーランド軍のユダヤ系情報将校だった[66]」などという手嶋龍一の主張は、先の大戦時におけるポーランド人とユダヤ人の間にあった確執を知らないことに由来する憶説に過ぎない。

　手嶋の主張のように、ポーランドの情報将校がユダヤ系であるなら、ゲシュタポの拷問による自白で杉原諜報網が壊滅した時に、ユダヤ人問題に格別の関心を持っていたナチス側に露見しないわけがなく、またなすすべもなく数百万人が犠牲になったのではなく、ユダヤ人側の英雄的抵抗があったなら、それを新生イスラエルの歴史家たちが見逃すはずがない。そしてレドホウスキは、ユダヤ人の境遇ではなく、なによりもまずボルシェヴィキの危険を考える人物なのである。

　最後に、ポーランドの情報将校がユダヤ系であるなら、おそらくそのことを極めて早い段階で知りうる人物の指摘を紹介しておこう。

　その人物とは、一九六二年から一九七四年までイスラエル共和国宗教大臣の職にあったヴァルハフティクが、杉原への「諸国民の中の正義の人」賞に授与すべきと推薦したヤド・ヴァシェムにおいて、同賞の選考局長であったモルデカイ・パルディエル（Mordecai Paldiel, 一九三七）その人である。

　一九六三年より、イスラエル最高裁判所判事の一人が長を務める選考委員会では、とりわけ以下の四点について詳細な調査がなされる。

1．死あるいは強制収容所への移送の危険があったユダヤ人に対する積極的な関与。

2．救済者が生命、自由、職業上の地位を失う危険があったこと。

3. 救済の動機が迫害されるユダヤ人の救済にあり、金銭的代償、あるいは被救済者の改宗や養子縁組やその他いかなる見返りも受け取っていないこと。
4. 救済された者が実在していること、あるいは少なくとも救済状況の性質が明白にわかる資料が存在すること。[67]

もし手嶋龍一や岡部伸の主張するように、情報の見返りにユダヤ難民たちに通過ビザを発給したとしたら、それは「金銭的代償もいかなる見返りも受け取っていないこと」(not for payment or any other reward) という、同賞の授与基準（第三項）の除外事項に抵触し、千畝に「諸国民の中の正義の人」賞が授与されることはあり得なかったのである。

そして、ポーランドの地下組織とユダヤ人の関係については、ヤド・ヴァシェム賞選考局長である、外ならぬこのパルディエルが、以下のように詳細に指摘している。

悲しいことに反ユダヤ主義は、愛国主義とかなり相性があった。いたるところに、地下組織にさえ愛国主義が蔓延していた。地下組織の最大かつ最も有名で最もよく組織された「国内軍（アルミア・クラヨーバ）」にさえあった。国内軍は総じてユダヤ人部隊を受け容れなかった。このことで国内軍に接触しようとした多数のユダヤ人の武装集団によるすべての努力は失敗に終わった。（……）国内軍のかなりのメンバーが、特に森の中のユダヤ人パルチザン殺しに加わった。ユダヤ人パルチザンは、ナチ自身が使った言葉の受け売りで地下組織の最高司令部に「山賊」呼ばわりされた。ユダヤ人地下組織を助けることを拒むだけでは飽き足らないポーランドの地下運動組織は、信じがたいことに彼らに打撃を与えるように運動員に命じさえした。（……）森の中の国内軍（ＡＫ）の武装部隊は、これ以上なだめすかす必要はなくなり、彼らはじきに否定的態度や無関心を決め込む性癖から一転してユダヤ人武装集団を積極的に追いつめ撃破することに加わった。（……）一九四四年にこの状況はさらにひどくなった。一九四四年三月に激しい反ユダヤの地下組織「ナロードヴェ・シーウイ・スブロイネ〔民族武装勢力〕」が国内軍に編入され、ユダヤ人パルチザンとゲットーからの逃亡に成功したユダヤ人を殺害する大規模作戦を始めた。[68]

エヴァ・パワシュ＝ルトコフスカが指摘するように、杉原が接触を持ったポーランドの地下組織とは、文中にある「国内軍（ＡＫ）」の前身である「武装闘争組織（ＺＷＺ）」である。パルディエルの指摘するように、ナチスに対する地下抵抗組織内でもポーランド人とユダヤ人の間の関係は険悪であり、ユダヤ人パルチザンは「山賊」呼ばわりされ、ポーランド地下組織は、パルチザンどころか逃亡ユダヤ人の殺害さえ行っているのである。

「杉原の諜報網を支えたのは、ポーランド軍のユダヤ系情報将校だった」などということは、考える限りもっともあり得ない話であり、もしそうであるならば、何よりもまず「諸国民の中の正義の人」賞の選考局長であるこのパルディエルに報告されるだろう。

実際問題として、ホロコースト期のユダヤ人のナチスへの抵抗はヨーロッパ全域で考えると小規模ものであり、ユダヤ部隊の散発的なパルチザン活動以外は大規模な反攻もなく数百万のユダヤ人が犠牲になったのが事実である。

もしそうしたほぼ一方的な受難の歴史のなかで、ユダヤ難民たちを助けるためにユダヤ系のポーランド人将校が命がけで杉原の諜報活動にも協力したなどという史実があったならば、それはマカベアの反乱からヨセフ・トルンペルドール（Joseph Trumpeldor, 一八八〇－一九二〇）にいたる抵抗運動に連なるものである。新生イスラエルの創設神話としてのまたとない材料となり得るものを、英雄的抵抗の歴史を欲しがっている戦後のユダヤ系のヨーロッパ史家さえことごとく見逃して来たというのも奇妙な話であろう。

12　シカゴ・ボーイズ

典拠を明らかにしない手嶋の『スギハラ・ダラー』あるいは『スギハラ・サバイバル』をめぐる要領を得ない数々の主張の意図は何なのだろうか。

手嶋は、『週刊現代』（二〇一〇年三月一三日号）において、「この本で使われている材料はすべて現実世界で生起しているものばかり」だとして、「新古典学派のノーベル賞受賞者、ミルトン・フリードマン博士が、論文執筆の見返りに五〇〇〇ドル要求したのも実話」などとしている。

これは、『スギハラ・ダラー』の主人公アンドレイの着想を与えた、レオ・メラメド（Leo Melamed, 一九三二－）にまつわる有名な逸話である。金融先物を扱う世界有数のシカゴのマーカンタイル取引所は、当初豚肉や卵などシカゴ周辺の地域産物を扱う小規模の取引所として開所した。一九七一年にメラメドは、外国為替の先物市場という着想に賛同を求めるために論文執筆をフリードマン（Milton

Friedman, 一九一二－二〇〇六）に依頼したのだが、その時の請求額が手嶋の指摘している五〇〇〇ドルなのである。[69]日本でも、いわゆる「小泉・竹中」改革の時期に、「大きな政府」を批判して自由競争を評価し、郵政民営化などに代表される市場原理の導入を促進する、新自由主義（ネオリベラリズム）という言葉が聞かれるようになったが、フリードマンやレオ・メラメドなどは、その先駆者であり、思想的源流と言ってよい。

こうしたネオリベ改革は、米国では特にレーガン政権の時代に強力に推し進められ、ブッシュ政権においてその頂点に達した。イラク戦争の時期、日本でもネオリベとともにネオコンという用語がメディアに踊るようになった。ネオコンの強権的な軍事行使とネオリベとは一見すると別物に見える。しかし、安い労働力と資源を求めて、あらゆる経済障壁をなぎ倒して奔流のように途上国に流れ込むネオリベの潮流は、必然的に軍事大国化を引き寄せる。

例を一つ挙げれば、三井系の企業が手がけていたイランの石油プラントが、いわゆるホメイニ革命で頓挫してしまったケースなどはわかりやすいだろう。欧米や日本などの先進国から見ると、途上国には、確かに安い労働力と資源の集中という利点があるが、一方政情が不安定という弱点がある。そこで、先進国は自国の企業の資産とインフラを守るために、やれ派兵せよとか、やれシーレーンを守れなどといった議論が出てくるのである。一見すると正反対に見えるが、ネオコンとはネオリベの必然的な軍事的帰結なのである。

中東の独裁政権から民衆を解放し、民主主義を定着させるなどというのは、もっともらしい開戦理由を捏造するための方便に過ぎない。

手嶋龍一の名前を多くの日本人が知るようになったきっかけは、言うのでもなく、NHKのワシントン支局長の時代のイラク戦争に関する報道である。当時の論説に関して、「『ブッシュ政権寄りではないか』と言われた」[70]ことを手嶋はいたく気にしており、その疑惑を払拭するかのような発言を繰り返して、イラク政策の誤りを批判している。その否定の身振りは、ほとんど異様とも思える執拗さで繰り返され、二〇〇七（平成一九）年正月のnikkei BPnetのインタビューでは、「ブッシュ大統領は、なぜ、イラク戦争に突き進んでいったのか。いまだに説得力ある説明に出遭ったことはありません。ですから、〝神の啓示〟によって、大統領は力の行使を決断した、とでも言うほかありません。イエス・キリストの生まれた地、中東に自由と民主主義をもたらす。ネオコンの戦略家にとっては、それはすなわち、イスラエルの安全保障がより確かなものになることを意味したのでしょう[71]」などと、イラク戦争の開戦を信仰に求める宗教的原因説を繰り出している。

もちろん、手嶋が指摘する〝神の啓示〟とは、われわれが同祖論の個所で紹介した、シオニストとキリスト教の福音派の同盟を背景にした発想であり、軍事的・経済的実利の別名にすぎないことは、以下の手嶋の発言によくあらわれている。

> ブッシュ政権にこのように舵を切らせるためのドライビング・フォースこそネオコンでした。実は、このネオコンの根っこにあるアメリカのキリスト教右派は、一見ユダヤ人とは距離があるように見えますが、そうではありません。たとえばテキサスのサンアントニオにあるキリスト教右派の教会に行ってみますと、リクードの人たちが飾ってある。主たる資金提供者は驚いたことにイスラエルの右派勢力なんです。『旧約聖書』を読んでも両者に違和感はないというわけです。ネオコンとイスラエル右派。両者は非常に近しい間柄なのです[72]。

「テキサスのサンアントニオにあるキリスト教右派の教会」とは、NHKスペシャル『ふたつのアメリカ〜イラク戦争の中の大統領選挙〜』(二〇〇四年七月に放映)の番組スタッフとして手嶋が訪れた、福音派のテレビ説教師のヘイギー牧師(John Hagee, 一九四〇-)が率いるコーナーストーン教会のことである。手嶋龍一は、米国の「キリスト教右派」と「イスラエルの右派勢力」との連携などという今日誰でも知っている事柄に対して「驚いたことに」などともったいをつけ、シオニストとキリスト教福音派の「同床異夢」の同盟に関して、佐藤優は、「ネオコンは、あえて『二つのイスラエル』をごっちゃにしているんです。現実に存在するイスラエル国家と、新約聖書の黙示録の最後に書かれている『千年王国』としてのイスラエルを融合させて、うまくイメージ操作しています」とし、信仰が単なる政治の道具として利用されることは、何ら批判すべきことではないらしい[73]。

さらに驚かされるのは、手嶋が「イスラエルの右派、とくにロシアから移民してきた人たちとイスラエルのあいだを流れる地下水脈は非常に重要です。そして、だからこそ日本がイスラエルで国際的な学会を開くことに大きな意義がある」と話を継いでいることである。手嶋龍一や佐藤優がユダヤ人やキリスト教を論じる際、形而上学的内実を欠いた宗教の機能主義的利用を「インテリジェンス」などと称していることがよくわかるだろう。

これは、まさにイスラエルの歴史家のゼエヴ・シュテルンヘル（Zeev Sternhell, 一九三五－）が「神なき宗教」[74]と呼んだものであり、日本の言論界で、ユダヤ人とキリスト教徒の信仰に対してこれほどまでに厚かましい侮辱が加えられたことはまれである。

評論家の佐高信（一九四五－）によれば、「佐藤優も、国権派ならぬ人権派にとって〝危険な〟要素を含む思想家であり、人権派のヤワな部分を鍛える貴重な存在[75]」だそうだが、物理的な力のシニシズムが凱歌をあげるような《乏しい時代》には、既成事実の追認に過ぎないようなものさえ「思想」に見えるというだけに過ぎない。

佐藤優は、「左派や市民派の人たち、それから朝日新聞は、なぜかパレスチナやアラブが好きなんです。これは石油云々という問題ではなく、詰まるところはそれが彼らの贔屓筋だということでしょう。そして私はイスラエルが好きなんです」などと述べているが、こういう思慮の足りない旗振り役がいるから、中東における不信と憎しみの悪循環がいつまでたっても終わらないのである。

いま中東に必要なのは、紛争解決に何の役にも立たない企みに満ちたラスプーチンではなく、賢人ナータンであろう。ドイツの作家、レッシング（Gotthold Ephraim Lessing, 一七二九－八一）のこの戯曲（*Nathan der Weise*, 一七七九）は、一一九二年にイスラム教国の王サラディーン（一一三七－九三）が第三回十字軍と休戦した日のエルサレムを舞台にしている。賢人ナータンは、レッシングの友人であるユダヤ人の啓蒙思想家、モーゼス・メンデルスゾーン（Moses Mendelsdohn, 一七二九－八六）をモデルにしているといわれている。ナータンが「あなたが、憎悪と偽善とが私を目の敵にするようなときに、きっと取りなしをして下さる方」と呼びかけるキリスト教の平修士がユダヤ人のナータンに対して「あなた以上のキリスト教徒など、かつていたためしがない」（第四幕第七場）と述べることからわかるように、フランス革命以前の人物であるレッシングが説いているのは、近代民主主義の政教分離下の宗教の棲み分けではなく、共通の源泉を持つ唯一神信仰を奉じるユダヤ人とキリスト教徒とムスリムが、些細な教義の差異にこだわり相争うことの愚かしさである。さまざまな宗教や民族の雑居地帯であったパレスチナでの紛争が泥沼化したのは、中東を植民地としていた英国とフランスの二枚舌が直接の原因で、外交官たちが定規で引いた人為的な国境線が制定されて以降のことに過ぎない。

この戯曲に登場するイスラム史の賢王として知られるサラディーンとその次男のアル・アジースの侍医は、中世におけるユダヤ哲学の大成者マイモニデス（モーシェ・ベン＝

マイモーン）である。そして、トーラーの聖句に隠された意味をアリストテレス哲学によって読み解こうとするマイモニデスの試みは、キリスト教最高の神学者の一人で『神学大全』の著者として知られるトマス・アクィナスに幾多の着想を与えた。無責任で愚かな扇動者たちとは違い、和解と共存の道を模索するのが賢者の道であることを、端的に教える逸話であろう。ちなみに、ヘブライの旋律にもとづいてトーマス・オリヴァース（Thomas Olivers, 一七二五－九九）が作曲した有名な讃美歌『主の真理は荒磯の岩』（*The God of Abraham Praise*, 一七八〇）の英語の歌詞は、このマイモニデスがまとめたユダヤ教の基礎となる一三の信条にもとづいたものである[76]。

現代史に目を転じれば、ナチス占領下のパリで強制収容所に送られようとしているユダヤ人の子供たちを救うために奔走した人々には、キリスト教徒ばかりでなくムスリムにもいた。その実話を描いたカレン・グレイ・ルエルとデボラ・ダーランド・デセイによる共著『パリのモスク――ユダヤ人を助けたイスラム教徒』（二〇〇九）は、刊行された翌年に池田真理によって翻訳され彩流社から刊行された。この邦訳には、ナチス占領下のパリのチュニジア人が経営するカフェで回覧された、「昨日の未明、パリのユダヤ人は拘束された。老人も女性も子どもも。私たちと同じに異郷の地にあり、私たちと同じ働く者たち。かれらは私たちの兄弟。かれらの子どもたちは私たちの子どもも同じ。その子たちの一人に出会った者は、不幸や悲しみの続く限り住みかと保護を与えるべし。我が同胞よ、あなたの心は寛容である[77]」という心を揺すぶるイスラム指導者の呼びかけを読むことができる。また二〇一一年には、同書から着想を得てユダヤ人たちをナチスの目から隠したムスリムを描いた、イスマエル・フェルキ（Ismaël Ferroukhi, 一九六二－）監督による『自由な人々』（*Les Hommes libres*, 二〇一一）というフランス映画が公開され話題を呼んだ。

日本でも、例えば豚肉食の禁忌[78]がユダヤ人にもイスラム教徒にもあることが知られているように、モーセがシナイ山で邂逅した唯一神を信仰する三宗教には、預言者に対する理解の違いなどはあるが、共通点の方がはるかに多いのであり、そもそも相争う理由などないのである。

ユダヤ教の口伝律法集のタルムードには、「諸国民の中の正義の人」賞のメダルにも刻まれている「一人の人間を救う者は、全世界を救ったのと同じである」（traité Baba Batra, 15b）という有名な一節があるが、『パリのモスク』の邦訳者である池田真理は、これがイスラム教の経典「コーラン」（井筒俊彦訳）の五章三二節とまったく同じであることに注意を喚起している。

> 誰か他人の生命を一つでも救った者はあたかも全人類を一度に救ったのと同等にみなされる。

このように、ユダヤ教、キリスト教、イスラム教には共通の慈悲の精神が貫徹しているのである。そして最後に付け加えておきたいのは、和平を妨げる迫害者たちに対し、「お前たちの手は血で、指は悪によって汚れ、唇は偽りを語り、舌は悪事をつぶやく」（五九：三）とイザヤ書で糾弾され、「イスラエルは、エジプトとアッシリアとともに、世界を祝福する第三のものとなるであろう」として「祝福されよわが民エジプト、わが手の業なるアッシリア、わが嗣業なるイスラエル」（一九：二四－二五）と呼びかけ、今日「中東」と呼ばれている地域に必ずや和解と平和が訪れることを神が約束していることである。

しかし、救いを妨げる愚かな扇動者は後を絶たず、二〇一二年、『イノセンス・オヴ・イスラム』（*Innocence of Muslims*）というイスラム教の預言者ムハンマドを侮辱する映画が、エジプト系アメリカ人でコプト正教会のナクーラ・バスリー・ナクーラ（Nakoula Basseley Nakoula, 一九五七－）によって製作された。当初「サム・バシル」の偽名を用いていたナクーラは、アメリカの経済紙『ウォールストリート・ジャーナル』に対し、「この映像の制作にあたっては、一〇〇名以上のユダヤ教徒から五〇〇万ドル以上の資金提供を受けてきた」となどと虚報を流布した。この映画には、コーランの焼却予告で物議を醸した福音派の牧師、テリー・ジョーンズ師らが宣伝に加担し、米軍制服組のトップであるデンプシー統合参謀本部議長が、九月一二日に電話で異例の要請をするという騒ぎになった[79]。まさに、宗教的無知と愚かしさの極みであろう。

昨今の中東紛争の原因に関しては、しばしば宗教や民族の問題が云々されるが、それは政治的・経済的底意を隠し、中東の民衆とアメリカの若者たちの命をもてあそぶ、邪な者たちの口実に過ぎない。例えば、ブッシュ政権下で対イラク攻撃を強力に推進したチェイニー元副大統領（Richard Bruce Cheney, 一九四一－）は、イラク戦争後の復興事業や米軍関連の各種サービスを提供している、世界最大の石油掘削機の販売会社として知られるハリバートン社の最大の個人株主なのである[80]。

さて、手嶋龍一と佐藤優との対談集『インテリジェンス武器なき戦争』（二〇〇六）のなかで、手嶋は、まず「フセイン政権はアルカイダと関係を持っていたのか。いまひとつは、フセインは大量破壊兵器の開発にどれほど手を染めていたのか」とブッシュ大統領がイラク戦争の口実とした二つの理由は、どちらも誤っていたことを挙げ、佐藤は大量破壊兵器の話の方は「本気で引っかけようとしたのではない」とし、その理由は「アメリカ人というのは、病的なほど嘘がつけないんですね。嘘にもとづいた行動を取ってはいけないということが、ＤＮＡに刷り込まれている」からだという。それに対して手嶋は反論するのではなく、アメリカが「ワシントン初代大統領が桜の木を切ったと父親に正直に告げた話が美談になる国」と追従し、佐藤は、「アメリカが悪意を持って情報操作をしたという説は、誤りです。アメリカのこともインテリジェンスのこともわかっていない人間が、そういうことをいうのです」としていた。[81]

二〇〇一年秋、イタリア国防省所属の情報機関が、イラク国連大使ウィサム・アル・ザハウィによるニジェール訪問（一九九九年二月）がウラン購入目的ではないかという推理を加えて、その情報を米ＣＩＡに報告したことに関して、先の対談で佐藤優は、「私自身、イタリアだという時点で、これは危ういと思っていました」などとし、「大量破壊兵器については、まったく正直に彼らは『ある』と思っていた」などとし、あたかも間違った情報にもとづいて開戦に至ったかのような印象操作をしているが、佐藤優の指摘は、時系列からして事実に反するものである。

ロン・サスキンド（ピュリツァー賞受賞記者）がブッシュ政権の初代財務長官、ポール・オニール（Paul Henry O'Neil, 一九三五–）への取材から得た情報によれば、ブッシュは大統領になってから二週間もたたない、二〇〇一年二月一日の国家安全保障会議において、すでに「フセイン政権打倒後の危機に関する政治的・軍事計画概要」について討議しており、国務省資料は、「本報告は、対イラク制裁を再強化しイラクの大量破壊兵器開発に対処するための国際的な協調態勢を再構築するにあたり必要となる問題の概観である」という文言で始まっていた。[82] つまり、イラクのフセイン政権打倒は、ブッシュ政権成立当初からのタイムテーブルにあったもので、開戦の口実作りのために、フセインは「大量破壊兵器」を当然具備していなければならなかったのである。

先に手嶋龍一が言及したジョゼフ・ウィルソン（Joseph Wilson IV, 一九四九–）の妻であるヴァレリー・プレイム・ウィルソン（元ＣＩＡ秘密工作員）は、検閲だらけの著書『フェア・ゲーム』（*FAIR GAME*, 二〇〇七）において、「チェイニー副大統領が、前例のないほど頻繁にＣＩＡ本部にやって来ては、分析者に会い、イラクが大量破壊兵器を持っているという政府の主張を補完できる証拠を探していた」[83]と、明確に証言している。

こうした倒錯的な発想から、ＣＩＡは具体的な証拠を得られなかったにもかかわらず、翌二〇〇二年の一月三〇日、はやくも「イラク政府は核兵器開発計画の再開に使用する可能性のある物質を入手しようとしている可能性がある」という報告書を議会に提出。その一週間後、パウエル国務長官がアメリカ下院国際関係委員会で、「核開発計画に関して、イラクが推進していることに疑いの余地はありません」と述べている。

さらに、二〇〇二年八月七日、カリフォルニアでの演説で「さまざまな情報源によってわれわれは知っているが……サダム・フセインは核兵器の開発をなおも続けている」と述べていたチェイニー副大統領は、戦争の終結後、イラクの地で大量破壊兵器など発見されず、ブッシュ政権がイラク侵攻の根拠としたニジェールの書類が偽造だと判明した後の二〇〇三年九月の『ミート・ザ・プレス』のインタビューにおいても、「フセインが現実にアフリカでウランを入手しようとしたとするイギリスの調査結果があらためて正しかった」と臆面もなく主張していた[84]。先の佐藤や手嶋の発言は、ベトナム戦争における「ソンミ村の虐殺」報道によってピュリツァー賞を受賞したジャーナリスト、セイモア・ハーシュ（Seymour M. Hersh, 一九三七‐）の著作『アメリカの秘密戦争―九・一一からアブグレイブへの道』（*Chain of Command: the Road from 9/11 to Abu Ghraib*, 二〇〇四）が刊行され、ブッシュ政権によるイラク戦争の内幕が白日のもとにさらされた後の発言だけに驚かされる[85]。佐藤や手嶋が言うように、ディック・チェイニーも「嘘にもとづいた行動を取ってはいけないということが、ＤＮＡに刷り込まれている」ワシントン並の正直者だったに違いない。

対談の別の個所で手嶋は、以下のように、イラク戦争の推進者の名前を列挙し、「ブッシュ大統領をイラクへの戦いに連れていったのは、チェイニー副大統領やラムズフェルド国防長官ら強硬派です。さらに、そのなかにイスラエルの利害に寄り添うネオコン、反保守主義と呼ばれる人々がいました。ネオコンの特徴は三つ。一つは、民主党リベラル派からその外交・安全保障に落胆して、保守派に移って来た人々であること。二つ目は、ネオコンの大半がユダヤ人であることです。ポール・ウォルフォウィッツ前国防副長官がその代表格です。さらには『闇のプリンス』と呼ばれたリチャード・パール外交諮問会議元議長らのイデオローグがいる[86]」などと述べている。ネオコン思想に関して、民族的あるいは宗教的帰属に帰すことは、いささか慎重さを欠く議論ではないかと思われる。

イラク戦争が勃発した年に書かれた『悪の終焉 いかにして対テロ戦争に勝利するか』（*An End to Evil: How to Win the War on Terror*, 二〇〇三）において、リチャード・パール（Richard Norman Perle, 一九四一–）は、「われわれにとって、テロリズムとは、時代の大きな悪である。そして悪に対する戦争こそ、われわれの世代の大義である。アメリカ人がこの悪を縮減したり管理したりするために闘っている、とわれわれは考えていない。われわれはアメリカ人が勝利のために闘っている――またジェノサイドの規模で人を殺す前に悪を終焉させるために闘っていると考えている。アメリカ人にとっては、勝利かホロコーストかで、中間の道はない。本書は、勝利のための方程式である」と述べているが、このようなアグレッシヴな言動ばかり紹介されると、日本においてあまりなじみのないユダヤ人やユダヤ教に関して偏ったイメージが流布し、日本の多神教的風土にくらべて中東の唯一神信仰が非寛容で排他的であるなどの俗説に勢いを与えるのではないかと懸念される。

ユダヤ教の日々の祈祷書の文句の一つに、「われらとわれらの父祖の神よ、御身の前に祈らせたまえ。われらの願いを聞き入れたまえ。われらとわれらの父祖の神よ、われらはみずからを義とし罪を犯したことがないと御前で口にするほど厚かましくも頑なでもありません。われらとわれらの父祖はたびたび罪を犯しました」[87]という文言があるが、この精神は、「義人はいない。ひとりもいない」（ローマ書三：九–一〇）というキリスト教の精神に引き継がれている。キリスト教が古代教会から引き継いだ伝統に「メア・クルパ」（mea culpa, mea culpa, mea maxima culpa）があり、「思い、ことば、行い、怠りによってたびたび罪を犯しました」などと、祭儀の前にキリスト教の信者が回心の祈りを唱えるのはそのためである。ユダヤ人とキリスト者に求められているのは、同じ慎みと同じ謙虚さ、そして同じ慈悲深さなのである。

ユダヤ教がとりわけ外国人に対する留意を厳命していることに、ここで改めて注意を喚起したい。知恵の書に「罰が罪人たちの上に下った。激しい雷による警告の後のことである。彼らはその罪ゆえに当然の苦しみを受けた。他国人を敵意をもってひどく扱ったからである」（一九：一三）とあるように、本来ユダヤ教では、「他国人を敵意をもってひどく扱」うことは神罰を免れない罪であり、「寄留の異邦人、寡婦、孤児」を虐げることは、ユダヤ教の教えに反し、確実な滅びを招来する、とり返しのつかない大罪なのである。

このような教えは、孟子の「惻隠の情」によって、われわれにもなじみ深い考え方であろう。孟子は「惻隠の心は仁の端なり、羞悪の心は義の端なり、辞譲の心は礼の端なり、是非の心は智の端なり」（公孫丑上）と言い、この「四瑞の心」は、功利打算を超えた人に本来備わる「忍びざるの心」であり、そのあらわれをひろげみたすことで仁義礼智が成るとした。寄る辺のない外国人や夫を失った婦人、親のない子供たちには慈しみを持って接しなさいという教えは、一般の日本人にも容易に理解できるものであろう。

二〇〇一（平成一三）年一月二六日、韓国の高麗大学から日本に留学していた李秀賢（イ・スヒョン）は、JR新大久保駅からホームに転落した日本人を救うために列車にひかれて死亡した。また、東日本大震災が発生した二〇一一（平成二三）年三月一一日、石巻市女川町の水産加工会社「佐藤水産」の佐藤充専務は、同社で働いていた中国人実習生を高台に導いた後みずからは津波にのまれて帰らぬ人となった。生命の危機にある者を前にしたとき、人は時に自らの命をも省みずその救済に尽力することがある。そのとき、相手の国籍や信条、性別など人はまったく顧慮しない。

さて、佐藤優といえばまた、東日本大震災に便乗して、「今必要とされているのは下からのファシズム、すなわち、危機を乗り越えるための翼賛体制の確立」（『月刊日本』二〇一一年四月号）と提唱し、「危機を乗り切るためには思想が必要だ。大和魂こそがその思想だ。危機になると自ずから働き出す大和魂の力を私は信じる。日本が危機に陥ったときに、われわれの大和魂が自ずから働き出す」（「大和魂で菅直人首相を支えよ」『佐藤優の眼光紙背』二〇一一年三月一三日脱稿）などと熱に浮かされたように呼号していたことが記憶に新しい。

さらに、『みるとす』誌（二〇一一年四月号）で、この佐藤は、「三月一一日に発生した東日本大震災について記したい」と述べた後、この大震災とまったく関係のない、古代ユダヤ人の対ローマ戦争ゆかりのマサダ要塞に言及して、佐藤がイスラエルを訪問した際に「イスラエル側が『マサダの要塞』を訪問するプログラムを入れたのは、私がイスラエルから来るお客さんを必ず靖国神社に案内していたから、その答礼だった」などとしている。

佐藤の話は、ここで唐突に「近代の超克」に飛び、「近代主義に基づく米国の物量に圧倒され、日本の知識人に思想的に展開を行う余裕がなくなってしまった」などと総括をし、その議論の間に、神学者の魚木忠一『日本基督教の精神的伝統』（一九四一）も「近代の超克」の系譜に属するとして、「東日本震災後のキリスト教の意味を探求する上で、魚木先生の著作を読み直すことは大きな意味がある」などという主張を滑り込ませている。

13　魚木忠一とラインホルト・ゼーベルク

ドイツの神学者のゼーベルク（Reinhold Seeberg, 一八五九－一九三五）によるキリスト教教理史における類型論[88]を発展させた先の『日本基督教の精神的伝統』のなかで、魚木は、「万系一世の天皇を仰ぎ奉る我が国に於いてこそ、基督教が理想とする忠孝一如が最も完全に体得されるのであった、之が日本類型の他に比すべきものなき特質[89]」などと指摘している。こうした主張は「時局迎合的」であろうがなかろうが、魚木がキリスト教の神学者である限り極めて問題のあるものである。

言うまでもないことだが、キリスト教徒にあって、神への愛は第一の義務であり、目に見えぬ神を愛することは、目に見える隣人を愛することは、別の二つのものではなく不可分のものである。そして、「隣人」とはエレミア書七章に「寄留の外国人、孤児、寡婦」とあり、またイエスによる「善きサマリア人」のたとえ（ルカ一〇：二五－三七）にあるように、窮状にあり助けを求めている人すべてのことである。血肉の情を優先するなら、自分と血統的に近い者を優先することになり、これはあらゆる見知らぬ異邦人にまで及ぶとされるキリスト教的な愛という信仰の核心をないがしろにする重大な侵犯行為である。

エレミア書とマルコによる福音書の該当個所を以下に挙げておこう。

> お前たちの道を正し、お互いの間に正義を行い、寄留の外国人、孤児、寡婦を虐げず、無実の人の血を流さず、異教の神々に従うことなく、自ら災いを招いてはならない。

> はっきり言っておく。わたしのためまた福音のために、家、兄弟、姉妹、母、父、子供、畑を捨てた者はだれでも、今この世で、迫害を受けるが、家、兄弟、姉妹、母、子供、畑も百倍受け、後の世では永遠の命を受ける。

魚木は、日本古来の宗教的伝統との「習合や折衷」ではなく「大和民族の宗教的伝統の触媒によって成るのが日本基督教」と説き、孝道としてはイエスが「アバ」（父）と呼んだことにあるなどとし、三位一体論の父子間の霊的つながりの受容を、血肉の情を土台とした孝道による「触発」と考えるなど、自ら否定したはずの「習合や折衷」をその

「日本基督教」に密輸していると言わざるを得ない。

先の『日本基督教の精神的伝統』のなかで、魚木は「儒教精神の精髄である忠孝を宗教的に深めること」によって、「英米の清教徒とは異なる経路を辿りつゝ、基督教の倫理精神を高度に発揮するにいたつた」と述べているが、敗戦の半年前に書かれた「海老名先生と日本基督教神学」（一九四五）という論文によれば、先の「基督教が理想とする忠孝一如」という発想は「海老名神学の日本的性格」に負っているそうである。

魚木によれば、「日本神学は単に特異性を持つもの丈けでは足りない」ものであり、「それは必ず日本精神の昂揚に資するものであるべき」であり、そのことを明快に証明するものが海老名神学であるという。そして、「敬神と愛国は同一の根源より出ることを強調するのみならず、愛国の熱情を聖書によつて涵養され、聖書は愛国の至情を以て徹底したものとして解釋されてゐる」として、「日本神学のあるべき姿が海老名神学に於て最もよく示表されている」として賞賛する。

この論文の末尾で魚木は、海老名の「国家的精神主義」をまだ褒め足りないと思ったらしく、日本によるアジア文配の精神的支柱として海老名神学を手放しで称賛し、「大東亜を支配すべきものはかくの如く深められた日本の家の精神である」と、まさに大東亜を「八紘一宇」に収めるという戦時のスローガンに合流するのである。

『日本基督教の性格』（一九四三）では、魚木の考えるところの「日本基督教」がこう説明されている。

日本基督教が他民族を化し得る根拠は、その宗教的内容の豊富さと最高の総合性に在るといふべく、この点に関して、日本類型は、基督教史上に現れた如何なる類型よりも優れたものであり、従つて他を深め又化していく資格を備えて居ると断言し得る。かくの如き自覚と抱負とを以て、大東亜建設の聖業を完遂を期し、皇化圏内の民を化導に親心の発動を覚ゆるものが日本基督教徒である[90]。

「日本基督教」の性格について、臣民の道、孝道、国土愛、職域奉公があるが、それらが帰するところは臣民の道である、と魚木は述べている。何とも威勢の良い「日本基督教」ではあるが、「キリスト教の目指す『救贖』さえも『我らにとつては臣民の道の実践と錬成に外ならない』と結論されるなら、道義の確立のために貢献しうるキリスト教信仰の独自性は残らなくなる[91]」と、宮田光男（政治思想史）が魚木の唱える「日本基督教」の欠陥を指摘するのは当然である。

もっとも魚木が敗戦後の一九四六（昭和二一）年に書いた「我が国に於ける教育の志向と宗教」によれば、昭和の初期は「国体又は国家が特定の指導原理を以て」訓育を行った時代であり、「文教政策が国家的権威の下に、歴史的伝統を装ふて、わが国の教学精神として強制せられ」たが、「過ぎ去った、直前時代の誤謬を思ふにつけて、教育の民主々義的建設をこひねがふ情の切なるものがある」とさっそく民主主義への転向表明をしているので、佐藤優のように、魚木自身が「過ぎ去った、直前時代の誤謬」と呼ぶものに関して、「大東亜戦争の思想に関与」したのが「単に政治主義的、日和見主義的な動機からでは」なく「ましてや、時局に迎合したわけでもなければ、当局の圧力に屈したわけでもな」く「あくまで内発的」なもので「京都学派」の神学版[92]などと持ち上げるのもいかがなものであろうか。

佐藤優は、「あの魚木のテキストの中にあるものは、当時の京都学派、特に高山岩男の『世界史の哲学』などと同じ問題意識に支えられていた。ゼーベルク、あるいはトレルチなどを踏まえ、バルトによる衝撃を受けとめた上で、キリスト教の日本への土着化を近代という状況において真剣に考える、非常に高いレベルのものだった[93]」などと述べているが、これは戦後、熊野義孝（一八九九‐一九八一）が、「日本のキリスト教」において、魚木の小冊子が「ところどころ誤解を招きやすい表現が見られる」が、「ひたすら当時の官製用語やまた流行語を使用しつ」つ、「しばしば福音に無知な知識人」たちを「説得」しようと努めている「魚木理論における弁証法的意図をば同情をもってくみ取らなければならぬと思う[94]」としたような戦後の定番の魚木擁護論の受け売りである。

この熊野は、「皇国臣民の自覚に立つて万古不易なる国体を奉戴し、忠孝一本の大義に盾つて臣節を全うし、光輝ある肇国の理想を世界に宣揚すること」などの文言を含む「信仰問答稿」を戦中に日本基督教団がまとめた際の信条委員会で魚木忠一らとともに委員を努めていたのだから、もちろんこれは熊野による単なる自己弁護に過ぎない。

確かにキリスト教徒が少ない日本では、知識人でさえ一般に「福音に無知」かもしれない。しかしこの熊野が、当時の日本基督教団統理者の富田満（一八八三‐一九六一）の名前で大東亜共栄圏のキリスト教徒のために贈られた「日本基督教団より大東亜共栄圏に在る基督教徒に送る書翰」（一九四四）の原案となる論文を審査する際に特別委員を務めるなど、戦時日本の軍国主義体制を翼賛する日本の神学界の代表格だったことはよく知っているだろう[95]。

この書翰のなかでは「大東亜のキリスト教」と対置されていたのが、「自己を絶対者のごとく偶像化し、かつて使徒がまともにその攻撃に終始したユダヤ的基督者と同一の型にはまった」「敵米英のキリスト教」なのであり、米英のキリスト教が、「汝ユダヤ人と称えられ、盲人の手引、暗黒における者の光明、愚なる者の守役、幼児の教師なりと自ら信ずる者よ。何ゆえ人を教えて己れを教えぬか。窃む勿れと宣べて自ら窃むか。姦淫する勿れと言いて姦淫するか。偶像を悪みて宮の物を奪うか（ローマ書二・十七－二二）。これはことごとく先進キリスト教国をもって自認する彼らの所業に当てはまってはいないであろうか」と、論難されたものである。

この書翰は、応募原稿七五編のなかから入選者を選び、一九四四（昭和一九）年の復活祭の日付で、日本勢力下にあったアジア各国に送付されたものである。熊野など審査委員によって複数の入選論文から合成されたものだが、「米英」のように実際に交戦している相手ではないのに、わざわざ「かつて使徒がまともにその攻撃に終始したユダヤ的基督者」などと、書く必要もない反ユダヤ的言辞を滑り込ませていることは見逃せないだろう。

周知のように、カール・バルト（Karl Barth, 一八八六－一九六八）らを中心に一九三四年に出された「バルメン宣言」（正式名は「ドイツ福音主義教会の現状に関する神学的宣言」）では、ナチスに迎合する「ドイツ的キリスト者」運動が厳しく批判されていたのに対して、戦後バルトの紹介者としてもてはやされた日本の神学者たちが、戦時中にそのバルトの精神とは正反対の「日本的キリスト教」を喧伝し反ユダヤ主義的扇動を推進していたことは、歴史の皮肉であろう。

そして確かに魚木は、「『神の言』に関するバルトの思想」（一九二八）などによってカール・バルトの日本へのもっとも早い時期の紹介者の一人ではあるが、「私はバルトを思想を証明もしなければ又擁護もしな」いで、「たゞ幾分でも試みた事はバルトを近世神学界という背景におこう」とするにとどまっており、神学的傾向もヒトラーのナチス政権との姿勢もまったく異なる保守派のライホルトとエーリヒのゼーベルク親子やエーリヒ・フォーゲルザング（一九三三年に刊行された『ルターのユダヤ人に対する闘争』の著者）らに依拠していた魚木の神学理論をバルトらの危機神学に結びつけることには、かなり無理があるだろう。

神学者のパウル・ティリッヒ（Paul Johannes Tillich, 一八八六－一九六五）は、一九三六年八月三日分の日記で、ゼーベルク親子がバルトらの「告白教会を一つの不幸」と見ているることを証言している。[96] 一方、「反ユダヤ主義からの防衛同盟」のスポークスマンであったシュトゥットガルトの牧師、エドゥアルド・ランパルター（Eduard Lamparter, 一八六五—一九四五）が「強い盛り上がり」を見せている反ユダヤ主義が「キリストに対して罪を犯すこと」と主張する声明に、多数派の自由主義的な牧師と並んでバルトも署名し、カール・バルトは、一九三四年にはヒトラーへの忠誠宣誓を拒否して、ゼーベルク親子などの国粋主義者たちとは対極にある姿勢を明らかにしていた[97]。

とはいえ、魚木においてもっとも批判されるべきことがあるとすれば、戦中に「大東亜皇化圏の民の化導」を唱えていた魚木が戦後すぐさま「教育の民主々義的建設をこひねがふ情の切なるものがある」などとする「時局に迎合」したことではなく、魚木がその論文に共感をもって引用するゼーベルク親子やカール・ホル（Karl Holl, 一八六六—一九二六）ら同時代の保守的なルター派の神学者たちを鼓舞していた民族的自負——ハインツ・テートの言葉を借りれば「宗教改革に始まる、純粋な福音とドイツ的民族性との全く特別な総合というヴィジョン[98]」——を踏襲していることに無自覚な点である。

ラインホルト・ゼーベルクには、先の『教理史教本』の簡略版ともいうべき『教理史要綱』（*Grundriß der Dogmengeschichte*, 一九三四）があり、その最後には以下のような「結語」が見られる。

ラテン教会では、ある非常に理性的で、道徳的で法的なものの考え方をする傾向が、秘跡に凝縮された神秘主義と結びついている。ルター主義は、個人の宗教的欲求の非常な強調、倫理的な観念論、キリスト教と世界との峻別、純粋に宗教的な教会理解等によりゲルマン的世界の心的態度に合っている。カルヴァン主義はルターの教えを継承したが、しかしそれをとりわけ後の形態においては、ロマンス語系民族やオランダ人、またアングロ・サクソン民族の歴史的・自然的特性にあわせ、理性的・法律的・実用主義的な要素で置き換えられている[99]。

同書を邦訳した住谷眞は、そのあとがきで、「教理の加工をゲルマン精神とかラテン精神とか民族精神で類型的に見る嫌い」について適切に指摘しているが、ゼーベルクにあっては、信仰のあり方が民族精神によって演繹されるのである。

ルター主義が「ゲルマン的世界」の心的態度に合っているなら、南ドイツとオーストリアの「ゲルマン的世界」においてなぜカトリックが優勢なのか説明がつかないのだが、ゼーベルクが、キリスト教信仰のありかたをヨーロッパ列強の政治的・軍事的ヘゲモニーによって考えていることがよくわかるだろう。

オーストリアとフランスというカトリック諸国への戦勝によって統一ドイツが実現された一九世紀末に書き始められた『教理史教本』（*Lehrbuch der Dogmengeschichte*, 一八九五－一九二〇）に見られる、プロテスタンティズムと結びついた民族的自負は、第一次大戦の敗戦によって打ち砕かれ、より屈折した復讐心となって、先の『要綱』とほぼ同じ時期に書かれた、ゼーベルクの遺稿（*Christiche Ethik*, 一九三六）に回帰して来る。諸国民は、それぞれ自分の地位を他国民の犠牲のうえにしてのみ改善することができるとして、ゼーベルクは、「強くなったものは、それ以前よりも多く、世界における空間と影響力とを必要とする。そしてこれらのものを、かつて自分より強かった者たちを犠牲にしてのみ獲得することができる[100]」と主張する。

こうした戦争に関する社会ダーウィン主義的見解は、たしかに高山岩男（一九〇五－九三）の「非常に高いレベルのもの」（佐藤優）とされる議論における「力」の信奉と似ているかもしれない。高山は、第二次大戦における初戦の電撃戦でフランスがナチス・ドイツに敗れたことに関して、有名な「世界史的立場と日本」（一九四二年一月）という座談会において「ドイツが［フランスに］勝ったということは、僕はドイツ民族のもつ道義的エネルギーが勝った事だと思う」と言ってのけたものである。

それでは、普仏戦争ではフランスに勝利したドイツが、ルター信仰という「道義的エネルギー」を持つドイツがどうして第一次大戦で敗北したのだろうか。ゼーベルクによれば、戦闘する軍隊は、自国民のなかに自分たちの勝利に対する信念が欠如することによって、そして時に「背後からの短刀の一突き」（Dolchstoß von hinten）[101]によって脅かされるという。

ゼーベルクが亡くなる直前まで、この「背後からの短刀の一突き」伝説に固執していたことは、どうでもよいことではない。周知のように、この「背後からの短刀の一突き」伝説は、第一次大戦後のドイツにおいて、主に右翼勢力がドイツの敗因として、ユダヤ人や左翼政党を批判するときに使った伝説である。

魚木の著作や論文には、同時代のドイツのルター派の神学者の名前がいくつも出てくる。日本の一般読者にはなじみのない名前だが、ゼーベルクなどは、ナチズムとユダヤ人とのかかわりのなかで必ず歴史書に出てくる名前なので、以下に少し紹介しておこう。

ラインホルト・ゼーベルクは、第一次世界大戦の愛国的熱狂に捕らえられた国粋主義者であり、ドイツ史上とりわけ悪名高い反ユダヤ主義者として知られている。また、息子のエーリヒ（Erich Seeberg，一八八八‐一九四五）は、「ドイツ的キリスト者」運動に接近し、ヒトラーの第三帝国において神学部人事について政治的辣腕を振るった問題の人物である。[102]

第一次大戦が長期化すると、それまで《一九一四年の理念》という戦争神学で結ばれていたドイツの学者たちは、戦争の目的とその収拾方法、また国内政治をめぐって二分化することになった。ゼーベルクは「併合派」と呼ばれる徹底抗戦派の領袖ともいうべき人物であり、一九一五年に集められた、西方の過激な併合論を唱える学者たちの署名簿は、通称「ゼーベルク署名簿」と呼ばれ、ヴィラモーヴィッツ＝メーレンドルフ（ニーチェの『悲劇の誕生』を批判した著名な古典学者）、マイヤー、コーラーなどを含む三五二名の学者の名前が見られた。

ゼーベルクは、ナチスによって大いに利用されたマルティン・ルターのユダヤ人に対する偏見をも踏襲しており、[103]『ヨーロッパの精神文化の現在の危機を理解するために』（*Zum Verständnis der gegenwärtigen Krisis in der europäischen Geisteskultur*，一九二三）のなかで、ゼーベルクは、「ユダヤ人の国際的な力は破壊的な力」であり、ユダヤ人と闘うことは「わが民族のためにドイツの伝統とキリスト教を保護しようと思うすべての者」の義務であるとさえしていた。[104]また、一九一八年にライプチッヒで刊行された先輩神学者のナタナエル・ボンヴェッツ（Gottlieb Nathanael Bonwetsch，一八四八‐一九二五）の古希記念論集所収の「イエスの母の起源」（〝Die Herkunft der Mutter Jesus〟，一九一八）のなかで、「イエスの母はユダヤ系ではなく、あるいは少なくとも純血のユダヤ人ではない」[105]などと戦慄すべき主張をしていたゼーベルクは、さらに当時流行していた通俗言語学と人種論を折衷して、「セム族の主要な特徴は宗教への依存であり、印欧語族は批判的な学術的思考に依拠する。印欧語族はいわば男性的要素とあらわしており、セム族は女性的要素あらわしている」[106]などと述べ、その反ユダヤ主義とイエスのアーリア化によってルター神学をナチの御用学者ローゼンベルクの『二十世紀の神話』（*Der Mythus des zwanzigsten Jahrhunderts*，一九三〇）に架橋し、カリフォルニア大学バークリー校のダニエル・ボヤーリン（タルムード研究）から「初期のナチ神学者」[107]とさえ呼ばれることになる。

ゼーベルクの教義史的な類型論は、宗教改革から近代ドイツの発展を世界史の頂点と考える、ドイツ・プロテスタントのリージョナリズムのもっとも偏狭な側面をあらわしている。ヨーロッパ史のなかでキリスト教と国家が緊密に結びついた地域を編年体に抽出したゼーベルクの類型論とは、国家を「神の秩序」とし、「政治権力を承認するのは、現世的関連のなかで神の秩序を受容することの結果生ずることである」[108]という、ゼーベルクによる国家の政治権力を中心に考えるキリスト教観を如実に反映したものである。

ボッフム大学のプロテスタント神学部の教授であったギュンター・ブラッケルマン（Günter Brakelmann, 一九三一－）が「ナチスの精神的先駆者」と呼ぶゼーベルクの名前を冠した通りに関する改名論争は、一九九六年頃から続いており、存続を望むドイツ人住民側とユダヤ人や社民党、緑の党との対立が『シュピーゲル』誌（九月二日号）に掲載され話題を呼んだ[109]。そして、一九九六年一一月四日、ベルリンでは、ラインホルト・ゼーベルクにちなんだ通りの名前が、ドイツの反ユダヤ主義的過去を払拭するために、ユダヤ人の教育家トニ・レスラー（Toni Lessler, 一八七四－一九五二）から命名したトニ・レスラー通り（Toni-Lessler-Straße）に変更されるセレモニーが行われ[110]、現在ベルリン市の公式サイトでも通り名の変更（二〇〇三年九月一日）の由来が説明されている[111]。

14　信仰の機能主義的利用

信仰の実用的利用（practicality）は、もちろん歴史上初めてというわけではなく、先のシュテルンヘルに「神なき宗教」という着想を与えたのは、後にさまざまなファシズム団体のモデルとなった、フランスの右翼組織「アクション・フランセーズ」である[112]。「アクション・フランセーズ」の統率、シャルル・モーラス（Charles Maurras, 一八六八－一九五二）は、オーギュスト・コント（Auguste Comte, 一七九八－一八五七）の弟子ともいうべき実証主義者だが、保守的秩序の便宜としてカトリック教会を大いに尊重した。もちろん教皇庁は、枢機卿会議にまで影響力を行使しようとするモーラスの不可知論を見逃さず、まず一九二六年八月、ボルドーの大司教、アンドリュー枢機卿が教区の雑誌『アキテーヌ』に、アクション・フランセーズが「無神論、不可知論、反キリスト教主義、反カトリック主義、個人的にも社会上も反道徳主義、暴力と不正を伴う異教主義」[113]を流布し、モーラスら指導者は、カトリック教会を政治的功利性のために利用していると糾弾し、アンドリューの告発に九月八日に賛意を表明した後、ピウス一一世は、翌一九二七年、アクシヨン・フランセーズそのものを断罪する聖令を発表した。

この断罪は、カトリック教会を「保守反動」の代名詞と考えていた人々を驚かせる一方、ジャック・マリタンなどキリスト教信仰を真摯に考え、モーラス流の毒々しい反ユダヤ主義を遺憾としていた信徒たちに歓迎された。しかし、後にユダヤ人女性ライサと結婚し、駐バチカン大使になるこの高名な新トマス主義者ですら、ベルグソンと決裂した後にモーラスの影響下にあった時代には、ユダヤ人は「真のメシアを拒絶するので、結局この世界では国家転覆の役割を演じ」るとして、「ユダヤ・フリーメーソン的社会と国際的な金融活動に対する国家の安全のための闘い[114]」を推奨していたのである。宗教の機能主義的利用がどれほど信仰を腐敗させ形骸化するかの一例であろう。

さて、『みるとす』誌（二〇一〇年一二月号）において、「一九八〇年代に反ユダヤ主義の書物が日本の市場に氾濫したとき、少数の例外を除けば、日本のインテリが積極的にそれに反駁しなかったのを見て、私は驚き、落胆した[115]」と先の佐藤優は述べているが、その同じ佐藤優が「現実に存在するイスラエル国家と、新約聖書の黙示録の最後に書かれている『千年王国』としてのイスラエルを融合させて、うまくイメージ操作してい」るネオコンに「反駁しなかったのを見て、私は驚き、落胆し」た。

佐藤優は、ネオコンに関して「自然と闘って克服するというネオコンの自然観は、砂漠の民であるユダヤ人の伝統的発想に近い」などとしているが、「ユダヤ人の伝統的発想」とネオコンの間には関係がない。『ネオコンの論理』（二〇〇三）のなかで、ロバート・ケーガン（Robert Kagan, 一九五八-）は、ホッブズ的戦争状態のカント的解決を目指すものとしてヨーロッパをみなす一方、その限界を突破するものとしてブッシュの世界戦略を位置づけているが、世界の一極支配を正当化するような考え方をヘブライズムに求めることには無理がある。一方で反ユダヤ本を批判しながら、佐藤がユダヤ人とキリスト教との双方の信仰を利用するネオコンのマキャベリズムに疑問を抱かないというのもまたおかしな話である。

在日イスラエル大使館の広報室に勤務していた滝川義人は、『ユダヤ解読のキーワード』（一九九八）のなかで、「一九九七年三月下旬、改宗法をめぐって世界中のユダヤ人が怒りと失望にわきたっ」た時の経験を述べている。改宗をめぐり嘆願の手紙が山のように送られてきて、それには「メシアニック・ジューと心を同じくする」とか「メシアニック・ジューをカルトとして扱うな」とか書き加えられてあったという。滝川は、「ユダヤ人をキリスト教に帰依させたいと願う人々の運動のようだ」とし、送り主には「ローマ・カトリック系のものはなく、福音協会系が主で日本福音キリスト教連合のものが多」かったそうである。

「信仰の自由は基本的人権」としながらも、滝川義人は、「ユダヤ人を対象とする回収運動は、ユダヤ人をなくすことにほかならず、旧ソ連で実行されているこの非ユダヤ化は『静かなホロコースト』と呼ばれ、憂慮すべき現象となっている」とさえしている。[116] また、米国最大のユダヤ団体ADL（名誉毀損防止同盟）の最高責任者であるエイブラハム・フォックスマン（Abraham H. Foxman, 一九四〇-）も、福音派がユダヤ人に見せる好意の裏側にある神学的底意を見抜いており、「もしイスラエルが、携挙（rapture）を待ち望む福音派にとって有用なものでなかったら、存在していなかったかもしれない」と警戒している。フォックスマンはまた、フォーカス・オン・ザ・ファミリーのような福音派グループが「アメリカをキリスト教化する」とあからさまに公言していることを問題にし、福音派の目論見を知りながら当座の実利的理由からこれに接近しようとしているユダヤ人たちに対して、「キリスト教徒の歓心につけ込む」ものであると批判している。[117]

『はじめての宗教論 右巻～見えない世界の逆襲』（NHK出版）によれば、佐藤優はプロテスタントの洗礼を受けているそうだが、それなら手嶋の言う「キリスト教右派」（福音派）のイスラエルへの接近が、彼らの特異な終末観のなかにおけるユダヤ人に割り振られた役割を演じることを期待してのことだということを熟知しているはずである。

ネオコンの二枚舌も、ユダヤ人とキリスト教徒の双方の信仰の機能主義的な利用も批判せずに、どうして日本における反ユダヤ主義を除去できようか。

一九七〇年代の米国の学校をとりまく教育問題を鋭く問うた名著『教室の危機』（*Crisis in the classroom*, 一九七一）の著者、チャールズ・シルバーマン（Charles Eliot Silberman, 一九二五-二〇一一）は、『アメリカのユダヤ人―ある民族の肖像』（一九八五）において、「最もリベラルなユダヤ人」の以下のような意見を紹介している。

> 彼らによると、ファンダメンタリストのイスラエル支持は頼りにならないし、おそらく望ましくさえないだろう。なぜならそれは、キリストの再来にはすべてのユダヤ人がまずイスラエルに帰ることが不可欠であり、そうすることによって最終的にはユダヤ人がキリスト教を受け入れ改宗する、という彼らの神学理論から出ているからだという。[118]

要するにこの意見は、いわゆるメシアニック・ジュー（イエスをメシアと認めるユダヤ人改宗者）のリクルートのためにユダヤ人に接近するという、第七代シャフツベリー伯爵（一八〇一-八五）の「ユダヤ人改修促進協会」以来続く福音主義的伝統が、真にユダヤ人の信仰と生活への理解にもとづくものなのか、それとも単にキリスト教徒の神学的底意にもとづく手前勝手なものなのかと問うているわけである。

こうした問題提起があるのはもっともであり、両者の齟齬は、手嶋が挙げた「テキサスのサン・アントニオにあるキリスト教右派の教会」（コーナーストーン教会）を率いる、ヘイギー牧師が引き起こした愚かしい事件によくあらわれている。ヘイギー牧師は、いわゆる「クリスチャン・シオニスト」の代表格である。

それは、二〇〇八年五月二二日にジョン・マケイン（John Sidney McCain, 一九三六-）上院議員から政治的支持を辞退される契機になった舌禍事件であり、このヘイギーは、一九九〇年代末の説教において、ヒトラーがホロコーストにおいて行ったことは神意の遂行であり、ユダヤ人がイスラエルへ帰還するのを督促するためにヒトラーは神意を実現したなどとして、米国のユダヤ人社会を憤激させたのである[119]。

もっとも、桜美林大学の上坂昇教授（アメリカ研究）は、ヘイギーの著書『エルサレム・カウントダウン』（*Jerusalem Countdown*, 二〇〇六）のなかでも、シオニストがイスラエルに送られても、多くのユダヤ人が帰還しなかったので神はヒトラーを送った、とまったく同じ内容のことが書かれているのでいまさら驚くべきでないと指摘している[120]。実際に同書を読んでみると、「ユダヤ人の神への反逆が反ユダヤ主義が生まれる種を蒔き、来るべき何世紀にもわたる迫害を彼らにもたらした[121]」などの発言に驚かされる。

このヘイギーは、性懲りもなく、同書の二〇〇七年の改版で、「ほとんどの読者は、アドルフ・ヒトラーとローマ・カトリック教会がユダヤ人絶滅の陰謀を企んでいたという明白な史料にショックを受けるだろう[122]」などと書いて今度は米国のカトリック信者を呆れさせるかと思えば、ハリケーン「カトリーナ」は同性愛に対する神の懲罰などとトンデモ発言で顰蹙を買うなど、何かと話題に事欠かない人物である[123]。

福音派（エヴァンジェリカル）の特異な神学観とシオニストによるリアルポリティクスの「同床異夢」の連携がいかに脆弱な基盤の上に立っているかが、この事件に端的にあらわれていると言えるだろう。

米国のエヴァンジェリカルの大勢がイスラエル支持に傾

いたのは、いわゆる「六日戦争」と呼ばれる第三次中東戦争（一九六七）以降のことに過ぎない。福音派のテレビ説教師といえば誰でも思い起こす、ジェリー・フォルウェル師（Jerry Falwell，一九三三－二〇〇七）にも、反ユダヤ主義と見なしえる言動は少なくなく、一九九九年一月の記者会見における「イエスがユダヤ人の男性として地上に現れて以来、多数の福音主義者たちは、反キリストも必然的にユダヤ人であると信じている」などの発言は特に問題視され、後で考えればこのような主張はすべきではなかったとしている[124]。

米国の福音派を迂回したユダヤ人とキリスト教と信仰の便宜的利用を肯定するネオコン流の欺瞞的発想からあらかじめ排除されているのは、ユダヤ人がユダヤ人のままでキリスト教徒と和解できるという可能性である[125]。

相手の信仰を自己中心的な理由で平然と利用して恥じないわれはわれの時代は、「宗教的寛容」の精神が萌芽した一七世紀のオランダに比べても退歩している。ライデン大学に学んだ、アントワープの神学者にして人文主義者のバルラエウス（Caspar Barlaeus，一五八四－一六四八）は、同祖論の時に紹介したメナセ・ベン・イスラエルに対して、「これがぼくの信念だ、メナセよ、信じてくれたまえ。ぼくはキリストの息子のまま、君はアブラハムの息子のままでいるだろう」と述べたと言う[126]。この逸話を紹介する度会好一（思想史）は、「すべての宗教は『差異』にもかかわらず互いに同等であり、それぞれ異なる宗教を信じる者は、固有の仕方で救済される。このような多元的な思考が神学レベルでも芽生えてきたのである」と述べている[127]。

もちろん、「イスラエルとユダヤ人共同体の指導者がジェリー・フォルウェルのような輩と定期的に晩餐を共にしているのを誰も奇怪で危険なことだと考えていないのには、唖然とさせられる」というダニエル・ボヤーリンのようなユダヤ系のタルムード研究者もいないわけではない。

《キリスト教右翼の父》フォルウェルには、先に紹介した「反キリストも必然的にユダヤ人」などという反ユダヤ主義的発言の他にも、二〇〇二年一〇月六日放映のCBSの「60ミニッツ」という番組で「モーセがしたように、イエスは愛の模範を示した。マホメットが示したのはその反対である」と愚かしい発言もあり、この発言に対して、全米キリスト教協議会（NCC）は、二〇〇二年一〇月七日、「米国とその他の世界の大多数のキリスト教徒の発言ではない」とフォルウェルの反イスラム発言を非難する決議を全会一致で採択した[128]。NCCというのは、日本で言えば「日本キリスト教団」に対応するプロテスタント諸教会を糾合する協会だが、フォルウェルの反イスラム発言の翌日ただちにその発言を問題にし、フォルウェルの「憎しみに満ちた破壊的」発言は「キリスト者のものではない」として「断罪し拒絶する」(condemn and repudiate) と最大級の表現で非難決議を満場一致で採択した。ＮＣＣは、「フォルウェルの預言者マホメットに関する声明は、単に誤っているばかりでなく、キリスト教徒とムスリムがともに平和的関係を模索しているあらゆる国の安全保障を危うくするものである」と弾劾したが、まさに米国のキリスト教界の良心の声と言うべきであろう。

フォルウェルの救いがたいところは、紛争の解決のかたちを想像する努力を一切せず、繰り返し中東に軍事介入しているアメリカの国民でありながら、当事者意識のない無責任で子供じみた振る舞いを繰り返してきたことであろう。「良識と善意のあるユダヤ人とともに、全世界を再びキリスト教化せんと欲するキリスト教世界の宗教共同体内でそうした勢力と闘っている良識と善意のあるキリスト教徒」の双方に対して、ダニエル・ボヤーリンは、「そのような道はトーラーの道ではない。トーラーの道はすべて平和の道であり、それは、トーラーを成就するためにやって来たと言った〈平和の王子〉の道ではない」[129]と悲痛な呼びかけをしている。「トーラーを成就するためにやって来たと言った〈平和の王子〉」とは、言うまでもなく、イエス・キリストのことである。

15　イラク戦争と市場原理主義

手嶋は、ネオコンによる介入主義の経済的原因から目をそらせることに執着しており、「日本では、いまだ多くの人が『ブッシュ政権は中東の石油利権を押さえるためにイラクに派兵した』と考えています。二〇世紀の昔ならともかく、現在では市場を通じてより安く原油など手に入れることができます。これだけのリスクを冒して戦争をする理由には到底なりません」などと指摘しているが、経済的関心と無関係ではもちろんない。

それでは、イラク戦争に象徴されるブッシュ政権の介入主義の原因は何だろうか。経済学者の内橋克人は、それを「フリードマンの教育」の普及に求めている。

イラク攻撃を開始した米軍の陸戦隊が最初に到着したのは、イラク南部のウムカスルという町であった。米軍の空襲によって、ウムカスルでは水道管が破壊され、住民たちはその日の飲み水にも困っていた。

一方、米軍の水装備は完璧であり、日本の東レの技術を用いた逆浸透膜によって、海水を真水に変えるなどの装置も具備していた。

そうした装置をもって、米軍は住民たちに何をしたかというと、まず「タンクローリーを持っている人は、手を挙げなさい」と言い、住民の内の富裕層をあぶり出した。そして、米軍自慢の水設備で作った飲料水をまず無料で与えて、「これをいま水に困っている、のどの渇いている人に売りなさい」と言った。これは、イスラムの教理から見ると、まさに戒律に反した行為である。しかし、水がなければ人は生きてゆけないので、やってみると次々と売れる。戒律には反しているが、お金は儲かる。

そういう人を次々と増やすことが、すなわち「フリードマンの法則」のレッスン・ワンというわけである[130]。

イラク戦争で米国がやろうとしたことは、民主主義の伝播でも何でもなく、イスラム社会の市場化である。市場経済という側面から見ると、イスラム圏の市場化こそがイラク戦争の目的であり、アメリカがイスラムを敵視するのは、イスラム経済の持つある種の倫理性だと内橋はいう。

『ニューヨーク・タイムズ』等でも繰り返し報じられたことだが、二〇一一年九月八日付の仏紙『ル・モンド』も、シルヴァン・シペル記者による「『悪の枢軸』に対するアメリカの十字軍」という記名記事のなかで、アフガニスタンのカルザイ大統領を援助する可能性があることを指摘し、あわせてカルザイが現在シェブロン社に買収された米国企業のユノカル社の顧問であったことが、指摘されている。

「自由」や「民主主義」など中東への繰り返される米国の介入の表向きの理由の裏に、イスラム社会の倫理性を破壊し、一元的な市場経済に組み込もうとという意図があることは見逃されてはなるまい。

イスラム経済の倫理性に関しては、先の大戦中すでに、反ナチの在日ドイツ人神父で丸山真男（一九一四‐九六）のドイツ語の教師であったヨハネス・クラウス師による『回教の経済倫理』（一九四四）という先駆的業績がある。その著書のなかでクラウスは、高利貸借法（リバー）がヨーロッパにおける高利よりも「ずっと広い意味を持つ。高利禁止は、両当事者の協定で、反対給付なしにえられる利益のすべてに適応される。コーランの個所からも明らかのように、これはもとは決して信用利子を問題にしたものではなく、不当代金請求のことを指している[131]」などとしている。

先のウムカスルでは、軍法会議に起訴されたアブグレイブ刑務所での捕虜虐待事件と同様なことが米軍兵士によって繰り返された。ディアラ出身の二五歳の男性は、米兵により「お前はテロリストだ」と言われ、両手を後ろで縛られ壁に立たされた。その直後、プラスティックのペニスをつけた女性兵士が力ずくで、その男性の肛門にペニスを突っ込んだ。そしてそのシーンは写真に撮られ、女性兵士はその男性に「もしお前が将来、米軍に手向かうようなことがあれば、この写真をお前の住んでいる街や家族に見せてやる」と脅したという。ディアラ出身のその男性は、「この光景はあまりに恥ずかしい行為で、私たちイスラム教徒は決して受け入れることはできません。アメリカが『自由』『民主主義』などと言うのを耳にすると、私は怒りがこみあげてきます」とし、「あの光景を目撃したすべての囚人は刑務所を出ると、きっと米軍と戦う『戦士』になるでしょう」と付け加えた[132]。

キリスト教原理主義者たちの圧倒的支持によって繰り返される米国の中東介入によってムスリム（イスラム教徒）が侮辱されるたびに、アメリカの掲げる「自由」や「民主主義」などとは逆に、イスラムの原理主義への退行を促し、殺戮と憎しみが連鎖する悪循環は終わらない。イスラム原理主義とは、ある意味で、キリスト教原理主義が生み出した鬼子であり、両者は、鏡像的敵意を抱く双子のように似ている。

さて、『インテリジェンス 武器なき戦争』（二〇〇六）は、ちょうど『スギハラ・ダラー』の執筆に先立つ時期に書かれた佐藤優との対談集であり、その舞台裏を明かすものである。そのなかで手嶋は、以下のように、後の小説として結実する小説の執筆意図を明かしている。

この「命のビザ」の話は感動的なヒューマン・ドキュメントとして語られることが多いのですが、インテリジェンスの面でも、杉原サバイバルをいかに日本とつないでおくかというのは重要な問題ですよね。（……）一九八七年のブラックマンデーのとき、ニューヨーク商品取引所は最後まで市場を閉じなかった。僕はシカゴの商品取引所のレオ・メラメド元会長にお話を聞いたことがあるんです。「どうして閉じなかったんですか」と聞くと、「私は自由な市場がどれほど大切であるかを骨身に染みて知っている。実は、私は杉原サバイバルなんです」と意外な答が帰ってきたのです。彼は「命のビザ」のお陰でシベリア鉄道に乗り、日本の敦賀を経由して、曲折を経ながらアメリカに渡ったわけです。そこには、自由なマーケットが広がっていた。「これはシステムの話ではなく、私の信念なのです」といっておられました[133]。

これが、『スギハラ・ダラー』が執筆される政治的・経済的コンテクストである。ユダヤ人でない者が「ユダヤ人」になってしまったり、ユダヤ系でない組織が「ユダヤ系」

になってしまう手嶋の奇天烈な言論は、「インテリジェンスの面でも、杉原サバイバルをいかに日本とつないでおくか」という実践的要請がわからないと見えてこない。

『金融権力ーグローバル経済とリスク・ビジネス』（二〇〇八）のなかで、本山美彦は、フリードマンから五〇〇〇ドルで論文を買い取ったメラメドの先のエピソードに触れた後、「杉原ビザ」によって来日した際の日本の難民局で、役人たちが到着した難民を利用してサイドビジネスを行った逸話を紹介している。

日本からの出国のために難民たちは、五〇〇〇円を銀行に支払って公的レートで五〇ドルを買わなければならなかった。そしてその五〇ドルは、難民局に預託された。なんと、役人たちは、その五〇ドルを闇市場に流し、五〇〇〇円より多い円を獲得した。メラメド自身は、難民局がそのもうけを次に流入する難民救済に使ったと弁護している。公務員が公金を投機に転用するのはけしからんとメラメドは言いたいのではなくて、「どのような局面においても、闇市場の方が、権力よりも民衆に有利なレートであることを、彼は強調したいのであろう」と推測する本山は、戦前のヨーロッパの全体主義からの「自由」と、市場個人主義的な選択と競争が最大限に促進されるネオリベ的な弱肉強食の「自由」を短絡させる度し難い議論に対して、こう批判を加えている。

ユダヤ人の塗炭の苦しみの経験からくる権力への憎悪。それは分かる。しかし、彼らはアメリカの権力にはすがる。その同じ彼らが、逆に外国政府の権力行使を強く排除するのである。やはり、これはご都合主義的な反権力論＝市民論ではないだろうか。[134]

新自由主義（ネオリベラリズム）が、「アメリカの権力」だけは例外に置き、一方で「外国政府の権力行使を強く排除」する、見せかけの「反権力論＝市民論」を批判する本山の指摘は、ネオリベを支えるポピュリズム的扇動とネオリベとネオコンの不可分を的確に突いている。フリードマンやメラメドは、民主主義的統治と社会そのものの存続そのものが、経済的自由にどの程度の限度を課しうるかに依存していることを理解していない。

これまで歴史の改竄が問題になる場合、例えば南京事件やホロコーストなどに関して、国史を美化したい政治的極右による「後ろからの」歴史修正主義がほとんどであったが、手嶋龍一や佐藤優などによって推進される、イスラエルや中東情勢に関連して、現在の米国に支配的な政治・経済的潮流に迎合するかたちで過去を捏造する、「前からの」

リヴィジョニスムにも、歴史を学ぶ者は警戒する必要があるだろう。

経済の「規制緩和」や「民営化」をやみくもに礼賛する日米共通の風潮は、問題の多いものである。ブッシュ大統領によって遂行されたイラク戦争（二〇〇三）では、このネオリベ的風潮の害悪が劇的なかたちであらわれた。古代中世以来の「傭兵」とは別種の「傭兵」が出現したのである。戦争犯罪が起こった際に米国に累が及ばないように配慮された、戦争のアウトソーシングとしての「傭兵」である。

イラク戦争の報道で、アメリカの民間人が殺害されたと報道され、なぜ戦場に米兵ではない民間人がいるのかと日本人を驚かせたが、それは「ブラックウォーターUSA」など軍事請負会社の社員、つまり元米兵の殺しのプロであった。[135]また、キューバ東南部のグァンタナモ米軍基地における捕虜の虐待は、米国内でもなくキューバ国内でもない、軍法会議のみが適応される基地内の収容所でおこなわれた。ちょうど金満家がさらなる利潤を求めてタックスへブンを求めるように、ネオリベ経済は、法の抜け道を探し、その名称とは裏腹に、「自由」も法の支配も民主主義も崩壊させてしまうのである。

もちろん、メラメドの一家が杉原ビザで死地を脱したのはよいことである。しかし、それはメラメドが経済市場における「自由」という考え方が妥当であるということとは別の話である。世界中を液状化させ、モラル・ハザードをもたらしネオリベという地獄への道は、善意で敷きつめられているのである。

新自由主義（ネオリベラリズム）が、「アメリカの権力」だけは例外に置き、一方で「外国政府の権力行使を強く排除」する、見せかけの「反権力論＝市民論」を批判する先の本山の指摘は、ネオリベを支えるポピュリズム的扇動とネオリベとネオコンの不可分を的確に突いている。

第7章　寄留の外国人、孤児、寡婦

二〇〇〇（平成一二）年一〇月一〇日に行われた千畝に対する顕彰演説のなかで、河野洋平外務大臣が、「本年は故杉原氏の生誕一〇〇周年に当たりますが、杉原氏が御活躍されたリトアニアと我が国との間の新たな外交関係が九年前に始まった今日、すなわち一〇月一〇日という機会に、外務省としても、同氏の業績を改めて称え」るとしていることからも、それは自明であろう。

そしてたしかに、北欧の研究者でもなければ、ステポナス・カイリースの『日本論』[2]など知るよしもないし、琥珀の貿易に携わるだとかの特例を除けば、大方の日本人にとって、リトアニアとはヨーロッパの地図を見ても即座に場所もわからない、遠い彼方の見知らぬ国であろう。それまでほとんど交流らしい交流のなかった国と新たに国交を結ぶとなれば、杉原千畝による難民救済の話などは両国の縁をつなぐ格好の材料ではある。

ところが、佐藤は、当時のリトアニア大統領のランズベルギスとの対談で鈴木が持ち出すことに反対したという。メラメドに関するエピソードを紹介し、「インテリジェンスの面でも、杉原サバイバルをいかに日本とつないでおくかというのは重要な問題」という手嶋の発言を受け、『インテリジェンス　武器なき戦争』の末尾において、佐藤優は、ソ連から独立した新生リトアニアと日本との国交問題と杉原千畝の名誉回復とメラメドとの三題ばなしを披瀝している。

1　リトアニアとの国交樹立と杉原千畝

杉原千畝の名誉回復とリトアニアとの国交樹立を推進したのは、佐藤に「外務省のラスプーチン」というあだ名をつけた、元外務政務次官の鈴木宗男である。ソ連崩壊後のバルト三国との国交交渉において、杉原千畝の名誉回復は、千畝の四男・伸生が的確に見抜いたように、「新生リトアニアにたいする日本政府からの贈り物のようなもの[1]」である。

というのも、「ランズベルギスの父親は親ナチス・リトアニア政権で地方産業大臣をつとめ、ユダヤ人弾圧に手を貸した経緯があり、また、一九九一年時点でのランズベルギスを中心とするリトアニア民族主義者とユダヤ人団体の関係もかなり複雑だったから」であるという。

しかし、「ランズベルギス大統領は、ソ連共産主義体制と徹底的に闘って、リトアニアに自由と民主主義をもたらした人物である。それであるならば、杉原さんの人道主義を理解することができるよ。一流の政治家とはそういうものだ」[3]と述べ、鈴木宗男は佐藤の懸念を払拭した。

この話には後日談があって、鈴木が小渕恵三総理の訪米に同行した際に、先のレオ・メラメドが鈴木の横にくっついて離れず、「あなたが杉原さんの名誉回復をしてくれた人なんですね。そのことを存じ上げています」といって、「命のビザ」の写しを見せてくれたという。佐藤は、ここで「リトアニアで杉原千畝の名誉回復をやったのも、その先にどうなるかを全て読んだ上でのこと」とし、「これも一種のインテリジェンス」と、感心してみせる[4]。つまり、佐藤優の考えるところによれば、鈴木宗男による千畝の名誉回復は、リトアニアとの国交回復の際の手土産ばかりでなく、米国のユダヤ人脈にわたりをつける一石二鳥の役割があったというわけである。鈴木宗男自身は、杉原千畝の名誉回復が「日本の外務官僚とは、ぶつかる形になった。彼らからすれば、杉原さんは大臣訓命に背いてクビになった外交官なのだ。それから私には、イスラエルなどの機微に触れる情報が入ってくるようになった。ただイスラエルと近しくなることで、アメリカの情報屋からは少し煙たがられるのを感じている」とし、「モサドから私に情報が入るようになった」[5]契機であったとしている。

佐藤は、鈴木の「一種のインテリジェンス」を称え、その器量の大きさを読者に印象づけようとしているが、そもそも「ランズベルギスの父親は親ナチス・リトアニア政権で地方産業大臣をつとめ、ユダヤ人弾圧に手を貸した経緯があ」るなら、反対するほうがどうかしているだろう。日本側からユダヤ人を救った千畝の功績が提出され、それが日本とリトアニアを結ぶよすがになるならば、千畝を顕彰することによって、自国の反ユダヤ主義的過去をうやむやにする、またとない方便になるからである。

ポーランドの作家、マレク・アルテール（Marek Halter, 一九三六―）は、ユダヤ人を救った人々を訪ね歩き、『善の力』（*La force du Bien*, 一九九五）という著書をフランス語で書いた。そのなかでアルテールは、ヴィリニュスで杉原千畝像の除幕式が行われた後、佐藤が指摘していた他ならぬランズベルギス議長によって、カウナスに近い別荘に案内され、問題の父親であるランズベルギス゠ゼムカルニス（Vytautas *Landsbergis-Žemkalnis*, 一八九三－一九九三）を紹介される。

佐藤によれば「親ナチス・リトアニア政権で地方産業大臣をつとめ、ユダヤ人弾圧に手を貸した」とされる、ランズベルギスの父親は、アルテールと戦時中の事柄を話題にする。質問者が作家で、答えているのがランズベルギスの父親である。


「ランズベルギス゠ゼムカルニスさん、あなたがこの家に隠していたユダヤ人の少女のことを覚えていますか」

「もちろん、……ベラといいました」

「怖くなることはありませんでしたか？」

「もちろんありました。ユダヤ人を隠していることが分かれば、家中の者が虐殺される恐れがありました」

「どうして、そういうことをなさったのですか？」

「それはどういう意味の質問かね？　おかしな質問だな。どう答えたらいいのだ？　……きみ、私は人間だよ。心を持っているんだよ。そのように行動しろと命じたのは心さ。ほかにどう行動することができたのかね？　きみの質問には答えられん。私の心がしろということをした」一〇〇歳になるこの〝正義の人〟の、何とすばらしい活力！[6]

先の『国家の罠』（二〇〇五）における佐藤優の指摘とリトアニア史における対独協力の歴史を考え合わせると複雑な感慨を催す対話だが、少なくとも佐藤の読み筋とはまるで逆であることがわかるだろう。[7]

周知のように、ポーランドやリトアニアには、ナチスとは別種の反ユダヤ主義の長い歴史がある。ナチスの絶滅・強制収容所がポーランド周辺に集中しているのは偶然ではない。また、ナチスに対する抵抗運動のなかでさえ、ユダヤ人とポーランド人の間には強い軋轢があり、ホロコーストの惨劇を知っているはずのポーランドは、第二次世界大戦後ポグロムがおこったヨーロッパで唯一の国である。[8]

一九四一年の七月には、ナチスにそそのかされたわけではないのに、ポーランド人自身の手によるユダヤ人が千数百人も虐殺される事件も戦時中発生した。有名な「イェドヴァブネ事件」である。この事件は、NHKスペシャルで「沈黙の村」というタイトルで放映された。放映されたのは二〇〇二（平成一四）年九月一五日、手嶋がまだNHKに在職していた時代の話である。

「手嶋氏が『スギハラ・ダラー』で展開する〈亡命ポーラ

ンド政府のインテリジェンス組織は、全欧ユダヤ人の情報ネットワークとぴたりと重なっていた〉という話に誇張はない」など佐藤優は述べているが、それは、「全欧ユダヤ人の情報ネットワーク」なるものがありながら、なにゆえ避難場所の連絡が行き届かずほとんど抵抗らしい抵抗もなく数百万のユダヤ人がナチスの犠牲になったのか、枢軸国の敗色濃い時期のワルシャワ蜂起の時さえ「亡命ポーランド政府のインテリジェンス組織」はなにゆえドイツ軍の配置を把握できなかったのかなどの当然の反問に思い至らないような読者にしか説得力がないだろう。

2 「私に頼ってくる人々を見捨てるわけにはいかない」

「汽車が走り出し、夫はもう書くことができなくなりました。『許してください。私にはもう書けない。みなさんのご無事を祈っています』。夫は苦しそうに言うと、ホームに立つユダヤ人たちに深々と頭を下げました[9]」と、車上の人になってもビザを書き続けた千畝と難民たちの最期の別れの場面を幸子夫人は回顧している。

当時神学生だったモシェ・ズプニックは、千畝から直接聞いた言葉をこう記憶している。「あの人たちを憐れに思うからやっているのだ。彼らは国を出たいという、だから私はビザを出す。ただそれだけのことだ[10]」。しかし、それは当時の誰もができるわけではない、勇気ある行為だった。

千畝は今日でこそ『六千人の命のビザ』(一九九三)やその映画化によって有名だが、カウナスにおける杉原夫妻は、現在のような「国民の声」などというものがまったくあてにならない状況で、孤独な決断を下したのである。

第6章で触れた、ユダヤ人ピアニスト、シモン・カスペ拉致殺害事件は、満州史のなかでもとりわけ陰惨な事件であり、千畝のハルビン在勤中に起こったこの惨劇は、千畝に強い衝撃を与えたに違いない。また、千畝は、満州国外交部を辞めた理由を幸子夫人から尋ねられた際、関東軍の横暴に対する憤慨から、「日本人は中国人に対してひどい扱いをしている。同じ人間だと思っていない。それが、がまんできなかったんだ[11]」と答えている。

千畝は、民族偏見や人種差別をひどく嫌悪しており、ハルビンではユダヤ人を憎悪する白系ロシア人の社会で暮らしながら、反ユダヤ主義と決然と距離を置いていた。ヘルシンキ時代に、周囲の日本人からユダヤ人への差別的な隠語を聞いた幸子夫人がそれを杉原に披露したところ、千畝から「そんなことをいうものじゃない」と叱責されている[12]。家族が語らなければ外に漏れることのないような身内の間での差別発言すら、千畝は容赦しなかったのである。

先に紹介したヒレル・レビンの問題の書『千畝』（清水書院）の「監修者あとがき」で、監修者の諏訪澄は、千畝がアウシュヴィッツのコルベ神父のような「強い信念を持っていたとは思えません。たしかに、最初の妻クラウディアの影響で、彼はロシア正教に入信し、洗礼も受け」たが、「杉原がキリスト教的理念を振りかざし、大日本帝国に逆らったとは思えません。それほど強い信仰が、彼のいくつかの行動を決定していたという事実は見当たらない[13]」などと述べているが、諏訪の指摘は事実と異なる。

まず、千畝が正教の洗礼を受けるにあたって、クラウディアとの結婚はその契機の一つではあっても、「影響を受けた」わけではない。千畝はハルビンの在外ロシア正教会で洗礼をうけることになるが、これはロシア人女性との結婚の際の便宜的な行為ではない。千畝は、早稲田大学の学生時代、すでに明確な自覚を持ったキリスト者だったのである。

この事実は、新宿区にある早稲田奉仕園の百年史の編纂にかかわった胡谷智子が取材を受けた『日本経済新聞』（二〇〇八年一一月一三日付）の「『キリスト精神　早稲田にも』奉仕園開設百周年迎える今年、沿革まとめる」と題する記事によって明らかになった。

一九一九（大正八）年二月九日、杉原は、今日の早稲田教会の前身である友愛学舎の地下で始められた奉仕園信交協会の「第五回入会式」に臨んだ[14]。弁天町の友愛学舎は、バプティスト派の宣教師ハリー・バクスター・ベニンホフ(Harry Baxter Benninghoff, 一八七四 - 一九四九)が大隈重信（一八三八 - 一九二二）の要請を受けて設立したものである。児童文学で有名な坪田譲治（一八九〇 - 一九八二）も入会していた信交協会は、学生・青年を中心とする交わりの集団であり、願う者に洗礼を授け、聖餐式を執行する牧師は川口卯吉であった。信交協会は、そのキリスト教的性格付けから、当時の早稲田大学の学生の内でも会員は少数であった。

信交協会には、一九一七（大正六）年に制定された「憲法」が存在し、それは以下のようなものであった[15]。

一、本会ノ名称ヲ奉仕園信交協会と称ス
二、本会ノ目的ハ奉仕、親交、礼拝ニ依リテ会員各自ノ基督教的人格ノ向上発展ヲ奨励スルニアリ
三、上記ノ目的ニ賛同シ本会下記ノ信仰箇條ヲ承認スル者ハ何人ト雖入会申込ヲナシ得ベシ

今日でも日本のキリスト教人口が一パーセントを超える

ことがなく、千畝が生まれる三〇年ほど前には、まだ日本の隅々の村に切支丹禁令の高札が掲げられていたのである。「何人ト雖入会申込ヲナシ得ベシ」という文言とは裏腹に、千畝にとって、この「憲法」が、どれだけ敷居の高いものであったかは想像に難くない。友愛学舎の信交協会は、そのキリスト教の「信仰箇條ヲ承認スル」ことを入会条件にしていたのである。

先に述べたように、千畝は「私に頼ってくる人々を見捨てるわけにはいかない。でなければ私は神に背く[16]」という言葉で、カウナスにおける難民救済の動機を説明している。内村鑑三（一八六一－一九三〇）や新渡戸稲造（一八六二－一九三三）など、誰もがそのキリスト教信仰を疑うことがないクリスチャンたちの内にすら、自分の行動をこのような言葉で説明した者はいない。

3　キリシタンの里

千畝が生まれた岐阜県の南部地域は、北九州とともに、日本でも極めてキリシタン遺跡が多く、幕末から維新期までキリシタン迫害が続いた日本でも特異な地域の一つとして知られている。

哲学者の瀬口昌久は、「堅く支える ― 杉原千畝と信仰」という記事のなかで、「一九八一年三月、この地方の人々を驚かせた発見がありました。岐阜県可児市に隣接する可児郡の御嵩町でキリシタンの遺物が新たに発見された[17]」として、三点の「十字架」を刻印した石の存在を明らかにしている。

御嵩町とは、千畝の生まれた八百津町の隣町である。

一六一五（元和元）年、宣教師ディエゴや高山右近の父ダリヨがつくった教会堂の堂守コンスタンチノが美濃を中心に熱心にキリスト教信仰を布教した結果、岐阜県南部地域に広くキリシタン信者が生まれ、それは徳川の禁教時代にも絶えることがなかった。

一六六一（寛文元）年の「美濃くずれ」と呼ばれるキリシタン弾圧では、与右衛門ほか三人が犬山藩の足軽に捕えられたのをきっかけに、実に七年にわたり二〇回もの摘発が続き、一六六五（寛文四）年、名古屋千本松原で二〇〇余名が斬罪になった。さらに男女七四五名、ほかに幼児一四名を投獄し、「あまりにも多数の検挙で牢舎に収容しきれず[18]」、斬首牢払いとなる者約二〇〇〇名に及んだ。

江戸幕府も初期の不安定期を克服した四代将軍家綱の時代になったこの時期に、農民たちのキリスト教信仰に対して、徳川政権はどうしてかくも執拗な憎しみを抱いていたのだろうか。池禅尼による頼朝などの助命嘆願でもわかるように、敵でさえ子供はたすけるのが美談として伝えられる日本の歴史上、信仰の意味さえ理解できない幼児をも殺害する弾圧は際立った冷酷さを見せており、ナチスによるユダヤ人迫害を思わせるものがある。

発覚すれば幼児まで含み一家断罪になることがわかっていても、九州の隠れキリシタン同様、美濃の潜伏キリシタンは、二百数十年にわたりキリスト教信仰を守り続け、官憲による摘発は、幕末どころか明治に入っても続いた。

『美濃切支丹年表、尾張切支丹札所巡礼』（一九三六）の著者として知られる郷土史家・森徳一郎は、千畝の生地・八百津町の南部にある塩村における、幕末から明治に及ぶキリシタン差別について、こう述べている。

嘉永六（一八五二）年類属の子孫はその頃なお差別待遇をうけ、村内の交際もしないので、代官所の役人が仲にはいり、二百年前の事故とて、金子二十両を差し出して組入りを許されたが、これは表面で、明治に及んでもなお村八分同様故、ついに他国へ逐転した。(19)

封建時代の身分的権威を超えた権威を知る農民たちが、ひとたびその信仰を否定されれば、従順な農民が頑強な抵抗者に変貌するかもしれない恐ろしさを為政者たちは熟知していたが故に、その迫害は酸鼻を極め、潜伏キリシタンへの類属への差別は、明治の初めまで連綿と続いていたのである。

千畝は、ほんの三十年ほど前まで、潜伏キリシタンへの凄惨な差別と迫害が周辺の村々で公然と行われていた時代に生まれたにもかかわらず、キリスト教信仰を持たなければ入会できない早稲田の友愛学舎にあえて身を置き、戦前の天皇制下の世俗の法を超えた権威と神の前での平等を知っていたのだ。

4　Vaya con Dios !

千畝の残した発言には、繰り返し「神」が出てくる。カウナス領事館時代の知人の一人に、子供好きだった千畝が日本の切手をプレゼントしたエピソードで知られるソリー・ガノールがいる。ナチス・ドイツとソ連の秘密警察からの二重の脅威を熟知していた杉原は、当時まだ少年だったソリー・ガノールに、一刻も早くリトアニアから出国すべきと家族を説得するよう督促していた。

ソリー・ガノールは、当時をこう回想している。

> つぎの日の朝早く、父と私、ローゼンブラットと娘のレア、それにオランダ人学生の五人で、日本領事館に向かった。（……）帰りぎわ、スギハラ氏は切手入りの封筒を渡してくれ、私と握手した。そしてひとこと、「バジャ・コン・ディオス」といった。「バジャ・コン・ディオス（神と共に行け）」の意味を、当時の私は知らなかったし、彼がなぜスペイン語の別れのあいさつを口にしたのかもわからない。しかし、心のこもったこの三つのことばは、いまも私のなかに深い感動を呼び起こすのである。（……）私たちがスギハラ氏夫妻と別れのことばをかわしている間にも、オランダ人学生は、下にいるだれかに向かって、窓越しに手にした帽子をふって見せた。階段をおりてゆくと、一〇人前後の黒い服に黒い帽子のヘブライ語を学ぶ学生たちが、領事館の玄関につめかけていた[20]。

「バジャ・コン・ディオス」とは、長旅などをする相手に対して、「さようなら、ご無事で」くらいの意味だが、ガノールは、当時の切迫した状況を踏まえて、「神と共に行け」と字義通りの意味にとらえている。

スペイン語で述べられたのは、ガノールが言及している「オランダ人学生」の名目上の亡命先がオランダ領キュラソー島で、スペイン語圏の南米パナマ運河を通過しなければならないからだろうが、杉原は、駐カウナス・オランダ名誉領事のヤン・スヴァルデンディク（Jan Zwartendijk. 一八九六－一九七六）から、中南米のオランダ領入国に関しては入国ビザを必要としないことに関して確約を得ていた。

千畝三部作（『決断・命のビザ』『真相・杉原ビザ』『杉原千畝の悲劇』）によって杉原研究の端緒を開いた渡辺勝正は、カウナス事件に関して、「まさに『聖書』の中の「出エジプト記」のような出来事が、ナチスに追われて逃亡中のユダヤ人に起こったのである[21]」と述べている。

「さようなら、ご無事で」と「神と共に行け」という二重の含意を持つ「バジャ・コン・ディオス」とは、無意味に選ばれた言葉ではない。

古代イスラエルの歴史のいずれの断面においても、「神と共に」あるということが、イスラエルの民において切実な願いであった。肥沃な三角地帯の周辺を移動する遊牧民の群であったイスラエル人は、アブラハムの神、イサクの神（「創世記」二八章一三節、三一章四二節）あるいはヤコブの勇者（四九章二四節）などの名称で呼ばれる族長の神に導かれていた。つまりこの神は、族長という特定の人格に顕現し、その一族とともに移動する神であった。

神が病や災いをもって民を打つとき、その理由が明確に知らされた。神の災いは、人間に理解できない気まぐれからではなく、神の前に悪を行う者、また神に聞き従わない者にのみ下されることが知られており、神による救済の約束は無条件的であった。

だからこそ、古代イスラエルの民は、神がどんなにおそろしくても敬遠せず、「神と共に」あることを願い、ルツ記(二章四節)やサムエル記(下一四章一七節)におけるように、「主があなたたちと共におられますように」というような挨拶もできたのである。[22]

5　寄留の外国人、孤児、寡婦

ハルビン在勤時代にロシア正教の洗礼を受けた千畝は、「私に頼ってくる人々を見捨てるわけにはいかない。でなければ私は神に背く」[23]という、明治生まれの日本の男性にはめったにない言葉を残しているにもかかわらず、日本の研究者の間では、千畝の人道的行為における信仰的契機がほとんど黙殺されてきたので、ここで少し敷衍しておきたい。

ユダヤ人にとってもキリスト教徒にとっても、聖書の説く最大の義務は、神を愛することであり、「神を愛する」ことは、隣人を愛することと別の二つのことではない。ユダヤ人にとっても、キリスト教徒にとっても、とりわけ寄る辺ない「寄留の外国人、孤児、寡婦」を憐れみ、慈しみをもって受け入れることは、ただちに神を愛するということなのである。

杉原は「ユダヤ人が来た」とか「難民がいた」などと言っているわけではない。「難民たちは男たちだけではなかった。なかには女や老人や子供たちまでいた。みんな疲労困憊しているようだった」[24]と、難民たちの「疲労困憊の顔」を注視している。

千畝が赴任したカウナスに生まれ、フランスで活躍した哲学者にエマニュエル・レヴィナス(Emmanuel Lévinas, 一九〇六－九五)がいる。哲学者の高橋哲哉は、加藤典洋の『敗戦後論』を批判した「汚辱の記憶をめぐって」(『群像』一九九五年三月号)のなかで、レヴィナスの『全体性と無限』(*Totalité et Infini*, 一九六一)を論じ、以下のように述べている。

エマニュエル・レヴィナスは、歴史の悲惨の只中から正義を呼び求める「他者」の顔、「異邦人、寡婦、孤児」たちの顔を見、その眼によってみつめられたときの「恥辱」の意識のうちに、ホロコーストの時代の「倫理」のぎりぎりの可能性を見いだしている。おのれの無辜を無邪気に確信する主体は、「他者」の顔と眼によってその思いなしを根底から審問され、自分が無辜どころかむしろ簒奪者であり、殺人者でさえあることを初めて発見して自分自身を恥じる。その恥の意識が倫理的責任の覚醒の第一歩だ。[25]

一九四〇（昭和一五）年の夏、千畝がもし逆の決断を下していたら、外務省の同僚たちから「カウナス事件」として糾弾された出来事は、今日に至るまで逆の観点から非難され続けただろう。満州在勤時代に、杉原は、ユダヤ人のピアニスト、シモン・カスペの誘拐殺害事件を身近で体験し、「杉原手記」のなかで千畝は、「この国の内幕が分かってきました。若い職業軍人が狭い了見で事を運び、無理強いしているのを見ていやになった[26]」と述べている。

「疲労困憊の顔」を千畝が見たのはカウナスが初めてではなかった。日本の植民地で見たあの「疲労困憊の顔」は、カウナスでまた千畝のまなざしを射貫き、恐るべき不正の犠牲者たちを前にして、また「恥辱」の意識が回帰してきた。

本省からの訓命と目の前の難民たちの窮状の間で板挟みになって苦悩する千畝の姿を見て、幸子夫人は、「旧約聖書の『エレミア』の預言書が突然心に浮かんだ[27]」という言葉を残しており、千畝は「杉原手記」のなかで、ビザ発給の決断に関して、「妻の同意を得て、職に忠実にこれを実行した[28]」と述べている。杉原夫妻の勇気ある決断を最後に後押ししたのは、旧約の預言者エレミアを通して告知された神慮であった。

ケンブリッジ大学の三井秀子（極東地域研究）は、千畝とエスペラント運動の長谷川テル（一九一二‐四七）を比較した論文のなかで、カウナスにおける人道的行為を支えたものとして、数カ国語を自由に駆使したポリグロットであり、カウナス以前にも植民地・満州における暴力支配を実見していること、そしてキリスト教信仰を持つなどのコスモポリタン性を的確に指摘している。[29]

カウナスでの出来事に関して、千畝は、その手記のなかでこう述べている。[30]

サーア私は考え込んでしまった。元々、彼らは私にとって、何のゆかりもない赤の他人に過ぎない。一層のことビーザ拒否を五名代表だけに宣言し、領事館オフィスのドアーを封印し、ホテルにでも引き上げようと思えば、物理的には実行できる。しかも私は本省に対して従順であると褒められこそするであろうに。私は考え込んだ。仮に、本件当事者が私でなく、他の誰かであったならば、百人が百人拒否の無難な道を選んだに違いない。なぜか？　文官服務規程というような条例があって、その何条かに縛られて、昇進停止とか馘首が恐ろしいからである。私はこの回訓を受けた日、一晩中考えた。家族以外に相談相手は一人も手近にはいない。

杉原は、「苦慮の揚げ句、私はついに人道主義、博愛精神第一という結論」を得、「妻の同意を得て、職に忠実にこれを実行し」た。目前の難民たちの状況を精確に把握していた千畝は、自分がビザ発給を拒否すれば、確実に殺害されることを熟知していたのである。

独ソ戦が始まるや、ヴァルター・シュターレッカー（Franz Walter Stahlecker, 一九〇〇－四二）親衛隊少将の率いるアインザッツグルッペン（移動殺戮部隊）は、北方軍集団に従って移動。そして、リガ、タリン、プスコフやレニングラードに向かう中継地たるカウナスにまず殺到したため、千畝の赴任先であったカウナスにおけるユダヤ人社会は、壊滅的な被害を受けた[31]。

6　ナタン・グットヴィルトの数奇な運命

カウナスに殺到したユダヤ難民等を救うために、名目上の上陸地を南米のオランダ領キュラソー島とすべきことを在カウナスのオランダ名誉領事から教えられ、これを便法として、杉原が日本通過ビザを発給し条件不備の難民たちを救ったことは、先に述べた。

この便宜的なビザが有名になったのは、ユダヤ難民たちのリーダーで、ビザ受給交渉の中心人物だったゾラフ・ヴァルハフティクがその回想録の『日本に来たユダヤ難民』（*Refugee and Survivor*, 一九八四）の第一一章を「キュラソー・ビザと杉原領事」と題したからである。

ヴァルハフティクは、ナチス・ドイツの迫害から逃れてきた難民たちをソ連によるリトアニア併合前にカウナスに脱出させようとしていた。一度ソ連に併合されてしまうと、そこからの脱出は、共産体制に不満を持つ反革命分子として摘発されるおそれがあったからである。民族問題による連邦崩壊を危惧するソ連は、ユダヤ系難民のなかでも、ヴァルハフティクなどシオニストをとりわけ警戒していた。オランダの臨時領事に任命されていたヤン・ツバルデンディク（一八九六－一九七六、フィリップス社リトアニア支店長）がこの「キュラソー・ビザ」を発給する経緯に関しては、その息子で同名異綴のヤン・ツバルデンディク[32]が「ヤン・ツバルデンディク――一九四〇年のリトアニア領事としての活動」と題する詳細な覚え書きを残しており、インターネット上で公開されている[33]。

その覚え書きによれば、リガ駐在のオランダのバルト諸国大使であった、L・P・J・デ・デッケルである。

このデッケル大使に対して、ポーランドのパスポートを持つユダヤ系の難民ペスラ・レヴィンがオランダ領東インドに入るビザ発給の可否を問い合わせる、一九四〇年七月一一日付の手紙が届いた。デッケルは不可能としたが、二、三日後にパスポートを送るように言われその通りすると、手書きで、「スリナムやキュラソーなど中南米のオランダ植民地に入るにはビザ不要」と書き込んでくれた。

つまり、レヴィンによる蘭領東インドへの入国に関する問い合わせが、デッケルに中南米の蘭領西インドへのビザなし渡航のアイデアを着想させ、さらに親ナチスと疑われていたティルマンス博士の後任として駐カウナス臨時領事を委嘱されたヤン・ツバルデンディクがこのアイデアを引き継いだわけである。

いわゆる「キュラソー・ビザ」という妙手を知る経緯を、ヴァルハフティクは、先の回想録のなかで詳細に説明している。

ヴァルハフティクによれば、「キュラソー・ビザ」を知らせたのは、ナタン・グットヴィルトとレオ・ステルンハイムという、テルズ神学院に学ぶ二人のユダヤ教の神学生である。この二人は、祖国のオランダがドイツに蹂躙され戻る場所を失っていた。

ナタン・グットヴィルトは、オランダ国籍を持っていたので蘭領に入ることは問題がなく、ユダヤ人であるグットヴィルトがナチス占領下のオランダに帰れない以上、オランダの植民地かキュラソー島を選ばざるを得なくなった。そこで、グットヴィルトは、パナマ運河を通過してキュラソーにたどり着き渡米しようと計画した。当時、オランダ国籍のユダヤ人はカウナスに少なかったが、この「キュラソー・ビザ」の噂がまたたく間に広がり、ユダヤ難民が日本領事館へ殺到する事態になった。

杉原による難民たちへの大量ビザの発給を、日本政府のユダヤ人保護案に関連づける議論があるが、「政府の政策」、すなわち近衛内閣の五相会議決定による「猶太人対策要綱」（一九三八年一二月七日）にある「資本家、技術者ノ如キ特ニ利用価値アル者」に該当する事例は一件のみ（『ベルクマン』他約十五名ノ有力ナル『ワルソー』出身猶太系工業家一行」）であり、「対米関係ヲ悪化スルコトヲ避クヘキ観点」より策定されたこの「要綱」も、対米開戦の翌年三月に廃止された。

一九四二（昭和一七）年三月一三日の「時局ニ伴フ猶太人対策」（連絡会議決定案）の策定に関して、杉山元（一八八〇－一九四五）参謀総長は、「今日ハ五相会議決定当時トハ情勢一変シアリ、元来猶太人ハ悪イ奴故今後之ヲ厳重ニ取締ラントスル趣旨ニシテ其ノ旨外務側ヨリ説明アリ(34)」とのメモを残している。外務省の説明によると「猶太人ハ悪イ奴」だそうで、「対米関係ヲ悪化スルコトヲ避クヘキ観点」から利用価値がなくったユダヤ人たちは、「厳重ニ取締ラ」なくてはならないとのことである。

日米間の戦争の勃発は、「資本導入」にも「対米関係ヲ悪化スルコトヲ避クヘキ観点」からもまったく役立ちそうにない一介の神学生だった、先のナタン・グットヴィルトの運命も暗転させた。

「キュラソー・ビザ」を取得したグットヴィルトはシベリア鉄道に乗って日本までたどり着き、さらに上海に渡った。しかし、日本に着いたグットヴィルトは、太平洋を横断することなく、蘭領東インド（現・インドネシア）に渡った。フランスのユダヤ系作家、マレク・アルテールによるインタビューに対して、元神学生はこう答えている。

私は従兄弟の住んでいるインドネシアに行き、彼の事務所で働きました。まもなくアメリカが日本と交戦するようになりました。私は軍隊に入り、捕虜になりました。それは大変過酷な体験でした。あちこちに移送されました。ジャワ島、フロレス島、その他の島々にも送られました。連合軍と戦っていた日本軍が島から撤退するとき、我々捕虜はとても恐ろしい思いをしました(35)。

一度は日本の領事に助けられたのに、今度は避難場所で日本軍により強制収容所に収監されるという数奇な運命に翻弄されたグットヴィルトは、杉原に関して、こう述べている。

すべては合法的部分と、偽りの部分が交じった書類のおかげなのです。というより、それを書いた杉原千畝氏のおかげなのです。彼は最初から、自国の政府にたいして不服従の決意を固めていたのです！　当時のリトアニアにいたユダヤ人で生き残れたのは、彼が救ったユダヤ人だけです。あの国のユダヤ人の九〇パーセントは、一九四一年から四四年の間にナチによって殺されました。まったく、あのとき出国できたのは実に幸運なことだったのです。(36)

カウナスで生き残ったユダヤ人は、杉原が救ったユダヤ人だけではないが、「あの国のユダヤ人の九〇パーセントは、一九四一年から四四年の間にナチによって殺されました」というのは、比較的正確な数字である。(37)

7 「キュラソー・ビザ」の謎

さて、多くの難民たちの命を救った「キュラソー・ビザ」だが、ヴァルハフティクの説明のように、このビザで実際にキュラソー島まで渡航した者はいなかった。そして、ヴァルハフティクは、このビザの法的フィクション性を強調している。

その否定の身振りは執拗であり、一度言えばわかることに関して、わずか数頁に七回（「架空の証明書」「幻のビザ」「法的には何の有効性もない証明」「本来の価値がほとんどないない代物」「こけおどしの紙きれ」「ビザには幻想を抱いていなかった」「トイレットペーパー」）もビザの無意味が強調され、キュラソー島は「南米の保護領たる岩だらけの島」とされている。

ヴァルハフティクは、さらにだめ押しのように、以下のような話を付け加えている。

戦後、私が政府閣僚として仕事をしていたころ、オランダのカスチル大使がたずねてこられた。そのときわかったのだが、大戦中キュラソとスリナムの総督をしていたのが、実は大使だったのである。例のキュラソビザの話をして、こんなビザを手にしたユダヤ難民がおしよせてきたらどうしました、上陸も認めましたかと尋ねたところ、そんなことはしません、と即座に答がかえってきた。アメリカとキューバの両政府がセントルイス号を拒否したように、難民の乗る船を沖に追いやったでしょう、と大使は言った。(38)

まず、セントルイス号の事件（一九三九年五月）だが、ロバート・フライヤー監督による映画が『さすらいの航海』（一九七六）という邦題で紹介されたので、日本でも知る人が多く、欧米社会がいかにユダヤ難民たちの苦境に冷淡だったかの例証としてしばしば引用される。

しかし、『アメリカ・ユダヤ年鑑』（第四一巻）によれば、米国は、一九三七年には一万一三五二人、一九三八年には一万九七三六人のユダヤ移民を受け入れており、それは各々移民全体の割合の二二・五九％、二九・〇七％にも及んでいる[39]。だからこそ、ホロコースト研究で知られる著名な研究者であるデイヴィッド・ワイマンは、「アメリカの移民政策は、一九三八年三月から一九三九年九月の期間に、一九三一年から四六年までのどの時期よりも寛大になった[40]」と言い得たのである。

セントルイス号事件のような、人目を引く一事をもって、米国がユダヤ難民に冷淡だったと極言することはできないし、国家レベルで移民を認めていたことと、個人レベルで通過ビザを発給したことは、まったく比較にもならない。

さらに、オランダのキュラソー総督に「カスチル」（Mr. Kastil）などという人物は存在しない。後に駐イスラエル大使になったキュラソー総督は、カステール（Petrus Albertus Kasteel, 一九〇一 - 二〇〇三）である。また、カステールの蘭領アンティル諸島の総督在任期間は、一九四二年から一九四八年であり、「大戦中」日米の艦船が砲火を交えている太平洋を越え難民船がパナマ運河を通過し、ユダヤ難民を乗せた船舶がUボートがうようよする海域を通り[41]、キュラソー島に上陸するなど、考える限りもっともあり得ない話である。

それでは、万が一としての仮定として考えたらどうだろうか。おそらく、カステール以外の総督でも上陸を拒否したに違いない。しかし、それは、セントルイス号事件の場合とは違い、難民がユダヤ系であるか否かという問題とは関係がない。

先の大戦中、キュラソー島は、亡命オランダ政府の同意の下で英米軍の占領下にあり、ロイヤル・ダッチ・シェルの製油所があることから、連合国側に給油する対独抵抗の拠点の一つだったからである。そして、カステールもまた、諜報活動に従事する対独レジスタンスの闘志であり、連合国の軍事拠点に大量の非戦闘員が上陸されては、抵抗運動に支障をきたすことは自明だからである。

ヴァルハフティクは、ホロコースト期の欧米社会のユダヤ人に対する冷淡さを過剰に強調するために、比較し得ないものを比較しているのである。

それでは、ヴァルハフティクが、――一九四一年にパレスチナにたどり着いたイスラエル・シェイブ博士の体験記を借りて――「南米の保護領たる岩だらけの島」（the rocky island under its tutelage in South America）[42]としているキュラソー島とは、ユダヤ人たちにとってそれほど無意味な岩礁にすぎないのだろうか。

8　キュラソー島の歴史とユダヤ人

キュラソー島とは、ユダヤ人にとって無意味どころか、一七三二年に、西半球で最初のシナゴーグができた、格別の意味を持つ場所なのである。

キュラソー（Curaçao）の綴り字から想像がつくように、当初からオランダ領であったわけではなく、先に着いたスペイン人が進出し「クラサオ」と読んでいた島をオランダが艦隊を派遣して占領したものである。オランダ人がこの島に執着したのは、南米からの銀を初めとする産物を本国に運ぶスペイン船やポルトガル船を略奪する絶好の戦略地であったからである。

首都ウィレムスタットの色鮮やかなオランダ風の建物は、今日世界遺産に登録されているが、ウィレムスタットのプンダ地区には、ユダヤ系移民が大量に押し寄せ、一六五九年にセファルディ（スペイン系ユダヤ人）が奴隷を伴ってキュラソー島に移住することをオランダ西インド会社（ＷＩＣ）が認めることによって、奴隷貿易が始まった。[43] プランテーション農業に、大量の労働者が必要だったからである。セファルディは、オランダがキュラソーを占領した一六三四年からキュラソーに住んでいたが、西インド会社の解散（一六七四）以後、独立商人に経済活動の中心が移行すると、政治・経済の主導権を握るようになった。一九世紀になると、オランダ人がセファルディの二倍の人口であるにもかかわらず、個人所有財産の四九％をセファルディが占めるようになった。[44] また、教育熱心なユダヤ人家庭からは、ヨーロッパで教育を受けアメリカの労働運動の指導者となったダニエル・デ・レオン（Daniel de Leon, 一八五二－一九一四）ような人物も出るようになった。

第二次世界大戦が勃発すると、キュラソーのユダヤ人は、ボネール島やジャマイカ島に監禁された二三名のドイツ系、オーストリア系ユダヤ人を奪回した。亡命オランダ政府や英米軍にとっては、ドイツ系、オーストリア系移民は敵性移民だったのだが、セファルディたちにあっては、ユダヤ人としての同族意識が優先されたのである。

また、オランダに留学し、一九四〇年にオランダ軍に加わって欧州戦線でナチスと闘ったジョージ・レヴィ・マドゥーロ（George Levy Maduro, 一九一六－四五）は、ドイツ軍に捕らえられ、一九四五年二月九日にダッハウ強制収容所で死亡した。[45]

9　アシュケナジとセファルディ

ワルシャワ大学で学び後にイスラエルの宗教大臣となり、法学と神学で二つの学位を持つヴァルハフティクが、西半球で最初のシナゴーグができたキュラソー島のユダヤ人の役割と歴史を知らないはずがない。

それでは、執拗に繰り返されるキュラソー島に関する否定的コメントの由来は何であろうか。それは、神戸のユダヤ人社会を記述するヴァルハフティクの回想録を再読すると、おのずとわかる。

ヴァルハフティクは、こう述べている。

日本のユダヤ人社会は、ユダヤ世界の中心から遠く離れ、その生活は寥々たるもので、寂しいかぎりだった。ユダヤ人は周囲の異質な文化環境にとけこむことはなく、さりとて独自のもので埋めあわせる手段や方法をほとんどもっていなかった。孤立したなかで、この小集団はひとつの大きな家族となった。ポーランドから強固なユダヤのルーツをもつ難民がやってきて、これが新しい力を注入し、子供のころの生活を想起させるノスタルジアをかきたてた。ユダヤのアイデンティティが強く残っていたから、難民は諸手をあげて温かく迎えいれられた。

ヴァルハフティクの回想を読めば一目瞭然なように、ヴァルハフティクにとって、「ユダヤのアイデンティティが強く残ってい」るのは、あくまでもポーランドやロシアであり、東欧のアシュケナジ社会こそ「ユダヤ社会の中心」なのである。

このアシュケナジとセファルディの間の対立は深刻であり、日本にたどり着いた難民たちを応援した神戸のユダヤ人社会も二つに分裂していた。

日本にたどり着いた難民たちとそれを受け入れる日本人の間には、小さないさかいはあっても、概して日本人が難民たちを好意的に扱ったのは、満州のユダヤ人社会とも結びつきがあるアシュケナジ側が、日本の軍部や官憲と折り合うことによって自分たちの活路を見いだすという姿勢を明確にしていたからである。

一九三七（昭和一二）年セファルディ系から分かれて創設された「アシュケナジ協会」について、同年一〇月一五日付の『神戸新聞』は、「ユダヤ人協会起つ勇士の遺族に一千円」と題する、以下のような記事を掲げた。

ユダヤ人の血を継いだ神戸の貿易・雑貨商ら約八十名は相互扶助の団体としてユダヤ人協会を組織し神戸区京町七六番地に事務所を置いて活動してゐるが、今回の支那事変に対して日本軍隊の輝ける行動を絶対的に支持し、永年神戸に於て生活してゐる恩義を心から感謝、けふの国民精神総動員強調週間第二日「皇軍慰問」のよき日を記念し皇軍遺族の慰問に乗出し、十四日朝ユダヤ協会の代表の代表者が三宮署外人係を訪れ金一千円を慰問金に寄託した。

そして、日中戦争がいよいよ拡大しようとする一九三七（昭和一二）年一二月二六日から二八日にかけて、有名な「極東ユダヤ民族大会」の第一回目が開催される。この大会には、神戸のアシュケナジ系ユダヤ人からは二名が招待されたが、セファルディ系は招かれなかったので、親英的なセファルディと親日的なアシュケナジとの間の対立はさらに一層深刻なものになった[46]。

この大会で、真っ先に祝辞を述べたのがハルビン・ユダヤ人協会の会長、アブラハム・カウフマン（Abraham Josevich Kaufman, 一八八五－一九七一）である。カウフマンは「満州国ニ於ケル幸福的環境ニ関連シテ各地協会ノ活動ニ其ノ地ノ必要ヲ満足セシムル現地ノ活動ト『パレスチナ』ニ於ケル猶太国建設ニ対スル活動ノ二方面ニ発展セシメラレルベシ」と述べた。

このカウフマンは、先に触れたシメヨン・カスペ拉致殺害事件では、葬儀の際に、「卑劣な犯罪を許し、住民を保護しない当局の怠慢さ」を非難し、いわば対日批判の急先鋒だった。まさに百八十度ともいうべき転向姿勢は戦後まで続いた。対日協力者としてソ連の強制収容所に一一年にわたって収監されても、その自伝（『ラーゲリの医師』）のなかでも、日本人の抑留者に対して同情心は見せても、日本を非難する言葉はなかった[47]。そこで、ユダヤ系の研究者からは、関東軍に利用されていることに気づかなかった等批判されることになる[48]。

『神戸新聞』（一九三九年四月二五日付）には、「在神全ユダヤ人が結束して反共へ　神戸ユダヤ人会議を組織して日本絶対信頼を標榜」という見出しで、カウフマンに関する以下のような記事が見られる。

欧州中心の「セバルジー派」と極東中心の「アシキナージ派」は事毎に対立し、ユダヤ人の宿泊所である中山手通の北浦ハウスでも生活をともにせず、また日常語も両派間では異なるといふ現状さへ見せてをり、政治運動を起こすことにも絶えず対立してゐたが、アシキナージ派に属する白露系ユダヤ人ら百名はハルビンの極東ユダヤ民族会議（会長カウフマン博士）と連絡をとつて反共主義の政治運動を起こすことに決定し、廿三日神戸ユダヤ人協会を脱退、新たに地方団体として「神戸ユダヤ人会議」を組織した。会長はエバンス三郎（ユダヤ系帰化人）、理事にウエルネマン氏、マイゼルス氏、コルベルグ氏のほか各役員も決定、積極的に共産主義排撃の運動を行ふほか、日本のユダヤ人に対する取扱ひに感謝し法規を厳守、所謂「ドル買」の不信行為を慎み、相互扶助の精神に生き、反共運動へスタートすることを誓約した。

このカウフマンの転向に関しては、これまで説得的な説明がなされてこなかったが、高尾千津子の「満州時代のハルビン・ユダヤ人」という論文によって、この歴史の空白部が明らかになった[49]。

カウフマンの祝辞に「『パレスチナ』ニ於ケル猶太国建設ニ対スル活動」云々とあるように、遅くともこの時点で神戸のアシュケナジ系ユダヤ人と満州のシオニスト・グループの接点が見られる。大会の壇上には、日の丸や満州国の国旗とともに、シオニストの旗が掲げられていた。

ちょうど満州国外交部に在勤していた杉原千畝らの辣腕により、北満鉄道がソ連から満州国に買収されようとする頃、カウフマンらはユダヤ諸機関にパレスチナへの大量移民の可能性を打診した。しかし、ドイツやポーランドからの大量移民への対処に忙殺されていたパレスチナ・ユダヤ機関から極東向けの移民許可書をほとんど入手することができなかった。このパレスチナ移住の膠着状態によって、カウフマンは、「『パレスチナ』ニ於ケル猶太国建設ニ対スル活動」とともに、「満州国ニ於ケル幸福的環境」に言及せざるを得なくなり、安江大佐の「幻のユダヤ国家」にも希望を託さなければならなくなったのである。

高尾は、天津のユダヤ人コミュニティの代表であったレオ・ユドヴィッチ・ゲルシュヴィチが、満州と中国本土が切り離された状態で、「上海ユダヤ人共同体はもはやカウフマン博士に依存できない状態にあり、事実上満州のみのユダヤ機関代表に過ぎない」と述べた一九三四（昭和九）年七月付の書簡を紹介し、大陸のユダヤ・コミュニティーのカウフマンからの離反を実証している。

高尾の新発見と議論の展開には極めて説得力があり、カウフマンは単に日本側に迎合したのではなく、満州のユダヤ人コロニーの建設をある程度信憑性のあるものと考えていたのである。

アブラハム・カウフマンの自伝『ラーゲリの医師』は、一九七三年にテルアヴィヴでロシア語版とヘブライ語版が刊行され、後にベニー・ツール（Benny Tzur）によって『キャンプの医師 ― 一六年間ソ連邦に』（*Camp Doctor ― 16 Years in the Soviet Union*）というタイトルで英訳された。

日本の敗戦後、周囲の亡命のすすめを振り切り、満州に進駐した来たソ連軍に拘束されたカウフマンは、ソ連軍の将校から対日協力した「ファシスト」と罵られ、連日の尋問を受けることになる。

しかし、この尋問は名ばかりであり、カウフマンが「英国から指示を受けた」シオニストのスパイだの、「フリーメーソン支部のメンバー」などと荒唐無稽な告発を受け、取調官とのやりとりのなかにはイエズス会まで登場する。一国社会主義に傾いたスターリン体制下のソ連による反コスモポリタン的風土のなかで、帝政ロシア時代さながらの「ユダヤ人、フリーメーソン、イエズス会」という陰謀説の三点セットが揃い踏みで、社会主義政権になっても根絶できない妄想的敵意が蔓延していたことがよくわかる。

この自伝で特に興味深いのは、尋問内容が「極東ユダヤ人大会」に及んだ個所である。

取り調べ官　日本人を買収して大会を開かせてもらったんじゃないのか。

カウフマン　私たちは日本人を買収などしていません。金銭など払っておらず、ただ大会の開催許可を得ただけです。

取り調べ官　嘘をつけ。日本人は見返りなしには何もせんのだ。

カウフマンは、刑期がより長くなることがわかっていながら、「極東ユダヤ人大会」の発議のイニシアティヴが自分たちにあったことを強調し、安江仙弘や樋口季一郎などかつて自分たちを庇護してくれた日本人たちに累を及ぼさないように、慎重に言葉を選んで答弁している。

カウフマンを絶望させたのは、英国の移民当局が在外大公使館に、ソ連国籍を持つユダヤ人にパレスチナへのビザ発給を禁止したことである。ハルビン在住のユダヤ人には、思想的理由からではなく、商売上の理由からソ連国籍を取得したユダヤ人が多数いたが、商売上の方便という理由を証明するすべはなかった。

カウフマン自身は無国籍だったが、ハルビン・ユダヤ人社会の最高責任者として、同朋の生活と安全を確保する責任があった。一九三六年二月一〇日の手紙で、カウフマンは、「パレスチナへの門はわれわれに閉ざされていると言うほかはない」と嘆いた。

大多数のユダヤ人はどこへ行くべきか、パレスチナでなければソ連かというジレンマに立っている。上海も天津も状況は悪い。ハルビンにはパレスチナ移住を待ち望む多くの人々がいる。パレスチナ移住に何年待てばよいのか。[50]

この書簡がパレスチナに届いた一九三六年四月、大量のユダヤ移民に対する反発からアラブ人の暴動が激化し、英当局は移民制限へと政策転換をするようになった。かくして、ユダヤ人によるハルビンからパレスチナへの出口は完全にふさがれたのである。

こうした在満ユダヤ人の追い詰められた状況と、極東ユダヤ人大会の開催に関するイニシアティヴが関東軍ではなくむしろユダヤ人側にあったということを、もっとも早い段階で指摘していたのは、安江仙弘大佐の長男である安江弘夫である。

この大会の開催について戦後ハーマン・デッカーの著作の中で「いずれの側から開催を工作したかは自明の理である」と暗に関東軍側からの工作と述べられているが、真相は前述の通りである。日本の学者も関与したと思われる戦後のユダヤ人側の研究記述には、このように物事についてのイニシアチブを日本側とユダヤ人側を入れかえている例が他にもある。これはナチス・ドイツの圧迫がおよびつつあった極東ユダヤ人側のせっぱつまった状況を知らないことからの誤解、もしくは当時の日本側の行動をすべて謀略と見なしたいという発想から出ているものと思われる。[51]

高尾千津子の一連の在満ユダヤ人研究は、安江弘夫が主張していた「極東ユダヤ人側のせっぱつまった状況」を丹念な史料の掘り起こしによって立証したものであり、これまでの在満ユダヤ人と日本人との関係に関する思い込みの根本的書き換えを迫るものである。

高尾のように考えることによってのみ、カウフマンが戦後同朋から対日協力者として非難されても一貫して日本人に同情的であり、大会の演壇のカウフマンをエスコートしていた青年ミハエル・コーガンが、戦後来日して安江の遺族に対して葬儀の準備まで献身的に援助した理由も首尾一貫したものとして理解できる。[52]

第三回「極東ユダヤ人大会」（一二月二三日）の開催に先立つ、一九三九（昭和一四）年五月五日、アブラハム・カウフマンは、日本人の妻である高橋満を伴い、満州から訪日の旅に発ち、五月三一日に大連を経由してハルビンに帰った。英国がユダヤ人のパレスチナ移民の制限を公式に発表したのは、まさにカウフマン夫妻の訪日中の五月一七日であった。

八月二三日の独ソ不可侵条約の締結は、「欧州情勢は複雑怪奇」と平沼内閣を総辞職に追い込んだが、ユダヤ人迫害を過激化するナチスとソ連との提携は、在満ユダヤ人の危機感を募らせ、さらなる対日依存を深める結果となった。

八月三一日、大連においてカウフマンの訪日を祝う懇親会が開かれ、安江大佐をはじめ、満鉄嘱託の小辻節三や小山猛夫らが出席するなか、大連ユダヤ人協会（一九二九年創設）のルゴービンは、防共協定を無視してソ連と不可侵条約を結んだドイツに比べて、ユダヤ人に対して変わらぬ同情を示す日本に対する感謝をあらわした[53]。

10　シオニストとユダヤ教関係者との対立

ちょうど同じ頃、独ソ不可侵条約のモロトフ・リッベントロップ協定によって、東欧のユダヤ人は進退窮まっていた。一九三九年八月二八日、杉原千畝によってカウナスに日本領事館が開設された。九月一日にドイツによるポーランド侵入によって第二時世界大戦が勃発。破竹の勢いでヨーロッパを席巻するドイツによって、翌年五月一五日にはオランダが降伏し、六月一四日にはパリも陥落した。

ノモンハン事件（一九三九年五月から九月）による日本軍の手痛い敗北の結果を受けて当初は対ソ諜報を課題としていた杉原のリトアニア派遣だったが[54]、千畝の使命は、早晩起こるであろう「ドイツ軍による西方からのソ連攻撃」に関して、「ドイツ軍による攻撃の日時を迅速かつ正確に特定すること」が主目的になった。

戦後一九六七（昭和四二）年に作成された露文書簡では、周知のように、参謀本部が「関東軍、すなわち満洲に駐留する精鋭部隊をソ満国境から可及的速やかに南太平洋諸島に転進させたかったから」だとしている。

われわれは、太平洋戦争が終わって数十年後の段階で戦争を回顧しているため、「南太平洋諸島」というと、反射的に島伝いに反攻して来た米軍と日本軍との激戦を想起してしまうが、日米開戦前のこの時期における「南太平洋諸島」に関する参謀本部の最大の懸念材料とは、オランダやフランスが降伏した結果その国際法的地位が不安定になった蘭仏のアジア植民地に関してのいまだわからないドイツの出方であった。

「蘭領東インド」への避難という発想から「蘭領西インド」諸島への入国ビザを着想した在リトアニア・オランダ領事デ・デッケルから「キュラソー・ビザ」のアイデアを引き継いだヤン・ツバアルデンディク名誉領事の存在が、オランダの降伏のために無国籍になったユダヤ教の神学生、ナタン・グットヴィルトからユダヤ難民のリーダーのゾラフ・ヴァルハフティクに伝わったのは、まさに「地獄に仏」とでもいうべき僥倖だった。

ワルシャワ大学出身の弁護士であり、法律実務に通暁していたヴァルハフティクは、オランダと日本の公使館からビザを取得する代表にはうってつけだった。

ヴァルハフティクは、「われわれはユダヤ人難民全体のことを考えていた」[55]と述べている。確かに、当時のカウナスにいたユダヤ難民たちのなかでも、法務に通じ臨機応変の才のあるヴァルハフティク以上の仕事をできる者はいなかっただろう。その八面六臂の活躍は誰しも認めざるを得ないが、しかし、ユダヤ難民たちは決して共通の目的を持った一枚岩の集団ではなかった。

特に目につくのが、シオニスト・グループとユダヤ教のラビや神学生たちのあいだの穏やかならざる関係であり、「回想録」一部一四章の「ラビとユダヤ教神学校」に詳述されている。

一九四〇年八月、ヴァルハフティクは、テルアビブの世界トーラ・ボアホダ組織宛てに、神学生の脱出問題に関して、以下のような報告をした。

目下、神学生の旅券や旅費を工面中であるが……非常に大きな問題がある。難民委員会はシオニストだけを相手にして、非シオニストのラビや神学生の移住には一文だそうとしない。ハイム・オゼル師の率いるバアト・ハエシボットは、神学生の脱出に態度を決めかねており……神学校と学生をエレッ・イスラエルへ移すことがトーラ研究にプラスになるかどうか疑わしいと考えている。

ユダヤ教の神学生たちを引率するハイム・オゼル師の考え方は、さらに箇条書きにされて強調されている。

(1) あわてる必要はない。戦争中だから、どこへ行っても危険である。リトアニアは動乱にまきこまれないだろう。

(2) 戦争はすぐ終わるだろうから、神学校をポーランドの周辺から移すのは正しくない。戦後、トーラの声なくしてポーランドのユダヤ人社会をどうやって再建するつもりか。
(3) 移住許可数は少なく、一部移住によって神学校はばらばらとなり、存続があやうくなる。
(4) エレッ・イスラエルのユダヤ社会は小さく、神学校の受け入れは非常な負担になる。神学生は生活のために学校を離れざるをえなくなるだろう。
(5) どうしても脱出しなければならないなら、アメリカへの移動が好ましい。
(6) ポーランド系神学校の在米事務局は、金の保証はしないだろう。

ここには、脱出の時期や手順、経済支援等とはまた別に、最近モントオール大学のヤコブ・ラブキン教授が、『イスラエルとは何か』(二〇一二)で詳述した、ユダヤ人の信仰と生活をめぐるシオニスト・グループと宗教関係者との間に存在する抜き差しならぬ対立が書かれており、その対立がイスラエル建国以前から今日まで連綿とつづいていることがわかる。

ヴァルハフティクの「回想録」には「エレッ・イスラエル」(イスラエルの地)という言葉が頻出し、ユダヤ人のパレスチナ帰還を自明の前提としているが、これは、ヴァルハフティクがシオニスト・グループのリーダーだからである。

その一方、ユダヤ教関係者たちはパレスチナという土地には固執しておらず、「トーラの声」を聞くことによってユダヤ人のアイデンティティが保たれていると考えており、アメリカなどの避難地でユダヤ人のコミュニティを再建すればよいと考えている。

11 日本人とユダヤ人

この「トーラの声」の聴取によって、いつどこに住もうが、ユダヤ人としての同一性が保持されているという考え方は興味深いもので、ヴァルハフティク自身引用している、『タルムード』(ユダヤ教の口伝律法集)の「偶像を否定する者は誰でもユダヤ人と呼ばれる」(メギラ一三章)という、本書冒頭とはまた別のユダヤ人定義に、われわれを導いてくれる。

われわれは、ユダヤ人やホロコーストに関する著作に触れる際、とかく『アンネの日記』の感想文を求められた小学生のような方法で読んでしまう傾向にある。つまり、「加害者」であるナチス、「被害者」であるユダヤ人、そしてそのユダヤ人への「助力者」と「敵対者」という四つのアクターしかない単純な子供向け読み物として読んでしまい、それがゆえに、「ユダヤ人」の内部の差異などはとかく見逃しがちなのである。

また、外国語から翻訳される際の問題もあり、例えば、ヴァルハフティクの「回想録」の元々のタイトルは、*Refugee and Survivor : Rescue Efforts During the Holocaust*（難民と生き残った者、ホロコースト期の救済の試み）なのである。この原題を「ヒトラーの魔手を逃れて 日本に来たユダヤ難民 約束の地への長い旅」（原書房版）と訳出してしまうと、杉原からのビザ受領者のすべてがユダヤ系であったわけではないとか、パレスチナ帰還という前提を共有しないユダヤ教関係者も少なくなかった等のことが見えなくなってしまう。

ヴァルハフティクの「回想録」は、多くの研究者やジャーナリストたちによって、これまで引用されてきたが、そこに「言及されているユダヤ教オーソドクス・グループとヴァルハフティクら宗教・シオニスト・グループとの親密とは言えない関係」[56]に言及した者が、これまでポーランド史家の阪東宏ただ一人しかいないことを考えても、ユダヤ人やホロコーストをめぐる言説の読解の際の不自然さがわかるだろう。

いわゆる「キュラソー・ビザ」の虚構性は、このヴァルハフティクの「回想録」を読んだ研究者たちが踏襲したものだが、キュラソー島を「南米の保護領たる岩礁」と繰り返し貶下するのも、最終目的地がパレスチナであることを自明の前提としたアシュケナジ主体のシオニスト的偏見に過ぎない。

マレク・アルテールによるナタン・グットヴィルトへのインタビューにはこうある。

しかしオランダに帰ることができない以上、オランダの植民地かキュラソー島のいずれかをえらばなければなりません。そこでアメリカに近いキュラソー島に行くことにしました（J'ai opté pour Curaçao parce que c'était près de l'Amérique.）[57]。

オランダ国籍を持つグットヴィルトらは、当初実際に「アメリカに近いキュラソー島」に行き、そこから海路で合衆国に渡ろうとしていたのである。

この航路はまた、スペインがポルトガルを併合して異端審問が南米にも及ぼうとしたとき、オランダ領西インドの島嶼部に逃れたセファルディ商人たちが、キュラソー島の中継貿易地たる意味が薄れてから北米に移住したのと同じ歴史的コースであった。

グットヴィルトは、結局従兄弟をたよって蘭領東インドに渡ったのだが、当初のキュラソー行きが頓挫したのは、来日した時に運悪く日本軍による真珠湾攻撃が始まり、太平洋を安全に航行することができなくなったからに過ぎない。

アシュケナジ系のシオニスト的前提という自身の偏見に無自覚なヴァルハフティクは、「回想録」第二部第一章の「ユダヤ教と日本人」という節においても、小辻節三との交友など日本における短い滞在の極めて限定された経験から、奇妙な結論を導き出している。

少年時代から聖書に親しみ、熱心に読みふけっていたが、勉強するにつれて、唯一神すなわち聖書の神へと導かれていったのである。〔小辻〕氏は、三位一体的性格ゆえにキリスト教を否定するようになった。（……）小辻氏のグループが進めているプロジェクトのひとつに、H・グレーツの『ユダヤ民族史』の翻訳があった。さらに私は、日本に日本・ユダヤ同祖論あることを知った。失われた十部族のひとつが日本に渡来したという話で、そのような報告はユダヤ難民に与えられている尊敬をいちだんと高めるのだった。私は、うすうすとではあるが、日本のインテリが深い精神的・知的危機に直面していることを、少しずつ理解するようになった。彼らは神道や仏教を守りながらも、その一方で純粋な形での一神教を追い求めていたのだ。キリスト教は布教に失敗したが、ユダヤ教なら唯一の神を求める日本人に答えを与えられるかもしれない[58]。

この時期のヴァルハフティクが知っている「日本のインテリ」は小辻しかおらず、その極めて限られた交友から「純粋な形での一神教を追い求めていた」などという途方もない話になっているが、当時の「日本のインテリ」の多くは、ユダヤ人のこともキリスト教のこともあまりよく知らず、また関心も薄かった。

第8章　ユダヤ教とキリスト教

1　昭和の宗教弾圧

ちょうどヴァルハフティクが来日した一九四〇（昭和一五）年の秋、国際文化振興会と文部当局は、友好親善と文化交流のために、東大教授の田中耕太郎（一八九〇－一九七四）を仏領印度支那に派遣しようとしていた。著名なローマ法学者の田中は、当時法学部長であり帝国学士院会員にも選出されており、申し分のない人選であった。

しかし、この派遣決定に対して一部東大学生等より反対運動が起こり、一一月一七日、吉田房雄名義で「対仏印文化工作崩壊の危機 ― ユダヤ的国体兇悪思想の宣伝に狂奔し来れる、神社参拝忌避カトリック盲信者、田中耕太郎氏の仏印交換教授派遣が齎す重大禍害を指摘警告す」と題する文書が頒布された。この文書によれば、「氏の思想には日本人らしき何物も認むることを得ず、実に英米ユダヤ的抗日意志の露骨な宣言のみ」であり、「国家民族の存在を邪魔物視する所のカトリック教会、ローマ法王に忠誠を誓ふ如き国際的ルンペンが、昭和の聖代に横行闊歩すること」は国辱の極みであり、「徳川幕府すら猶ほ、斯くの如きキリシタン・バテレンを処断したり」とあった。

現代の読者が読めば、授業をしょっちゅうサボり映画館でチャンバラ劇にうつつを抜かしている不良学生のジョークだと思うだろうが、当人は至って真面目に述べてるらしく、そこが恐ろしいところである。

この吉田房雄は、「精神科学研究会」に属す右翼学生なのだが、まがりなりにも第一高等学校から帝大法科に進んだ学生なので、当時の日本社会では平均以上の教養ありと見なし得るだろう(1)。その帝大の学生すら、ユダヤ人にもキリスト教にもまったく知識がないのである。キリスト教からユダヤ教へと「純粋な形での一神教を追い求めてい」た「日本のインテリ」など、後にも先にも小辻節三ひとりしかいない。

ヴァルハフティクらユダヤ難民たちがウラジオストックから敦賀の港に渡り、さらに神戸にたどりついた時に、旧ホーリネス教会の信者たちがこれを援助したという話が、中日新聞社会部でまとめられた『自由への逃走』（一九九五）所収の「ミナト神戸 援助の輪」の記事に載っている。

一九四〇（昭和一五）年の初秋、兵庫県尼崎市の教会に、突然黒っぽい服装をした外国人がやって来た。その男は、神戸のユダヤ人協会の会員で、「日本の通過ビザを得たポーランドのユダヤ人が、日本に逃げて来ます。同朋を助けて下さい」と駆け込んで来たのである。教会の瀬戸四郎牧師が、所属していた旧ホーリネス系教会の長老に相談すると、「イスラエルのために祈れ、と旧約聖書にある。瀬戸君、やりなさい」という答えが返ってきたという。瀬戸は仲間の牧師・箱崎登といっしょにリンゴを箱ごと買っては、難民の宿舎に配り、敦賀まで足を運んでは、「船賃を払わない難民は乗せられない」という船会社に船賃を立て替えたこともあるという[2]。

この記事では、一九四二（昭和一七）年六月二六日の旧ホーリネス系教会の摘発にも言及され、「自分たちユダヤ難民と、温かい手を差し伸べてくれた牧師、信者たちの顔、顔……。そこにはドイツと日本のファシズムに危うく圧殺されかかった者たちの、か細いが確かな絆が息づいているようだ」などとまとめられている。

この「リンゴ」のエピソードを最初に伝えたのは、一九八八（昭和六三）年子供向け読み物『約束の国への長い旅』の著者の篠輝久である。同書のなかで篠は、「ホーリネスの人びと」が「ユダヤ人の救出につくそうとして、教団の人びとが弾圧されてつぶされてしまった[3]」などと述べているが、そのような事実はまったくない。

ホーリネス系教会（きよめ教会、日本聖教会など）の弾圧事件に関しては、ホーリネス・バンド弾圧史刊行会編による浩瀚《こうかん》な『ホーリネス・バンドの軌跡 ―― リバイバルとキリスト教弾圧』（一九八三）が新教出版社から出版されている。特高側の資料は、太平出版社から刊行された『昭和特高弾圧史 四 宗教人にたいする弾圧 下 一九四二～一九四五』（一九七五）でも、同志社大学人文科学研究所キリスト教社会問題研究会編の『特高資料による戦時下のキリスト教運動』の第二巻と第三巻でも読むことができるが、特高側とホーリネス教団側との主張に、日付や事情聴取の内容の不一致はない。また、中田重治の伝記を書いた米田豊（一八八四－一九七六）と高山慶喜との共著『昭和の宗教弾圧 ―― 戦時ホーリネス受難記』（一九六四）などでも取り調べの実情の一端を知ることができる。

戦後の国立国会図書館調査法考査局による戦時の宗教弾

圧に対する問い合わせに対して、きよめ教会は「キリスト再臨信仰」、そして「きよめ教会」の後身「基督兄弟団」(森五郎)は、検挙理由を「治安維持法違反」であるとして、「きよめ教会の信ずる教理中、基督再臨信仰は我が国体を危うくするものである。即ちキリスト再臨に依って出現する神の国は、日本の天皇にあらずして神が統治する神の国となると云ふ意想は我が国体に合致しない故治安維持法第七条に抵触するものであるとの理由であった」と説明しており、これは特高側の説明とまったく同じである。

千年王国は地上に再臨する基督を統治者、基督空中再臨の際携挙せられたる聖徒を右統治に参与する王、神の選民たる「イスラエル人」即ち猶太人を支配階級と為す地上神の国なりと説くのみならず、右千年王国の建設に際りては我国を始め現存世界各国統治者の固有の統治権は全て基督に依り摂取せらるるものにして、我国の天皇統治も亦当然廃止せらるべきものなりと倣し居れり。(4)

中日記事のように、旧ホーリネス教団の人々を「日本のファシズムに危うく圧殺されかかった者たち」と一括すると、まるでホーリネス教団が反ファシズム運動にでも参加していたような印象を読者に与えかねない。旧ホーリネス教団が弾圧されたのは、例えば共産党員やエホバの証人などの反戦思想による反ファシズム闘争が原因で弾圧された事例とはまったく異なるのである。

旧ホーリネス系教会は、反戦どころか、日本軍の大陸進出を積極的に支持してきた。だからこそ、きよめ教会長老派理事の大江捨一は、「自分は戦争に就ては他の基督教信者の如く反戦主義を持ってゐない。神の経綸は此の戦争を通じて行はれてゐるのである、爲に私共の教会では日支事変が勃発した時に逸早く他の教会に率先して戦勝祈祷をなし国防献金をなした」として、予想外の検挙について驚きを隠さない。

今次の大東亜戦争は之を通じて此の世界はセムの時代に転換する重大意義を持つ戦争であるから、此の戦争は尚益々拡大し遂にハルマゲドンの戦に進展するのではないかと思われる。イスラエル民族をしてその故国パレスチナに復帰せしむべき重大使命を果たすのが日本である。此の事は中田監督は十数年前より預言されて居りましたしが、今こそ此の神の使命を果たすべき時に日本は来てゐるのである。(5)

このような特異な終末論から旧ホーリネス教団の人々は、ユダヤ難民たちを援助したのである。『約束の国への長い旅』に「ホーリネス教団の瀬戸四郎牧師は、ユダヤ協会からたのまれて、日本政府とユダヤ難民の仲介役を引き受け」たとあるのは、ユダヤ協会側がホーリネス教団のシオニズム的教義を知っていたからだが、「ホーリネス教団の人びとの行動は、警察に怪しまれ、憲兵隊にかぎつけられました」という篠輝久による説明や、中日記事の「ユダヤ難民の最後の一群が離日してから半年後の四二年六月二十六日、不気味な包囲網がとうとう姿を現した」などという記述を読むと、ユダヤ難民への援助が検挙理由と取り違いかねない。難民への援助は検挙と取調の口実ではあっても、実際の治安維持法違反被疑事件の論告には出てこないものである。

　中日記事の「現在八十七歳になった箱島は、『検事はユダヤ難民のことも聞いてきた。難民救援援助がスパイ活動と疑われ、目をつけられていたのだろう』と話す。箱島の教会を捜索した特高は、『無線機はどこだっ』とわめき散らした」[6]とあるが、旧ホーリネス系教会の信者で通牒など外患罪に問われた者などおらず、ユダヤ難民との関係のみを強調すると、旧ホーリネス系教団への特高による弾圧の真意が見えてこない。

　きよめ教会等旧ホーリネス系教会への迫害理由は、「キリスト再臨信仰」にまつわるものであり、「千年王国の建設に際りては我国を始め現存世界各国統治者の固有の統治権は全て基督に依り摂取せらるるものにして、我国の天皇統治も亦当然廃止せらるべ来るべき」という主張が、「国体ヲ否定シ又ハ神宮若ハ皇室ノ尊厳ヲ冒瀆スベキ事項ヲ流布スルコトヲ目的トシテ結社ヲ組織シタル者又ハ結社ノ役員其ノ他指導者タル任務ニ従事」という治安維持法第七条に抵触すると見なされたからである。

　先の米田豊（日本聖教会）が検挙された際の警部補による取り調べの状況は、以下のようなものであったという。

> 「千年時代」という項目を指して、「この時代に日本はどうなる？」と軽く尋ねた。私は突差の答に、「どうなるって、このまま進んで行くんでしょう」とまず答えた。なお説明しようと思う間もあらせず、俄に署全体に響き渡るような大声で「嘘つけ」と怒鳴られ、「十年前から調べて居るんだぞ」と怒鳴られた。[7]

　斉藤源八（きよめ教会）が「礼拝者の中に信者でない男がいることに気付いた」[8]とあるように、特高側は各所に求道者をよそおった密偵を滑り込ませており、特高月報に残された、人的構成から教義や教線にいたる調査の正確さには驚くべきものがある。

新潟聖書教会の牧師である中村敏は、「ホーリネス系教会をはじめ昭和期のキリスト教会への国家の弾圧を見てくると、キリスト教を軍国主義勢力の被害者としてのみ考えやすい」が「それは歴史の一面であると言わざるを得」ず、「日本の教会は自分たちの組織を守るためにやむを得ず、あるいは進んで、国策に協力していった」とし、「特にアジアの教会にとっては、日本の教会すなわち日本基督教団はまぎれもなく加害者となったのである」[9]と指摘している。こうした実際に司牧に携わる聖職が、その痛切な反省と悔悟よって歴史の真実に向き合おうとする真摯な姿勢は、高く評価されなくてはならないだろう。[10]

さてそれでは、「十年前から調べて居」た特高は、なにゆえ一九四二(昭和一七)年になるまで旧ホーリネス系教会を放置していたのだろうか。

先述したように、満州国が建国されるや、中田重治は、「満蒙に進出せよ」「満蒙伝導の急務」と呼びかけ、夫妻で天皇から観桜会に招かれるほど戦時体制との良好な関係があった。一九四二年の一斉検挙では、特に『聖書より見たる日本』と『民族への警告』の二つの著作の親ユダヤ的傾向が問題視されている。しかし、『民族の警告』(一九三五年の再訂版)のなかで、中田重治は、「聖書の中には聴て我大和民族が大陸に向かつて進出することが書かれてある」と述べ、「日本は古より御人格により治められて来た国で、近頃の所謂皇道、王道を以て治められた国体である」と国体論を展開し、「聖書ぐらい我国体と合致したものはない」と、天皇制イデオロギーと自らの聖書理解の一致を述べている。

宮澤正典が「中田重治の国粋主義のどこに、日本を政治的危機におとしいれる可能性がひそんでいるのか」[11]と指摘するように、中田の国体論は、文部省の役人たちが編纂した「国体の本義」(一九三七)と類似点が多い。大きく違うのは、特異な終末論のなかでユダヤ人のパレスチナ帰還の後キリストが再臨して千年王国を開き、この際に世俗国家が止揚されるという点で、説教では特に明示はされていないが、当然の論理的帰結として天皇制も廃止されるだろう。

旧ホーリネス教団の再臨説に批判的だった日本基督教団財務局長の松山常次郎(一八八四-一九六一)は、「現下の基督教問題」(一九四三)という講演のなかで、旧ホーリネス教団の弾圧に関して、「文部省の役人から『千年王国の思想が法に触れたのだ』とはつきり聞かされました」[12]と、明確に述べている。

一転して弾圧を受ける前のこのシオニズム的神学観を官

憲筋が看過していたのは、不注意からではなく、日米開戦以前は、「ユダヤ民族国家再建を唱える宗教家の強い影響下にあ」った同教会の「異色」の「親ユダヤぶり」が、官憲筋から格別の利用価値があると思われていたからである。

2　ハルビンから神戸へ

一九三九（昭和一四）年五月九日、日本の招聘により来日したアブラハム・カウフマンは、陸軍の安江仙弘大佐の斡旋で、以前から安江と昵懇だった中田重治と出会い、ホーリネスの信徒たちは「手に手にほおづき提灯をもち、道の両側に並んでカウフマンを迎」え、「日本ユダヤ両国秦が交差された下で彼は中田と握手し」た。[13]

この極めて象徴的な出来事が示すとおり、日本政府と軍部にとって、安江や中田重治など陸軍と宗教界の親ユダヤ・グループは、神戸など国内在住のユダヤ人と在満ユダヤ人をつなぐ靱帯の役割を果たしていたのである。中田はカウフマンと会った数ヶ月後の九月二四日に亡くなるが、一九三〇年代後半は、ホーリネス教会と軍部や政府と蜜月時代であった。「猶太人対策要綱」（一九三八）を策定したいわゆる五相会議における陸軍代表は板垣征四郎（一八八五－一九四八）だったが、当時のホーリネス教会には、この板垣の甥である板垣賛造（征四郎の兄・政一の子）さえいたのである。

周知のように、安江の「私案」から出発した「猶太人対策要綱」は、「戦争ノ遂行特ニ経済建設上外資ヲ導入スルノ必要ト対米関係ヲ悪化スルコトヲ避クヘキ観点」から作製されたものであり、軍部や外務省の思惑は、三国同盟成立後にこの政策の転換された時に作製された「對猶基本方針案理由」（外務省記録第一〇巻）に明確にあらわれている。

一、帝国カ従来採リ来タル対猶政策ハ昭和十三年十二月六日付五相会議決定ニヨル猶太人対策要綱ニ示スカ如ク帝国カ未タ独伊枢軸国トノ確乎タル同盟政策ニ出ス従ッテ対英米関係打開ノ可能性カ未タ完全ニ閉サレサル以前ノ対外情勢ノ下於テ主トシテ極東へ避難スル猶太人ヲ専ラ米国資本導入ノ一方便ニ利用セントスル点ニ重点ヲ置キタルモノナリ

二、然ルニ帝国カ独伊枢軸諸国ト確乎タル同盟ヲ結ヒ大東亜共栄圏確立ノ政策ニ邁進シツツアル現在対英米関係ノ悪化ハ必至ニシテ猶太人利用ニヨリ対英米関係ヲ緩和セントスルカ如キ可能性ハ客観的

ニ見テ殆ント完全ニ失ハレツツアルモノト見ル外ナク加フルニ独伊ヲ中心トスル欧州枢軸国ノ排猶政策ノ強化ニ対応シテ国際猶太勢力ノ英米依存、英米猶ノ合作ニヨル国際枢軸勢力攻撃カ強化サレ是ト関連シ枢軸同盟政策ニ対スル英米猶共同ノ排日策動カ今後一層悪化スルコトヲ予期セサルヘカラサル情勢ニアリ

三、斯カル客観的情勢ノ下ニ於テ依然対英米政策ノ方便トシテ猶太人ヲ利用セントスル方針ヲ維持スルハ根拠ナキノミナラス特ニ近時一部論者ノ間ニ於テカカル方針ヲ維持及至強化ヲ主張シ居ルカ如キハ客観的ニハ英米合作ニヨル国際枢軸勢力離間ノ策謀ニ拠点ヲ与ヘル危険アリ

四、以上ノ諸点ニ鑑ミ従来ノ猶太人対策ヲ再検討シ新ナル国際情勢ニ対応シ確乎タル対猶基本方針ヲ樹立スル必要アリト思考ス

つまり、以前のユダヤ人保護案は、「人種平等」とか「八紘一宇」などまるで関係なく、もっぱら米英の対日世論の改善や資本導入のための「猶太人利用」に重点があった。

しかるに、日独伊三国同盟が締結されたいまになっては、これらの目的が達成される見込みはほとんどない。加えて、ドイツやイタリアなど排ユダヤ政策を採っている枢軸国と提携している日本には米英とユダヤ共同の攻勢が加えられるおそれがあり、ユダヤ保護案を維持することは、他の枢軸国と日本を離反させようとする策謀に根拠を与える危険がある。だから、新たに対ユダヤ政策を練り上げる必要があるというわけである。

文中の「一部論者ノ間ニ於テカカル方針ヲ維持及至強化ヲ主張シ居ルカ如キ」とは、もちろん安江など軍部の親ユダヤ・グループのことである。

はたせるかな、日独伊三国軍事同盟が締結された一九四〇（昭和一五）年九月二七日の翌日、安江大佐は、大連特務機関長を解任され、予備役に編入される。そして、一〇月一二日には大政翼賛会が発足し、日本国内の思想統制が強化されて行く。ホーリネス教会の満州伝道会会長も努めた予備役陸軍少将の日匹信亮（一八五八－一九四〇）も、一〇月一七日の「皇紀二千六百年奉祝全国基督教信徒大会」において万歳奉唱を担当したのを最後に公的舞台から退いて、一二月二二日に死去した。

一九四一（昭和一六）年一二月八日、日本軍が真珠湾を奇襲し、太平洋戦争が始まると、ユダヤ人を利用した米国の対日世論の改善など問題外になり、大規模なキリスト教諸派への弾圧が始まる一九四二（昭和一七）年を迎える。

ホーリネス系諸教会への特高による弾圧が着手されるにあたって、内務省は一つ厄介な問題を抱えていた。時の警視総監の留岡幸男（一八六四－一九三四）が、著名なキリスト教徒の社会改良家で、巣鴨監獄の教誨師や警察監獄学校の教師も務めたことがある留岡幸助（一八六四－一九三四）の三男であったのである。つまり、二代続いたクリスチャンの警察関係者の家系の留岡幸男が現警視総監なのである。特高がいくら内務省から直接指揮を受ける特殊な警察といっても、官憲側にははなはだ都合が悪かった。

しかし、その留岡幸男も、一九四二（昭和一七）年六月に更迭された。こうして最後の留め金が外れ、六月二六日のホーリネス系諸教会への大規模な弾圧が開始されたのである。このホーリネス系諸教会員の一斉検挙に関しては、福音派の「美濃ミッション」の弾圧[14]にも関与した「衆議院議員の四王天中将が黒幕として働き検挙に大いに力があった[15]」と、日本基督教団の芦名武雄牧師（山梨教会）が証言している。軍部内で安江など親ユダヤ派が失脚し、四王天延孝（一八九七－一九六二）などの反ユダヤ主義者が台頭してきたのである[16]。

一九四二年八月に刊行された『四王天延孝清話』（報国社）には、四王天が酒井勝軍、安江仙弘をはじめとする同祖論者や第三回「極東ユダヤ人大会」への言及があり、その動向を正確に把握し嫌悪していたことがはっきりとわかる、以下のような記述がある。

日猶両民族の同祖を主張し、累を皇室に及ぼすことも顧みず、或は茨城県磯原の不確実な古文書に立脚してキリストを青森県と結び付け、之を映画化し縣交歓の出張を乞ひ、キリストを通じて猶太民族利用論を鼓吹せしむる等、実に皇国の狂態を視るとき憂心惻々たるものあり[17]。

甘い顔をすれば日本人が満洲国内で官吏に就職できるのなら猶太人も平等に官吏になれる筈だと主張して来であらう[18]。

「茨城県磯原の不確実な古文書」とは、もちろん酒井勝軍が執着を見せた竹内文書のことだが、皇道派の真崎甚三郎（一八七六－一九五六）の『日記』の一九三五（昭和一〇）年四月一九日分には、「安江中佐約束通来訪しあり。水戸竹内家宝蔵の古物神代文字等に就て研究し、日本の建国に就て最早一点の疑ふ余地なきことを説明す」とある。

在日在満のユダヤ人を通した対米外交上で「使える」と思われた安江や中田重治の弟子たちは、三国同盟から対米戦の勃発という歴史の推移のなかで利用され、利用価値がなくなったので切り捨てられたのである。

きよめ教会等ホーリネス系諸教会の結社禁止に対して、日基教団財務局長の松山常次郎は、「此の事件の影響に依り日基教団が完全に合同出来、日本的基督教が確立する気運に向つて来たことは日本基督教の爲には幸福な事件であつたと思ふ。これも皆神の摂理の御手であると思つてゐる」[19]などとして、当局の処置を歓迎した。

松山はまた、「現下の基督教問題」という講演で、ホーリネス教会の説く再臨論が「再臨時には天皇も裁かれると言ふ不逞思想」であり、また「此の思想理念が猶太的・米英的人権平等の関係に立つ自由主義・個人主義的基督思想である」ことが、「日本基督教樹立の叫ばれる所以」であるとしている。そして肝要なのは、「ホーリネス関係の人々」の「思想こそ全く猶太的な考へで彼等の宗教謀略に完全に引懸つて居る」ことを踏まえ、「日本的基督教樹立は畢竟真の基督教に還る事であり、国体の本義に徹すること」[20]など述べていた。

これは、ナチス政権下でナチス当局の後援で、「内外のユダヤ的唯物精神と闘い、根本的に内面からのみから達成されるわが民族の永遠の救済を確信させる」というナチス党綱領(第二四条)を踏まえた「ドイツ的キリスト者」(Deutsche Christen：略称ＤＣ）による「積極的キリスト教」(Positives Christentum）と似通った発想であろう。

松山の講演が行われるちょうど一年前、ナチス党員でＤＣの活動家であったプロテスタント神学者のヴァルター・グルントマン（Walter Grundmann, 一九〇六－一九七六）は、「ドイツ人の生活に関するユダヤ的影響の排除は、今日のドイツの宗教状況の緊急かつ根本的な問題である」[21]などとしていた。

ドイツでは、それまで内務省と文部省が分掌していた教会関係事項を取り扱うため一九三五（昭和一〇）年七月一六日に教会省と教会大臣を独自の政府機関として新設し、一九三五年から一九四一（昭和一六）年まで教会大臣の職にあったハンス・ケルル（Hans Kerrl, 一八八七－一九四一）は、帝国協会監督のルードヴィヒ・ミュラー（Ludwig Müller, 一八八三－一九四五）の「ドイツ的キリスト者」の路線を引き継ぎ、ナチズムとキリスト教の融合を推進していた。[22]

さて、「杉原ビザ」によってヴァルハフティクらユダヤ難民がウラジオストックから敦賀湾に入ったのは、一九四〇年一〇月一八日である。その後も難民の上陸は続くが、日米開戦の前のこの時期、旧ホーリネス教団の人々には、まだフリーハンドがあった。例の「リンゴ」のエピソードで知られるユダヤ難民への援助とともに、バルハフティクにも日ユ同祖論の情報がもたらされた。

ヴァルハフティクは、「日本に日本・ユダヤ同祖論あることを知った。失われた十支族のひとつが日本に渡来したという話で、そのような報告はユダヤ難民に与えられている尊敬をいちだんと高めるのだった」などと、まったく見当違いなことを述べているが、それは日本の宗教事情に疎く、日ユ同祖論や宗教的シオニズムが、カトリックや主要なプロテスタント諸派には皆無であり、福音派の一部にしか存在しないことを知らないからである。

最近、戦時中に日本に来たユダヤ難民に関する、『命のビザ、遙かなる旅路 ― 杉原千畝を陰で支えた日本人たち』（北出明著）が刊行された。これまで知られていなかった、難民たちの送迎に関するエピソードが多く載っている興味深い本ではあるが、一点気になるのが、以下の個所である。


旧ホーリネス教会の牧師だった同氏の父親の源八が、当時のユダヤ難民に温かい手を差し伸べたという話が紹介されていた。「キリスト教の牧師がユダヤ人を援助するなんて、普通に考えればあり得ないことですよね。教会に招待したり、リンゴ配ったりしていましたよ」。そのような父親の思い出を語る信男氏の表情は、誇らしげで清々しかった。[23]

この「父親の源八」とは、中日記事にもあった、旧ホーリネス教会の斉藤源八牧師のことである。そして、北出がその逸話を語る件の斉藤源八牧師が出てくる中日記事（「ミナト神戸 援助の輪」）をもう一度読んでみよう。この記事には、「神戸ユダヤ人協会の会員」だった男が「日本の通過ビザを得たポーランド人のユダヤ人が、日本に逃げてきます。同朋を助けて下さい」と一九四〇（昭和一五）年初秋に兵庫県尼崎市の旧ホーリネス系の教会に駆け込んで来たことがはっきりと書かれており、「旧日本ホーリネス系教会はそのころ、ユダヤ民族国家再建を唱える宗教家の強い影響下にあった」という指摘も正確である。

確かに、当時のメインラインの「キリスト教の牧師がユダヤ人を援助するなんて、普通に考えればあり得ない」が、旧ホーリネス系の教会に関しては、大いに「あり得る」話なのである。「神戸ユダヤ人協会の会員」は、ホーリネス教会の特異なシオニズム的教義を知っていたからこそ、助力を当てにできたのである。

先の中日記事には、斉藤源八以外にも瀬戸四郎と「その仲間の牧師・箱崎登」の名前が出ている。戦後の問い合わせに対して、きよめ教会は、治安維持法違反被疑事件で検挙された斉藤源八が「判決二年（控訴中）」、瀬戸四郎が「起訴猶予」であるのに対して、箱崎登は「釈放」されたと回答している。

「釈放」された箱崎は、「我国基督教界の内情及自己の心境に関する手記」を兵庫県の特高課に提出しており、『戦時下のキリスト教運動 ― 特高資料による』(新教出版社)の第三巻(一六四‐一七四頁)で全文が掲載されている。

その「手記」のなかで箱崎は、「終末観の無い宗教なんかは塩の入らない御料理みたいなものだ」と、ホーリネスの特異な終末観に執着を見せながら、「カトリツク信徒が現在二重の国籍を有してゐるのが日本人としての裏切りであるならば、プロテスタントは国家観念の無い者だから日本人という名称を『国際人』とか『無国籍者』とか(ユダヤ人の様に)変えるべきではなからうか」などと、ホーリネス系教会の信徒が決して書かないユダヤ人に対する否定的な見解を述べている。また中田重治が率いていたホーリネス教会の分裂事件は、箱崎によれば、「第一の分離は表面上信仰問題となってゐるが、事実は権力を握ろうとする人々の野心がそれをさせたし、第二回目は盲目的な女の愛が盲目的信者の信仰を刺戟して盲目的な行動をとらせた」ものであるとし、「私は基督教信仰よりも日本人として日本肇国の精神を体得し天皇帰一の生活を送ることに決心した」と結論している。この「手記」は、普通に読めば、箱崎がホーリネスの教義を棄てて、特高側の説諭を受け入れた転向文書としか考えられない。

しかし、特高による戦時中の取り調べの様子を回顧した『昭和の宗教弾圧 ― 戦時ホーリネス受難記』(一九六四)の中で、中田重治の伝記も書いた米田豊が、「誓約書を書かされたり、他教会に転会を強いられたり、神道または仏教等他宗を勧められた人さえある(24)」とあるとし、また「出来上った調書なるものもいい加減なものである。私は度々『あなたとの合作ですよ』とか、『これはあなたがどう見て居られるかということを書かれたので、私は承服出来ぬところがありますよ』言って拇印を捺した(25)」とあるので、転向者を誘い出すために特高側がでっち上げた作文という可能性も高く、特高側が代筆して承認を強要したということは大いにあり得ることである。この「手記」がいかなる性質のものかは、当人以外はわからないので、箱崎はこの点について何かしらの説明があってしかるべきであろう。

さて、インターネット上に、ユダ・エフライム名で管理されている「キリスト・日本・イスラエル」という興味深いブログがある。「キリスト教プロテスタント福音派」「キリスト教原理主義者」「クリスチャン・シオニスト」「日ユ同祖論者」を自称する某氏は、中田重治の『聖書より見たる日本』の一節を共感をもって引用し、「現在、日本にはユダヤ人・イスラエルのために祈り活動している団体・教会が数多く存在している」としている。そして、「名を挙げるなら、ＢＦＰジャパン、エベネゼル緊急基金、聖書研究会（シオンとの架け橋、聖書に学ぶ会）、シオンの喜び、日本メシアニック親交会、ハーベストタイムミニストリー、原始福音キリストの幕屋（キリスト聖書塾）、ミルトス社、聖書と日本フォーラム、基督聖協団など」の団体名が挙げられているが、一般の日本人は誰も知らない名前だろう。[26]

　このブログで興味深いのは、「杉原ビザ」で日本にやって来たユダヤ難民の一人がホーリネス教団の信者に述べたという言葉である。

> 例の「杉原ビザ」で日本にやってきたユダヤ人を世話したのが、ホーリネス教会のクリスチャンたちであった。彼らは、ユダヤ人の祝福のために祈り奉仕することを熱心に教えた、中田重治師の弟子たちである。ところが、ユダヤ人たちは彼らにこう言ったという。「あなたがたは親切だから忠告しておくが、イエス・キリストだけは信じないほうがいい」。これを聞いたホーリネス信徒たちは、ひどくがっかりしたという。[27]

この逸話は、ヴァルハフティクのキリスト教観と比較すると興味深いものがある。

「神道信者は国民の三分の一にすぎない」等々、ヴァルハフティクによる当時の日本の宗教事情の理解はかなり実態とかけ離れており、キリスト教は、「片手に福音書もう一方の手に剣を持った征服者と見なされた」などと、キリスト教によるイスラム教徒への典型的な偏見（「右手にコーラン、左手に剣」）の常套語法をそのまま踏襲している。また、「日本人にとってその宗教はキリスト教軍であり、神父はその先兵なのであった。回教にも同じことがいえた。一般的にいって警戒心があった」などと述べているが、これなどは、日本人の警戒心というよりは、ヴァルハフティク自身のキリスト教やイスラム教への「警戒心」を投影したものであろう。

「日本のインテリが深い精神的・知的危機に直面していることを、少しずつ理解するようになった。彼らは神道や仏教を守りながらも、その一方で純粋な形での一神教を追い求めていたのだ。キリスト教は布教に失敗したが、ユダヤ教なら唯一の神を求める日本人に答えを与えられるかもしれない」などの先に引用したヴァルハフティクの発言は、当時の日本人にも現在の日本人にもまったく該当しない。

　日本におけるユダヤ教に対する関心は、今も昔も二種類しかない。一つは、キリスト者がその宗教的源泉を探ろうとする場合で、もう一つは研究者による学術的関心である。「実際問題として、私は異教徒の改宗活動に反対である」[28]というヴァルハフティクの懸念は杞憂であるが、キリスト教の親宗教であるユダヤ教への関心は、現代日本にも盛んであるし、言うまでもなく、当初はユダヤ教ナザレ派として出発したキリスト教とユダヤ教は類似点が少なくない。

3　ユダヤ教とキリスト教

日本におけるユダヤ本ブームのきっかけを作ったのは、やはり山本七平の『日本人とユダヤ人』（一九七〇）であろう。この本は、イザヤ・ベンダサンが山本自身の偽名であったり、ユダヤ人になりすましていた山本からユダヤ人が身内のように論じられていたため、出版当初から大きな賛否両論を巻き起こしたが、その後も版を重ね、文庫化までされて、今日まで読み継がれている。

デイヴィッド・グッドマンは、宮澤正典との共著『ユダヤ人陰謀説』[29]のなかで、山本がユダヤ人になりすましていたことに大層憤慨しており、「ばかげた話だが、かれはその分身であるイザヤ・ベンダサンにユダヤ教について説明する手段として新約聖書である福音書を使わせ、ながながと論じさせている」[30]としている。

この主張自体はもっともなのだが、グッドマンの議論はいささか冷静さを欠いた八つ当たり気味のものもあり、「キリスト教の教えに従って、律法主義にこりかたまったパリサイ人としてユダヤ人を説明し、ユダヤ教を律法ばかりの無情な宗教と描いている」などと、山本の実際の主張とは異なることまで書いている。

イザヤ・ベンダサンこと山本七平は、まったく逆のことを言っているのである。

日本人の新約聖書理解は終始一貫した明確な一つの前提がある。それは「律法と人間」という対置である。この対置から完全にはなれて新約聖書を講じた日本人を知らない。日本人が読むと、どうしてもそう読めてしまう。特にパリサイ派とイエスの対決は、一方は重箱のすみをほじくる、まことに話のわからぬ非常識な律法主義者で、他方イエスは、これに対して愛と人間性を主張したまことに話せる人物になってくる。一体全体、本当にそうなのか？[31]

グッドマンの主張とは裏腹に、山本は「律法と人間」を対置する、これまでの惰性的な読解に疑問を呈しているのである。

山本の議論に対して批判するところがあるとすれば、長々とユダヤ人の信仰と生活に関して蘊蓄を傾けながら、先のような聖書の個所の説明をする際に、理解に必須の説明を端折っていることである。

必須の説明とは、以下のことである。

(1) イエスもまたユダヤ教徒であること。

(2) イエスとその弟子たちは「ナザレ派」という分派と見なされていたこと。

(3) イエスもまたヒレル学派のパリサイ神学に学んだということ。

(4) 律法学者たちは、イエスが共にパリサイ神学に学んだ仲間だと考えていること。

世俗的観点からのみ考えれば、イエスはナザレの大工ヨセフの息子に過ぎず(「この人は大工ではないか」マルコ 六：三)、律法学者たちには、パリサイ神学を学んだ仲間だという意識があるからこそ、議論を重ねているのである。そうでなければ、学識豊かな律法学者が、地方の巡回説教師など相手にするわけがない。

タルムード(「シャバット」三一a)には、ヒレルと求道者との以下のような興味深いやりとりがある。「トーラーのすべてを教えてください」とせかせる求道者にヒレルはこう答えた。「自分が人からされて嫌なことは、人にしてはならない。これがトーラーのすべてである。あとはその解説にすぎない。行って学ぶのだよ」。

マタイによる福音書(七：七‐一二)の「求めなさい。そうすれば、与えられる」で始まるたとえ話は、よく知られているだろう。

あなたがたのだれが、パンを欲しがる自分の子供に石を与えるだろうか。魚を欲しがるのに、蛇を与えるだろうか。このように、あなたがたは悪い者でありながら、自分の子供には良い物を与えることを知っている。まして、あなたがたの天の父は、求めるものに良い物を下さるに違いない。だから、人にしてもらいたいと思うことは何でも、あなたがたも人にしなさい。これこそ、律法と預言者である。

たとえ話を多用し、具体的で人間くさいイエスの説教は、このヒレル派の学びによるものなのである。[32] そしてまた、イエスは「律法」をどうでもいいとは言っておらず、「わたしが来たのは律法や預言者を廃止するためだと思ってはならない。廃止するためではなく、完成するためである」（マタイ五：一七）と述べている。

「善いサマリア人」のたとえ話に先立つ、山本が指摘した個所を、ルカによる福音書（一〇：二五－二八）から見てみよう。

ある律法の専門家が立ち上がり、イエスを試そうとして言った。「先生、何をしたら、永遠の命を受け継ぐことができるでしょうか」。イエスが「律法に何と書いてあるか」と言われると、彼は答えた。「『心を尽くし、精神を尽くし、思いを尽くして、あなたの神である主を愛しなさい』とあります」。イエスは言われた。「正しい答えだ。それを実行しなさい。そうすれば命が得られる」。

イエスの考え方とパリサイ神学との間に隔たりがないことは、マタイによる福音書（二三：一－四）のイエス自身の発言によっても明らかである。

それから、イエスは群衆と弟子たちにお話になった。律法学者やパリサイ派の人々はモーセの座についている。だから、彼らの言うことは、すべて行い、また守りなさい。しかし、彼らの行いは、見倣ってはならない。言うだけで実行しないからである。

イエスが律法学者やパリサイ派に関して批判しているのは、考え方ではなく、その言行不一致なのである。

「律法を廃止するためではなく、完成するため」に来たと述べるイエスにとっても、またパリサイ派にとっても、永遠の命を受け継ぐためもっとも重要な徳目が、律法にある「神なる主を愛する」と「隣人を愛すること」であるという点で何ら不一致はないのである。[33]

4 《神は愛であり、愛は神である》

リトアニアのカウナス領事時代に、本省の訓命に反して日本通過ビザを発給し、数千人の難民の命を救った杉原千畝の動機を知りたいという人々の問い合わせに関して、幸子夫人は、以下のように答えている。

「ビザを出すと決めた杉原さんのお気持ちが分からないのですが」。こうした質問が、多くの人から何度も出されました。それをひと口に言うならば、あの時、夫が私に言った、「私を頼ってくる人々を見捨てるわけにはいかない。でなければ私は神に背く」という言葉でしょう。強いキリスト教信者ではなかったのですが、神に背くのは、ひいては人道にもとるということであり、《神は愛であり、愛は神である》と聖書にあります。異邦人であろうと人間と人間の愛は世界の幸せにつながるという、夫と私は間違っていなかったと思います。(34)

「神は愛」とは、ヨハネの手紙の四章で繰り返されている言葉だが、気になるのは、「強いキリスト教信者ではなかったのですが」という個所であり、幸子夫人は、自身の信仰について問い合わせがある度に、一定の留保を付けており、長男・弘樹による英訳でも、「千畝は正教徒であり、結婚の際に私も洗礼を受けることに同意しました（I consented to be baptized when I married him.）。私はあまり宗教的な人間ではないのですが、今では正教の一員だと思っています。私にはマリヤという聖名が与えられました」というように、「あまり宗教的な人間ではないのですが」という但し書きがあり、また「同意しました」とあるように、あくまでも千畝からすすめられたから「同意した」という非主体性が強調されている。

さらに、「私に頼ってくる人々を見捨てるわけにはいかない。でなければ私は神に背く」という先の千畝の残した有名な言葉に関する、山口県立大学の渡辺克義（ポーランド学）によるインタビューに対して、「自分たちが洗礼を受けたのは事実ですが、特別に敬虔な信者というわけではありません。今では本のあの表現は誤解を与えるものだと思っています」とさえ述べている。(35)

そして、戦後まもなく三男の晴生が亡くなった時は、神道で葬儀が行われており、これには、祖父が岩手県遠野神社の神官であった夫人の意向が反映されているとのことである。(36)

おそらく、両親が正規の洗礼を受けたキリスト者が親族の葬儀を神道形式で挙行されるというのは、一八八四（明治一七）年の「自葬」禁令が解除された以降は、極めてまれなケースであり、頻繁に見られたのは、逆に葬儀をキリスト教式で執行したいのに、地域社会の仏教徒にそれを妨害されたり、仏式あるいは神式での葬儀を望む親類の圧力に屈したことを遺族が遺憾とする事例である。

5　福沢諭吉と明大寺「自葬」事件

キリシタン禁制の高札が撤去されたのは、一八七三（明治六）年だが、これはもちろん欧米諸国との不平等条約の改正を目指していた明治政府の配慮によるものである。しかし、その前年の一八七二（明治五）年の太政官布告一九二号では「自葬」が禁止され、「近年自葬取行候者有之哉ニ相聞候処、向後不相成条、葬儀は神官僧侶ノ内へ可相頼候事」という通達によって、僧侶や神官に頼んでするのでなければ葬儀ができなかったのである。

そこでキリスト教を信仰するのは黙認するが、キリスト教式で葬儀が執り行えないという法未整備下の異常状態が発生し、明治初期には、キリスト教式で葬儀を強行して裁判沙汰になった事例がいくつもあった。

ロシア文学者の中村健之助（一九三九－）は、『ニコライの日記』の解説のなかで、「この法律を根拠に、僧侶がキリスト教徒に『いやがらせ』をすることができるようになった」とし、一八八〇（明治一三）年三河国の明大寺村で、急死した妻を「自葬」した正教徒・若林軍治に対して真宗門徒の村民たちが改葬を求め、刑事・民事裁判とも大審院まで争い、その際福沢諭吉（一八三五－一九〇一）が万徳寺の役僧と仏教徒の村民たちの味方をして、ハリストス正教会の信徒の排撃を扇動したことに注意を喚起している[37]。

キリスト教排撃の演説をさせるために門下生を三河に送り込んだ福沢は、日原昌造宛の書簡（一八八一年六月一七日付）のなかで、「耶蘇の坊主を打払せんとて近来本願寺を誘導し稍や着手の順序も可有之哉に存候」と、当時の心境を述べている。

またその門下生の一人である矢田績（一八六〇－一九四〇）は、福沢がこの事件に関与したのが、明治初期の東本願寺の宗政を主導した渥美契縁（一八四〇－一九〇六）からの依頼によるものであったことを、以下のように述べている。

愛知県岡崎地方に、近来耶蘇信者が追々増加して本願寺の信徒を侵蝕し、近く東本願寺末寺内で耶蘇教式を以て葬儀を行ふた者がある、是は実に由々しき大事で此儘に打捨てて置く訳には行かない、此際大いに耶蘇退治の運動をせねばならぬとて、東本願寺の執行渥美契縁師から先生の処へ弁士派遣の事を頼みに来たので、先生は大いに同情せられ、扨こそ余に東海道派遣を命ぜられたのである[38]。

矢田績は、後に「中部財界のご意見番」と言われる経済界の重鎮だが、先に挙げた引用には、まさに葬儀と法事に依存する「葬式仏教」と揶揄されるような状況が、すでに当時の仏教界を支配していたことが如実にあらわれている。

日本では、葬儀といえば読経する僧侶の姿がすぐさま想起されるが、これは徳川幕府の檀家制度により、民衆がどれかの寺院を菩提寺にすることが義務づけられた結果に過ぎず、仏教と葬儀との結びつきの必然視は、実は江戸時代につくられた社会制度の所産なのである。また、仏教のものと思われている位牌も、儒教で用いられるような中国の皇帝碑を禅宗が採用し、禅宗の伝来とともに日本に伝えられたものであり、本来儒教のものなのである。この檀家制度は、キリスト教の禁教令（一六一二）のすぐ後に成立したもので、民衆をどれかの仏教宗派に帰属させるということは、その民衆がキリシタンではないということの証明と不可分の関係にあった。

現在のように僧侶が葬式を執行し戒名を授けるという習俗が定着する上で重要な役割を果たしたのが、「御条目宗門旦那請合之掟」という寛文年間（一六六一 - 七三）に出された偽文書であり、寺院や僧侶が寺請制度や檀家制度を民衆に示す際に度々利用されて大きな意味合いを持った。その第三条目には「祖師忌仏忌彼岸先祖命日に絶えて参詣しないならば、判形を引き、宗旨役所へ断り、必ず吟味を遂げるべき」とあり、第十条では、「死後、しがいの頭に剃刀を与え戒名を授ける事、これは、宗門寺の住持思想を見届けて、邪宗でない事を、慥かに請け合って引導すべきである」とされ、要するに、経済的保証を与えるから、寺院は邪宗であるキリシタンの摘発に協力せよと言っているのである。先の矢田の発想は、維新政府が否定したはずの徳川時代の封建遺制をそのまま何の疑いもなく継承しているわけである。

さて、明治初期の伝道では、千畝の宗旨であるロシア正教の伝道が比較的早く進んでいたので、葬儀をめぐるトラブルは正教関係が多かった。例えば、一八七六（明治九）年松本儀兵衛は、死去した妻の葬儀が宣教師ニコライによって執行されることを臨んでいた。儀兵衛は、もちろん「自葬」禁制を知っていたので、檀那寺に伝えたが住職が不在で、遅延すると遺体に影響するので、キリスト教式で埋葬してしまった。そして、それが禁制違反として、罰金が課されたのである[39]。

先のニコライの『全日記』（教文館）にも、一八八一（明治一四）年に三ヶ月前に妻を失った葬儀をしようとしたのに、親類が「坊主が来ないなら、行かない」と聞かないので、遺体をまず仏寺に引き渡して仏式で葬儀を営み、その後改めてキリスト教式で葬儀が行われた例が引かれ、葬儀問題で信徒が離れていくことを嘆くという記述が見られる。

さて、三河国の「自葬」事件で寺側に味方した福沢諭吉に関して先述したが、この福沢がキリスト教排撃運動において「国権之伸縮を標準ニ建テ、」を根拠としていたことは、福沢による「国体」の概念を考える上で、極めて重要なことである。

福沢が近代国際世界で欠くことのできない原則とする「ナショナリチ」（英語の nationality のこと）という概念が、ジョン・スチュアート・ミル (John Stuart Mill, 一八〇六－七三) の『代議体制論』第一六章から借りているということは、安西敏三が『福沢諭吉年鑑』第五号（一九七八）で指摘したことを丸山真男（一九一四－九六）が紹介してからつとに有名である。

一般に「国籍」と訳される「ナショナリチ」には他に「国体」という重要な訳語があり、後者に関して福沢は、「この国体の情は、起こる所以を尋ぬるに、人種の同じきに由る者あり、宗旨の同じきに由る者あり、或は言語により、或いは地理により、其趣一様ならざれど、最も有力なる原因と名く可きものは、一種の人民、共に世態の沿革を経て懐古の情を同じふする者、即是なり」（『文明論之概略』巻一、第二章）としている。

この「国体」定義を引用し、酒井直樹は、「レイシズム・スタディーズの視座」と題する論考のなかで、「この統合を支える感情は『国体之情』(feeling of nationality) と呼ばれる。国体の情の原因となるのは、人種が同じこと、宗教を同じくすること、さらに地理的には共存することなどが挙げられるが、最も強く働くのは過去を共有すること、すなわち『国民史』をもつことによって、自分たちが共通の運命を担っていると思い込む事実性である」と指摘し、この「事実性」(Faktizität) というハイデッガー (Martin Heidegger, 一八八九－一九七六) が案出した用語を、以下のように要約している。

人はさまざまな物や事象、あるいは他者とのかかわりを通じてこの世に存在しているが、自分がこの世に存在しているあり方が、過去からの来歴によって決定されてしまっていて、歴史的に決定されたさまざまな物や事象、他者とのかかわり方を「運命」として引き受けざるをえないとき、この人と世界との関係を事実性と呼ぶことができる。人が国民に帰属するとは、その人がその国民に特有の国体を事実性として受け取ってしまっている、ということが含まれている。

このような「事実性」によってとらえられた、集団の統合性を支える「国体の情」に関し、酒井は、「過去に遡ってあたかも『国民』があった（「国民史」という想像的な制度）かのように仮想することによって、新たに国民が作り出されるというミルの見解から福沢は学んでいるという点[40]」に注意を喚起している[41]。

福沢によるキリスト教排撃は、この「国体」論の考え方によるものである。三田演説会で「宗教の説」という宗教論を何度も行った福沢は、日本社会にキリスト教が浸透することに強い危機感を持っていた。

そして、昵懇であった実業家の中村道太（一八三六－一九二一）宛ての一八八一（明治一四）年一〇月六日付書簡において、福沢は、明大寺「自葬」事件において、村民のために訴状を代筆し、塾生を派遣してキリスト教排撃の演説行脚をさせたことに関し本音をこう漏らしている。

右之詞訟ハ、固より村民之方ニ理あるハ申迄も無之、仮令或ハ無理ニ而も、国権之伸縮を標準ニ建てて、断然勝利の為得候方当然之義、即チ無理之理なる者なり[42]。

文中の「右之詞訟ハ、固より村民之方ニ理あるハ申迄も無」という福沢の文面は虚偽の主張であり、名古屋裁判所岡崎支庁の一八八一（明治一四）年二月一日の判決では、「抑モ被告カ天主教ヲ信仰シ為ニ神官僧侶ニ頼ラスシテ自葬シタルヲ以テ其行為ヲ嫌悪シ埋葬ノ引払ヲ求ムルノ原因ニ外ナラズ」とされ、原告の仏教徒たちの言い分はそもそもキリスト教に対する嫌悪から出たものに過ぎず、「被告ニ置テ被告ニ対シ埋葬引払ヲ求ムルノ理由無之候事」として裁判所は原告側の主張を退け、訴訟費用を全額支払うべしとしていた。また上級審では、若林家には他に埋葬地があるのではないかとか、埋葬時に他の墳墓を毀損したとか、ほとんど言いがかりのような理由まで持ち出され論点が拡散されたが、大審院に至るまで、真宗門徒の村民側の主張はすべて退けられ、原告側の全面敗訴に終わった。

つまり、福沢は村民たちの訴えが法的にまったく正当性がないことを知りながら、「国権之伸縮を標準ニ建て」て「無理之理」を押し通そうとしたわけである。

明大寺村の事件に福沢が関与したのは、刑事裁判で仏教徒側が敗訴した後に提訴された民事裁判が東京上等裁判所で争われていた時期にあたる。このとき、福沢は、大隈重信参議に、「昨今上等裁判所にて掛りは、富田判事なり。原告甚弱しと雖も、事実誠に難堪次第、何卒富田其他へ御一世奉願」（一八八一年五月一〇日付）との書簡を送って助力を願っている。福沢は、大隈など政府要路に手を回し、裁判所を担当する判事に政治的圧力をかけて、仏教徒の村民側に有利な判決を引き出そうと工作しているわけである。

もちろん、旧佐賀藩士時代に英訳聖書を学んでキリスト教の実際を知っている大隈が、法的にも道義的にも支持しがたい福沢の申し出に取り合わなかったことは、あらためて言うまでもない。「日本之国権ニ関する所」であれば、司法権の独立さえ平然と蹂躙しようとする福沢のこの事件における役割が暴露しているのは、戦前の国家主義や皇国史観などを封建的なものとして打倒する戦略から丸山真男が作り上げた虚像に隠されている、人権や思想信条の自由に関する「明治六大教育家」の裏の顔である。

このような「自葬」禁令下で、主教ニコライによって正教徒が宗規にのっとり荘厳に葬儀が営まれた例がある。それは、意外にも明治の元勲である西郷隆盛の実弟・西郷従道（一八四三‐一九〇二）の長男・従理のケースであった。西郷家と駐日ロシア公使の家が隣接し幼い頃から従理を溺愛していたストルーヴェ公使は、帰国にあたり従理の帯同を西郷家に懇請し、幼い従理も「自らふるつて蘇徳君に従つて露国に遊学せんと請」い、ロシア貴族の師弟たちが通うリツェイに就学。皇帝アレクサンドル三世一家にも可愛がられ、皇弟を代父、皇后を代母として受洗し、「アレクセイ」という聖名（洗礼名）を授かった。

ストルーヴェが駐米を命じられた時に、従理も渡米したが、そこで腸チフスにかかり一〇歳の短い生涯を終えた。のちに「ニコライ堂」と呼ばれ神田駿河台の名所となる東京復活大聖堂がやっと起工された一八八四（明治一七）年のことであり、維新期の開明人士さえ、キリスト教迫害を扇動していた時代の話である。明治のキリスト教界の重鎮・植村正久（一八五八‐一九二五）は、「如何に愛児の信仰を尊重せられたとはいえ、葬儀における信教自由は今日の如くに認められてはおらず、西郷家のこの態度は、その影響の及ぶ所、決して僅少ではなかつた」と述べている[43]。

植村の指摘はもっともであり、この年も末の一一月一八日、内務省乙第四〇号達「墓地及埋葬取締規則施行方法細則」第三条で、「墓地ハ種族・宗旨ヲ別タス、其町村ニ本籍ヲ有シ若クハ其町村ニ於テ死シタルモノハ何人ニテモ葬ルコトヲ得」と規定されて、「自葬」禁令が解除されたのである。

三河国の明大寺村「自葬」事件の翌年に出された『時事小言』（一八八一）によれば、キリスト教が排撃されなければならないのは、キリスト教が日本にとって「属国たる情」をもたらす「外教」であり、「今日我国に於て耶蘇の教を学ぶ者は、西洋人の師恩を荷ひ、西洋諸国を以て精神の師と為す者」だからとのことである。

これと同じ主張は、一八八三(明治一六)年に刊行された山田芳景が編纂した『日本大家宗教演説五百題』所収の三田演説会の「宗教の説」(一八八一)にも存在し、「今や耶蘇教が追々跋扈し、日本人にして此宗門に入れば、何かにつけか此宗徒が可愛くなりて、一端西洋と戦でも始まる時には、漢学者の支那に於るが如き感を生ずるは必然なり。仏教も元は他国より来たる者なれど、千年余も我国の人心を支配し来れば即我国の宗教と言うべし。今日本に何も宗教がなくして、仏教と耶蘇教の内、孰れを取るかと云へば、或は耶蘇教を取るも知るべからず。然れども今千年余も吾人心に染み込みたれば、余は坊様の援兵となりて、耶蘇教をして吾領分を侵さしめともなきなり」としている。

一八七二(明治五)年、教部省は「教導職制」を布いて、仏教と神道の両勢力合同によってキリスト教に対抗することを企画した教導職制を設置したが、その基本方針を定めた「三条の教訓」が神道に傾斜したものであることに不満を持った島地黙雷(一八三八-一九一一)らの反対運動によって、一八七五(明治八)年に、教導職の養成機関である大教院から最大の仏教勢力である真宗本願寺派が離脱したが、そのことによって崩壊した[44]。明大寺「自葬」事件におけ る福沢の役割は、仏教と神道の共同戦線によってキリスト教に対抗するという明治政府のほころびを見せた宗教政策を翼賛し再浮揚させるという意味合いからも注目すべき事件であった。

ところで、文春新書の『福沢諭吉の真実』(二〇〇四)から、福沢諭吉の『時事新報』論説等の真贋をめぐって、いわゆる「安川・平山」論争が起こったことはよく知られていよう。

今日まで延々と続くこの論争を引き起こした平山は、井田進也による無署名論説選別法(通称「井田メソッド」)を用い、『時事新報』他の論説の多くに福沢のものではないものが混在していると主張する。

しかし、マスコミで「安川・平山」論争とよばれるものは、「論争」と呼ばれるほど大仰なものではなく、その布置は極めて単純なものである。

これは、福沢諭吉の欠席裁判のようなもので、検事側の安川寿之助によれば、丸山真男の作り上げた福沢像は虚像であり、福沢は侵略戦争を鼓吹する差別主義者だという。一方、DNA鑑定ならぬ「井田メソッド」なる最新の論説者識別法を用いる平山によれば、『時事新報』などに見られる問題含みの論説は、実は福沢の真筆ではなく石河幹明の書いたものであり、被告人・福沢は無罪ということになる。両者の主張は白か黒かのひどく極端なものであり、和解勧告が無視し続けられ、傍聴人たちも食傷気味である。

その平山によれば、先の『時事小言』も「宗教の説」も福沢の真筆ではないという。平山の文献学的な問題提起は無意味だとは思わないが、先に引用した、ほぼ同時期の活字原稿、口頭の演説、書簡、現実の行為のすべてが、福沢の仏教徒の扇動によるキリスト教徒への排撃という点で一致している。よしんば、福沢の真筆でないにしても、全く同じ精神が貫徹しているのであれば、福沢自身、あるいは福沢の意を体した周辺の者が書いたと考えるのが、もっとも理に適った推定だろう。

件の「井田メソッド」も、平山のように、残された書簡や実際に起こった出来事さえ斟酌しせず、自説に都合の悪い事実を黙殺するなら、選択者の恣意によって不都合な事実を隠す機能すら担うことにもなりかねない。それは、先の「宗教の説」に言及しながら、平山が三河国明大寺村における正教徒迫害事件に触れていないことからも明らかだろう。

この明大寺村事件は、福沢諭吉協会から一九七五（昭和五〇）年刊行された『福沢手帳』の第五号の富田正文による「福沢諭吉とキリスト教」にも載っており、日本の近代史に関心のある者には比較的知られた史実であって、都倉武之による論文「明治十三年・三河国明大寺天主教自葬事件」（『近代日本研究』第一八巻、二〇〇二年三月）などでも詳細な検討が加えられている。

白井堯子は、『福沢諭吉と宣教師たち―知られざる明治期の日英関係』（一九九九）のなかで、この事件に言及しているが、「一八八〇（明治一三）年に三河の地でもちあがった真宗と日本ハリストス正教会信徒との墓地をめぐる訴訟問題」などと一般の読者にはまるで要領を得ないものとして暗示するにとどまっている。

そして、これまでに出版された福沢とキリスト教関係史で「採り上げられるのは、いつも『ミッション・スクール』や『キリスト教主義の学校』である」[45]が、「たとえば慶應義塾においてショー、ロイドなどSPG宣教師たちが福沢の援助のもとに行ったキリスト教教育が、いかに当時の生徒たちに新鮮に受けとめられ、彼らに少なからず影響を与えていったかなどについても目を向ければ、日本の近代化に果たしたキリスト教、外国人宣教師の役割は、これまで以上に大きなものとして理解されるだろう」[46]などと述べているが、「日本の近代化に果たしたキリスト教、外国人宣教師の役割」が大きいなどということは、札幌農学校の有名なクラーク博士（William Smith Clark, 一八二六 - 八六）の例などで子供でも知っていることであり、「これまでにわが国で出版されたキリスト教宣史やキリスト教教育史の研究は、非宗教的な学校におけるキリスト教教育には、ほとんど関心を示していない」などとしているのは事実に反する指摘である。

現在の北海道大学の前身である札幌農学校は、開拓使札幌本庁学務局が所管する日本最初の学士授与教育機関であり、まったくの「非宗教的な学校」である。札幌農学校に関する研究など、誰もその正確な点数を把握できないほど膨大なものであり、先の奇妙な主張がなされる理由は、単に白井が、『東京大学基督教青年会年表』（一九五七）や早稲田奉仕園を扱った『追想 向谷容堂』（一九六九）などの刊行物を知らないというだけのことに過ぎない。

「採り上げられるのは、いつも『ミッション・スクール』や『キリスト教主義の学校』である」という個所で白井が暗示しているのは、「耶蘇教会女学校の教育法」という一八八七（明治二〇）年七月二九日と三〇日に『時事新報』に掲載された記事で、華族女学校（現・学習院女子中・高等科）が設立された二年後に書かれた無署名記事である。

この記事のなかで、ミッション・スクールに関しては「三、五年前まで之に入学するものは概ね貧民下等の子女のみ」だったので、「教会学校に日本の貴女子の入学し来りたるは殆ど予想外の事なれば、事端怱卒にして未だ之を整頓するに暇あらざる」との動揺のなかで書かれたことが述べられており、「教会学校に日本の貴女子の入学し来りたる」とは、具体的には、カナダ・メソジスト派によって新設された東洋英和女学院に、伊藤博文や岩倉具視らの子女、木戸孝允、後藤象二郎らの夫人など政府の顕官たちの親族が殺到したことを指している(47)。

この記事では、ミッション・スクールの設置の真の目的がキリスト教の布教にあり、欧米の流儀をそのまま持ち込んだ教育、とりわけ徳育に不備があるというものだが、実情を知らないまま書かれた難癖に近いものである。

一見いかにも福沢が書きそうな記事だが、仔細に読んでみると、英仏の上流階級の子女がギリシア・ラテンの古典を学ぶのは社交上で「其の高尚なるを誇る」にとどまり、それを「金満家が金時計を閃か」せたり「鳶の者が刺繍を露はして其美を誇りたる」ことに喩え、日本の女子には「時世外れに高尚なる教育法」は必要ないのであって「日本流の読書、習字、裁縫等を相応に修め」ておくのがよく、「良家の貴女、貧困の賤女、孰れも同校同室」で勉学をすれば、「次第に悪風習に感染し、果ては良家の子女にあるまじき行状を呈する」と言いたい放題。貧困層出身の女子は、あたかも悪疾の病原菌のように扱われており、いくらキリスト教嫌いの福沢の書き物にしても、いいさか節度がなさ過ぎる。

キリスト教に対する偏見、欧州の教育事情に関する無知、さらに女性蔑視に満ちたこの記事は、表現が大仰かつ生硬で、福沢のリベラルな女子教育論とは相容れない観点が多く、平山洋が指摘するように、石河幹明起筆と考えるのが順当だろう(48)。石河らが、皇后や皇太子妃までもカトリックの女子校出身の現代日本に生まれなかったのは幸いであった。

また、先の白井の著作に関して、『福沢諭吉の宗教観』(二〇〇二)のなかで、小泉仰が「キリスト教に対する強烈な反感を心底に潜めながら、キリスト教宣教師に対して極めて優遇していたことが、白井堯子氏のオックスフォード大学ロウズ・ハウス・ライブラリの英国国教会宣教師団SPGなどを含めた広範囲の文献調査を踏まえた優れた研究(49)」と紹介しておきながら、この明大寺「自葬」事件に一行も触れておらず、この事件の持つ重大な意味合いがまったく理解されていないことは、小泉が、森有礼と岩倉具視の五女・寛子の三男・森明牧師(一八八八-一九二五)によって設立された日本キリスト教団渋谷教会の長老であるだけに、一層驚くべきことである(50)。

『時事小言』刊行の翌年、あたかも福沢の主張に沿うかのように、先に挙げた「自葬」禁止の太政官布告が出された。福沢は、『時事新報』の論説「神官の職務」でこの布告を採り上げ、神道が「敬神の教」を説くもので宗教ではないという原理が確立したことに満足の意を表明し、神官の職務が、「懐旧の情」によって「国権の気」を涵養することにあるとしている。

「我日本の如き開闢以来一系万世の君を戴いて曽て外国の侵凌を蒙りたることなく、金甌無欠は実に其字義の如くにして曽て尺寸の地を失はざるものなれば、古来国史を開いて之を読めば愈々益々勇気を増さざる者なかる可し」と述べる福沢は、歴史の共有こそナショナリズムの核心と考えていたミルの「ナショナリチ」論にならっている。日本のアイデンティティの根拠を「懐旧の情」によって「国権の気」を養う神道に求める福沢は、神道非宗教論の成立にまってそれが「ナショナリチ」の喚起を担うに足る存在と判断し、キリスト教を「外教」と捉えて、それに対抗する「国体」の概念を措定したのである。

周知のように福沢には、「宗教も亦西洋風に従はざるを得ず」(一八八四年六月六、七日)なる記事がある。この記事によって福沢は、米国留学中の長男・一太郎からユニテリアンの宣教師のナップ(Arthur May Knapp,一八四一-一九二一)を紹介されてからキリスト教に関する主張を変えたなどと説明されることが多いが、件の記事を読めばそうではないことがよくわかる。

一八八四年の五月に書かれた「開鎖論」にあるように、当時の日本では、一八八二（明治一五）年に不平等条約の改正予備議会が改正されようとする内外情勢から、外国人との内地雑居が問題になりはじめ、福沢はその対応を模索していたのであり、その一つの解答が「宗教も亦西洋風に従はざるを得ず」という記事の内容となったである。

表面的には、それまでキリスト教排撃の先頭に立っていた福沢が、キリスト教を受け入れるべしとしたのだから、百八十度の方向転換に見える。しかし、それはキリスト教の信仰内容を吟味してそれの価値を認めたのではまったくない。

この宗教論は、まず現在の国際情勢を弱肉強食の動物社会に喩える社会ダーウィン主義的見解から始まる。人間の交際も動物と同じで、動物が「保護色」によって身を隠して自分を守るのだから、「自ら其保護色を剥落して故らに人の側目を促す」ことは「人間の交際上決して得策たるを見ざ」ることである。ところで、「今や欧米の諸文明国は、文物、制度、習慣、風俗、宗教等、自から世界に卓越するの実跡あ」り、「西洋人の眼より見て、己と其文物制度を異にし、風俗宗教を異にするものは、之を外道国視せざるを得ず」、「今日各国の交際上にて我国を文明国間に独立せしめ敢て文明の面色を表して他の疎斥を免れんとするには、人間社交上最も有力なる宗教の如きも亦西洋風に従はざるを得ずと信ずる」というのである。

つまり、国内においてはキリスト教は、「国体之情」を喚起するための「外教」として貶め、対外的には欧米人から日本が「外道国視」されないための「保護色」（プロテクチーブ・カラー）として利用しようというのが福沢の目論見であり、内村鑑三が信仰心を愚弄するものと激怒するのも無理はない。福沢の宗教論とは、いわば、「脱亜入欧」のためにキリスト教を方便として利用する、信仰の《鹿鳴館》化とでもいうべきものである。

数百年来途絶えていた天皇親政を構想する維新政府が、その一方で推進する欧化政策と伴走するかのように、「西洋の文明を目的とする事」を推奨する一方で日本の「国体」を模索する福沢も、『文明論之概略』では、和洋折衷の思考のアクロバシーに拠る他はなかった。

福沢がキリスト教の教義を理解する際に用いられた「一視同仁」が韓愈（七六八 - 八二四）の「原人」から、そして「四海同胞」が『論語』（顔淵篇）の子夏の言葉から採られたものであることはよく知られている。われわれは、「一視同仁」と聞くと、反射的に日本人を「赤子」とする天皇の慈愛を意味するものと考えがちだが、この「一視同仁」とは、福沢が儒教的概念でキリスト教を理解した際に持ち出した用語の転用なのである。お気づきの読者は多いだろうが、福沢がその「国体」の概念を練り上げる道筋は、先に日ユ同祖論を論じる際に紹介した、津田真道がキリスト教暦から「紀元」という概念を着想したのとまったく同様に、キリスト教の包摂と排除のメカニズムによって成り立っているのである。福沢の「国体」概念は、津田真道の「紀元」という発想同様に、キリスト教の教理の徹底操作によって案出されたものなのである。

白井堯子は、「英国国教会の宣教団体の一つCMSの雑誌は『宗教も亦西洋風に従はざるを得ず』の英訳を『日本の思想家のキリスト教観』として掲載し、宗教に対する著者の侮辱的態度は正視するに耐えないというコメントを付けた[51]」という逸話を紹介している

先の記事のなかで福沢は、「宗教に於ては甚だ淡泊にして渾身洗ふがごとく、曽て之が為に冷熱を覚へたることなし」といいながら、この記事のなかでは、唯一その宗祖が「正人」と奉られている宗派が一つだけある。『学問のすゝめ』のなかで、ルター(Martin Luther, 一四八三 - 一五四六)と並び称せられていた親鸞(一一七三 - 一二六二)を宗祖とする浄土真宗である。

「宗旨雑話」(一八八九年五月)に「老生の父母祖先真宗なりし故に老生も亦真宗なり」とあるように、浄土真宗は福沢家の家宗なのだが、「外教」たるキリスト教に対して「我日本国に固有の国教たる仏法」(「僧侶論」一八八二)とされる仏教諸派のなかでも福沢が真宗に格別の期待を寄せるのは、まず第一に、真宗が日本における最大宗派だからである。

そして、福沢の意を受けて『時事新報』の主筆・石河幹明(一八五九 - 一九四三)が起草した「血脈と法脈の分離」(一八九七)においても、真宗に対する極めて好意的な姿勢をとっている。

抑も真宗は我国の宗教中最も有力のものにして、実際には日本唯一の宗教と云ふも差支えある可らず。数百年来今日に至るまで幾百万の男また女を感化し、下流社会の徳義を維持したるは実に真宗の力にして、此一点に於ては新聞紙の勢力、鴻儒碩学の徳望なども迚も企て及ぶ所にあらず。其功徳の大なるは非常のものにして、若しも今の日本国より全く真宗の法力を除き去りたらば、社会は忽ち暗黒に帰して即日より人心の大騒動を見ること疑ある可らず。

もちろんこの真宗への好意も、「耶仏真禅、孰れか真理に適ふものなるや、理非邪正の論に就ては誠に不案内なる者なれども、唯宗教固有の本色に照らし、局外より経世の眼

を以て」考えたことなので、福沢の関心は、もっぱら安寧秩序の観点から考えられた宗教の社会的な効用である。

★福沢諭吉とキリスト教関係略年表

一八六五（慶應元）年　幕末の長崎における潜伏キリシタンの発覚
一八七三（明治六）年　キリシタン禁教令が廃止
一八七五（明治八）年　『文明論之概略』の初版刊行
一八八〇（明治一三）年　三河国明大寺「自葬」事件
一八八一（明治一四）年　『時事小言』刊行
一八八二（明治一五）年　「自葬」禁止の太政官布告
一八八四（明治一七）年　「宗教も亦西洋風に従はざるを得ず」（六月六、七日）

さて、キリスト教を嫌悪する一方、浄土真宗に「其功徳の大なる」を見いだす福沢の機能主義的な宗教利用論を批判する場所に、内村鑑三が「東京高輪西本願寺大学校」を演説の舞台に選んだのは、もろちん無意味な選択ではない。

内村は「宗教の大敵」として福沢諭吉を名指し、宗教を侮辱するとはいかなることかをこの演説のなかで説明している。

仏教の大敵は即ち基督教の大敵である。即ち宗教の大敵である。爾うして宗教の大敵とは何者である乎と問ふに宗教の大敵とは自身宗教を信ぜざるに之を国家或は社会の用具として利用せんと欲する者である。

「故福沢諭吉先生の如きは終生斯る説を唱えられた」とする内村の指摘は、福沢の宗教論のいかがわしさの核心を突いており、今日においてもその価値を失わないラディカルな福沢批判と言うべきであろう。

福沢が関与した明大寺「自葬」事件、その少し前までキリシタン禁制の高札がかかっていた村で孤立する未組織のキリスト教徒たちへの迫害は、先にその一端を紹介した、昭和の宗教弾圧、すなわちプロテスタントの小さな宗派から離島の女子校（奄美の「大島高等女學校廃校事件」）までを狙った特高や軍部による弾圧の不吉な予兆であった。

福沢によるキリスト教理解は、バプティスト派のウェーランド（Francis Wayland, 一七九六－一八六五）による『道徳科学原理』（*The Elements of Moral Science*, 一八三五）やバックル（Henry Thomas Buckle, 一八二一－一八六二）の『英国文明史』（*History of Civilization in England*, 一八五七－一八六一）などから得た断片的知識にもとづく偏りのあるもので、今日では伝記上の挿話程度の関心しか引き起こさないものである。

「我士人が神仏を信ぜずして礼拝等の事をば意に関せずと雖も、殊更に之を敵視せず又蔑視せず、試みに今我士人に向て汝の死後は如何する歟、其魂魄は天に登る歟、地獄極楽は有るもの歟無きもの歟、弥陀如来は如何なるもの歟、西洋流の『ゴッド』は何もの歟、云々と尋ねたならば、必ず単に知らずと答えることならん」と『通俗国権論 第二編』で福沢は述べているが、冒頭に「我士人」とあるように、これは幕末維新期の士族階級に通有のものである。

　また「ダーウィンの番犬」（Darwin's Bulldog）と呼ばれた生物学者、トマス・ヘンリー・ハックスレー（Thomas Henry Huxley, 一八二五－九五）によって、「不可知論」（agnoticism）という造語がつくられた直後であることからわかるように、英米で進化論がもてはやされていた時代の一般的宗教観を踏襲しているに過ぎない。

　また、前掲書には、「余輩の所謂今の宗旨を度外視するとは、無知蒙昧の愚民を扇動して之を蔑視せよと云うには非ず。（……）之を以て今の愚民の品行を維持するの方便とならば、何ぞ之を棄つることを為んや。余輩は自ら今の宗教を度外視すれども、人の為には之を度外視せざるものなり」とあり、「愚民の品行を維持するの方便」として宗教を利用することを奨励している。

　しかし、福沢のキリスト教理解の浅薄さは、何よりもその『文明論之概略』（巻三第六章）においてその頂点に達している。

宗教は文明進歩の度に従て其趣を変ずるものなり。西洋にても耶蘇の宗旨の起りし其初は羅馬の時代なり。羅馬の文物盛なりと雖ども、今日の文明を以て見れば概してこれを無智野蛮の世と云はざるを得ず。故に耶蘇の宗教も其時代には専ら虚誕妄説を唱へて、正しく当時の人智に適し、世に咎めらるることもなく世を驚かすこともなく、数百年の間、世と相移りて次第に人の信仰を取り、其際に自から一種の権力を得て却て人民の心思を圧制し、其情状、恰も暴政府の専制を以て衆庶を窘るが如くなりしが、人智発生の力は大河の流るるが如く、之を塞がんとして却て之に激し、宗旨の権力一時に其声価を落すに至れり。即ち紀元千五百年代に始りたる宗門の改革、是なり。此改革は羅馬の天主教を排して「プロテスタント」の新宗派を起したることにて、是より両派、党を異にして相互に屹立すと雖ども、今日の勢にては新教の方、次第に権を得るが如し。抑も此両派は元と同一の耶蘇教より出たるものにて、其信ずる所の目的も双方共に異なることなしと雖ども、新教の盛なる由縁は、宗教の儀式を簡易に改め、古習の虚誕妄説を省て正しく近世の人情に応じ、其智識進歩の有様に適すればなり。概して云へば旧教は濃厚にして愚痴に近く、新教は淡薄にして活発なるの差あるなり。世情人古今の相違を表し出したるものと云ふ可し。右所記に従へば、欧羅巴の各国にて文明の先なるものは必ず新教に従ひ、後なるものは必ず旧教を奉ず可き筈なるに、亦決して然らず。譬へば今蘇格蘭（すこつとらんど）と瑞典（すえーでん）との人民は妄誕に惑溺する者多くして、仏蘭西人の穎敏活発なるに及ばざること遠し。故に蘇瑞は不文にして仏蘭西は文明と云はざるを得ず。然るに仏は旧き天主教を奉じ、蘇瑞は新教の「プロテスタント」に帰依せり。この趣を見て考れば、天主教も仏蘭西に在ては其教風を改めて自から仏人の気象に適するもの歟、然らざれば仏人は宗教を度外に置て顧みざることとなる可し。新教も蘇瑞両国に於ては其性を変じて自から人民の痴愚に適するものならん。到底宗教は文明の度に従て形を改るの明証と云ふ可し。

「右所記に従へば」とは、バックルの『英国文明史』を指しているのだが、「欧羅巴の各国にて文明の先なるものは必ず新教に従ひ、後なるものは必ず旧教を奉ず可き筈」などとし、それなのに、新教（プロテスタント）を奉じるスコットランドやスウェーデンは「不文」であり、旧教（カトリック）のフランス人の「穎敏活発なるに及ばざること遠し」などと珍無類の意見を開陳している。『「文明論之概略」を読む』のなかで、丸山真男は、「ほとんどパラグラフごとにバックルに依っている」とし、福沢の判断の根拠となったバックルから、「フランス人は自分たち自身より悪い宗教を持っている。スコットランド人は自分たちよりよい宗教をもっている。フランスの自由な気象がカトリシズムに適していないのは、スコットランドの古老頑迷なプロテスタンティズムに適していないのと同様である。これらの場合には、似たようなケースはいろいろあるが、信条の特徴といわれるものが、その人民の特徴によって圧倒されている」という一節を引用している。

梅津順一（経済史）は、「福沢諭吉の文明論とキリスト教」という論文のなかで、この一節を採り上げ、「こうした観察は最近しばしば議論される『スコットランド啓蒙』と矛盾するかに見られる」[52]などとしているが、福沢の指摘の難点は、その議論を支えている「新教／旧教」という認識の枠組みそのものである。日本国内でカトリックを「旧教」とする表現は、明治初期に来日したプロテスタントの宣教師たちの来日以前は存在しないものであり、布教上のライバルと考えられカトリックを貶めるネガティヴ・キャンペーンを背景に、文明開花期の進歩主義的な風潮に便乗して作り上げられた造語なのである。

幕末維新期に西洋の衝撃を受け、明末清初の天主教論駁書が盛んに復刻され、それらをまとめた『破邪集』などが刊行された。そして、慶応末から明治初年になると実際のキリスト教関係書が密かに入手されるようになり、従来の中国を模範とする排撃論の限界が見いだされ、キリスト教批判の方法の再検討が唱えられた。そして、中国の排耶論や戦国時代に伝来した天主教（カトリック）とは異なる種類のキリスト教の存在が察知される一八六〇年代になると、従来の天主教に加えて、プロテスタントを「耶蘇教」と区別して用いられる例も散見されるようになったが、幕末維新期になると、キリスト教各派を区別せず、総称として「耶蘇教」と呼ぶ場合も出てきた。[53] ロシア正教の迫害に加担した福沢が「耶蘇の坊主を打払せん」と息巻いていた場合がまさにその例だが、戦前までカトリックだけを抽出して呼ぶ場合の呼称は、「天主教」ないし「天主公教」であり、カトリック信者自身が「旧教」などと自称することは、明治期も今も、もちろんまったくない。

福沢は、バックルのイングランド文明を到達点とする自慰史観を鵜呑みにし、中世暗黒論などという今日いかなる歴史家も考えていない愚論を展開し、プロテスタントの宣教師たちの布教上の戦略にまんまと籠絡されているのである。

さて、先の平山は、「安川や杉田が私の見解に同意することもまたありえない。というのも、彼らは福沢批判を学問としてではなく政治闘争の手段として行っているからである」[54]などと述べているが、「『朝鮮よ、滅亡せよ』と福沢諭吉は言ったのか」（文藝春秋『諸君！』二〇〇五年五月号）という平山の記事を読むと、誰が考えても「政治闘争」をしているのは平山当人ではないのだろうか。

平山によれば、脱亜論をめぐる「高嶋教科書訴訟を支援する会」というものがあるらしく、その所在地を「事務所の電話番号を頼りに検索してみると、この会は、それらを『かながわ市民オンブズマン』及び『よこはま市民オンブズマン』と共用しているのが分かった」とし、以下のような人を唖然とさせる調査報告がなされている。

この二つのオンブズマンは男女二人の弁護士と活動しているらしく、男性弁護士は「高嶋教科書訴訟を支援する会」等の上の階に事務所を構えている。彼は家長三郎元東京教育大学教授（故人）の教科書訴訟弁護団の一員で横浜市にある米海軍上瀬谷通信基地の私有地に関し、国に返還請求するよう住民が市に求めた裁判（二〇〇二年七月提訴、上瀬谷基地返還住民訴訟）の弁護団の一員である。さらに彼は本誌四月号五九頁掲載の「本田記者の取材先と『反日』ネットワーク」（中宮崇氏作成）中の「歴史認識と東アジアの平和フォーラム」と「九条の会」の主要なメンバーである。それならまだしも、彼はなんと高嶋裁判の弁護副団長でもあるのだ。要するに「高嶋教科書訴訟を支援する会」は、訴訟を担当している当人が支援しているのである。一方女性弁護士のほうは、昨年一一月二九日に最高裁第二小法廷で棄却判決を受けた「アジア太平洋韓国人犠牲者補償請求事件」において、社民党の福島瑞穂氏らとともに訴訟代理人を務めた人物である。高嶋氏はまた、昨年一〇月発行の『週刊金曜日』別冊ブックレット七「教科書から消される『戦争』」にも係わっているが、そこで「福沢諭吉」の項を執筆しているのは安川氏である。そこでの明らかな間違いについては、『アエラ』誌上で指摘しておいた（同本誌二月七日号「偽札だけではない福沢諭吉の受難」参照）。なお、このブックレットの執筆者には他に、「VAWW-NETジャパン共同代表」西野瑠美子氏、「子どもと教科書全国ネット21事務局長」俵義文氏の名も見える。というわけで、今さら驚きもしないが、何のことはない。女性国際戦犯法廷や、憲法改正反対運動や、北朝鮮支援運動や、自衛隊のイラク派遣反対運動や、「脱亜論」の教科書掲載運動は、相互に調伏するまったく同じ考え方の人々であったわけだ。やれやれ。

人間と組織との関係が複雑すぎて一読しただけでは何がどこで誰とつながっているのかわからないのだが、このありさまでは、平山は、日本中の「左翼」やら「反日ネットワーク」やらの情報を熟知しているに違いない。ただ、一点気になるのは、先の引用文が平山の著作や論文で見る緻密で隙の無い文体とは隔たりが大きく、この「やれやれ」で終わるいささか節度と品位に欠ける部分が、実際に平山が書いたものか、今はなき『諸君！』なる雑誌の編集部に石河某のような悪党がいて勝手に加筆したかもしれないという疑念が棄てきれないので、機会ある時に「井田メソッド」で調べてみる必要がありそうだ。

日仏の比較思想史の研究が専門である井田進也（一九三八―）の『歴史とテクスト――西鶴から諭吉まで』（興亡社）という著作が二〇〇一年一二月に刊行されたことと、フランスの国家プロジェクトとして歴史のある「フランテクスト」（Frantext）が、一八三〇年以降の作家や思想家のテクストのほとんどの品詞情報をつけた改良版（Frantext version catégorisée）を二〇〇一年春に公開したことはまったく無関係ではないだろう。こうしたテクストマイニングの技術革新によって、それまで肉眼の手作業によるカード記入などで行われていた検索作業も、単語や文節が任意のテクストにおいていかなる頻度で出現するか、あるいは出現傾向や時系列などの分析が瞬時に可能になった。

欧米の作家や思想家のテクスト解析に関して、今日大学院生から研究者までがごく日常的に行っている先端的なテクストマイニングの手法も、要は使い方次第であり、平山がいうところの「井田メソッド」の応用には、いくつもの難点があるように思われる。

例えば、平山は「『時事新報』に無署名論説を書いた可能性のある社説記者入りの文章を集め、その人ならではの語彙や表現、さらに文体の特徴をよりだ」す、あるいは「福沢の書きぐせと一致する部分を探して福沢の添削の程度をみる」などとしているが、平山が「書きぐせ」と称するものに関して任意の論説のテクストと他の論説とを比較する際の数量的な指標や「書きぐせ」なるものの安定性が十分に考慮されていない。加えて平山は、「福沢の関与の度合いに応じてAからEまでの五段階評価をおこなう」などとしているが、ここで「福沢が使わない表記」だとか「福沢が用いない表記や言い回し」などの判定が平山の恣意にゆだねられており、長い間には「書きぐせ」がかわるのではないか等の経時的分析もなされていない。さらに、自分が起こした新聞に、自説に相容れない論説を弟子たちが勝手に掲載することができたのか否かに関しても何ら挙証されていない。

また、平山が問題にしているのはテクスト性ではなくて、「A判定が福沢が福沢の思想であることは確実」というような素朴な反映論であり、ここで問題になっているのは、著作とその作者（author）の権威（authority）への帰属性に過ぎない。そして、このような平山の前近代的なテクスト観によって、「これまでは研究者の都合によって福沢の思想に枠をはめることができ」ず、「これまで福沢を肯定的に評価する研究者も、否定する人々も、ともに数ある社説のうちから自分の立場を補強するものを選んできた」不都合が回避され、「選別は内容からではなく語彙と文体に基づいているため、あらかじめ研究者の側から形作られた福沢像に由来する予断は排除される(55)」としながら、実際は全く反対のことがなされている。

平山は、「選別は内容からではなく語彙と文体に基づいているため、あらかじめ研究者の側から形作られた福沢像に由来する予断は排除される」なら、「福沢を肯定的に評価する研究者も、否定する人々」あるいは、「左翼」云々などという、福沢に関するマニ教的な二元論的関心そのものが無効であることがわかっていない。

さらに、著作の帰属性を前景化するあまり、『時事新報』の記事が真筆であろうがなかろうが、いかなるものとして読者に受け入れられて来たかという読者論ないし受容史的観点もまったく考慮されてない。

この平山は、『福沢諭吉は謎だらけ。心訓小説』(二〇〇六)の作家・清水義範に公開を前提として書簡(二〇〇六年一〇月二三日付)を送り、これはインターネット上でも読むことができる。(56) この書簡のなかで、女性差別の極みとして『時事新報』論集のなかでも特に女性史の研究者たちから糾弾されて来た「人民の移住と娼婦の出稼ぎ」に関して、平山は、「石河が自らの関心から執筆して紙上に掲載したものを、一九三三年に、折からの満蒙開拓ブームにのっかって、『実はこれも福沢先生が書いたものだ』、とか言って、『続全集』に採録したもののように見えます」などとしているが、おそらく平山の指摘の通りだろう。

「人民の移住と娼婦の出稼ぎ」という記事には、以下のような恐るべき主張が見られる。

娼婦の業は素より清潔のものに非ず、左ればこそ之を賤業と唱えて一般に卑しむことなれども、其れこれを卑しむのは人倫道徳の上より見て然るのみ。人間社會には娼婦の欲く可らざるは衛生上に酒、煙草の有害を唱えながら之を廃すること能はざると同様にして、經世の眼を以てすれば寧ろ其必要を認めざるを得ず。

人口繁殖の内地に於てさへ、娼婦の必要は何人も認むる所なるに、況して新開地の事情に於てはますます其必要を感じざるを得ず。往年徳川政府の時に、香港駐在の英国官吏より、日本女性の出稼を請求し来りしことあり。其理由は、同地には多数の兵士屯在すれども、婦人に乏しきが故に、何分にも人気荒くして喧嘩争論のみを事として制御に困難なれば、日本より娼婦を輸入して兵士の人気を和げたしと云ふに在りき。又浦鹽斯徳などにても同様の理由を以て頻りに日本婦人の出稼を希望し、適ま適ま出稼のものあれば大に歓迎し、政府の筋より保護さえ与ふるやの談を聞きたることあり。

戦時中は「鬼畜米英」と罵倒しながら、敗戦するや進駐軍に取り入るために、米国軍将兵のための「特殊慰安施設協会」を設置した往事の日本政府を支えたのは、まさにこうした女性を物品のように扱う差別的な発想だろう。

しかし、この記事は、福沢の他のリベラルな女性観とはあまりに隔たりが大きく、常識的に考えても、平山が指摘するように、福沢の真筆ではないだろう。

ところが驚くべきことに、問題の記事は、一九四〇（昭和一五）年、水木京太の編集によって第一書房から刊行された『福沢諭吉 人生読本』にも、「出稼奨励」と改題され、前半部が省略されて掲載（一四七‐一四八頁）されている。

同書は、福沢による著作や記事を抜粋した選文集であり、出版された同年五月一〇日、「七尾嘉太郎」名義で塾長や旧慶應義塾図書館に献本された。

七尾嘉太郎とは、この本の著者・水木京太の本名であり、『慶應義塾大学百年史 別巻大学編』（一九六二）によれば、「水木京太、国文学担当、昭和二‐四年、昭和一七‐一九年、義塾文学科文学卒業、演劇評論、戯曲等に活躍、丸善株式会社嘱託」である。

水木の作品には、劇作集にはその名も『福沢諭吉』（風俗社、一九三七）というものまであり、福沢にもっとも傾倒した人物の一人である。このアンソロジーは、戦後まで読み継がれ、一九七五（昭和五〇）年四月号の『三田評論』には、「水木京太君編『福沢諭吉 人生読本』を読んで」なる記事が掲載されたほどである。そして、この記事の著者は、戦中小泉信三（一八八八‐一九六六）が顔面被弾で療養中塾長代理を務めた後塾長を引き継ぎ（一九四六‐四七）、第一次吉田内閣では文部大臣を務めた高橋誠一郎（一八八四‐一九八二）である。

読んで字の如く『人生読本』などの処世訓がほとんどで、脱亜論やら侵略やらも出てこないし、左翼とか右翼とかいう問題とも関係がない。しかしながら、先の問題の記事を含むアンソロジーが、福沢への傾倒者からも何の疑いもなく受け入れられ、文部大臣さえ務めた塾長経験者からも評価されて来たことはどうでもよいことではないだろう。

高橋誠一郎によれば、この『人生読本』は、「『主張立論の当否よりも、動機方向が、ぢかに先生をかんじさせる種類の章句を選み』、これを集積して景仰すべき人間像を築こうとしたもの[57]」だそうだが、「人口繁殖の内地に於てさへ、娼婦の必要は何人も認むる所なるに、況して新開地の事情に於てはますます其必要を感じざるを得ず」などと説教する教育者に「景仰すべき人間像」求める読者はまずいないと思われるので、改題までして再録に執着する理由も不明で、当初から除外しておくべきだったのではないだろうか。

さて、先の平山による「左翼」への妄想的とも思える敵意に比較できるものとしては、「耶蘇の坊主を打払せんとて」明治初期に三河国の明大寺に乗り込んだ憂国の志士以外にはにわかに思いつかない。平山の分析に絶えずまとわりつく、「左翼」云々の友敵論的なイデオロギー的関心に接すると、戦前の日本社会において、「アカ」と「ヤソ」という語がいかなる含意で用いられていたかが、あらためて想起させられる。

自立的指導者を欠きながら私的領域に不当に介入する明治政府を福沢は「多情の老婆」と揶揄しているが、言論と実践における度重なるキリスト教への排撃運動こそ、福沢の老婆心そのものであろう。「不文暗黒の愚民」がキリスト教を信奉しても、それは、「キリスト教以前の偶像を土着民が拝んでいたのとちっとも変わらないといっているのと同じで、そのことを『仏法の内に耶蘇と名づくる一派を設けたるが如きのみ』と、うまい表現で論じています[58]」などと福沢に追従する《あばたもえくぼ》の丸山には、福沢の老婆心がまったく見えていない。丸山が福沢理解に持ち込んだカール・ポパー的な認識モデルは、福沢の宗教論にまったく適合していない。

丸山が福沢と共通するのは、「宗教オンチ」ばかりではなく、限られた人数で構成されたこの『「文明論之概略」を読む』読書会において、「『仏法の内に耶蘇と名づくる一派を設けたるが如きのみ』と、うまい表現で論じています」などという具合に、自分たち教養人と「不文暗黒の愚民」という枠組みのなかで、後者を軽蔑することによって前者の仲間意識をたかめようとする俗物性であり、教育に携わる者でありながら、勉学の機会に恵まれなかった貧しい人々をさげすむ寒々しい視線である。

6　キリシタン迫害と鞍馬天狗

福沢諭吉とその弟子たちが、激しいキリスト教排撃運動を展開する一五年ほど前、世界宗教史の奇跡として知られる大きな事件が長崎を舞台に起こった。

パリ外国宣教会（ＭＥＰ）の司祭たちは、フランスの首相官邸の脇にあるパリの本部の地下の「殉教者の間」で来るべき禁教下の日本への渡航を思い、自らの身に降りかかるかもしれない殉教の覚悟を固め、長い航路の果てに一八四四（天保一五）年沖縄にたどり着いた。彼らは、そこで日本語と日本の民情を学び、日本に入国できる機会をねらっていた。そして、一八五八（安政五）年、日本はついに米英露蘭仏の五ヶ国と修好通商条約を結び、日本の鎖国の扉がついに開いたのである。

一八五八年九月まずジラール神父（Prudence Girard, 一八二一－一八六七）が日本管区長として横浜に上陸、次いでプチジャン神父（Bernard-Thadée Petitjean, 一八二九－一八八四）が沖縄で日本語を二年間学び日本語を話せるようになってから、一八六二（文久二）年一〇月にまだキリスト教禁教下の日本に上陸した。[59]

そして、「日本にあるフランス人、自国の宗教を自由に信仰いたし、その居留の場所へ、寺社を建てるも妨なし」という日仏条約第四条にもとづいて、フランス人たちは、一八六二年に横浜に天主堂を建立、ついで長崎に大浦天主堂が建てられ、プチジャンが赴任した。

他の司祭たちとともに、日本とアジア諸国のカトリックの布教とその殉教史を研究していたプチジャンは、幼子や妊婦までが火刑に処せられても棄教せず殉教した日本人の熱烈な信仰心を知っていたので、たとえ禁教令が出ていたとしても、キリシタンたちが信仰を簡単に放棄するはずがないという確信を持っていた。

大浦天主堂は、その優美なたたずまいで「フランス寺」と呼ばれて長崎の名所となり、多くの物見遊山の者たちを引きつけていたが、一八六五（元治二）年三月一七日、プチジャンが待ちに待った日がついにやって来た。

その日の昼下がり、参観人とは様子が違う一団が、周囲を気にしながら祭壇の前で跪きキリシタン信徒発見を祈っていたプチジャンに近づき、そのなかの婦人の一人が「ワレラノムネ アナタノムネトオナジ」と耳元で囁いたのである。

驚いたプチジャンの耳に、「私たちは浦上のものでございまする。浦上のものは皆同じ心でございまする」という言葉が立て続けに入ってきた。そして立ち上がろうとすると、先ほどささやいたイザベリナ杉本ゆりから、「サンタ・マリアの御像はどこ」という問いが発せられた。プチジャンは、ジラール管区長への書簡（一八六五年三月一八日付）のなかで、「Santa Maria gozo wa doko?（サンタ・マリアの御像はどこ?）サンタ・マリアによって祝福されたこの言葉を聞いて、私はもう少しも疑いませんでした。私は確実に、日本のキリシタンの子孫を目の前にしているのです。私はこの慰めを神に感謝いたしました」[60]と、信徒発見を報告している。この報告は、管区長からフランスのパリ外国宣教会に報告され、ローマ法皇庁に届き、この驚くべき知らせがヨーロッパ中を駆けめぐった。[61]

長崎の隠れキリシタンたちの間には、一七世紀の中頃まで司祭たちの布教を手伝っていたセバスチャンという洗礼名の布教使が殉教する前に残した言葉が伝承されていた。それは、七代後に「コンヘソーロ（告白をきく神父）が、大きな黒船にのってやってくる。毎週でもコンヒサン（告白）ができる」というものである。一般に「バスチャンの予言」

と呼ばれる遺言は、ことごとく的中した。

このバスチャン（「セバスチャン」の頭韻消失）は信徒たちが探索方の罠に陥らないように、はげしい拷問の末に斬罪に処せられる前、正規に叙階されたカトリック司祭を識別する三つの指標を言い残していた。

先に杉本ゆりが聖母マリア像の有無を最初に確認したのはそのためである。後の二つは、生涯童貞（独身）であることと、ローマ法皇に従うことである。

神の島から来たペトロ政吉が、「折角参りましたので奥さまやお子さま方にご挨拶申し上げとうございます」と問いかけると、「私は一人です。ご覧なさい、どの部屋にもいないでしょう」と答えた。また「ではお国に残してお出でになったのでは」と政吉が問うと、プチジャンは「国にもいません。私たちは一生独身でキリシタンたち全部が私の子供です」と答えた。プチジャンが独身であることを知った政吉は、目の前の異人がパーデレ（神父）であることを確信し、喜びの余り額を床につけて、「ビルゼン（童貞）でござるか。お有難う。ありがとう」と泣き崩れたという。最期に出津のキリシタン代表が、ローマ法皇に従うものかどうかを「ローマのお頭さまのお名前は何とおっしゃいます」と確かめると、プチジャンは、「ピオノノ（ピオ九世）と申されます。私たちはローマのお頭さまから遣わされて日本に来ました」と答えた。

キリシタンたちの手引きで浦上周辺を詳しく調査したプチジャンは、浦上のキリシタン千三百名以外にも、山や近くの島にまだ二千五百名ものキリシタンが散在していることを把握し、パリの神学院長に当てた書簡において、「長崎付近に三千八百名切支丹が散在していることが発見されたので、日本の心には多くの他の秘密が隠されていると我々は思うようになりました。お願いです。神のご計画に応えるために助力者をよこして下さい[62]」と、本国に要請している。このエピソードは、ミェチスワフ・レドホウスキ枢機卿（Mieczysław Halka Ledóchowski, 一八二二‐一九〇二）に捧げられたフランシスク・マルナスの『日本キリスト教復活史』（一八九六）に載っているものだが、このレドホウスキ枢機卿とは、第二次世界大戦中、杉原千畝の諜報活動に協力したポーランド将校たちの後援者であった、ヴロディミール・レドホウスキ神父（第二六代イエズス会総長）のおじにあたる人物である。

先のバスチャンは「日繰り」と呼ばれる教会暦を記した今日で言うカレンダーを残していた。バスチャンが信徒たちに托した「日繰り」は、一六三四年の陰暦二月二六日に相当する西暦三月二五日の「受胎告知」の祝日から起算されたもので、二世紀半にわたり、潜伏キリシタンたちが安息日を守りキリスト教の祝日を知るよりどころになっていた。

福沢諭吉は、『文明論之概略』のなかで、「不文暗黒の愚民中に入込みて、強いて耶蘇の聖教を教へんとし、之に諭し之を説き、甚だしきは銭を与えて之を導き、漸くこれに帰依する者あるに至るも、其の実は、唯仏法の内に耶蘇と名づくる一派を設けたるが如きのみ」などと述べているが、発覚すれば死罪を免れない信仰を七代二五〇年維持してきたキリシタンたちの祖先たちは、金銭で買収されたのだろうか。丸山真男が「宗教オンチ」と述べているように、宗教を功利性という観点からしか見ることができず、「馬鹿と片輪に宗教、丁度よき取り合わせ」(「宗教の説」一八八二)と述べる福沢は、「たとえ、全世界を手にいれても自分の魂を失ったならばなんの益になろうか」などということは理解の及ばないことであろう。

そして、「聖フランシスコ・ザビエル下関上陸の地」の碑に刻まれたこのマタイによる福音書の一六章二六節こそ、多くの困難が予想されながら、万里の波濤を越えて、ザビエルの日本への渡航を決意させた聖句なのである。

ザビエルは、「神は私達を、贅沢のできない国に導き入れることに依って、私達にこんなに大切な恵みをお施しになった」と神に感謝し、また当時の日本の民衆たちと貧しさをともにできる喜びを、「私達の体質は、僅少な食物に依って、いかに健康を保つことができるものであるかは、日本人に明らかに顕はれている[63]」として、日本人の克己心と勤勉さ、そして何よりも名誉を重んじる高い精神性をインドのゴアにいるイエズス会の同僚たちに伝えている。

さて、「フランス寺」と呼ばれた大浦天主堂が落成すると、そこにマリア像があるという噂が、長崎の潜伏キリシタンの間にまたたく間に広がった。キリシタンたちは、もしかしたら、バスチャンが遺言した「七代たったら神父が来る」という希望が実現したのかとささやき合った。しかし、「もしフランス寺の異人さんがパーデレさまでなかったら」とか「厳しい監視の目を光らせている。怪しまれることでもあれば」等と疑心暗鬼に陥っていた。そのなかで、普段は物静かな杉本ゆりが、どうしても行くと言ってきかない。「サンタ・マリアがおいでなら、そこの異人さんはパーデレさまに相違ない。パーデレさまにあえたら、殺されてもよい」と言ってきかないのである。普段は物静かなゆりのこの発言が、逮捕されるのを恐れて名乗り出るのを躊躇していた男たちの決心を固めさせた。

プチジャンに最初に話しかけた杉本ゆりの「杉本」とは維新後に選んだ姓であり、幕末の庶民に名字などない。それが発覚すれば即死を意味したキリスト教信仰は、福沢諭吉が「不文暗黒の愚民」と蔑む、字も読めない農民たちによって受け継がれて来たのである。

まさにプチジャンが予感した通り、長崎の浦上を「歴史的舞台」にして、「あなた方が召されたときのことを思い起こしてみなさい。人間的にみて知恵のある者が多かったわけではなく、能力がある者や、家柄のよい者が多かったわけでもありません。ところが、神は知恵ある者に恥をかかせるために、世の無学な者を選び、力ある者に恥をかかせるために、世の無力な者を選ばれました」という聖句（コリント 一：二六－二七）が実現したのである。

「浦上四番崩れ」と呼ばれる迫害で捕縛されたキリシタンたちのなかでも、リーダー格の高木仙右衛門は、いかなる拷問にあっても棄教に応ぜず、幕吏たちを憎むこともなくその質問に一つ一つ丁寧に答え、その毅然たる姿勢が迫害者たちにさえ感銘を与えた。この高木仙右衛門は、元は長崎代官・高木作右衛門を祖先とする名門の家柄であった。しかし、高木権左衛門の代になって信仰を守るために浦上に移住して農民となっていたのである。

仙右衛門を邪険に扱っていた牢名主から、家に残した子供たちのことを考えて棄教するように勧められた仙右衛門が、「私は人を恐ろしいとは思いません。ただ神様だけを恐れます。（……）一人になったから弱くなったとかいうことはありません。私一人になっても本心は消えません」と答えると、自分も元は武士だというその牢名主は、「身どもが殿に忠義のために戦に出て、一人になっても殿に奉公しようという志と、その方が神にご奉仕しようとするのと同じことじゃ」と、その信仰心を称賛した。

そして仙右衛門の不退転の決意に業を煮やした奉行所では、キリシタン取締まりの最高責任者である長崎奉行・河津伊豆守祐邦（一八二一－七三）が、一八六七（慶応三）年一〇月二一日、奉行所の大広間で仙右衛門とただ二人で対峙するという前代未聞の事態となった。

河津は、一八六三（文久三）年にフランス艦船キャンシャン号が長州藩を攻撃した事件とカミュ殺害事件の賠償交渉のために渡仏し、幕臣としては異例の洋行体験を持っていた。

『仙右衛門覚書』によれば、このとき河津の口から驚くべきことが語られた。河津はキリスト教を「良い教え」と述べたのである。これは、仙右衛門を懐柔するための方便ではなかった。「われもフランスに三年居りたるによって知りおれど、ただ今のご時勢にこれを許すことかなわぬにより、今日帰りてよく考えて返事すべし」と説諭する河津は、「その方病気でありながら、ここにまいるのはご苦労であった」として、金三分を紙に包み帰郷させようとしたのである。仙右衛門は、最後の長崎奉行の厚意に謝しつつも、これを拒否。浦上事件が解決を見ぬまま、幕府は朝廷に大政奉還し、河津伊豆守は免職となった。

しかし、維新政府になっても、キリスト教禁教令は解かれず、浦上の信徒たちには、新政府によるさらに一段と過酷な迫害が待ち受けていた。

一八七〇（明治二）年一月二日、フランス領事デュリー、イギリス領事アネスレ、アメリカ領事モーガンなど在長崎の外交団が抗議するも空しく、六月二六日の公議書の会議には「天主教ヲ殴ルノ議」という議案が上程され、「我カ神儒ノ道ヲ以テ説諭シ、改メズンバ或ハ課役ニ苦シメ、或ハ禁錮シ、尚悟ラザレバ断然之ヲ斬首スベシ」「我カ国禁ノ旨ヲ外国人ニ談判ヲ遂ゲ、踏絵ノ法ヲ設クベシ」などという意見が出されるありさまであった。

一八七〇年の元旦、浦上の戸主約七〇〇名に「明朝六つ時に立山役所に出頭せよ」との命令が下ったが、キリシタン信徒は誰も出頭しなかった。この日の夕刻には長崎の浦上には稲妻が閃き、雷雨を伴う暴風雨となった。ついに大吹雪になった五日、戸主たちは兵士たちに狩り集められ、役所の前庭に立たされ、大波止から汽船に詰め込まれた。そして七日には、「耶蘇宗徒処置取調掛」を命ぜられ弾正大忠に任じられていた大村藩士・渡邊昇（一八三八－一九一三）が、直接キリシタン信徒たちの捕縛ために浦上に赴き、庄屋の庭に集められた信徒たちを「百十四匹は、備前岡山預け」「百七十九匹、安芸の広島預け」と動物のように扱い、東西南北の旗の下に振り分けて護送した。浦上のキリシタンたちが「旅」と呼ぶ過酷な迫害の幕開けである。

キリシタン研究で知られる片岡弥吉（一九〇八－八〇）は、「渡邊が馬上で叱咤している姿は、まるで鬼のようであった」と、当時を知る古老から聞いたという。この渡邊昇とは、いわずと知れた大佛次郎（一八九七－一九七三）の人気作『鞍馬天狗』のモデルで、「練兵館」の神道無念流の達人だった人物である。渡邊は、品川弥二郎（一八四三－一九〇〇）の「命令で『あいつを斬って来い』と謂われて盛んに斬」[64]り、新撰組がもっとも恐れた剣客であった。

この渡邊昇はまた、幕末維新期のキリシタンからもっとも憎まれた人物で、当時を知る古老が「鬼」と呼んでいるのは誇張ではない。旧大村藩時代に「外道征伏」を唱え、キリシタン弾圧の急先鋒だった渡邊は大目付に昇進し、直属の横目に外海の吉平を起用し、五島キリシタンの指導者であった森松次郎を捕縛しようと計画を練った。しかし、この計画は事前に森松らが察知するところになり、西海沖の上五島に退避し、有川郷蛤に隠れ住んだ。その後、大浦天主堂で潜伏キリシタンとの歴史的出会いをとげたプチジャン司教の代理として一八六七（慶応三）年クーザン師が森松を訪れ、秘跡と典礼が行われた。森松は、プチジャンがローマの司教会議に赴く旅に帯同してマニラに留学し、帰国後は大浦のフランチェスコ館に住み、布教と孤児の世話に生涯を捧げた。

一方、大恥をかかされた渡邊昇は逆上し、その後キリシタン迫害に狂奔することになる。渡邊は「浦上四番崩れ」の後、新政府で大阪府知事、元老院議官、会計検査院調、貴族院議員（子爵）を歴任することになるが、明治になってもキリスト教に対する憎しみは収まらず、明治期の著名なキリスト教指導者・新島襄（一八四三 - 九〇）が、アメリカン・ボードの準宣教師として帰国し、木戸孝允（一八三三 - 七七）を介して学校設立の許可を大阪府知事時代の渡邊に求めたが、渡邊は「学校建設は認めるが、キリスト教の学校は認めない」と、これを拒否した。同志社英学校が当初予定されていた大阪ではなく京都に設立されたのは、この渡邊昇がキリスト教に対して抱いていた執念深い憎しみが原因なのである。

明治政府で顕職を歴任した渡邊だったが、晩年は「無心に居る者を斬ったのは何としても忘れられず、心持ちが悪い」と多くの者を殺害した悔恨に苛まれ、「い、心地で睡っているのを斬ったのが後々迄夢となって苦しめる」ので、書生に体を揉ませなければ就寝できなかったという。[65]

「浦上四番崩れ」の犠牲者たちを同情をもって描いた『女の一生〈第一部・キクの場合〉』（一九八二）の著者である遠藤周作（一九二三 - 九六）が、旧制灘中時代に嵐寛寿郎（一九〇三 - 八〇）演じる鞍馬天狗に憧れ、大学を卒業した一九四九（昭和二四）年に映画俳優を目指して松竹の助監督試験を受けたというのは、歴史の皮肉である。

渡邊らによって津和野など西日本各藩に護送されたキリシタンたちは、毎日役人たちから改宗を迫られ、拷問や病気や栄養失調で次々と絶命していった。本原郷山中の家頭清四郎は、一八六八（明治元）年に捕縛され、二年後に殉教した。一家は離散し、清四郎の娘で二二歳のツルも残酷な拷問にあった。寒風吹きすさぶなか、ツルは衣服をはぎとられ、腰巻き一枚で岩の上に正座させられ、折からの降雪で全身雪に埋もれて瀕死状態となったが、「改心しろ、死んでしまうぞ」と脅されても棄教しなかった。

奇跡的に蘇生したツルは、一八七三（明治六）年に帰郷し、体力が回復するとカトリック修道女の岩永マキ（一八四九 - 一九二〇）が組織した福祉団体「浦上十字会」に入会。[66]生涯孤児の救済に尽力し、一九二五（大正一四）年にその清冽な生涯を終えた。[67]「十字会」をつくった岩永マキもまた、岡山から東に五〇キロの瀬戸内海の無人島・鶴島に流刑になったキリシタンだった。

長崎の潜伏キリシタンは、大別して、浦上・外海・五島系と生月・平戸系とにわかれ、前者には、典礼と秘跡にかかわる「帳方・水方・聞役」というよく組織された三つの役職が存在し、浦上村には、まるで禁教時代のローマ帝国の地下教会のように、聖フランシスコ・ザビエル堂、サンタ・クララ堂、聖ヨゼフ堂、御公現のマリア堂という秘密聖堂さえ存在した。縄や菰を商う「なわこもや一統」に生まれた岩永マキは、徳川初期の禁教令の後から「徳造」(ミカエル)、徳右衛門(パウロ)、源八(イグナシオ)という具合に代々洗礼名を持つ篤信のキリシタンの家系であった[68]。

毎日開墾の労役に狩り出されたマキたちは、海岸に降りて貝や海草を食べて飢えをしのいだ。重労働と栄養失調から、鶴島では一四名のキリシタンが死亡した。現在、鶴島には、非業の死を遂げたキリシタンたちを憐れんだ詩人・三好達治(一九〇〇 - 六四)による和歌を刻む石碑が建立されている[69]。

沖の小島
おくらきはかのむきむきに
ともしき花の紅は
誰が手むけし山つつじ

ツルと同じ年に長崎に帰郷したマキたちを待ち受けていたのは、七月、八月、福岡、佐賀、長崎一帯を襲った暴風雨とその後に起こった赤痢の蔓延だった。このとき、プチジャン神父と同じパリ外国宣教会に属していたマルク＝マリー・ド・ロー神父(Marc-Marie de Rotz, 一八四〇 - 一九一四)が救援に乗り出した。マルクの父であるノルベール・ド・ローは、裕福な貴族だったが、パリの虚飾に満ちた社交界を嫌いノルマンディー地方に隠棲していた。父の気質を引いたド・ローは、進んで貧しい人々の間に入り、医療と福祉の分野で献身することを念願していた。このド・ローを助け、患者たちの身の回りの世話をしたのが流刑地から帰郷した浦上の女性たちだった。

「浦上四番崩れ」で、父と妹を失ったマキは、母と兄弟を助けて父親代わりに「山の仕事も、畑の仕事も、おカイコさん(養蚕)も、五人分を一人でやる[70]」働く気丈な女性だった。彼女を中心に、守山マツ、片山ワイ、深堀ワサたちがまとまってド・ロー神父の指示に従い、赤痢患者の世話や汚染消毒、予防措置などをこなしていった。先の高木仙右衛門も納屋を病院代わりに提供して、浦上の女性たちの仕事を助けた。

『鞍馬天狗』の著者も、さすがにこの仙右衛門の気骨には

感心したらしく、『天皇の世紀』の第九巻で、浦上キリシタンの配流事件について、こう書いている。(71)

進歩的な維新歴史家も意外にこの問題を取りあげない。然し、実に三世紀の武家支配で、日本人が一般に歪められて卑屈な性格になっていた中に浦上の農民がひとり「人間」の権利を自覚し、迫害に対して妥協も譲歩も示さない。日本人として全く珍しく抵抗を貫いたのであった。当時、武士にも町人にも、これまで強く自己を守って生き抜いた人間を発見するのは困難である。権利という理念はまだ人々にはない。しかし、彼らの考え方は明らかにその前身に当たるものであった。

患者の世話をしていたド・ロー自身も赤痢に感染したが、秋になってやっと赤痢も終息した。すると、今度は天然痘が襲ってきた。赤痢からようやく回復したド・ローは、これも天命と考え薬箱を携えて救済に赴いた。この途中マキは、天然痘で両親とも失ったまだ赤ん坊のタケという孤児を引き取り、わが子のように育てるようになる。その後ド・ローから提供された農園を営みながら、孤児救済に奔走し、養護施設を広げ、祈りと労働の共同体が形成された。当初は、単に「女部屋」と呼ばれていたこの組織は、ド・ローによってフランスの女子修道院にならった規則が与えられ、初代院長を深堀ワサとして「浦上十字会」を開始し、数千人もの孤児を育てた。そして一九七五（昭和五〇）年には、ローマ法皇パウロ六世（一八九七－一九七八）によって公認されて「お告げのマリア修道会」となり今日に至っている。

このような来歴を持つ修道会はキリスト教の長い歴史のなかでもまれで、信仰を根絶しようという迫害者の意図とは逆に、「浦上四番崩れ」は浦上の乙女たちの信仰を鍛え、その揺るぎない信仰にもとづいた愛の掟は、世界でも類例のない社会福祉事業として結実した。

現在、長崎の浦上養育院前には、「岩永マキと二人の子供」の立像が建てられ、いかなる迫害にも貧困にも屈しなかった、日本初の児童福祉施設の設立者の遺徳を称えている。(72)街中で死に行く人々や身捨てられた孤児の世話を始めた活動が発展し、事後的にバチカンから承認を受けたインドの「神の愛宣教者会」と来歴が似ていることから、岩永マキは「長崎のマザー・テレサ」と呼ばれることがある。(73)

7　反ユダヤ主義の土台としての排耶蘇論

読者は、キリシタン排撃など遠い昔の話だと思われるかもしれないが、必ずしもそうとばかりは言えない。

例えば、「歴史教科書研究家」だそうである、神社新報社から刊行された、上杉千年（一九二八－二〇〇九）の『ユダヤ難民を助けた日本と日本人』（二〇〇七）によれば、東京裁判のルーツは、キリスト教徒による魔女狩りにあり、「朝鮮出兵も、第一次欧州の東漸によるアジア支配への挑戦という要素」があったとし、『新編日本史』（原書房）の「スペインやポルトガルが明を征服しようとしたのを察知し秀吉が、彼らの野望をくじくためにおこなった」という一節を紹介して、日本の大陸侵攻は欧州勢のアジア侵略を駆逐するためだったなどの珍説を展開し、戦時中のスローガンであった「八紘一宇」の精神を称揚している。

上杉によれば、「秀吉がキリスト教を防止得ず、徳川幕府が鎖国もできなかったとしたら、アフリカや南米と相違して狭く小さな島国日本は、たちまち全土が征服されたであろう」と鎖国令を高く評価し、とにかく悪いのはキリスト教、特にカトリックだという。その理由として挙げられるのは、アイルランドの宗教紛争であり、英国側の北アイルランド警察の年間維持費は千億円を超え大きな財政負担を強いているからだそうである。

幕末の尊皇攘夷の志士が二一世紀にタイムスリップしてきた観のある上杉説だが、「ナチズムがユダヤ人消滅を企てた原因は疑いもなくキリスト教にある」として、先の大戦中、海外では樋口季一郎、安江仙弘、犬塚惟重などがユダヤ人を救い、国内では松岡、東条、板垣などがユダヤ人を保護したのだから称賛されてしかるべきで、「超『A級戦犯』三士こそ『天皇』『日本』を守護した人物として評価されねばな」らず、こうした事実を「アメリカやイスラエル等へ広く普及する準備ができ」たとのことである。

靖国神社社務所が発行している月刊『靖国』（平成二〇年一二月号）でも展開された上杉の主張は、二〇〇二（平成一四）年に刊行された『猶太難民と八紘一宇』（展転社）でも同じである。不思議なのは、上杉はユダヤ人生活そのものにはまったく言及しておらず、ただキリスト教とナチズムの犠牲者として提示するにとどまり、もっぱら戦時中の日本とナチスとの違いを際立たせるのための方便としてユダヤ人が利用されている。

一方、戦前の反ユダヤ主義の拠点の一つだった「国際政経学会」の幹事を務めた渡部悌治の復刻された『ユダヤは日本に何をしたか』（成甲書房）によれば、イエズス会の創設者のロヨラとフランシスコ・ザビエルは「いずれもスペインのバスク地方のユダヤ人」なので、ユダヤ人もキリスト教もどちらも悪いそうである。

イエズス会の創設者がユダヤ人というのは初耳だが、渡部によると、その根拠は「国学院大学で卒業を前にして纏めていた論文の参考にしたコルリッジの著のなかで、ザビエルがロヨラに送った書翰[74]」を見たからだという。ちなみに、同書は初め『攘夷の流れ』という題名で自費出版され、これを読んで感激し、「『国際政経学会』の精神継承こそ、大東亜戦争継続の第一歩である」（『週刊日本新聞』二〇〇三年八月一六日付）と呼号する元トロツキストの太田龍（一九三〇－二〇〇九）の反ユダヤ主義を病膏肓に入らせた、いわく付きのトンデモ本である[75]。

『ユダヤ陰謀説』のなかで、宮澤正典は、会沢正志斎（一七八二－一八六三）のキリスト教排撃論が「反ユダヤ主義の土台を作った[76]」としているが、渡部悌治などの例は、このテーゼにもっともよく当てはまるだろう。

8　早稲田奉仕園と友愛学舎

新政府になっても信教の自由を認められず、迫害されるキリシタンに対して深い同情を寄せていたのが、フルベッキ（Guido Herman Fridolin Verbeck, 一八三〇－九八）である。旧佐賀藩の済美館で、このフルベッキから、藩内で秀才の誉れの高かった副島種臣（一八二八－一九〇五）とともに、大隈重信（一八三八－一九二二）は、英語のみならずキリスト教についても講義を受け、新約聖書とアメリカ合衆国憲法も英語で学んだ。この経験が後に早稲田大学の創設者となる大隈のキリスト教を「尊重」する基礎となったのである。

フルベッキは、後に明治政府の法律顧問として、刑法などを中心に日本の法整備に尽力し、一八六九（明治二）年、新政府の参与で外国官副知事をしていた愛弟子の大隈重信に欧米への使節団の派遣を促す一方、同年六月二九日付のフェリス宛の書簡では、日本に関して「宗教的寛容」を説く論文を外務省の友人宛に送ったことを明かしている。フルベッキはまた、ヘボン式ローマ字で有名なヘップバーン博士（James Curtis Hepburn, 一八一五－一九一一）が創設した明治学院の神学部教授として、明治日本の教育者としても活躍した人物である。

戦国時代に来日したイエズス会士、ルイス・アルメイダと同じく、マラーノの系譜を持つフルベッキもまた改宗ユダヤ人（モラビア兄弟団で洗礼を受けたオランダ改革派の米国人）であった。こうしてまた奇しき因縁で、日本人は、キリスト教の宣教師として来日した改宗ユダヤ人から、大きな恩恵を受けることになったのである。

さて、キリスト教に対する迫害の記憶も生々しい時代に生まれた杉原千畝が、誰に強要されたわけでもなく、まったくの自由意志によってキリスト教の「信仰箇条」を承認しなければ入会できない早稲田奉仕園の信交協会に入会していたことは、後に繰り返し「神」に言及する千畝の精神的バックボーンを考える上で、もちろんどうでもよいことではない。

一九一九年（大正八）二月九日、千畝が早稲田奉仕園の信交協会の第五回入会式に参加する際には、以下のようなキリスト教の「信仰箇条」を承認する必要があった。

(一) 神栄光ヲ天地ニ顕シ凡テノ民ヲ一ノ血ヨリ造リ悉ク地ノ全面ニ住マセ給ヘル吾等ノ父ナル神ヲ信ズ

(二) 主イエスキリスト吾等ト親シキ関係ヲ結バム為父ノ使ハシ給ヘル神ノ子イエスキリストヲ信ズ

(三) 聖霊聖書ニ神感ヲ与ヘ吾曹ノ間ニ住ミ聖霊ヲ信ズ

(四) 全テ悪ヨリ去リ父ノ御心ヲ行ヒ人類向上ノ為メキリストノ示シ給ヒシ犠牲献身ノ比ナキ生涯ニ倣ハムコトヲ誓フ

これはキリスト教各派の教会で毎日曜に信者が唱える「信仰宣言」に近いものであり、「ニカイア・コンスタンティノプル信条」から今日に至る諸信条の内容の簡略版という趣きであり、特にバプティスト的という感じもしない。

千畝の友愛学舎への入会の日付けをご教示頂いた、早稲田奉仕園の吉田博専務理事によれば、「バクスター先生は、確かにバプティスト派なんですが、学生をバプティスト派に勧誘しようなどという気はなく、友愛学舎というのは、広くキリスト教について知ってもらいたい、教養を身につけてもらいたいという趣旨の親睦の場でした」と述べられた。

先のフルベッキから薫陶を受けた経験が、ベニンホフが来日した際、バプティスト派の宣教師とわかっていながら、大隈が「特に早稲田の学生のためにアメリカで受けられるような教育施設を考えてほしい[77]」と依頼する大きな布石となったのである。

本書の冒頭で筆者は、隠れユダヤ教徒「マラーノ」の流れを汲むルイス・アルメイダについて、日本人のユダヤ人との最初の接触として紹介した。アルメイダは医業を生業としていたが、イエズス会の宣教師として来日し、病に苦しむ日本人を治癒し、キリスト教信仰を広めた。二〇〇〇（平成一二）年一一月二三日、女優の宮沢りえが主演し、長崎県生月町を舞台にした『乳房　THE　BEAST』という隠れキリシタンを題材にするドラマがTBS系列で放映された。脚本は、長崎出身の脚本家・市川森一（一九四一－二〇一一）である。

『隠れユダヤ教徒と隠れキリシタン』（二〇〇二）の著者の小岸昭は、この生月町元触の隠れキリシタンの子孫である大畑清を訪れ、納戸に大切に保管されていた「アルメー様」と呼ばれる小さな竿秤を見せてもらったというエピソードを紹介している。一五六一年にこの島を訪れたアルメイダの記憶は、徳川の禁教時代にも潜伏キリシタンたちに受け継がれ、今日の大分市医師会アルメイダ病院にまで引き継がれた。

小岸昭は、先の著作で、迫害を受けた隠れユダヤ教徒と隠れキリシタンの二重生活の構造的相同性を指摘しているが、日本人とユダヤ人とのかかわりもまた、ユダヤ教とキリスト教の二つの「隠れ」信仰とわかちがたく結びついているのである。

さて、先の「信仰箇条」は、今日日本のキリスト教各派で唱えられる「信仰宣言」のエッセンスのようなもので、一般的には、正規の洗礼を受けたキリスト教信者以外は唱えないものである。青年時代すでに、千畝は自覚的で納得ずくの信仰を持っていたのである。

幸子夫人は、「自分たちが洗礼を受けたのは事実ですが、特別に敬虔な信者というわけではありません」と述べているが、これは、キリスト教的「敬虔」について、毎日聖書を読むとか熱心に教会に通うとかいう観点からのみを考えられているからではないだろうか。周知のように、キリスト教においてもっとも重要な三つの徳目は「信仰、希望、愛」であり、「その中で最も大いなるものは、愛である」とは、キリスト教がユダヤ教から引き継いだ要請でる。そして、コリント人への手紙（一三：二）の有名な一節にあるように、「たとえ、山を動かすほどの完璧な信仰を持っていようと、愛がなければ無に等しい」のである。

イエスの最期の場面は誰もが知っていよう。釘で打たれ架刑に処せられたイエスは、苦しみのあまり、「わが神、わが神、なぜわたしをお見捨てになったのですか」と反問する。しかし、最後には「父よ、わたしの霊を御手にゆだねます」と叫び息絶えた。

このイエスの最期を念頭に置いた上で、幸子夫人の日本ルーテルアワーの「英語で聖書を学ぼう」に掲載されたインタビュー記事[78]には驚かされる。

> 私の夫は、人々への愛からあのようなことをしました。そして、私が思いますに、それは彼が神を信じていたからなのです。彼は神が彼に期待していることを断ることができないと知っていたのです。これをするために、私たちが持っていたあらゆるものを失う覚悟を私たちはしなければなりませんでした。しかし、私たちは神が私たちにするように期待していることをしなければならなかったのです。

我意ではなく神慮を優先させるという、カントの『実践理性批判』(一七八八)における最高善の定義を思わせるこの信仰理解は、キリスト者のみならずユダヤ人をも納得させるものだろう[79]。

さて、杉原は、カウナス領事館に殺到する難民たちに大量のビザを発給したことについて、「私に頼ってくる人々を見捨てるわけにはいかない。でなければ私は神に背く」という言葉で説明している。この言葉と、戦後に書いた露文書簡(一九六七)にある「難民たちには、男性だけでなく、女性や老人、子供までいた。みな明らかに疲労困憊している様子だった」という一節を読み合わせて、当時の状況を考えると、ユダヤ人であれキリスト者であれ、ただちに想起する聖句がある。いうまでもなく、エレミア書(二二:三)の以下の一節である。

> 主はこう言われる。正義と恵みの業を行い、搾取されている者を虐げる者の手から救え。寄留の外国人、孤児、寡婦を苦しめ、虐げてはならない。またこの地で、無実の人の血を流してはならない。

この一節は、あまりにも有名なので、かえって文脈が忘れられている。

この聖句は、いわゆる「バビロン捕囚」を前にした、ユダ王国の末期の王たちに対して、預言者エレミアを通して下された厳命である。

長く善政を行ったヨシア王の後に、ユダ王国では暴君が続き、苦役と重税を民衆に課して苦しめていた。神は、預言者エレミアを通し、民衆を無慈悲に扱う王たちが「目も心も不当な利益を追い求め、無実の人の血を流し、虐げと圧政を行っている」と糾弾し、神が「火のような怒り」によって「悪事の結果として報いる」ことのないよう警告し、

「貧しい人々を治め、乏しい人の子らを救い、虐げる者を砕く」（詩編 七二：四）という王たる者の努めに立ち返るように重ねて厳命した。

「寄留の外国人、孤児、寡婦」とは、社会的な後ろ盾をもたず、共同体が危機に陥ったとき真っ先に犠牲になるであろう弱い人々のことである。この主命は、できればそうせよと言っているのではなく、もし違背すれば「バビロンの王の手に渡され、火で焼き払われる」という恐ろしい厳命であった。紀元前五八六年にエルサレムは陥落し、ユダ王国は滅亡し、ゼデキア王は、両眼を抉り取られ、死ぬまで鎖につながれ、生涯を終えた。エレミアの預言は実現し、イスラエル王国に続き、ユダ王国までもが滅亡した。ユダヤ人の離散（ディアスポラ）が始まったのは、ユダ王国の末代の暗君たちの神への背きが原因だった。

有名なアイヒマン（Adolf Otto Eichmann. 一九〇六－六二）の裁判の際に、被告は「私はそんなことをしなければならぬ立場になったのです」[80]として、大量殺戮に関与していないと抗弁した。杉原とて、上意下達が自明視される旧日本帝国の官僚機構の属僚であった。ハルビン学院における千畝のかつての教え子で後輩であった佐藤休（旧ソ連のチタ領事館勤務）は、「私が杉原さんのことで不快に思っている」と前置きし、リトアニアの日本領事館で「領事館の官印を偽造したのを使わせているんです。そういうことは私たちには考えられない、官印ですからね。いくらユダヤ難民が可哀そうといってもね、それとこれとは別です。国家の権威にかかわります」と述べ、「もし訓命に背いてビザを出したのなら、その者は国家の官吏である外交官として絶対に許せない、とくに官印のことは論外だ」と、石黒健治のインタビューに答えている。[81]この点に関しては、千畝自身が、「私のしたことは外交官としては間違っていたかもしれない。しかし、私には頼ってきた何千もの人を見殺しにすることはできなかった」と述べている。

千畝にとっては、本省の訓命に背くより、「神に背く」ことこそもっともおそろしいことであった。訓命通りの発給条件厳守を実施すれば、あまたの命が失われることが自明であったからである。

ゲシュタポもソ連の秘密警察もおそれなかった千畝は、神をおそれる人であった。

戦後外務省を追われ「国賊だ、許さない」[82]と罵られた千畝は、今日内外から贈られる数え切れないほどの賞賛も知ることなく、八六歳でその波乱の生涯を閉じた。千畝が初めてキリスト教に触れた友愛学舎（早稲田奉仕園）の舎章は、ヨハネによる福音書一五章一三節からとられた、「友のために自分の命を捨てること、これ以上に大きな愛はない」であった。

9　モルッカ諸島からキュラソー島へ

戦国時代に貿易商として来日し後に医師として活躍した改宗ユダヤ人アルメイダをめぐる物語で始まったこのユダヤ人をめぐる長い物語は、先の大戦中、リトアニアのカウナスのオランダ領事館から発給された「キュラソー・ビザ」を追認する杉原千畝の「命のビザ」までたどりついた。

モルッカ諸島から始まってキュラソー島へと、ちょうど地球をちょうど半周した勘定だ。

先述したように、アルメイダはオランダ領東インド会社（VOC）の管轄になる前のポルトガル領の時代のモルッカ諸島で交易にたずさわり、一方キュラソー島は、先述の「キュラソー・ビザ」が問題にされる時によく言われるような無意味な岩礁ではなく、大西洋で最古のシナゴーグがある、カリブ海ユダヤ人の交易の拠点であった。

日本の戦国時代にスペインを追われたユダヤ人は、まずはポルトガルに、ついでオランダに逃れ、スペイン語やポルトガル語など交易実務に必須の教養を身につけ、欧州の海外植民地における商業活動にたずさわった。オランダ領東インド会社は、経済史などでは、大抵「最初の株式会社」などと説明される。地球大に広がったユダヤ人の経済活動は、資本主義の勃興期に近代世界システムの形成者の役割を果たしていたのである。

西欧諸国の大航海時代に渡来したマラーノと呼ばれる改宗ユダヤ人から、日露戦争におけるジェイコブ・シフによる戦時公債の起債援助から今日まで、日本人とユダヤ人の出会いは、とりわけ商業や交易などの経済的側面において突出していた。

このことは、ユダヤ人を実際に目にすることが少なく国民の大多数が、ユダヤ教とキリスト教の区別にさえ関心がない日本において、なにゆえユダヤ人への関心が盛んであるのかということを別の角度から考えるきっかけを与えてくれる。

10　新たなるユダヤ人論へ

ユダヤ人に関する形象は、日本の社会的伝統のなかで重要なものとは見なされていないだけに、それが意表を突くかたちで提示された時の衝撃は大きいものである。

以下に示す文章は、海外でも日本研究の際の古典として読み継がれている、和辻哲郎の『風土』(一九三五)にあるものである。

シナ人は生活の芸術化を全然解せざる実際的国民であり、日本人は生活の芸術化をやり過ぎる非実際的国民である。その点においてシナ人はユダヤ人よりももっとユダヤ人的であり、それに反して日本人は、ギリシア人よりももっとギリシア人的である。日本人がその団結を失って個人の立場においてシナ人と対比するならば、日本人は到底シナ人の敵ではない。そうしてシナ人が勝つということは、人間性において一つの退歩である。(83)

ギリシア人とユダヤ人との対比は、ヨーロッパの起源が問われるときに繰り返し提示される対比であり、それ自体はめずらしいものではない。しかし「ギリシア人/ユダヤ人」と「日本人/シナ人」の平行関係を言い立てるのは和辻ならではのものである。

和辻における「シナ人」とユダヤ人との間のアナロジーは、国境を越えて流動する商業資本の連想によるものである。「シナ」と題する節の初めには、外国疎開の様子、国民党と共産党との抗争とそれに呼応する労働者たちの同盟罷業によって「物情騒然」たる上海が描かれている。

ところが和辻は、「目前の『物情騒然』を反映している何らの表情もシナ人から見いだすことができなかった」という。和辻によれば、内乱に際してさえ蓄財と保身に汲々とするのが「シナ人」であり、「打倒帝国主義を掲げる日貨排斥」は、「日貨販売に際して幾割かのコミッションをせしめようとする一つの職業にほかならない」ともいう。「シナ人」の特質は「無感動」であり、それは「単調と空漠」という「特殊な風土的負荷から理解され得る」のだそうである。

彼らの根強い金銭追求の努力は、かかる無感動の上に立ち、赤裸々の力と力の格闘において、あくまで金銭それ自体を目的として行われるのである。無感動であるゆえに彼らは疲れることを知らず倦きることを知らない。その執拗さ、根強さにおいて日本人のごときは到底彼らに敵することができない。国家的に極めて脆弱なシナ人が、経済的にはシナの国土においてのみならず海峡植民地や南洋の諸島において勝利者となっているのも、この根強さゆえである。この点においてシナ人に匹敵し得るものは、世界中ただユダヤ人あるのみであろう。(84)

「シナ人」とユダヤ人が和辻を不安に陥れるのは、両者の国家統制に服さない「無政府的」な脱国境的性格である。和辻は、「いざとなればすぐ、国家の力が完全に保護してくれる本国へ向けてこの物騒な土地から逃げ出せるように、大きな汽船が待ちかまえている」「本国の保護になれている外国人たち」、すなわち租界の主たる西洋人や日本人と「国家の保護の下に逃げ込むという道を与えられていないシナ人」との対比を強調する。みずから記述している中国大陸における社会抗争の原因をことさら不問に付し、また一九二〇年代から三〇年代において極東最大の居留地区として二万余を超えた上海ユダヤ人にも一切触れることなく、和辻は、「シナ人」とユダヤ人に共通するという打算と「無政府的」性格を批判する。

ここで問題になっているのは、具体的に「シナ人」やユダヤ人の誰彼ではなく、社会的葛藤と分裂を体現するとされる「シナ人」やユダヤ人の不変の属性が問題なのである。

均質指向の社会の観点から無秩序と社会構成体の崩壊を招く闖入者としてとらえられたユダヤ人のイメージは、和辻における反ユダヤ主義が中国恐怖症に伴走していたように、さまざまな転移先を見いだす。

例えば、阪神淡路大震災が発生した一九九五（平成七）年、出版界にスキャンダルを引き起こした『マルコポーロ』誌事件を思い起こしてみよう。問題になった『マルコポーロ』誌（一九九五年二月号）の特集は、実は「ホロコースト否定論」ではなく、「外国人」犯罪、とりわけ中国人による犯罪に関する煽情的記事だったのである。

ユダヤ人と中国人への並行的関心は、先の和辻の『風土』の例で示したとおり、戦前からの長い前史がある。

現代日本の代表的な反ユダヤ主義者の宇野正美は、日本でも一九七五年から一九八二年にかけてNHK総合テレビで放映された『大草原の小さな家』（*Little house on the Prairie*）がアメリカを象徴するものだとして、レーガン元米大統領が好んで視聴したとし、「古き良き時代」のアメリカをこう描いてみせる。

> かつてのアメリカでは父親はよく働いた。そして子供たちにとってもよき規範であった。母親は家庭を治めかつ守り、子どもの養育を特権と心得ていた（……）教会に行けば村のすべてがわかり、おたがいに助け合い、たりないものが補われることにもなった。[85]

宇野正美によれば、こうした結構ずくめの「古き良き時代」のアメリカの「基礎を揺さぶり、崩壊に導き、今日、目もあてられないアメリカにしてしまった」のは、リベラル運動を推進した「シオニスト・ユダヤ人」だという。宇野にとってのユダヤ人とは、社会や経済のグローバル化によって「境界を飛び越えてしまう複合的プロセス、わけがわからず、手なずけようがなく、不吉に感じられるこのプロセス」[86]に対する不安の形象化とも解釈できるだろう。

アメリカにおける伝統的な地縁社会の相貌が刻々と変化し、それまで慣れ親しんだ国内の慣習に変更が余儀なくされた反動として自閉的なナショナリズムが宗教に浸透し、大衆宗教が政治的保守と結びつく傾向を顕著に示すことに関し、井門不二夫（宗教学）は、宗教学者のジョン・ベネット（John C. Benett）の論文[87]を援用して、以下のようにまとめている。

1　彼岸的救済の神学から現世利益的福音への下落

2　自己や自国文化に対する彼岸的立場よりする批判や罪悪感の希薄化を原因として、自己の信仰に対する確信から、共産主義その他のイデオロギーに対抗するアメリカ的選民意識または素朴な国家主義への変化

3　自己の不安を抑止するために他人の行為を批判する態度から起こる挑戦的な正義感

4　政治的保守主義者との提携を可能にさせる心理的傾向

ベネットの考察を踏まえ、井門不二夫は、現代の大衆社会における「宗教のイデオロギー化は、結局、国際社会における現状不安や、資本主義社会における地位向上の機会希少かに関する不満とともに、大衆の心理的防衛機制の肩代わりをするという意味で、表面的にはますます楽天的な傾向を伴って拡大してゆく[88]」と、示唆に富む指摘をしている。

流動する資本と世界を攪拌するその脱国境的性質への不安は、市場原理によるグローバル化の時代に慣れ親しんだ生活のあり方を外部から侵蝕する実態に仮託される。

宇野正美に見られる「古き良き時代」のノスタルジーこそが、変化や彷徨、非定住などイメージと結びついた破壊的で侵蝕的《ユダヤ人》の形象を生み出したのである。変化というものを「悪」と同義なものとして解釈する伝統はプラトン以来連綿と存在し、各人が家業を継承し、明日は昨日と類似していた古い社会の枠組みがなし崩しになる現代社会を象徴するものとして《ユダヤ人》が非難の対象となっているわけである。

『反ユダヤ主義とは何か』（二〇〇五）のなかでヴォルフガ

ング・ベンツ（ベルリン工科大学反ユダヤ主義研究センター所長）は、ユダヤ人への敵意には、「多数派の問題、不安、懸念を映し出す投影面、自負心を安定させ、危機的現象を説明し、責任を転嫁するための愛国的な企画を映し出す投影面として利用されるという認識」があるとし、ユダヤ人への敵意は、「まずそしてなによりも多数派社会の問題を示す徴候」[89]だとしている。

反ユダヤ主義に関するベンツの考え方には、長所と欠点がある。欠点の方は、ベンツが考える少数派にはユダヤ人以外を代入しても成り立つということである。長所の方は、反ユダヤ主義が、迫害する側の意識との相関で考えられていることである。そして、日本における反ユダヤ主義の場合、先に示した和辻哲郎の『風土』から『マルコポーロ』誌の例でわかるように、華僑の商業的ダイナミズムによる反発から、中国恐怖症などの「異名」を持つことはもっと注目されてよいだろう。

第9章　ヘブライの遺産

1　不世出の外交官

人類の歴史のなかで長い間無関係に生きてきた日本人とユダヤ人の出会いは、日露戦争から第二次世界大戦までの歴史と緊密に結びついている。

そのなかでももっとも劇的な出会いは、ロンドンにおける高橋是清とジェイコブ・シフとカウナスにおける杉原千畝とユダヤ難民たちとの出会いであろう。

二〇世紀になっても終息しないロシアにおけるユダヤ人迫害を強く憎んでいたジェイコブ・シフは、勝算が少ないと思われていた日本の戦時外債を引き受け、その公債で調達した戦費で日本はロシアに勝利した。日露戦争における劇的勝利は、「財力に富み、米国の対日世論に大きな影響力がある」という、ユダヤ人に対するステレオタイプのイメージを日本人に植え付けた。

一方、戦時中リトアニアの駐カウナス日本領事代理だった杉原千畝の前に現れたユダヤ人は、ジェイコブ・シフのようなユダヤ人とは似ても似つかぬ人々だった。「難民たちには、男だけでなく、女性や老人、子供までいた。みな明らかに疲労困憊している様子だっ」た。戦後に書いた露文書簡に千畝は、そう記している。

多くがユダヤ系であった難民たちへの大量ビザの発給が、亡命ポーランド政府の軍人たちへの見返りとの説がある。これは、杉原の名目上の上司だった大鷹正次郎の義娘の大鷹節子が『戦争回避の英知 ― 和平に尽力した陸軍武官の娘がプラハで思うこと』（朝日新聞出版）で暗示し、岡部伸が『消えたヤルタ密約緊急便』（新潮社）に引き継いだ俗説である。

本論でも引用した通り、千畝の情報収集に協力したレシェク・ダシュキェヴィチは、一九四八（昭和二三）年に英国で刊行した回想録のなかで、「日本領事によるビザ発給の日が来ると、ユダヤ人はこぞって申請につめかけたが、ポーランド人の希望者は少なかった」と書いている。情報を提供してくれたポーランド人将校や関係者へのビザであり、ユダヤ難民の殺到は、予期していない突発事であった。そして、ダシュキェヴィチは、「申請者は十数名に過ぎず、私は彼らを優先させるべくあらゆる手を尽くした(1)」と続けている。つまり、あくまで非ユダヤ系のポーランド人が優先で、ユダヤ人への通過ビザの発給は、もっぱら千畝の判断による付け足しだったのである。

戦後に帰国した千畝を待ち受けていたのは、岡崎勝男から送付されて来た退職通告書だった。幸子夫人は、「外務省の同僚であった人たちの口から『杉原はユダヤ人に金をもらってやったのだから、金には困らないだろう』という根も葉もない噂が語られていることを知(2)」ることになる。

おそらく、かつての外務省の同僚からしてみれば、これで自分たちの出世の邪魔になる「外務省きってのロシア通」の千畝をまんまと排除できたと喜んだに違いない。しかし、今日この噂の流布は、旧外務省の同僚たちの意図とはまったく逆の効果を生んでいる。もちろん買収説は、難民たちのリーダーであったヴァルハフティクが言下に否定したようにでたらめである。

しかし、読者はおわかりだろう、外務省内で買収説が信憑性をもって流布されたということは、千畝による大量ビザの発給が、国策でもなく情報への見返りでもなかったという、何よりも雄弁な証拠なのである。外務省も参謀本部も、なにゆえ千畝が通過ビザを発給したのか理由がわからなかったのである。

ナチスに追われ「ヨレヨレの服装をした老若男女」を前にした千畝は、本省からの閉館命令を口実に、「ここで振り切って国外に出てしまえば、それでいい。それだけのことなんだ」と、幸子夫人に確認するように何度もいった。しかし、「それはできないでしょう。これだけの人たちを置いて、私たちだけが逃げるなんて絶対できません」と夫人が反論すると動揺は静まり、ビザ発給の決断を下した。千畝は、その時、「私を頼ってくる人々を見捨てるわけにはいかない。でなければ私は神に背く」と語った。

リトアニア時代の千畝の「名目上の」上司だった大鷹正次郎の次男の大鷹正は、『Ｔｈｉｓ ｉｓ 読売』の一九九八年八月号に「『偽キュラソー・ビザ』の謎」という記事を寄せている。

この記事のなかで、大鷹正は、「父は死ぬまで杉原さんのことは一言も私たち子供に話さなかった。しかしカウナス撤収後の杉原さんの行く先を心配した父の公電が残っている。杉原さんの人道的行為を父は沈黙のうちに容認していたと信じたい」と述べている。

杉原の「人道的行為を父は沈黙のうちに容認していたと信じたい」というのは親子間の個人的感情なので歴史研究とは関係ないが、常識的にはもっとも考えにくい推定であろうと思われる。六本木の外務省外交史料館では、公文書集「ユダヤ人問題」がマイクロフィルム化されていて閲覧することができる。その第四巻の九に、青島総領事の時代の大鷹正次郎が有田八郎外務大臣に宛てた一九三八（昭和一三）年一一月二二日付の報告書が残されており、その報告書では、ヨーロッパから東漸するユダヤ難民たちに関して、「殆ど全部が無資力なるに鑑み、当地への移住は少なくとも益なく、殊に共産関係等有害」という意見が具申されていた。

大鷹正が、「シニア・エージ」セミナーの第五二回講演の『ある外交官が目撃した〝昭和〟』（二〇一一年六月三〇日）[3]において実際に語ったところによれば、大鷹が外務省に入省した際の上司が新関欽也だそうである。この新関に関しては、「千畝手記」の抹消部分に「公邸の来賓用寝室には、たまたま外交官試験出の語学研修生N君が、泊まり客として居合わせ」たとされており、戦後も千畝と同じく藤沢市に居住。また、杉原がモスクワ駐在員時代には駐ソ大使であった。[4] 帰国後すぐに「外務省政務局第三課に配属され」た新関は、「この課はソ連関係を担当してお」り、「そのころの最も重要な仕事は対ソ和平問題であった」（『第二次世界大戦下 ベルリン最後の日』[5]）としている。大鷹正次郎を父とし、新関欽哉を上司として両者に身近に接した大鷹正なら、戦後、「外務省きってのロシア通」であった千畝が外務省から放逐され、渡欧時にまだ語学研修生に過ぎなかった新関が何故戦後外務省で厚遇されたのか、誰が「杉原はユダヤ人に金をもらってやったんだから、金には困らないだろう」などという中傷を流したのか等々の委細を知っているかもしれない。大鷹正から研究者やジャーナリストたちが知りたいと思っていることがあるとすれば、それは敗戦時の近衛将校の反乱未遂事件などという誰でも知っている事件の裏話ではなく、大鷹正次郎や新関欽哉と杉原千畝をめぐる、未だ知られざる歴史の未知の部分であろう。

同じ一九三八（昭和一三）年四月二日、外務次官の堀内謙介から陸軍次官・梅津美治郎、海軍次官・山本五十六宛に「回教及猶太問題委員会に関する件」が送られ、同委員会が外務省第三課が庶務を担当して発足する。この委員会発足にあたり、欧州第一課の今村が作成した「猶太及び回教問題対策に関する考察」（一九三八年三月）には、「古来労働を嫌悪し……農民、軍人、労働者少なく、陰謀家、扇動家、革命家多し」「猶太人は民族的搾取者」「極端に物質的打算的」であり、ユダヤ人は「流浪的吸血的」などと悪意ある特徴付けがなされ、「ユダヤ利権が勢力圏内への侵入に対しては敬遠主義を採るを可とする」[6]と結論づけていた。当時の外務省のユダヤ人観は、今日で言えば「トンデモ本」レベルであったのだ。

憔悴する難民たちを前にした杉原は、外務省内にあてにできる者はなく、家族以外に相談する者もいなかった。また、帰国後に「国賊だ、許さない」という中傷の手紙が来たように、戦前日本の権威主義的な風土では、上意下達のヒエラルキーを疑う者はいなかった。千畝の決断はまさに、四面楚歌のなかでの孤独な「決断」だったのである。

広告の裏紙に書かれた「杉原メモ」にあるように、「外務省情報局等の若手外交官グループが盛んに反ユダヤを宣伝する」[7]も、千畝はそれに同調することはなかった。

ヘルシンキ時代に、幸子夫人が周囲の日本人から聞いたユダヤ人への差別的な隠語を披露したときも、「そんなことをいうもんじゃない」と叱責された[8]。外部にはわからない身内の会話でさえ、差別を容認しなかったのである。

戦後、千畝の消息を尋ねる問い合わせに対して、外務省は旧外務省関係者名簿に杉原姓は三名しかいなかったにもかかわらず、「日本外務省にはSEMPO SUGIHARAという外交官は過去においても現在においても存在しない」と回答していた。退職時に外務省筋から「杉原はユダヤ人に金をもらってやったんだから、金には困らないだろう」などという根拠のない噂が流されたが、それでも足りないかとばかりに、杉原千畝という存在そのものを人々の記憶から抹殺しようとしたのである。

二〇〇九（平成二一）年二月四日、千畝の次男の千曉は、映画『ディファイアンス』の公開を記念したトークイベントに出席し、カウナスの事件に関して、「日本に帰ってきてからも両親とも当時の話はしませんでした。マスコミの人がどこからかその話を知って、たずねてくるようになってそれで知りました。私が三〇歳くらいのことです」と証言した[9]。千畝は、息子たちにさえ、かつての業績や善行を知らせたり誇ったりすることはなかった。

ビザ発給の件について、生前千畝は、「大したことをしたわけではない。当然の事をしただけです」[10]と答えている。また、危機的状況にあったミル神学校へのビザ発給を願い出た生徒代表のモシェ・ズプニックには、「あの人たちを憐れに思うからやっているのだ。彼らは国を出たいという、だから私はビザを出す。ただそれだけのことだ」(″I do it just because I have pity on the people. They want to get out so I let them have the visa.″）と語ったという[11]。

この時の千畝の用いた「憐れみ」（pity）ほど、死活的重みをもって発された例は少ない。

ナインという町に入ったイエスの視線は、一人息子をなくしたやもめの女にくぎづけになった。夫を失いいままた一人息子を失った女は、悲嘆に暮れていた。「棺が担ぎ出されるところだった。その母親はやもめであって、町の人が大勢そばに付き添っていた。主はこの母親を見て憐れに思い、『もう泣かなくともよい』と言われた」（ルカによる福音書七：一二-一三）。

聖書における「憐れみ」とは、多くを持つ者がわずかを与える慈善などとは違い、人間の生死にかかわる場面で用いられる言葉である。「憐れむ」という動詞の原語「スプランクニゾマイ」とは「スプランクノン（はらわた、腸）」に由来する語であり、「はらわたを突き動かされる」「内臓を引き絞られる」という意味である。内臓は人間の感情の座であると見なされていたため、この語が「憐れみ、愛」の意に転化して動詞化したものだという。[12] 日本語でいう「断腸の思い」に近いという発想である。

その比類のない「憐れみ」によって、難民たちの窮地を救った杉原の一家を待ち受けていたのは、解雇通知とかつての同僚たちからの中傷だった。外務省を追われた千畝は、「電球売りの訪問販売」までして糊口をしのいだ。

ポーランド生まれのユダヤ系フランス人作家、マレク・アルテールには、第二次世界大戦中ナチスに追われたユダヤ人たちを救済した人々への取材内容をまとめた、先述の『善の力』（一九九五）というインタビュー集がある。

そのなかで「なぜユダヤ人を助けたか」という繰り返される問いかけに、ほとんどの救済者は困惑している。「なぜ」と尋ねられても、「かくかくしかじかの理由で」とその動機を明瞭に言語化できるものではなかったからである。

アルテールが最後に得た結論は、《善》への衝動が「本能的に、国境を越え」（d'instinct et d'un pays à l'autre）[13] たものだということである。

難民たちの救済動機に関する荒唐無稽なものには、ヒレル・レビンによる忠臣蔵説（「たしかに千畝の行為は、四十七士の伝説の中の大石の戦略に比肩されよう」[14]）だとか、トケイヤー師による——ものと一応はされているが原文不詳——皇道主義者説（「私のすべきことは、陛下がなさったであろうことをするだけでした」[15]）だとか、さらには竹本忠雄による宇宙的親和力説（「あの砕け散る『水晶の夜』に、幾千ものユダヤびとの畝を耕し、いずこかで日猶の二つの霊性の交わりが用意されていた」[16]）など、頭痛のするジョーク集があるかと思えば、昨今では、ポーランド諜報網の「情報の見返り」説などが流行りのようだ。これらは、本文で指摘したようにまったくの的外れである。

前者などは、イザヤ・ベンダサンこと山本七平流に言えば、「日本教」という俗情と結託したトンデモ説であり、後者は、人間のあらゆる営為を経済効果に置き換える、ネオリベ的な昨今の卑しい風潮に迎合したものに過ぎない。

これら俗説に共通することは、「見慣れないもの」を「見慣れたもの」に置き換えてとりあえずの安心のなかに逃げ込むという知的惰性である。知的惰性というガラスケースのなかでは、《善》の「本能的」な衝動などはあり得ないことであり、まるで検事の作文のように、「見慣れた」動機が遡及的に捏造される。前者の自由な投企には、苦悩と無限があり、後者には、凡庸さと安全がある。

ルーマニアのブカレストで生まれたユダヤ系の米国人歴史家のユージン・ウェーバー（Eugen Weber, 一九二五－七〇）は、『うつろな年々、フランス一九三〇年代』（*The Hollow Years : France in the 1930s.* 一九九四）のなかで、こう述べている。

一九三〇年代についての本は、直接的であれ間接的であれ、生き残った人たち、つまり、兵士たち、未亡人、孤児、子供を亡くした親たちの傷跡や心の痛みについてのものとなっており、これらの人々は傷ついたものを憐れみ、このような災禍を繰り返さない決意をするものでなければならない。(17)

ウェーバーが「これらの人々」と列挙した範疇は、預言者エレミアを通して「寄留の外国人、孤児、寡婦」の保護をユダ王国末代の王たちに命じた要請にも、また預言者ゼカリアを通じた「やもめ、みなしご、寄留者、貧しい者を虐げず、互いに災いをたくらんではならない」との厳命にも含まれている。

こうした背景を知らないと、杉原千畝が残した「私に頼ってくる人々を見捨てるわけにはいかない。でなければ私は神に背く」という言葉の意味が半分しかわからない。

アジアもヨーロッパも、また枢軸国側も連合国側も殺戮の狂気に覆われていたとき、偏見と憎しみの前に立ちはだかり、身職を賭して「寄留の外国人、孤児、寡婦」を守った杉原千畝のような人がいたことを知ることは、何と励まされることではないか。

「あの人たちを憐れに思うからやっているのだ。彼らは国を出たいという、だから私はビザを出す。ただそれだけのことだ」、そう杉原は述べたという。窮状にある人々への《憐れみ》の念こそ、殺伐とした世界を多少とも人間味のあるものにして来た、人間が持ち得るもっとも高貴な心情であろう。

牛乳売りのアルバイトで苦学した早稲田大学の学生時代、

キリスト教に興味を持っていた千畝は、現在の早稲田奉仕園の友愛学舎に入会した。友愛学舎の舎章は、ヨハネによる福音書一五章一三節からとられた「友のために自分の命を捨てること、これ以上に大きな愛はない」というものであった。

日本に最初にキリスト教を伝えたフランシスコ・ザビエルは、その書簡(第三巻、九六頁)で、日本人との出会いを、驚きと興奮のなかで、本国に伝えている。

第一に、私たちが交際することによって知りえた限りでは、この国の人びとは今までに発見された国民のなかで最高であり、日本人より優れている人びとは、異教徒のあいだでは見つけられないでしょう。彼らは親しみやすく、一般に善良で、悪意がありません。驚くほど名誉心の強い人びとで、他の何ものよりも名誉を重んじます。大部分の人びとは貧しいのですが、武士も、そうでない人びとも、貧しいことを不名誉とは思っていません。

ザビエルはまた、日本人が「知識欲が旺盛で、質問は限りありません」(第三巻、一八六頁)[18]とその勤勉さも伝えている。貧しさを恥辱と思わないことと勤勉さとは、現代日本が忘れようとしている徳目であるが、この二つは、杉原の「古武士」的エートスを形成した重要な契機であることは、誰しも否定できないだろう。

しかし、千畝が書き残したものを読んで驚かされるのは、またその現代性である。一九〇〇(明治三三)年に生まれた千畝は、現代の若者たちから見れば曾祖父にあたる世代の人物であるが、千畝の生涯を調べていていつも驚かされるのは、まるで現役の外交官と対話しているような錯覚を覚えるその先進性である。国籍や民族、宗教の違いに関係のない分け隔てのなさ、数ヶ国語に通暁する語学力、ヨーロッパとロシアに関する驚嘆すべき蘊蓄は、単に政治経済のみならず、文化や宗教にまで及んでいた。

杉原がモスクワ駐在員だった時代に部下だった人物に川村秀氏がいる。著名なロック歌手・川村カオリの実父で、広瀬武夫(一八六八-一九〇四)に関する著作もあるロシア史家である。「杉原さんは、とても優しい思いやりのある人でした」と語る川村氏は、「声は重低音で、あの風貌でしょう。ですから、ロシア人たちもその貫禄に『ゲネラル、ゲネラル』と呼んでいましたね」と当時を回顧し、解凍されたときの粘度の高いウォッカを千畝が好んだなどのエピソードも紹介して頂いた。

しかし、千畝においてもっとも驚かされるのは、その徹底した平等観だろう。杉原幸子が、千畝にひかれた理由を、「あまり饒舌な方ではなかったのですが、言葉を選ぶように、私に分かりやすく話そうとしてくれているのがわかりました。私にとってそんな〝千畝さん〟の態度は不思議な感じでした。当時は女性の話を真剣に聞いて、きちんと答えてくれるような男性はほとんどいなかったから[19]」としているのは、興味深い。

国籍、民族、宗教、性別に関して、これほど差別観のない人物は、明治の中頃生まれた日本の男性にはまれであった。

カウナスを後にした千畝が向かった最終的な任地は、ルーマニアのブカレストだった。杉原の上司ルーマニア公使の筒井潔(一八九六-一九九三)は、戦後「風雲急な欧州に使いして」という回想記のなかで、「ある時、本省から『バルカンに親独的でない日本外交官がいるとドイツ側から苦情があったから注意ありたし』というバカな電報が来たことがあった」としている。続けて筒井は、「あるいはドイツに解読された電報が親独的でなかったのかもしれないし、あるいはまた私のことではなかったのかもしれない」と述べている。

「親独的でない日本外交官」とは、もちろん筒井のことではなく、杉原千畝のことである。筒井は、十分に「親独的」であったし、そのユダヤ人に対する偏見は、先の駐ラトヴィア大使の大鷹正次郎の偏見も顔色なからしめるものであった。

太平洋戦争が始まる一九四一(昭和一六)年六月、本国宛の電信で、ユダヤ人は「平時においては獅子身中の虫、戦時においては敵の第五列」と罵倒していた筒井の偏見は、杉原がブカレストに合流する前の一九四二(昭和一七)年になると、一段と過激化し、ついに外務大臣に、「上海をはじめ、東亜各地に根を張り居たるユダヤ勢力を、能う限り消滅せしめ、彼らの足場を根絶し置く様、今より怠ら」(七月三一日付)ないことが肝要との戦慄すべき意見を具申していた。

千畝三部作(『決断・命のビザ』『真相・杉原ビザ』『杉原千畝の悲劇』)で知られる、杉原研究の第一人者、渡辺勝正が、戦前日本の反ユダヤ主義の領袖であった四王天延孝の妻が白系ロシア人だったことに関連し、同じく「ユダヤ人を憎む環境で過ごした白系ロシア人」を前妻とした「杉原は反ユダヤ主義に染まって当然の状況にあったが、その精神は何ものにも左右されなかった[20]」と称賛しているが、まったく同感である。この三部作は、今日の杉原研究の隆盛を基礎づけた、必ず読まねばならない三冊である。

反ユダヤ主義というと、キリスト教の神学に根拠を求める議論が多いが、聖書を仔細に読めば、周囲の偏見に付和雷同しなかった千畝が体現しているものこそ、聖書の教えであることがわかる。

2　ゲラサの悪魔憑きとヘブライの知恵

聖書は、まさに迫害する群衆に付和雷同することを禁じているのである。それは、マルコによる福音書にある有名な「ゲラサの悪魔憑き」のエピソードに端的にあらわれている。

悪霊に取り憑かれた男に、イエスは「名は何というのか」と尋ねる。それに対して、男は「名はレギオン。大勢だから」と応えている。新共同訳の聖書では、主語が省かれているのでわかりにくいが、この個所の原文は、「私の名はレギオン」という単数主語で始まる同じ声がすぐさま「われわれは大勢だから」と述べる破格の構文で記述されている[21]。

このように聖書における悪霊は「多である一」という性格を持っている。また、ギリシア語で書かれたこの文に、キリスト教徒を迫害するローマ帝国の軍単位を示す「レギオン」（英語で「軍団」を意味する〝legion〟の語源）というラテン語由来の語を挿入して、注意を喚起していることも見逃すことができない。周知のように、イエスと出会った後、「汚れた霊どもは出て、豚の中に入った。すると、二千匹ほどの豚の群が崖を下って湖になだれこみ、湖の中で次々におぼれ死んだ」（五：一三）とある。

それでは、「レギオン」という言葉であらわされているものとは何だろうか。

『知恵の書』（二：二四）には「悪魔のねたみによって死がこの世に入り、悪魔の仲間に属する者が死を味わうのである」とあり、またユダヤ属州総督ピラトがイエスの処刑をためらった理由が「祭司長たちがイエスを引き渡したのはねたみのためだとわかっていたからである」（マルコ一五：六）とあるように、聖書でもっとも強く非難されている対象がユダヤ人であるというのは、聖書の誤読である。新旧約を通して聖書で一貫して非難されている最大のものは、ユダヤ人であろうがあるまいが、人間に普遍的に起こりえる「ねたみ」の働きなのである。

祭司長がイエスに「ねたみ」を抱いたのは、自分たちが得たいと思っている民衆への絶大な影響力をイエスが所持していると考えたからである。そして、自分にはなく他者が所有していると想像されるものにたいする競合的な摸倣は、告発と暴力の応酬を生みだし、「十字架につけろ」と激高するイエスを迫害する群衆の間にたちまち蔓延してしまう。群衆たちは、その疑惑と怨恨と憎悪の応酬のなかで、外部からは一人一人の見分けがつかなくなった分身のように、互いに似通ったものになってくる。

聖書のなかの悪魔とか悪霊とか呼ばれているものは、尻にしっぽが生えた怪物などではなく、「ねたみ」による競合的摸倣によって生み出された分身状態のことであり、その数は「多」であるが互いにあたかも同じ仮面をかぶったかのような「一」をなしている。マルコ伝の「レギオン」（軍隊）という語が意味するものは、まさにそのことであり、ジュネーヴ大学のジャン・スタロバンスキー（思想史）は、この「レギオン」に関して適切にも、「軍団、敵軍、占領軍、ローマの侵略軍、そしておそらくはキリストを十字架につけた人々をも意味している」と指摘している。[22]

キリスト教に関する概説書などには、イエスは人類の罪を贖うために十字架に掛けられたなどとよく書いてある。しかし、こういう説明は、あまりに抽象的であり、すでに信仰を受け入れている者にしかわからない。しかし、新旧約を通して非難されている最大のものが何かを考えれば、イエスの架刑の意味は明解である。聖書がもっとも強く禁じているものは、「ねたみ」による競合的摸倣によって生み出された分身の群れに、すなわち迫害する群衆に身を投じてはならないということである。

イエスは、その死によって、神への自己奉献によって、競合的摸倣、すなわち「ねたみ」によって発生する迫害と犠牲のメカニズムを明らかにし、こうした迫害的思考を自分で最後のものとして廃棄するため、人間的悲惨の極みのなかで十字架の死を選んだのである。

前妻クラウディアの一家が属する反革命的な白系ロシア人社会から、渡欧後の大公使館まで、ユダヤ人に対する偏見が渦巻いていたにもかかわらず、ユダヤ人を迫害する群衆的判断から距離を置き、周囲の反ユダヤ主義に迎合することがなかった杉原千畝は、聖書の精神をもっとも的確に理解していた人物の一人と言えるだろう。「父は相手がユダヤ人であろうとなかろうと、助けたことでしょう。父に尋ねればきっとそう答えると思います。ユダヤ人であろうとキリスト教徒であろうと変わりはありません」[23]と、千畝の四男・伸生は、作家のマレク・アルテールに答えている。

戦後長らく知られなかった千畝の善行は、しかしカウナスの出来事から七〇年以上たった今日でも、忘れさられることはなかった。

東日本大震災によって被災した人々に対する義援金を募るにあたり、米国のユダヤ人組織であるオーソドックス・ユニオンは、会長のシムカ・カッツ博士と副会長のスティーヴン・ヴェイユ師の連名で、以下のような公式声明を発した。[24]

窮状にある人々に手を差し伸べることは、主のいつくしみの業に倣うことである。今こそ、身職を賭して通過ビザを発給し、リトアニアから六〇〇〇人ものユダヤ人を救ってくれた杉原夫妻の恩義に報いる時である。

生前外務省の同僚からあれほど冷酷なを扱いを受けた杉原千畝は、没後の今日においてなお窮状にある人々の助け手となっているのである。

書店のビジネス書のコーナーには、大抵ユダヤ人と金儲けに関するハウツー本が並んでおり、戦後杉原に関して外務省の同僚たちが流した中傷もまた、「杉原はユダヤ人に金をもらってやったのだから、金には困らないだろう」というものだった。

しかし、ユダヤ人をもっぱら金銭と結びつけるのも、またユダヤ人仲間のみを尊重するというのも、ヘブライズムの伝統を知らないか、悪意ある、偏ったものの見方である。

コヘレトの言葉（伝道の書）には、「銀を愛する者は銀に飽くことなく、富を愛する者は収益に満足しない。これまた空しいことだ」（五：九）という章句があり、また「働く者の眠りは快い。満腹しても、飢えていても。金持ちは食べ飽きて眠れない」（五：一一）と蓄財の空しさを教えている。また、「人は、裸で母の胎を出たように、裸で帰る」（五：一四）と、人間は本来無一物で生まれ、労働による正当な対価に「足ること」を教えている。

この教えは、キリスト教に受け継がれ、「金持ちが神の国に入るよりも、らくだが針の穴を通る方がまだ易しい」（マタイ一九：二四）とされ、さらに蓄「財」が蓄「罪」に通じるという考え方が徹底される。

ソロモンの『知恵の書』には、神に従う義人を嘲笑った悪人たちが「高慢は我々にとって何の役に立ち、富とおごりは何をもたらしてくれたのか」（五：八）と蓄財の空しさを説き、さらに悪人たちが自ら滅びを招き入れた原因の一つとして、寄留の異邦人を邪険に扱ったことが挙げられている。「罰が罪人たちの上に下った。激しい雷による警告の後のことである。彼らはその罪ゆえに当然の苦しみを受けた。他国人を敵意をもってひどく扱ったからである」（一九：一三）と、『知恵の書』には明確に書かれている。

少年時代に日本の切手を千畝からもらったエピソードで知られるソリー・ガノールが「神と共に行け、センポ・スギハラ。あなたは、天国においても、必ずや輝ける地位を占められることでしょう[25]」と述べたのは、思いつきの追従でもなければ、無意味に選ばれたことばでもない。

『知恵の書』には、神に従う人を迫害する悪人たちが確実に滅びに定められ、神が悪人たちの群れから義人を選り分けて、天において格別な地位を与えることが、第三章にこう述べられている。

「神に従う人の最期は幸せだと言い、神が自分の父であると豪語する。それなら、彼の言葉が真実かどうか見てやろう。（……）暴力と責め苦を加えて彼を試してみよう。その寛容ぶりを知るために、悪への忍耐ぶりを試みるために。彼を不名誉な死に追いやろう。彼の言葉どおりなら、神の助けがあるはずだ」。神を信じない者はこのように考える。悪に目がくらんでいるのだ。（……）神に従う人の魂は神の手で守られ、もはやいかなる責め苦も受けることはない。愚か者たちの目には彼らは死んだ者と映り、この世からの旅立ちは災い、自分たちからの別離は破滅に見えた。ところが彼らは平和のうちにいる。人間の目には懲らしめを受けたように見えても、不滅への大いなる希望が彼らにはある。わずかな試練を受けた後、豊かな恵みを得る。神が彼らを試し、ご自分にふさわしい者と判断されたからである。るつぼの中の金のように神は彼らをえり分け、焼き尽くすいけにえの捧げ物として受け入れられた。主の訪れのとき、彼らは輝き、わらを焼く火のように燃え広がる。彼らは国々を裁き、人々を治め、主は永遠に彼らの王となられる。

関東軍の横暴に憤慨し満州国の外交部を辞任したことに関して、千畝は、「日本人は中国人に対してひどい扱いをしている。同じ人間だと思っていない。それが、がまんできなかったんだ[26]」と述べている。善き行いについても悪しき行いについても、因果応報とはまさにこのことである。戦後の外務省に千畝が残り、その人間味あふれた外交手腕を発揮していれば、昨今の日本と東アジアをめぐる困難な状況も、いまとはかなり違った状況になっていたのではないかと考えるのは、一人筆者だけであろうか。

3　福沢諭吉と「人種改良」論

思えば、『拝金宗』（福沢門下の高橋義雄の著作名）の教祖が日本国の最高額紙幣の肖像になった一九八四（昭和五九）年とは、まさしくオーウェル（George Orwell, 一九〇三－五〇）がその年に起こることとして、全体主義諸国の世界分割という近未来の恐怖を描いた小説のタイトルであった。

そして、あたかもオーウェルの小説世界を具現するかのように、ソ連の共産体制とアメリカの対決が最終局面に向かって加速し、米国ではレーガノミックスと呼ばれる経済施策によって、ケインズ主義による福祉国家の行き詰まりを民営化と規制緩和という市場原理で解決しようとする新自由主義（ネオリベラリズム）に席巻されようとしていた。

中曽根首相とレーガン大統領が「ロン・ヤス」と呼び合い、日本にも米国の経済潮流が押し寄せ、このネオリベ経済を強力に推進した、小泉純一郎政権下の二〇〇二（平成一四）年には、道徳授業の副教材として『心のノート』がつくられ、愛国心が通知表で評価されるという、戦時下の日本にさえなかった前代未聞の発想さえ生まれた。

こうして、本来人間社会への一つのものの見方に過ぎなかった「市場」というモデルが、社会の多くの諸関係に拡大適用され、そのイメージに基づいて世界を作り変えようとする施策が次々と打ち出され、二〇〇六（平成一八）年には、金融庁が、各都道府県の小学校、中学校及び高等学校（各四七〇校）を対象に、金融経済教育に係る意識、取組状況及び金融庁への要望等の実態を調査した。その質問表には、「英米に比べて我が国で金融経済教育にまとまった授業時間が充てられない要因」という項目があるように、あらかじめブッシュ大統領とトニー・ブレア首相による英米の経済施策に追従することを前提としたこの「調査」によって、小中学生にまで「初等中等教育段階における金融経済教育」の重要性がうたわれるようになり、金融庁は「わたしたちの生活と金融の働き」なる中学生向けの図説パンフレットさえ作成した。

二〇〇六（平成一八）年一〇月二四日に、富山県の高校で発覚した必修科目未履修問題は、その後次々と発覚し、公立高校の八％、私立高校の二〇％で単位不足の卒業が認められていた事実が判明し、なかには履修していない科目の成績が出ていたりする例さえあった。

人間的営為をコストパフォーマンスという観点のみから考える浅ましい政策が、教育上のモラルを空洞化し、学校現場を荒廃させたのである。高等学校必履修科目未履修問題は、あやまったネオリベ的施策によって、起こるべくして起こった事件であった。まさに、明治期に内村鑑三があれほど懸念していた「利慾を学理的に伝播」（『萬朝報』一八九七年四月二四日）することの弊害が日本中に噴出したのである。

「拝金宗」とは、今の言葉で言えば、ネオリベ経済のことである。生前そのご都合主義の機会便乗主義者と揶揄されることが少なくなかった福沢に関して、丸山真男は、そのオポチュニズムと見えるものは意識的な方法論であって、福沢における「価値判断の相対性の主張」を支えているものは「事物の置かれた具体的な環境に応じ、それがもたらす実践的な効果との関連においてはじめて確定されねばならない」という発想なのだと、よく知られた「福沢諭吉の哲学」（一九四七）で述べた。そしてカール・ポパーの社会認識モデル（『開かれた社会とその敵』一九四五）を借りて、「開かれた社会」と権力偏重の社会において培われた「惑溺」の心情を対置した。福沢の「惑溺」とは、議論多い概念だが、少なくとも丸山が理解するところの「惑溺」は明快である。

『「文明論の概略」を読む』（上）のなかで丸山は、この「惑溺」を福沢の中核的（pivotal）用語だとし、ケンブリッジ大学のカーメン・ブラッカー（Carmen Blacker, 一九二四－二〇〇九）が『日本の啓蒙主義』の福沢研究では「どう作用するかにかかわらず事物の中に価値が内在している、そういう内在的価値に対する福沢のけなし言葉」としているが、「けなし言葉には違いないのですが惑溺イコール内在的価値ではないのであって、そういう内在的価値を無批判的に信仰することが惑溺」[27]としている。要するに、マルクス主義者なら、物象化論やフェティシズムとの関連でとらえるであろう問題系のようだ。

さて福沢は、誰一人真筆を疑わない「僧侶論」（一八八二）において、「内国固有の宗教は仏法なり仏法を以て耶蘇教を防ぐ可しとは我輩の持論にし」て、「経世の点より国権を察すれば、我日本国に固有の国教たる仏法を保護する外に方略あるなし」とし、ちょうど二年前の、三河国天明大寺「自葬」事件ではキリスト教の排撃運動を展開した思想的根拠を明らかにしている。

しかし、本文でも指摘したように、仏教による死者儀礼を制度化し、仏教が「日本国に固有の国教」になったのは江戸期になってからであり、これはキリスト教を禁止するための手段だった。弟子の、「尊い方よ。修行完成者のご遺体に対して、我々はどのようにしたらよいのでしょうか」という問いかけに対して、釈尊が「アーナンダよ。お前たちは修行完成者の遺骨の供養（崇拝）にかかずらうな」[28]と答えているように、仏教と死者儀礼の結びつきは必然ではないのである。

日本で一般人の葬儀が仏教と結びつくようになったのは鎌倉時代であり、中世的な「穢れ」観から風葬や遺棄葬が当たり前だった鎌倉時代に、官僧の死体観、穢れ観に頓着しない禅・律・念仏宗の遁世僧たちが葬送に取り組むようになってからであるが、もちろん、それは義務でも制度でもなかった。

千葉満定と中里隆元による『浄土宗法要儀式大観』（一九

三三）には、「生前に於て入信三宝に帰せしめる教えであり、安心立命せしむるものであるとすれば、其の死後に於て、僧侶が死者を引導し葬儀式を実行するは一個の摂化衆生の方法であると共に追恩の儀式としては其の国民精神と一致して葬儀式が行われ、此れが亦仏家の仕事となることも、意味あることである。要は葬儀のみの仏教となる勿れと云ふことに意義がある」とあるが、「葬儀のみの仏教となる勿れ」いう懸念が、江戸時代にはそもそも存在しなかった「国民精神」などという発想の捏造とともに表明されていることに注目すべきだろう。

仏教葬儀の義務づけは、徳川幕府が宗門改めを厳重にし、全国民をどこかの寺の檀家になるよう義務付ける檀家制度に由来している。そして寺ごとに宗門人別帳を提出させ、一六三五年には、寺側から「当寺の檀家に相違ない」という寺請け証文を出させ、キリシタンでないことの証明義務を寺院に請け負わせた。幕府は、葬式や法事を檀那寺の僧がやることを義務づけることによって寺院の経済基盤を安定させるのと引き替えに、盆には、檀那寺の僧が檀家まわりをして仏壇や棚経のあることを確認させることさえした。この寺請制度が、先の檀家制度とともに、いわゆる「葬式仏教」を確立させたのである。(29)

仏教と葬儀との結びつきは、福沢が言うような仏教が「日本国に固有の国教」という理由からではなく、江戸初期に、徳川幕府がキリスト教を排撃するために「創られた伝統」（エリック・ホブズボーム）に過ぎず、宗門改めによる檀家制度は、徳川幕府の権力によって、キリシタン排撃という政治的意図をもって民衆に強制されたものなのである。

三河国明大寺村「自葬」事件でハリストス正教会の信徒排撃の先鋒だった福沢は、歴史のある時期に決定された制度に過ぎないものを「固有」性として引き受け、キリスト教を「外教」として排除すると同時に包摂し、日本に特有の「国体」を捏造したのである。さまざまな物や事象を、未来の可能性の開かれた諸関係の束ではなく、過去からの来歴によって決定されている「固有」性という位相でとらえるとき、福沢がとらわれているのは、福沢当人が批判する「権力偏重」の社会で培われる「惑溺」以外のなにものでもない。

丸山が描き出した福沢像は、「マルクス主義の勢いが衰えたら、猫も杓子もカール・ポパーになってしまった」(30)と一方の手で思想界のポパー派への乗り換えを揶揄しながら、他方の手でポパー的な認識の枠組みを密輸する丸山が、戦前の体制を批判するための方便として作り上げた虚像であり、「丸山諭吉」という揶揄は、理由のないことではない。

福沢は、「『テレガラフ』『陸蒸気』が取り入れられ、漢字廃止、ローマ字論がとなえられ、女子の断髪姿も少なからず見られはじめた時代にあって、なおキリシタン信仰に対してこのような排外思想が強かった」[31]江戸期から引き継がれた明治初期の時代風潮に迎合し、マイノリティの多数派への従属を自明視しているのである。先に福沢の「拝金宗」に関して「ネオリベ」的発想を云々したのは、それが、強いところがますます強くなり他は淘汰に任せる、という福沢の発想そのものであるからに他ならない。

内村鑑三は、「拝金宗」によって、日本の社会で「徳義が利益の方便としてのみ貴重なるに至る」ことを何よりも危惧していた。白石嘉治は、今日のネオリベ批判に先鞭をつけた優れた研究書、『ネオリベ現代生活批判序説』（二〇〇五）のなかで、「人間の活動をすべて利益に還元するとき、失われているのは生そのものである。終わることのない『管理』＝チェックのもと、監視され、選別され、沈黙を強いられる。われわれは自分たちが生きる世界への信頼を失いかけている。まさに『まるですべての人々が見知らぬ町にたった一人でいるかのよう』になるのである」として、「軍事と警察が前景化し、死が人びとを駆り立てい」く「ネオリベラリズムの統治[32]」に強い懸念を表明している。

子供たちの「心」が愛国心の育成のために定量分析の対象になって内面が管理され、人間のあらゆる営為が直近の経済効果という観点のみから考えられるような恐ろしい社会では、教育が将来の見返りを計算した先行投資になり、恋愛が源泉徴収表の交換に取って代わる日は遠くはあるまい。

「徳義が利益の方便として」利用されるような教育現場では、学びは、単に蓄財や栄達の手段でしかない。一方で弱肉強食の市場原理を教育現場に持ち込みながら、他方で教育の目的を「正義と責任、男女の平等、自他の敬愛と協力を重んずるとともに、公共の精神に基づき、主体的に社会の形成に参画し、その発展に寄与する態度を養うこと」（二〇〇五年一二月二二日に改訂された教育基本法）などとうたうのは、およそ教育に携わる者にあるまじき二枚舌であろう。

真に「自他の敬愛と協力を重んずるとともに、公共の精神に基づき、主体的に社会の形成に参画」する人材を育成しようとするなら、『心のノート』などにより愛国心を定量分析し内面を管理するなどまったく効果がないばかりか、有害ですらある。心底から「自他の敬愛と協力を重んずるとともに、公共の精神」の涵養を日本の青少年に求めるなら、『六千人の命のビザ』（杉原幸子、一九九三）の話を子供たちに語り聞かせる方が、百万の偽善的な道徳談義より有益である。

憎しみと殺戮の扇動、人種や民族に関する差別が渦巻く環境にいながら、杉原がそれらの偏見に感染しなかったのは、千畝にものごとを多角的観点から見る批判的知性があったからである。そもそも教育の第一の目的とは、こうした批判的知性を涵養し、青少年たちが社会的操作の対象にならないようにすることであろう。こうした土台にもとづいて、日本の教育が「自他の敬愛と協力を重んずるとともに、公共の精神」を具備する第二、第三の千畝を輩出するならば、日本の国際的信用は高まり、世界中から尊敬される国になるに違いない。

平山洋は『アジア独立論者 福沢諭吉』（二〇一二）のなかで、『文明論之概略』が提起するものは、「文明の六条件は、国家主権に優先する」というテーゼであり、文明政治の条件として「(1)個人の自由を尊重して法律は国民を束縛しないようにすること、(2)信教の自由を保障すること、(3)科学技術の発展を促進すること、(4)学校教育を充実させること、(5)適正な法律による安定した政治によって産業を育成すること、(6)国民の福祉向上につねに心がけること」を挙げ、「李氏朝鮮王国は変革されるべき君主専制国家であると見なしたから」こそ、「朝鮮人民のために其国の滅亡を賀す[33]」と称したのだという。

その著述においてもキリスト教排撃の扇動者であり、大隈重信に私信を送って裁判所の判事に政治的圧力をかけるように要請した福沢が、「信教の自由を保障すること」「個人の自由を尊重して法律は国民を束縛しないようにすること」などというのは、まさに「法螺（ほら）」を福沢（ふくざわ）、嘘（うそ）を諭吉（ゆうきち）」（『日の出新聞』明治一五年八月一一日付）の面目躍如であろう。

平山が称揚する福沢の「西洋の文明を目的とする事」とは、「文明の使命」や「白人の責務」（キップリング）などの手前勝手な理屈で、帝国主義支配を正当化する「西洋」に追随する考え方に他ならず、今日の言葉で言えば、ネオコンの論理、民主主義の名の下に中東情勢に繰り返し介入するアメリカのアジアにおける衛星国作りの論理と同じである。アジア諸国が「西洋の文明を目的とする」のは自明の前提ではないし、各国がその国情や国際情勢に応じて考えればよいことであり、文明化に「西洋」をモデルにした唯一本のリニアな道筋があるわけではないだろう。

平山はまた、インターネット上で公開されている「論吉の流儀――『福翁自伝を読む』」（その五）において、「本藩に対してはその卑劣、朝鮮人の如し」の個所に関して、「本文を読んでみると、江戸時代の諭吉は今（明治三一年）の朝鮮人と同じようだったということで、別に朝鮮民族蔑視を顕わにしたエピソードではないことは明らか」で、「しかもこの場合の朝鮮人とは、慶應義塾に留学していた貴族の子弟のことで、朝鮮の一般民衆のことではない[34]」などとして、アジア蔑視者ではないなどとしているが、むろんそうではない。

「アフリカの人だって、その多くは、できればやっぱり俺たちは旧宗主国みたいになりたいと思っているに違いない」(『表現者』第三号、二〇〇五年)と臆面もなく述べる平山は、《西洋》を自己の内面に取り込み、《西洋》と自己を同一視した観点からアジア・アフリカ諸国を貶下するナルシスティックな思い込みを福沢と共有しているがゆえに、諭吉のアジア蔑視が見えない。ヘーゲルが『歴史哲学講義』で描いた「世界史に属する地域でなく、運動も発展も見られない」「歴史を欠いた閉鎖的世界[35]」としてのアフリカ像とさして変わらない、地理的広がりや経時的変化に関する分析を欠いた平山の「アフリカ」観は、「金玉均と『脱亜論』の登場」において『脱亜論』を論じる小林よしのりの「永遠の相の下」で本質主義的にとらえられたアジア観と通底している。

> 欧米列強の帝国主義がアジアに押し寄せているとき、どうしても近代国家を作ることができない朝鮮半島。この明治の偉大な福沢諭吉の失望は、今の日本と中韓の理解しあえぬ状況と何らかかわっていない。『脱亜論』は、近代化できない地域には見切りをつけようという福沢の葛藤から生まれた結論である。明治から何も変わっていない状況があることを我々は知っておかねばならない[36]。

「儒教を中心とする伝統に固執し排外的ナショナリズムに訴える守旧派への支持が強かった」李氏朝鮮の日本への反発と、日本による植民地支配の精算にまつわる戦後の韓国からの反発という二つの別種の反発が、単に同じ日本への反発ということから、意図的に混同されている。維新政府を代表して対馬藩の外交の引き継ぎに朝鮮に赴いた吉岡弘毅(一八四七-一九三二)は、帰国後「征韓論」が盛んだった一八七四(明治七)年、政府への建白書のなかで、朝鮮が日本との外交に消極的なのは、かつて秀吉が朝鮮を侵略し、「流血満地、横暴至らざることなし」(『明治建白集成』三)という歴史の記憶が残っているためであると述べている。これは、韓国併合の祝宴で初代朝鮮総督の寺内正毅(一八五二-一九一九)が「小早川加藤小西が世にあらば今宵の月をいかに見るらむ」と詠んだことを考えれば、あながち杞憂ではなかっただろう

朝鮮のナショナリズムは「儒教を中心とする伝統に固執する排外主義」であるという小林よしのりは、ナショナリ

ズムといっても玄洋社のそれは、「欧米に屈従するばかりで」不足している「国民主義としてのナショナリズム」であり、前者の悪いナショナリズムと後者の良いナショナリズムが区別される。

小林にとっては、近代化を推進するのが良いナショナリズムであり、玄洋社のみならず自由民権運動もまた「国権は前提であり、国権を強化するためには民権の強化が必要という論理」から、「近代国家・日本への脱皮を、ナショナリズムを持った元武士たちが下から突き上げて果たそうとする運動」であったとされる。

また小林よしのりによれば、福沢の《脱亜論》とは、「朝鮮は日本にとって悪友でしかない。悪友と親しくしていたら、共に世界から評判を落とすだけである。私はもはやアジアの悪友は拒絶すべきだと思う」という内容のものだという。

先に福沢の宗教論を検討したときに挙げた「宗教も亦西洋風に従はざるを得ず」（一八八四）でわかるように、福沢にとって世界とは、何よりもまず「西洋」（欧米諸国）のことである。玄洋社に関しては「欧米に屈従するばかりで」不足している「国民主義としてのナショナリズム」が称揚され、その憲則には「昨今の西洋崇拝に断固として抵抗する西郷の道義主義、日本主義があらわれている」とする小林によって、今度は西洋崇拝者の福沢が「近代化」の観点から「明治の偉大な知識人」などと持ち上げられる。

「頭山満を中心とする玄洋社も、自由民権結社として誕生」したものとして、玄洋社と自由民権運動が区別されず、さらにあろうことか、その民権派から「法螺（ほら）を福沢（ふくざわ）、嘘（うそ）を諭吉（ゆうきち）」と揶揄された福沢諭吉までが「近代化」と「ナショナリズム」の大釜に投げ込まれる。

アジア諸国と連携して西洋に対抗する玄洋社の《興亜論》も「西洋の文明を目的とする」とし「アジアの悪友は拒絶すべき」とした福沢の《脱亜論》も、日本の「近代化」と「ナショナリズム」の文脈でやみくもに礼賛する、小林の「進歩的知識人」ぶりには恐れ入るしかないだろう。

先の吉岡弘毅は、「我日本帝国ヲシテ強盗国ニ変ゼシメント謀ル者ナリ」として福沢を批判し、「是ノ如キ不義不正ナル外交政略ハ、決シテ我帝国ノ実利ヲ増加スル者ニアラズ。タダニ実利ヲ増加セザルノミナラズ、徒ラニ怨ヲ四隣ニ結ビ憎ヲ万国ニ受ケ、不可救の災禍ヲ将来ニ遺サン事必セリ」[37]と、瞠目すべき正確さで旧日本帝国の行く末を予見したが、小林の考え方からは、福沢没後の日本と朝鮮（韓国）との間の支配／被支配という歴史的関係がすっぽりと抜け落ちており、「今こそ我々は歴史から学ばねばならない」と主張する小林当人が、一番「歴史から学」んでいない。

同質の「日本人」のアイデンティティを立ち上げるための戦術的な論述が、「今の日本と中韓の理解しあえぬ状況と、何らかわっていない」というものである。この「かわっていない」という措辞は、脱亜論と興亜論、国権論と民権論、国粋論と欧化論などの日本の内的差異を不問に付し、日本と「中韓」などアジア諸国との間に一対一にも似た二項対立関係を措定し、つまり『日本人ではない朝鮮（韓国）人』ではない」という二重否定によって、「かわってない」不易の日本《国民》なるものを立ち上げるための戦略装置なのである。

「朝鮮（韓国）人」や「中国人」は、小林が日本人や日本「国民」を立ち上げるために不可欠な貶下項であり、対比される対象はその時々の都合で「サヨク」であったり「ユダヤ人」であったするが、各項の内的差異を不問に付すことによって二項対立を捏造するワンパターンの発想は「かわってない」。小林よしのりは、かつて『戦争論』（一九九八）において、マンハッタン計画について「日本人がユダヤ人を二万人も救ったのだが、ユダヤ人は原爆を作って日本人虐殺に手を貸した」などと、樋口季一郎に関するデマゴギーにもとづいて、悪質な反ユダヤ主義的扇動を行っていた頃から、少しも「かわってない」。

福沢のアジア蔑視は、一八六九（明治二）年の『掌中万国一覧』に披瀝されたその人種観に由来している。福沢は世界の人種を五つにわけて、以下のように述べている。白皙人種を「皮膚麗しく毛髪細にして長く頭骨大にして前額《ヒタイ》高く容貌骨格都て美なり其精心は聡明にして文明の極度に達す可きの性ありこれを人種の最とす欧羅巴一洲、亜細亜の西方亜非利加の北方、及び亜米利加に住居する白哲人は此種類の人なり」とし、黄色人種を「皮膚の色黄にして油の如く毛髪長くして黒く直ぐにして剛し頭の状稍や四角にして前額低く腮骨平にして広く鼻短く眼細く且其外眥斜に上れり其人の性情よく艱苦に堪へ勉励事を為すと雖ども其才力狭くして事物の進歩甚だ遅し支那「フヒンランド」（魯西亜領西北ノ地）「ラプランドル」（同上フヒンランド北方ノ地）等の居民は此種類の人なり」と述べ、さらに黒色人種に関しては、「皮膚の色黒く捲髪（チヾレゲ）羊毛を束ねたるが如く頭の状、細く長く腮（ホウ）骨高く顒（アギト）骨突出し前額低く鼻平たく眼大にして突出し口大にして唇厚し其身体強壮にして活溌に事をなすべしと雖ども性質懶惰にして開化進歩の味を知らず亜非利加沙漠の南方に在る土民及び売奴と為て亜米利加へ移居せる黒奴等は此種類の人なり」などと侮蔑を隠さない。

福沢は、人種と身体特徴を記述した後に、白皙人種は「其精心は聡明にして文明の極度に達す可きの性ありこれを人種の最とす」とし、それに対して黒色人種は「其身体強壮にして活溌に事をなすべしと雖ども性質懶惰にして開化進歩の味を知らず」とし、中国からフィンランドに至るアジア系の黄色人種は、その中間にあり、「其人の性情よく艱苦に堪へ勉励事を為すと雖ども其才力狭くして事物の進歩甚だ遅し」などとしている。

福沢は人種を、「白皙人種即ち欧羅巴人種」、「黄色人種即ち亜細亜人種」、「赤色人種即ち亜米利加人種」、「黒色即ち亜非利加人種」、「茶色人種即ち諸島人種」に分類したが、この分類は、人類をコーカサス人、モンゴル人、エチオピア人、アメリカ人、マレー人に分類した、ゲッチンゲン大学医学部教授で人類学者のブルーメンバッハ（Johann Friedrich Blumenbach, 一七五二－一八四〇）が書いた『人間の自然な変種について』（*De Generis Humanis Varietate Nativa*, 一七七五）に依拠したものであり、「白皙人種即ち欧羅巴人種」に関して福沢が「前額《ヒタイ》高く容貌骨格都て美なり」としたのは、コーカサス人をブルーメンバッハが「もっとも凛々しくて、上品」で、「もっとも美しい形の頭蓋骨を持っている」としたことに由来している。[38]

この「コーカサス人」という言葉は、クリストフ・マイナース（Christoph Meiners, 一七四七－一八一〇）という一八世紀のドイツの哲学者が『人類の歴史の概要』（*Grundriss der Geschichte der Menschheit*, 一七八五）のなかで提唱した用語である。なぜ白人が「コーカサス人」と呼ばれたかといえば、創世記に出てくる有名なノアの方舟が到着した場所が現在のアララト山であるからである。そこからヨーロッパ人の起源は当然コーカサス地方でなくてはならなくなり、この地方で発掘された「グルジア人女性の優美きわまる頭蓋骨」（feminae Georgianae elegantissimum cranium）[39]に魅せられたブルーメンバッハは、ヨーロッパ人を含むコーカサス型だけが人類本来の姿を純粋に保持しており、他の人種は多かれ少なかれ変質していると考え、ここから人種間の優劣観が生まれた。

福沢が、白皙人種に関しては、身体特徴に関して「容貌骨格都て美なり」と審美的価値を付け加え、赤色人種と茶色人種に関しては「復讎の念」が強いなどと悪意ある性格付けを加えていることも忘れてはならないだろう。赤色人種とは北米の原住民であり、茶色人種とは島嶼部のマレー人のことだが、「インディアン」と呼ばれた北米原住民が「白皙人種」によって狭隘な居留地に囲い込まれ、マレー系住民が「白皙人種」から植民地化されたという「復讎の念」の由来である歴史的事実を無視し、あたかも歴史の外部に不易なものとして存在するかのような本質主義的な性格付けをするのが、福沢の人種主義的なダーウィニズムの特徴である。

福沢にとって、文明の度合いとは、人種とその身体特徴に緊縛した性質に依拠するものであって、黄色人種は「其才力狭くして事物の進歩甚だ遅」く「白皙人種」に劣った存在であり、福沢のアジア蔑視は、当時の欧米に普及していた通俗的な人種イデオロギーを内面化し、それを他の「其才力狭くして事物の進歩甚だ遅」いとされる「支那」など他のアジア諸国に適用することによって生まれたものである。福沢の人種観の救いがたいところは、あれほど排撃したキリスト教の世界観に疑似科学説を融合した人種論、しかも日本人が「ガンジス川を超えた先にあるアジア諸国」の劣等人種として位置づけられているブルーメンバッハの人種論による五分類を何の疑いもなく受け入れているところである。

福沢諭吉といえば、誰しも『学問のすすめ』の天賦人権論を想起するだろう。しかし、同書の三年後の一八七五（明治八）年六月に書かれた「国権可分の説」[40]には、「百姓車挽の学問を進めて其気力を生ずるを待つは、杉苗を殖へて帆柱を求めるが如し」と下層階級をさげすみ、「『ニウトン』は亜米利加の内地に誕生す可らず。蝦夷の土人は『アダムスミス』を生むこと能わず」と主張し、その理由を「人間の智力は其体力に等しく世々に伝えざれば進む可きものに非ず。性理に於て明白なり」と述べている。つまり、「人間の智力」は体力同様に遺伝するものであるという、『掌中万国一覧』と同様の人種主義的発想を披瀝しているわけである。

「人の能力は天賦遺伝の際限ありて、決して其の以上に上がるべからず」という福沢的な「系統論」[41]からすれば、極貧家庭から世界的な学問業績を達成することはあり得ないわけだが、福沢の主張の馬鹿げていることは、子供でも知っている野口英世（一八七六－一九二八）の例を一つ挙げればわかるだろう。

一八八八（明治二一）年になっても、「遺伝之能力」において、福沢は「北海道の土人の子を養て之を学ばしめ。時を費やし財を捐てて辛苦教導するも、其成業の後に至り我慶應義塾上等の教員たる可らざるや明なり。蓋し其本人に罪なし、祖先以来精神を錬磨したることなくして遺伝の智徳に乏しければなり」と述べているが、平山洋によれば、この『時事新報』（一八八二年三月二五日、二七日）の論説の筆者は「福沢（推定）」とのことである。[42]福沢によれば、アイヌ人は遺伝形質が劣っているのだから、時間や金を費やして教育しても慶應の上等の教員にはなれないそうである。先に「拝金宗」に関してネオリベ的発想を云々したが、この優生学的教育観にこそ、福沢のネオリベ的発想が端的にあらわれていると言えるだろう。

教育課程審議会会長だった三浦朱門は（一九二六―）は、魚屋の息子で「中央官庁の局長」になって「全然楽しくない、魚屋をやらせておけばよかった」と愚痴る母親の不幸を例に挙げ、ジャーナリストの齊藤貴男のインタビュー（『機会不平等』二〇〇四）に対してさらにこう答えている。

学力低下は、予測しうる不安と言うか、覚悟しながら教課審をやっとりました。いや、逆に平均学力が下がらないようでは、これからの日本はどうにもならんということです。つまりできん者はできんままで結構。戦後五〇年、落ちこぼれの底辺を上げることにばかり注いできた労力をできる者を限りなく伸ばすことに振り向ける。百人に一人でいい、やがて彼らが国を引っ張っていきます。限りなくできない非才、無才には、せめて実直な精神だけを養っておいてもらえばいいんです。(43)

先の論説のなかで、福沢は、「人民一般に普通の学を奨励して之を智徳の門に入らしむの傍に、良家の子弟をば特に之を撰て高尚に導き、其遺伝の能力を空ふする無からんことを我輩の最も希望する所なれ」と述べている。つまり、福沢と三浦では、「蝦夷（北海道）の土人」のところが「魚屋」にかわっただけで、「百人に一人でいい、やがて彼らが国を引っ張ってい」くであろうエリートを育成し、後は「普通の学」だけを学んでおけばよい、元々素質のない者を教育しても、時間と金と無駄だというわけである。両者の社会ダーウィン主義的見解は、優生学的イデオロギーにもとづいている。一九八〇年度の学習指導要領から施行された、いわゆる「ゆとり教育」が、一九九〇年代を通じて猖獗を極め、小学校から高等学校まで日本の教育現場を荒廃させている最中、すなわち日本の経済から教育に至るあらゆる分野が弱肉強食の市場原理に席巻されようとしていた一九八四（昭和五九）年に、最高額紙幣に福澤諭吉の肖像が採択されたのは、決して偶然ではないのである。

もちろん、福沢門下も師にならって、戦慄すべき言論を展開している。高橋義雄は、一八八四（明治一七）年に『日本人種改良論』(44)を出版して、日本人の人種改良のためには、「人種的」に「優種」である欧米人との「雑婚」を推進すべきであるとして黄白雑婚論を主張した。高橋の主張は、『時事小言』に「ガルトン氏は人生遺伝の能力を説かんがために（……）凡そ三百家族、九百七十七名の人物に就てその血統を調査し（……）血統の大切なる、又疑を容る可らざるなり」と名前が挙がっている、ダーウィンの従兄弟である人類学者のフランシス・ゴールトン（Francis Golton, 一八二二－一九一一）の『遺伝的天才』（*Hereditary Genius*, 一八六九）[45]に依拠したものである。

ゴールトンは、「ユダヤ人の人種的特徴」をつかもうと多数の写真から合成写真を作製することを思いつき、ロンドンのユダヤ人のベル・レイン自由学校に赴いた。そこで出会ったのは「貧しい家庭の子供たちだ。それぞれ汚らしい連中（dirty little fellows）だが、この合成写真で見ると驚くほど美しﾞ」いという。そして「彼らの目付きには、内気そうなところはまるでない。思いがけない侵入者に驚く様子もない。彼らは皆して私の商品価値を冷ややかに見積もり（coolly appraising me at market value）、他には些かの興味もないようだった」[46]とのことである。ゴールトンによる優性学がいかなる性質のものかを物語って余りあるだろう。ゴールトンとともに始まった優性学とは、階級的差異を生物学的に説明しようという取り組みとして始まったのである。

そして、「下流ノ人民中ニハ癩病遺伝ノ家少ナカラ」ずとする高橋の『日本人種改良論』もまた、以下のように、極めて差別的な階級意識に由来するものであった。

往日封建ノ世ニハ士農工商穢多非人各階級ヲタテテ容易ニ相婚スルヲ許サズ穢多非人ニ至リテハ火ヲ一ニセズ況ンヤ結婚ノ沙汰ニ於テヲヤ階級ノ区別斯ク厳重ナルニ（……）今日ニテハ旧時ノ穢多非人モ既ニ平民ニ列シテ人間並ノ交際ヲ為スニ至リタレバ此輩ノ血統モ亦社会ニ広マル可ナリ。特ニ下流ノ人民中ニハ癩病遺伝ノ家少カラズ。識者ノ説ニ據レバ癩病ハ子孫五世ノ後ナラデハ絶滅セズト云フ。故ニ能ク血統ヲ正サズシテ悪疾遺伝ノ家系ト結婚スルガ如キヿアラバ独り一家ノ親戚婚姻幾多ノ血脈ヲ穢スノ恐レナキヲ得ズ。特ニ娶嫁ノ区域ヲ広クシテ遠方ノ人ト相婚スルヿトナラバ益以テ血統ノ良悪ニ注意ス可キナリ。[47]

高橋の『日本人種改良論』には「福沢諭吉識」という署名の序が付されているが、全集の解説（一九六四）によれば、「福沢の名は掲げてあるが、いずれも福沢の筆に成ったものではなく、それぞれの訳者または著者が自ら起草し、福沢に乞うてその名を掲げることを許されたもの」とのことだが、鈴木善次（科学史）は、「高橋の著作に対する福沢自身の評価にはならないが、一応は自分の名前を付すことを許したことから見て批判的ではなかったといういい方は可能だろう」[48]としている。

実際は「批判的ではなかった」どころか、高橋とまったく同じく、婚姻については、その親族まで含めて事前に遺伝的疾病の有無の身元調査をすべきと積極的に薦めているほどである。一八八四(明治一七)年の三月二六日付の『時事新報』の――平山洋によれば、著者は、福沢(推定)――記事「血統論」において福沢は、結婚に際しては、「先ず本人の心身如何を問ひ、次いで其父母を問ひ、祖父母以上を問ひ、又近く近親に及ぼして夫れ是れと加減乗除して考へ」て、「真実の血統遺伝を調査せんこと」を求めている。晩年の『福翁百話』(一八九七)所収の「配偶の選択」でその理由を明らかにするところによれば、「牛馬を買はんとすれば先ず其の性質の如何を問」うからだという。

「人種改良」という論説で、配偶を「選ぶ法を如何す可きやと云うは第一に血統」であり、「人間の婚姻法を家畜改良法に則とり良父母を選択して良児を生ましむるの新工夫ある可し」とする福沢は、「先ず第一に強弱雑婚の道を絶ち、其体質の弱くして心の愚かなる者には結婚を禁ずるか又避孕せしめて子孫の繁殖を防ぐと同時に、他の善良なる子孫の中に就ても善の善なる者を精選して結婚を許し、或は其繁殖の速やかならんことを欲すれば一男にして数女に接するは無論、配偶の都合により一女にて数男を試るも可なり、要は唯所生児の数多くして其心身美ならんことを求むるのみ」[49]とさえ断言してはばからない。

日本における近年の優生学に関する研究は、鈴木善次の『日本の優性学』[50](一九八三)から藤野豊の『日本ファシズムと優性思想』[51](一九九八)に至るまで、その受容史がことごとく福沢諭吉と高橋義夫など『時事論集』の記者で始まっているのは偶然の一致ではない。

旧民法(明治二三年法律第九八号人事編第一三章)による一夫一妻制の法規定さえ無視し、「繁殖の速やかならんことを欲すれば一男にして数女に接するは無論、配偶の都合により一女にて数男を試るも可」などは、福沢自身が言うとおり、人間の婚姻を「牛馬」の交配とかわらない次元で考察する発想だが、その生物学的血統主義は、ユダヤ人を劣等視し、アーリア人の優秀性を唱え金髪碧眼のゲルマン民族の理想像を雑婚によって創造しようとしという目的でナチス親衛隊が設立した「レーベンスボルン」(「生命の泉」の意)さながらの発想であろう[52]。

「徳義は利益の方便としてのみ貴重なる」と考え、「利慾を学理的に伝播」する「拝金宗」の行き着く先こそ、「人間の婚姻法を家畜改良法に則とり良父母を選択して良児を生ましむる」という恐るべき発想なのである。

ナチスというとわれわれはユダヤ人虐殺ばかりを想起するが、ナチスが犯したもう一つの犯罪は、ドイツの優性学と精神医学と提携した、不治不能の心身障害者の「安楽死」

計画（T4作戦）であろう。

この戦慄すべき計画は、ヴェルサイユ条約の批准が行われた一九二〇年に、障害者の「安楽死」を唱える一冊の本から着想された。ライプチヒ大学の法学部教授のビンディング（Karl Ludwig Lorenz Binding, 一八四一－一九二〇）とフライブルク大学の医学部教授のホッヘ（Alfred Erich Hoche, 一八六五－一九四三）による共著『生きるに値しない生命の抹殺の規制解除』（*Die Freigabe der Vernichtung lebensunwerten Lebens*, 一九二〇）がそれである。

同書のなかでホッヘは「精神的には死んでいる者」（geistig Toten）[53]である不治の精神障害者が国家の財政を圧迫する経済的負担になっていると述べ、ビンディングはこの経済原理にもとづく考え方から、以下のように断言する。

> 何千人もの貴重な青年たちが戦死し、何百もの勤勉な炭鉱労働者が爆発事故で生き埋めになっている一方で、精神病院の入院患者が手厚い看護を受けている。――つまり、もっとも有用な人材が犠牲となり、もはや何の価値もない人間がのうのうと看護されている。われわれは、このような極端な矛盾に強い衝撃を受ける。[54]

ユダヤ人の虐殺に先立ち、ドイツでは、優生学的発想から遺伝的疾病を持っていると見なされた「生きるに値しない生命」の抹殺が議論されていたことを知る人は少ない。

そして、金髪・碧眼・長身の北欧系民族を集めて、雑婚によってナチが理想とする人種を創造することを目的とした「レーベンスボルン」協会は、ニュルンベルク法、すなわち「ドイツ人の血と名誉を守るための法律」が制定された同じ一九三五年に設立されたのである。

先の大戦前、ナチス優生学の影響から日本でも「国民優生法」（一九四〇）が制定され、当時は遺伝疾病と考えられていたハンセン病（癩病）患者をはじめ、一九四一年から一九四七年までの間に五三八件の断種手術が行われ、「其体質の弱くして心の愚かなる者には結婚を禁ずるか又避孕せしめて子孫の繁殖を防ぐ」という福沢の念願が実現した。この優生学的発想は、戦後の「優生保護法」（一九四八年七月一三日）にまで持ち越されていることはよく知られているだろう。

先の『機会不平等』には、教育改革国民議会座長でノーベル物理学賞受賞者の江崎玲於奈（一九二五－）に対するインタビューも掲載されており、二〇〇〇（平成一二）年六月下旬に齊藤に対して、こう答えた。

> 遺伝的な資質と、生まれた後の環境や教育とでは、人

間にとってどちらが重要か。優生学者はネイチャー（天性）だと言い、社会学者はナーチャー（育成）を重視したがる。共産主義者も後者で、だから戦後の学校は平等というコンセプトを追い求めてきたわけだけれど、僕は遺伝だと思っています。これだけ科学技術にお金を投じてきたにもかかわらず、ノーベル賞を獲った日本人は私を含めてたった五人しかいない。過去のやり方がおかしかった証拠ですよ。(55)

明治の初期から今日に至るまで、日本の教育において主導的役割を果たして来た学者たちが、優生学にもとづく社会ダーウィン主義的見解を公然と主張していたことには、誰しも慄然とせざるを得ないだろう。

終章

1　杉原千畝の残したもの

さて、先に紙幣の肖像画に言及したが、その肖像に隣国の韓国では李滉（一五〇一－七〇）や李珥（一五三六－八四）などが選ばれて儒教を重んじる国柄をあらわしているように、紙幣は単に経済的機能を担うばかりでなく、その国がいかなる理念や文化を尊重しているかを示す指標でもある。そして筆者は、日本国の最高額紙幣の肖像画には、杉原千畝のような人物こそがふさわしいと思っている。ここまで、本書をお読み頂いた読者なら、筆者が決して冗談でこのようなことを述べているのではないことはおわかりだろう。

杉原千畝は、いわば「栄光なき英雄」である。そのような形容矛盾でしか語り得ないような密やかな、括弧付きの《英雄》である。

評論家の宮崎哲弥（一九六二－）は、一九九七（平成九）年四月一六日付け『毎日新聞』（東京版）の夕刊で、「『われわれの国』『われわれの歴史』という拡張された主格は、当然に『君らの国』『彼らの歴史』との関係性において成り立っている。この限定に対して意識を欠く歴史認識は、それが『健全なナショナリズム』に根ざしたものであっても、『地球市民主義』を目指すものであっても同じ閉塞に留まっている」として、それが「カール・レーヴィットが締結した『自己愛』の圏域」への閉塞だという。そして、現代はもはや大きな物語に依拠した《正史》が成り立たず、そして「あらゆる歴史はもはや『稗史』としてしか存立しない」とし、その《稗史》を「小さくて相対的な歴史、家族と地域といった個体間の直接接触が可能な規模の共同体で語り伝える歴史、コミュニティにひっそり息づく濃密な歴史」という意味で使っているという。

宮崎は、フランスのユダヤ系思想家、シモーヌ・ヴェイユ（Simone Weil, 一九〇九－四三）が提出した聖なる次元と低俗なる次元の中間にある「中間体＝メタクシュ」という概念を援用し、この《稗史》もまたその「メタクシュ[1]」であるとしている。そして、われわれが「得られた幸福が単に中間的なものでしかないと見做すことによってはじめて、他者の幸福を尊重できるようになるという重要な留保を付す[2]」として、以下の一節を示している。

このことは、人がすべてそういう幸福なしにすますことができる点に向かって歩み出しているという意味が含まれている。たとえば、ほかの国を尊重するためには、自分の国を偶像とするのではなく、神にいたるひとつの踏み台と見なさなければならない。（田辺保訳『重力と恩寵』講談社、一九七四）

先の大戦中、本来独ソ間の情報収集のために派遣された杉原千畝にとって、ユダヤ難民たちの日本領事館への殺到は、想定外の出来事であった。千畝が領事権限の許された範囲内で、寄る辺ない難民たちにビザを交付した行為は、宮澤正典が指摘するように、「人間としてあたりまえの思いやりを体現している」ものに過ぎず、宮崎哲弥の言葉を用いれば、千畝の物語とは《稗史》に属するものであった。

それが、旧ソ連と東欧の社会主義体制の崩壊という現代史の激動のなかで、存命中の千畝が想像もつかなかったようなかたちで、日本の《正史》のなかに編入されようとしている。しかし、千畝をめぐる物語は、本来「人間としてあたりまえの思いやりを体現している」密やかな物語、つまり《稗史》なのである。

先に日本の紙幣の肖像画にふさわしいと述べたのは、なにも千畝を偉人として崇めたてまつるためではない。それは、とりわけ日本の将来を担う若い世代に、狂信ともシニシズムとも無縁だった千畝をめぐる「ひっそり息づく濃密な歴史」に触れる機会を提供し、人間と歴史を、凝固した全体性のなかで考えるのではなくて、ひとつのプロセスと考え、東アジアでも中東でも不信と憎しみの終わりない連鎖が続くこの困難な時代に、われわれの後進たちが共存と和解の新たなる領野を切り開く契機となってくれればと念願するからに他ならない。

旧外務省関係者は、杉原ビザで救われた「センポ・スギハラ」に関する問い合わせに関して、「日本外務省にはＳＥＭＰＯ ＳＵＧＩＨＡＲＡという外交官は過去においても現在においても存在しない」と回答していた。もちろん、高等文官試験に合格した外務官僚たちが、有職《ゆうそく》読み程度のことを知らないわけはない。音読みでも訓読みでも日本人に滅多にない千畝という名前からは、すぐさま外務省から刊行された『ソヴィエト連邦国民経済大観』の著者と思い当たるはずである。「杉原はユダヤ人に金をもらってやったんだから、金には困らないだろう」という根拠のない中傷から、日本語のわからないヒレル・レビンに『千畝』なる中傷本を書かせるまで、千畝に関する《記憶の暗殺者》たちの入念な敵意は、二〇世紀が終わるまで続いた執拗なものであった。

独ソ間の情報収集のために渡欧する準備を進めていた一九三七（昭和一二）年の七月七日、中国の盧溝橋で日中両軍による戦闘が開始された。奇しくも同じ日、スイスのジュネーヴでは、日中両国の学者たちが他の三七ヶ国からの代表とともに会食し、姉崎正治（一八七三―一九四九）や李煜瀛（一八八一―一九七三）などといった知識人たちが、知的協力の現状と将来について討議していた。それに先立つ一九三四（昭和九）年、国際連盟による知的協力についての報告書は、「世界の国々が自国の殻に閉じこもれば閉じこもるほど、各国の人々のあいだの断絶感が強くなってしまう。したがって知的統合と協力の必要性はいっそう高まっている」としていた。またパリ研究所の報告は、「政治分野において、国際関係の不安定な状況、この結果起きるためらいや不安感、そして、経済システムがこうむっている生産の混乱と危機によって、精神世界が脅威を受けているとき、世界の人々はお互いを知り理解する必要があることをしっかりと認識すべきである」として、知的協力の努力は「普遍的な道徳を認識し、嫌悪感が生み出すような極端に走る危険や屈折した感情を防ぐ[3]」ことを保障するために以前にもまして必要だと感じとられていた。

このエピソードは、政治学者の入江昭が『権力政治を超えて』（一九九八）という著作のなかで紹介しているものである。

『二一世紀の子供たちに、アウシュヴィッツをいかに教えるか？』（二〇〇〇）のなかで、歴史研究者のジャン＝フランソワ・フォルジュは、一九九二年にリールで作製されたビデオカセットを見たときの暗澹たる気持ちをこう述べている。「そのビデオでは、医学生たちが若い看護婦生徒に彼らの前を行進するように強制していたものであった。その光景が絶えがたかったはずなのは、同意もしないし不安にうちひしがれたままの少女たちの肉体の陳列と露出が、そのまま収容所世界という意味合いを帯びていたからにほかならない。一旦、この一線を越えてしまうと、今や周知の事実によって明らかになっていることだが、人はこの道を突き進んで行き、同じ仲介者の手を経て、現実の拷問や殺害シーンを示すビデオカセットを売り込む人びとと出会うことになることは間違いない[4]」。

フォルジュの予感が先のイラク戦争のときに的中したこ

とは、われわれの記憶に新しい。米軍によって捕虜になったイラク兵たちが収監されたアブグレイブ刑務所での虐待や拷問の写真は、インターネットを通して、あっという間に世界中を駆け巡ったのである[5]。

権力政治にとらわれた社会のなかで、われわれは自分の内に根付く小さな権力に無自覚であるならば、易々として「極端に走る危険や屈折した感情」に身をゆだねてしまうことになるだろう。アウシュヴィッツの悪夢とは、隔絶した絶対悪のなかにあるのではなく、われわれの住む世界とは、単にグラデーションで隔たれているにすぎない。民族、宗教、性別に関するわれわれの無意識の侮蔑の念が、ちょっとした機会で差別と偏見などの「嫌悪感が生み出すような極端に走る危険や屈折した感情」として噴き出し、いつの間にか残虐行為を何とも思わないようなシニシズムを生み出してしまうのである。

ペーター・スローターダイク（Peter Sloterdijk, 一九四七―）は、『シニカル理性批判』（*Kritik der zynischen Vernunft*, 一九八三[6]）のなかで、ナチズム前夜のワイマール共和国の社会と文化のありとあらゆる分野で、権力偏重の社会で涵養されるシニシズム（冷笑主義）が蔓延していたことを説得力をもって詳述している。著名な生物学者であったエルンスト・ヘッケル（Ernst Heinrich Philipp August Haeckel, 一八三四―一九一九）は、「精神病者や肢体障害者用の施設を増やしてばかりいる代わりに、不幸な人たちがあまり頻繁に生まれてこないような措置を講じて人間の淘汰を一層はかるのが、将来を見すえた人道主義である[7]」と公言したものだが、ここからハイデッガーが「農業はいまや機械化された食料産業であって、本質においてガス室や絶滅収容所における死体の製造と同じもの[8]」であるとブレーメン講演（一九四九）で述べるまでは、ほんのひとまたぎである。

戦前の在欧日本人社会で流布していたユダヤ人に対する差別的な隠語を幸子夫人が披露したとき、千畝はただちに「そんなことを言うものじゃない[9]」とたしなめている。また、「女性の話を真剣に聞いて、きちんと答えてくれるような男性はほとんどいなかった」時代に、千畝は「男の子を、それも長男をことさら大事にするという日本の風習にも批判的[10]」だったという。

千畝による小さな愛の物語は、日常生活のなかでさえ「嫌悪感が生み出すような極端に走る危険や屈折した感情」から距離を置こうとする不断の知的努力から生まれたのである。

弱肉強食のシニシズムが凱歌を挙げていた古代の地中海社会にユダヤ人がもたらした最大の遺産は《愛》ではなかったのだろうか。一九世紀ドイツの著名な神学者ゲルハルト・ウールホルン（Gerhard Uhlhorn, 一八二六－一九〇一）は、古代キリスト教の《愛》の歴史を俯瞰する古典的研究[11]において、ギリシア・ローマ時代を「愛のない世界」（eine Welt ohne Liebe）と定義することから、古代教会におけるヘブライ的《愛》の来歴を説明している。

ホッブズ（Thomas Hobbes, 一五八八－一六七九）が『市民論』（De Civi, 一六四二）の献辞において、自然状態における生存闘争を「人間は人間に対して狼である」（Homo homini Lupus）という有名な命題であらわしたことはよく知られている。この表現のもとになったのは、ローマ初期の喜劇作家プラウトゥス（Titus Maccius Plautus, BC二五四－BC一八四）による『ロバ物語』（Asinaria, 一九五）の四九五行目にある語句である。ギリシア・ローマの古代世界は、社会のなかの「もっとも小さな者」、すなわち女性、子供、弱者、周辺人などに対する普遍的な侮蔑を共有していた。

ギリシア・ローマ的な考え方とヘブライ思想の違いは、その神名に端的にあらわれている。ギリシア神話には《愛》の女神「アプロディーテー」（ヴィーナス）が存在するが、これは世俗的な肉欲的《愛》に過ぎない。アプロディーテーに限らず、アポロン（太陽）、ポセイドン（海）などギリシアの神々は、すべて人間的諸力や自然的諸力を外化し擬人化したものである。だからこそ、ギリシア・ローマの神々は、歴史の発展によって人間の知見が増大するにつれて、芸術や文芸を豊かにすることはあっても、信仰の対象としては衰微して行ったのである。古代のオリンピア祭を念頭に置いてオリンピックに参加するアスリートは、今日一人もいないだろう。

ギリシア・ローマの神名は、例えば「アプロディーテー」が《愛》の隠喩であると判明すれば、後には何も残らない。ルネサンスの画家ボッティチェルリが『ヴィーナスの誕生』（一四八五頃）で貝殻に乗って海から生まれた愛の女神アプロディーテーを描いたのは、アプロディーテーという神名に「泡」（アプロス）という語素が含まれているので、そこから波や海の連想が生まれたというだけの話である。

一方、モーセがシナイ山で邂逅したヘブライの神は、「わたしはある」（エフイエ）という属詞（補語）を欠いた神名の告知によって、神は属性を持ち得ず擬人化できないということが示されている。

この「エフイエ」という語が最初に出てくるのは、出エジプト記三章一二節の「わたしは必ずあなたと共にいる」という個所であり、「どうして、ファラオのもとに行き、しかもイスラエルの人々をエジプトから導き出さねばならないのですか」と問いかけるモーセに対して、救いの約束によって励ます場面に出てくる。

思いもかけず担わされた重責に困惑するモーセに、神は「わたしは必ずあなたと共にいる。そのことこそ、わたしがあなたを遣わすしるしである。あなたが民をエジプトから導き出したとき、あなたたちはこの山で神に仕える」と激励し、モーセの絶望を希望へと変えたのである。属詞を持たぬ「わたしはある」という絶対用法は、その未完結性によって、神がいかなる時空的制約も受けない自由な展開であり、古代イスラエルの民「と共にある」もの、人間との共働によって救いを約束するものであることを暗示している。

神はモーセに「わたしは必ずあなたと共にいる」と約束しているが、この言葉は、イザヤ書七章一四節の「見よ、おとめが身ごもって、男の子を産み、その名をインマヌエルと呼ぶ」という「インマヌエル」の預言につながり、マタイ一章二三節では、このイザヤの預言が引用され、「『見よ、おとめが身ごもって男の子を産む。その名はインマヌエルと呼ばれる』。その名は『神は我々と共におられる』という意味である」と説明される。キリスト教では、これが「インマヌエル」の預言の成就と考えられ、マタイ伝の末尾は、「あなたがたに命じておいたことをすべて守るようにしなさい。わたしは世の終わりまで、いつもあなたがたと共にいる」というイエスによる弟子たちに対する約束で終わっている。

このようにヘブライの神は、人間と共働し人間に希望をもたらす《愛》であり、また《愛》を求める神である。「自分自身を愛するように隣人を愛しなさい」と命ずる神は、レビ記一九章において、「隣人」を愛すべき理由を「神を畏れなさい。私は主である」という厳かな宣言とともに、つぎのように説明している。

寄留者があなたの土地に共に住んでいるなら、彼を虐げてはならない。あなたたちとともに寄留する者をあなたたちのうちの土地に生まれた者同様に扱い、自分自身のように愛しなさい。なぜなら、あなたたちもエジプトの国において寄留者であったからである。

「寄留者」に対する愛は、神の人間に対する無限の《愛》への感謝に満ちた応答なのである。カウナスの日本領事館に殺到した難民たちを前にした千畝は、だからこそ、「私に頼ってくる人々を見捨てるわけにはいかない。でなければ私は神に背く」と述べたのである。

難民たちをあれほど苦しめたヒトラーの「第三帝国」もスターリンの「収容所列島」も、うたかたのように歴史の闇に消えた。そして、千畝の《愛》だけが最後に残った。

杉原ビザで救われたアンナ・ミローは、こう述べている。「政府の命令に背き、良心に従った杉原さんがいなかったら、私たちの誰も存在しなかった。私たちが歩み続けた暗い道の中で、杉原さんの星だけが輝いていた」[12]。ミローの謝辞は、いうまでもなく、ダニエル書の「多くの者の救いとなった人々は、とこしえに星と輝く」（一二：三）という聖句を踏まえたものである。

杉原ビザで救われ渡米したサミュイル・マンスキーは、米国のチェスナッツヒルのテンプル・エメスに杉原のメモリアル・ガーデンを作り、顕彰碑を作った[13]。碑銘には、「獅子のような心を持つ力ある者」（『サムエル記』Ⅱ、一七章一〇節）が選ばれた。ゲシュタポもソ連の秘密警察もおそれなかった杉原千畝は、神をおそれる人であった。神をおそれる人は「獅子の心」を持つ勇者であった。

【注】

序章

（1）秦郁彦は『陰謀史観』（新潮社、二〇一二）において、「私が愛読したのは、山中峰太郎『大東の鉄人』（一九三四年、一年で二五版を重ねた）と題する冒険小説だった。ヒーローの本郷義昭が挑戦したのは「シオン同盟」総司令の「赤魔バザロフ」という設定だが、なぜか戦後の改版ではシオンを「マルキ同盟」に書きかえている」（二二五頁）と指摘しているが、これは『ユダヤ陰謀説の正体』（筑摩書房、一九九九年）における筆者（松浦）の指摘をそのまま借用したものである。秦は初出の典拠を示さないばかりか、拙著を「反ユダヤ・メーソン論の主な文献」（二二九頁）のなかに分類するなどのトンデモぶりを発揮している。日本人とユダヤ人の関係史を熟知している歴史家は、宮澤正典（同志社女子大学）、阪東宏（明治大学）、小林英夫（早稲田大学）、金子マーティン（日本女子大学）、丸山直樹（明治学院大学）、関根真保（京都大学）、高尾千津子（立教大学）など数えるほどしかいないのが現状である。秦郁彦は、「ニューヨーク・タイムスが反ユダヤ本の旗振り役ともいえる宇野正美（キリスト教原理主義者）の著書二冊が一一〇万部も売れていると報じたのは八七年三月だった。この年だけで書名にユダヤの語をふくむ本が八二冊刊行されたという情報もある（表2参照）」（二二八頁）などとしながら、その「表2」には、一九八七年（昭和六二年）に「書名にユダヤの語をふくむ本」は一冊も上げられておらず、「表2」自体も「反ユダヤ的な本」と「反ユダヤ主義を論じた本」の区別ができないような誤解を招く提示の仕方をしている。「著作に『慰安婦と戦場の性』など多数」の歴史家の記述は、単なる宮澤正典（『ユダヤ陰謀説』一九九九）の受け売りに過ぎないものであり、「書名にユダヤの語をふくむ本」といっても、それは例えば、ピーター・ゲイの『ドイツの中のユダヤ―モダニスト文化の光と影』（思索社）、ウォルター・ラカーの『ユダヤ人問題とシオニズムの歴史』（第三書館）、ジェフリー・メールマンの『巨匠たちの聖痕跡―フランスにおける反ユダヤ主義の遺産』（国文社）やマイヤー・ドムニッツの『ユダヤ教の人びと』（リブリオ出版）などの手堅い学術書も含めてのことである。

『陰謀史観』のなかで秦郁彦はまた、「ダビデ大王やソロモン王の繁栄を誇った古代ユダヤ王国が、ローマ軍の攻撃によりマサダの砦で全滅したのは紀元一世紀のことである。亡国のユダヤ人たちは世界中に離散した」（二二三頁）などと述べているが、「ダビデ大王やソロモン王の繁栄を誇った古代ユダヤ王国」は、ソロモン王の死後紀元前九三〇年頃南北に分裂し、北王国（イスラエル王国）が紀元前七二二年にアッシリア帝国によって、さらに南王国（ユダ王国）が紀元前五八六年にバビロニア帝国によってすでに滅亡している。紀元七三年のマサダの戦いとは、ヘロデ朝のアグリッパ二世の時代の話だが、イエスの降誕に出てくるヘロデ朝の開祖は、ハスモン朝の大きな支柱の一つだったエドム地方の豪族アンティパテルの子であり、このアンティパテルはアラビア諸族と親戚関係にあり、ローマとの関係から見れば、ヘロデ朝とは、被護王国の一つに過ぎない。田丸徳善（古代オリエント史）が指摘するように、ヘロデの支配は「正統ユダヤ的とは言えず、せいぜい半ユダヤ的とでもいうべきものであり、極言すれば異民族支配」（イガエル・ヤディン『マサダ―ヘロデスの宮殿と熱心党の最後の拠点』山本書店、一九七五年、一七頁）だったのである。マサダの砦に立てこもった対ローマ強硬派とヘロデ朝との間にどれほどの隔たりがあったかは、戦争が勃発しようという不穏な雰囲気を察したアグリッパ二世が主戦派を説得しようとして失敗しエルサレムから追放され、ウェシパシアヌス帝がその子・ティトゥスにユダヤ人制圧のために派遣したアンティオケアに、他ならぬアグリッパ二世が、みずからの全部隊とともに馳せ参じたことからもわかるだろう。フラヴィウス・シルヴァ率いるローマ軍が闘った相手は、「ダビデ大王やソロモン王の繁栄を誇った古代ユダヤ王国」などではなく、エレアザル・ベン・ヤイルなどに率いられた熱心党（ゼーロータイ）などを中心とする徹底抗戦派なのである。

先の秦郁彦の著作のように、ヨセフスの戦記に載っているような基本的な史実に関する誤りさえ校正段階でチェックできないほど、日本におけるユダヤ理解は惨憺たる状態なのである。ユダヤ人やフリーメーソンをめぐる陰謀説の背景を理解したいなら、北海道大学の辻隆太郎（宗教学）がその著書『世界の陰謀論を読み解く』（講談社、二〇一二）で展開している踏み込んだ議論を読まれることをお薦めする。

（2）J・L・マーティン『ヨハネ福音書の歴史と神学』日本基督教出版局、一九八四年、一七頁。

（3）Joseph Ratzinger, *Jesus of Nazareth*, San Francisco, Ignatius Press, 2011, p.185.

第1章

（1）東野利夫『南蛮医アルメイダ』柏書房、一九九三年、九〇頁以下を参照。

（2）小岸昭『隠れユダヤ教徒と隠れキリシタン』二〇〇二年、二九五頁以下を参照。

（3）ツヴィ・ギデルマン『葛藤の一世紀―ロシア・ユダヤ人の運命』サイマル出版社、一九八八年、四〇‐四一頁。

（4）中村健之介『宣教師ニコライと明治日本』岩波書店、一九九六年、二六六頁。

（5）Naomi W. Cohen, *Jacob H. Schiff. A Study in American Jewish Leadership*, Brandeis University Press, 1999, p.134.

（6）上塚司編『高橋是清自伝（下巻）』中公文庫、一九七六年、二一二頁。

第2章

（1）テオドール＝オーギュスタン・フォルカード『幕末日仏交流記―フォルカード神父の琉球日記』中公文庫版、一九九三年、一五五頁。

（2）佐伯好郎『景教碑文研究序論』三省堂、一九一一年、四七頁。

（3）マーヴィン・トケイヤー『聖書に隠された日本・ユダヤ封印の古代史』徳間書店、一九九九年、二五一頁。
（4）宮澤正典、デイヴィッド・グッドマン『ユダヤ人陰謀説』講談社、一九九九年、八四頁。
（5）同志社大学人文科学研究所キリスト教問題研究会編『特高資料による戦時下キリスト教運動二――昭和一六年～昭和一七年』新教出版、一九七二年、一九七－一九八頁。
（6）同右、三〇五頁。
（7）小谷部全一郎『ジャパニーズ・ロビンソン・クルーソー』皆美社、一九九一年、一七頁以下を参照。
（8）土井全二郎『義経伝説を作った男』光人社、一九九五年、一二六－一二七頁。
（9）小谷部全一郎『日本及日本国民之起源』厚生閣、一九二九年、三六一－三六九頁。
（10）同右、九頁。
（11）ジョン・ミッチェル『奇天烈紳士録』工作社、一九九六年、二五一頁。
（12）Two-seedline theory
（13）cf. Michael Barkun, *Religion and the Racist Right. The Origins of the Christian Identity Mouvement*, The University of North Carolina Press, 1997, pp.161-162.
（14）小谷部全一郎、前掲書、七頁。
（15）中田重治『聖書より見たる日本』ホーリネス教会出版部、一九三三年、一六五－一六六頁。
（16）同右、五一－五二頁。
（17）同右、一六八－一六九頁。
（18）酒井勝軍『猶太人の世界往略計画』内外書房、一九二三年、一二六頁。
（19）久米晶文『酒井勝軍――「異端」の伝道者』学研、二〇一二年、三五六頁。
（20）『聖潔之友』、五七一号「社説」。
（21）同右、五七五号「社説」。
（22）中田は、「主の再来はいつか」（一九二七）においても、「エリヤは死なずに天に映される聖徒の形である。そしてその数も表号的意味があると思う。一節の始めに『六日ののち』とあるが、聖書的には一日のごとくあり、六千年にあたる」と説教している。再臨派の数字マニアぶりは周知であり、中田の説教にもやたらに数字が出てくるが、他の再臨派同様に、再臨に関する数字が当たったためしがない。聖書に出てくる数字を「字義通り」とらえるとおかしなことになることは、例えば、黙示録とともに中田の終末論に大きな影響を与えたダニエル書を考えてみればわかるだろう。ダニエル書の末尾には、「日ごとの供え物が廃止され、憎むべき荒廃をもたらすものが立てられてから、一二九〇日が定められている」（一二：一一）という一節がある。この「憎むべき荒廃をもたらすもの」とは、セレウコス朝シリアのアンティオコス四世エピファネス（B.C.二一五－一六三）によるパレスチナのヘレニズム化の一環として、ユダヤ人によるエルサレムの神殿に侵入し「日ごとの供え物」が差し押さえて、その替わりに立てられた異神のことである。これはユダヤ人たちにとって想定外の出来事だったので、ユダヤ人をバビロン捕囚に定めた神の怒りが消滅していないのではないかという疑心暗鬼から、ダニエル書に「お前の民と聖なる都に対して七〇週が定められている」という事後預言が加筆され、アンティオコス四世の支配が終わる時を預言したとされている。ところがアンティオコス四世の迫害がなかなか終わらないので、この数字も八章一四節では「一一五〇日」(「日が暮れ、夜が明けること二三〇〇回に及んで、聖所はあるべき状態に戻る」とあり、神殿では朝夕二回の献げ物がささげられたので日数はその半分)、さらに一二章一一節では「一二九〇日」、一二節では「一三三五年」と増えて行った。この個所について、新共同訳には「アンティオコス四世による迫害が長引いたことにより後代の編集者が加筆した、あるいは迫害期間の数え方の相違によるなどの説がある」と適切な注釈があり、増幅する数値は、アンティオコス四世の迫害の消長に実体験している同時代人にしかわからないことで、バビロン捕囚の時代からペルシア時代にかけて帝国に仕えた紀元前六世紀の若者の預言とされている件の個所は、実は紀元前二世紀のユダヤ人によって加筆された部分なのである。これらの数字に無理に整合性を持たせようとすると、牽強付会の解釈を持ち出さざるを得ず、聖書にちりばめられている数字を「字義通り」とらえることが、ファンダメンタリストたちの妄想を増殖させる一因となっているのである。

(23) 『新人』、第二一九号、五一二頁。

(24) 中田重治、前掲書、一二六頁。

第3章

(1) 中田重治『民族への警告』ホーリネス教会出版部、一九三三年、六三頁。

(2) 明石博隆・松浦総三編『昭和特高弾圧史 四 ― 宗教人にたいする弾圧 下』太平出版社、一九七五年、六七-六八頁。

(3) 稲垣真美『兵役を拒否した日本人』岩波書店、一九七二年、五〇頁。

(4) 藤巻一保他『宗教と事件』学習研究社、二〇〇九年、二一六頁。

(5) マイケル・バーカン『現代アメリカの陰謀論』三交社、二〇〇四年、一九九-二〇〇頁。

(6) James Penton, *Apocalypse Delayed: The Story of Jehovah's Witnesses*, University of Toronto Press, 1997, p.183.

(7) Alexander Hislop, *The Two Babylons. Romabism and its Origins*, 1853 ; Edinburgh, B. McCall Barbour, 2005, pp.197-205.

(8) マイケル・バーカン、前掲書、一九二-一九八頁を参照。

(9) cf. http://www.watchtower.org/j/19980708/article_01.htm

(10) cf. M. *James Penton, Jehovah's Witnesses and the Third Reich: Sectarian Politics under Persecution*, University of Toronto Press, 2004, pp.265-275.

(11) cf. http://www.jwfacts.com/watchtower/hitler-nazi.php

(12) *ibid.* pp.284-289.

(13) *The New York Times*, 21 June 1918.

(14) cf. 〝Sie bekämpft den **jüdisch-materialistischen Geist** in und außer uns und ist überzeugt, daß eine dauernde Genesung unseres Volkes nur erfolgen kann von innen heraus auf der Grundlage〟 in Document C3-A, quoted by M. James Penton, *op. cit.*, p.289. 強調は、引用者。

(15) cf. http://www.jwic.info/hitler.htm

(16) 三村三郎『ユダヤ問題を裏返して見た日本歴史』日猶関係研究会、一九五〇年、三一－六七頁。

(17) 中澤啓介『ものみの塔の源流を訪ねて』からし種出版、二〇〇〇年、四三－九〇頁を参照。

(18) Penton, *op. cit.*, p.10.

(19) ものみの塔聖書冊子協会『エホバの証人―神の王国をふれ告げる人々』(日本版)、一九九三年、一四一頁。

(20) 津山千恵『イエス・キリスト 奇跡の人』三一書房、一九九八年、二六〇頁。

(21) 鶴見俊輔『鶴見俊輔著作集』第二巻、筑摩書房、一九七五年、三九三頁。

(22) 鶴見俊輔・上野千鶴子・小熊英二『戦争が遺したもの』新曜社、二〇〇四年、四二頁。

(23) 鶴見俊輔『戦時期日本の精神史 一九三一－一九四五』岩波書店、二〇〇一年、一一二－一一三頁。

(24) 稲垣真美『良心的兵役拒否の潮流』社会評論社、二〇〇二年、一三－一四頁。

(25) W・H・シュミット『十戒―旧約倫理の枠組の中で』教文館、二〇〇五年、一五八－一六三頁。シュタム／アンドリュウ『十戒』新教出版社、一九七〇年、一六四－一六七頁などを参照。

(26) マイケル・ウォルツァー『出エジプト記と解放の政治学』新教出版社、一九八七年、二〇頁。

(27) cf. Herbert Darling Foster, 〝The Political Theories of Calvinists before the Puritan Exodus to America〟 in *The American Historical Review*, Oxford University Press, vol.21, No3, April, 1916, pp.481-503.

(28) マイケル・ウォルツァー、前掲書、一七－一八頁。

(29) Hans Kohn, *Nationalism : Its Meaning and History*, New York, D. Van Nostrand Company, 1965, p.16.

(30) レオン・ポリアコフ『反ユダヤ主義の歴史 第五巻』筑摩書房、二〇〇七年、三九八頁に引用。

(31) マイケル・ウォルツァー『正しい戦争と不正な戦争』風行社、二〇〇八年、一九〇頁。

(32) マイケル・ウォルツァー『解釈としての社会批判』風行社、一九九六年、一一二頁。

第4章

(1) J・F・ラザフォード著／明石順三訳『和解』萬国聖書研究会燈台社、一九三〇年、一五頁。

(2) 中澤啓介『ものみの塔の源流を訪ねて』二四八頁。

(3) 木田献一『神の名と人間の主体』教文館、二〇〇二年、

三七 - 九〇頁を参照。

(4) フォトンベルト通過説は、ポピ族の予言と密接に結びついている。このマヤ文明の長期暦による二〇一二年の冬至一二月二一日に人類が滅亡するとされ、マヤ文明の末裔とされるポピ族の終末予言は、無神論を標榜する共産政権下の中国でも新興宗教「全能神」に影響を与え、「閃電（稲妻）」という女性が光臨して人類に審判を下すなどとし、中国共産党を「大紅龍」という隠語であらわし、「大紅龍を殺し、全能神が統治する国家をつくる」ととなえる終末思想が邪教として弾圧され、四〇〇名以上の逮捕者を出したことが世界中を驚かせた。cf. 林望「中国、『全能神』教団幹部ら一斉摘発 共産党絶滅訴え」（『朝日新聞』二〇一二年一二月一七日付）

(5) Alice A. Bailly, *Esoteric Astrology*, New York, Lucis Publishing Company, 1951, p.484.

(6) マックス・トス『ピラミッド予言』徳間書店、一九八二年、三三頁。

(7) Joseph A Seiss, *A Miracle in Stone or the Great Pyramid of Egypt*, 1877 ; La Vergne, TN USA, Kessinger Publishing, 2010, pp.90-91.

(8) マーティン・ガードナー『奇妙な論理 II』早川書房、二〇〇三年、一五六頁。

(9) 同右、一四〇頁以下。

(10) 同右、一五八 - 一五九頁。

(11) 柞木田龍善『日本超古代史の謎に挑む ― 日本・ユダヤ同祖論の深層』風濤社、一九八四年、八一 - 一〇三頁。

(12) エリ・コーエン『驚くほど似ている日本人とユダヤ人』中経文庫、二〇〇六年、一七一 - 一七七頁。

(13) ベン＝アミー・シロニー『ユダヤ人と日本人の不思議な関係』、一九九一年、一六二 - 一七四頁。

(14) 丸山直起『太平洋戦争と上海のユダヤ難民』法政大学出版局、二〇〇五年、二八 - 三二頁を参照。

(15) 宮澤正典『増補 ユダヤ人考』新泉社、一九八二年、八六頁。

(16) 日本キリスト教協議会『出会い』第一三巻二号、一九九九年一一月号。

(17) cf. http://www.okazaki-inst.jp/israelcritic.html

(18) ベン＝アミー・シロニー・河合一充『日本とユダヤ ――その友好の歴史』ミルトス、二〇〇七年、一七一 - 一七二頁。

(19) 同右、一七二頁。

(20) 加瀬英明『なぜアメリカは、対日戦争を仕掛けたのか』祥伝社、二〇一二年、一二四 - 一二六頁。

(21) 度会好一『ユダヤ人とイギリス帝国主義』岩波書店、二〇〇七年、三三頁を参照。

(22) 同右、三六頁。

(23) 大塚清恵「日本・イスラエル比較文化研究 ― 日猶同祖先論考」、「日本・イスラエル比較文化研究 ―日本列島は誰が創った？」（鹿児島大学教育学部研究紀要・人文社会学編、二〇〇七年、二〇一〇年）。引用順に、(1)―一三三頁、一三八頁。(2)―一〇五頁、一一一頁、一一六頁。

(24) Menasseh ben Israel, *The Hope of Israel*, 1650; translated by Moses Wall, 1652, edited with Introduction and Noted by Henry Méchoulan and Gérard Nahon, Oxford, The Littman Library of Jewish Civilization, 1986.

(25) 太田俊寛『オウム真理教の精神史』春秋社、二〇一一年、一八七頁。

第5章

(1) 〝Japan Builds a New Colony〟 in *Saturday Evening Post*, Feb. 24, 1934

(2) アムレトー・ヴェスパ『中国侵略秘史』大雅社、一九四六年、一七五－一七六頁に引用。

(3) cf. Sabine Breuillard, 〝L'Affaire Kaspé revisitée〟 in *Revues des études slaves*, vol.73, 2001, pp.337-372.

(4) 阪東宏『日本のユダヤ政策 一九三一－一九四五』未来社、二〇〇二年、四六－五二頁を参照。

(5) David Kranzler, *Japanese, Nazis and Jews*, Hoboken, NJ, Ktav Publishing House, 1976, p.213.

(6) 阪東宏、前掲書、四八頁。

(7) 樋口季一郎『アッツ、キスカ・軍司令官の回想録』芙蓉書房、一九七三年、三六一頁。

(8) 阿部吉雄「戦前の日本における対ユダヤ人対策の転換点」(九州大学大学院言語文化研究院『言語文化論究』第一六号、二〇〇二年)八頁。

(9) 北條清一編著『増補改訂 思想線と国際秘密結社』晴南社、一九四四年、一四四頁。

(10) 早坂隆『指揮官の決断―満州とアッツの将軍 樋口季一郎』文藝春秋、二〇一〇年、一四〇頁。

(11) 渡辺勝正『真相・杉原ビザ』大正出版、二〇〇〇年、二一三頁。

(12) 伊藤明「ユダヤ難民に〝自由への道〟をひらいた人々」日本交通公社『観光文化』別冊特集、二〇〇六年、一頁。

(13) cf. has.ulb.uni-bonn.de/2000/0225/0225-text.pdf

(14) Heinz Eberhard Maul, *Warum JAPAN UND DIE JUDEN. Die Studie über die Judenpolitik des Kaiserreiches Japan wärend der Zeit des Nationalsozialismus (1933-1945)*, Friedrich-Wilhelms-Universität zu Bonn, 2000, S.101.

(15) 金子マーティン「ハインツ・マウル氏の博士論文『日本人とユダヤ人』とその和訳本を検証する」『歴史学研究』No.798、二〇〇五年、四三頁。

(16) 二〇一〇年一〇月一九日受信。

(17) Heinz Eberhard Maul, *Warum Japan keine Juden verfolgte. Die Judenpolitik des Kaiserreiches Japan wärend der Zeit des Nationalsozialismus (1933-1945)*, München, Iudicium Verlag, 2007, S.48.

(18) 関根真保『日本占領下の上海ユダヤ人ゲットー』昭和堂、二〇一〇年、一七頁。

(19) 小林英夫編『満州―その今日的意味』つげ書房新社、二〇〇八年、一三二頁。

(20) ハインツ・マウル『日本はなぜユダヤ人を迫害しなかっ

たのか』芙蓉書房出版、二〇〇四年、一六六－一六七頁。

(21) シェルダン・H・ハリス『死の工場 ― 隠蔽された七三一部隊』柏書房、一九九九年、一一六頁。

(22) 同右、一二四頁に引用。

(23) 杉原幸子『六千人の命のビザ』大正出版、一九九三年、三四頁。

(24) 相良俊輔『流氷の海』光人社、一九七三年、一頁。

(25) 樋口季一郎、前掲書、三五五－三五六頁。

(26) 同右、三五七頁。

(27) 同右、三五四－三五五頁。

(28) 安江弘夫『大連特務機関と幻のユダヤ国家』八幡書店、一九八七年、七七頁。

(29) 吉田俊夫「ユダヤ人と特務機関長」『文藝春秋』一九六三年一二月号、一五九－一六〇頁。

(30) 金子マーティン、前掲書、四三頁。

(31) 藤岡信勝他『新しい歴史教科書』自由社、二〇一〇年、二二九頁。

(32) 安江弘夫、前掲書、三〇－三四頁。

(33) 包荒子『世界革命之裏面』一九二四年、二酉社、七七頁。

(34) 安江弘夫、前掲書、一〇九－一一〇頁。

(35) 関根真保、前掲書、二四－二九頁。

(36) 安江弘夫、前掲書、一一〇－一一一頁。

(37) 丸山直起『太平洋戦争と上海のユダヤ難民』法政大学出版局、二〇〇五年、九九頁。

(38) タイトー社史編集委員会『遊びづくり四十年の歴史』一九九三年、八九頁。

(39) Marvin Tokayer & Mary Swarz, *The Fugu Plan: The Untold Story Of The Japanese And The Jews During World War II*, New York, Gefen Publishing House, 2004, pp.272-273.

(40) 中日新聞社社会部編『自由への逃走 ― 杉原ビザとユダヤ人』東京新聞出版局、一九九五年、一二七－一二九頁。

(41) 深井智朗・佐藤貴史「近代日本におけるユダヤ人問題の一断面」『思想』岩波書店、二〇一一年一月号、一六－三一頁を参照。

(42) 小林英夫『満鉄調査部の軌跡』藤原書房、二〇〇六年、二四五頁を参照。

(43) Abraham Kotsuji, *From Tokyo to Jerusalem*, Torath HaAdam Institute, 1975, p.150.

(44) 石堂清倫『わが異端の昭和史』勁草書房、一九八六年、二一三頁。

(45) 中日新聞社社会部編、前掲書、一二七－一二九頁。

(46) 安江弘夫、前掲書、二〇五頁。

(47) 武田徹『偽満州国論』中央公論新社、二〇〇五年、二二七－二三二頁を参照。

(48) 高尾千津子「アブラハム・カウフマンとハルビン・ユダヤ人社会」北海道大学スラブ研究センター編『ロシアの中のアジア／アジアのなかのロシア（Ⅲ）』二〇〇六年、四八頁を参照。

(49) 原文では、"Yasue, qui **allait** militer après la guerre au

sein de l'extrême droite japonaise, et rééditer le *Protocoles*»となっている。
(50) 安江弘夫、前掲書、二四二－二五八頁。
(51) 同右、二三九頁。
(52) レオン・ポリアコフ『反ユダヤ主義の歴史 第五巻』筑摩書房、二〇〇七年、四七九頁。
(53) 鈴木邦彦「『ヴェニスの商人』移入事始」『商学論究』関西学院大学紀要、二〇〇二年、五〇巻一／二号、六八二頁。
(54) レオン・ポリアコフ『ユダヤ人と日本人の不思議な関係』成甲書房、二〇〇四年、二一四頁。
(55) 同右、四七九頁。
(56) 同右、四一一頁。
(57) カール・R・ポパー『推測と反駁—科学的知識の発展』法政大学出版局、二〇〇九年、六二九－六三〇頁。
(58) バーナード・ルイス『聖戦と聖ならざるテロリズム』紀伊國屋書店、二〇〇四年、二〇八－二〇九頁。
(59) フィリップ・ゴリュプ「いかにして合衆国は帝国になったか — 覇権主義から一極支配へ」、『アメリカ帝国の基礎知識』作品社、二〇〇四年、四三頁。
(60) cf. Justin Vaïsse, *Histoire du néoconservatisme aux États-Unis : le triomphe de l'idéologie*, Paris, Ed. Odile Jacob, 2008, p.269.
(61) レオン・ポリアコフ、前掲書、四八二頁。
(62) cf. http://www.adl.org/presrele/dirab_41/4934_41.htm
(63) 菅野賢治「ルナンと反ユダヤ主義」、『ドレフュス事件のなかの科学』青土社、二〇〇二年、二四八－二五六頁を参照。

第6章

(1) 関根真保『日本占領下の上海ユダヤ人ゲットー』、一六頁。
(2) 杉原幸子『六千人の命のビザ』、一五一頁。
(3) 渡辺勝正『真相・杉原ビザ』、三五頁。
(4) 同右、四一頁。
(5) Hillel Levine, *In Search of Sugihara*, New York, The Free Press, 1996, pp.30-31 に関する注一七。
(6) 渡辺勝正『決断・命のビザ』、二九七頁。
(7) cf. http://www.linelabo.com/chiu0009.htm
(8) 渡辺勝正『杉原千畝の悲劇』大正出版、二〇〇六年、一八三頁。
(9) “stopped at the Turkish bath”
(10) “Now, he proudly indicates, it was called Soapland.”
(11) 朝日新聞社刊『アエラ』二〇〇〇年一一月一三日号。
(12) 佐藤優『国家の罠 — 外務省のラスプーチンと呼ばれて』新潮社、二〇〇五年、三六四頁。
(13) 渡辺勝正『杉原千畝の悲劇』、一八三頁。
(14) ヒレル・レビン『千畝』清水書院、一九九八年、四七七頁。
(15) 諏訪澄「『従軍慰安婦』に入れあげたＮＨＫ」『Ｗ・ｉ ＬＬ』二〇〇七年八月号、一五八－一五九頁。
(16) cf. www.awf.or.jp/pdf/s0003.pdf
(17) ヒレル・レビン、前掲書、四八五頁。
(18) 古崎博『水銀と戦争』近東株式会社、一九七一年、二〇五年。
(19) 都倉栄二『外交官の決断』講談社、一六三頁。
(20) 渡辺勝正『杉原千畝の悲劇』、一五頁。
(21) Pamela Rotner Sakamoto, *Japanese Diplomats and Jewish Refugees*, Westport, CT, Praeger Publishers, 1998, p.110.
(22) エヴァ・パワシュ＝ルトコフスカ、アンジェイ・T・ロメル『日本・ポーランド関係史』彩流社、二〇〇九年、二二一頁。
(23) 杉原誠四郎『杉原千畝と日本外務省』大正出版、一九九九年、二〇六頁。
(24) 中日新聞社社会部編『自由への逃亡―杉原ビザとユダヤ人』、二一六―二一七頁。
(25) エヴァ・パワシュ＝ルトコフスカ、アンジェイ・T・ロメル「第二次世界大戦と秘密諜報活動」、『ポロニカ』第五号、一九九四年、五九頁。
(26) 手嶋龍一・佐藤優『インテリジェンス 武器なき戦争』幻冬社、二〇〇六年、二一五頁。
(27) 石黒健治『サキエル氏のパスポート』光人社、二一三―二一四頁。
(28) cf. http://www.niigatatrading.co.jp/translation.html
(29) 手嶋龍一『スギハラ・ダラー』新潮社、二〇一〇年、四〇頁。
(30) ヒレル・レビン、前掲書、九六―一〇一頁。
(31) マイケルに関しては、渡辺勝正『杉原千畝の悲劇』、一六八―一七一頁。「M氏からのメール」、『せんぽ』第二号、杉原千畝研究会、二〇一二年七月三一日、一四―一五頁。また、クラウディアを「ユダヤ系のロシア人」としたハルビン学院の後輩・笠井唯計からの情報を石黒健二がチタ総領事館に勤務していた佐藤休に再確認したところ、「ユダヤ人じゃない、スラブ系」との確証を得た。石黒健治『サキエル氏のパスポート』二一三頁を参照。
(32) 杉原幸子、前掲書、五三―五四頁。Yukiko Sugihara, *Visas for Life*, translated by Hiroki Sugihara, San Francisco, Edu-Comm, 1995, p.36 and p.41. ヒレル・レビンの著作を下敷きにした、ベン・アミー・シロニーの『日本の強さの秘密―ユダヤ人が歴史から読み解く日本の精神』(二〇一三)にも、「ロシア正教に改宗し、一時的にではあるがセルゲイ・パブロビッチというロシア名まで名乗」(一六六頁)り云々などの意味不明な記述が見られる。
(33) 芳地隆之『満洲の情報基地ハルビン学院』新潮社、二〇〇九年、九〇頁。
(34) 阪東宏『日本のユダヤ政策 一九三一―一九四五』、三一四頁。
(35) エヴァ・パワシュ＝ルトコフスカ、アンジェイ・T・ロメル、前掲書、二二五―二二六頁。
(36) 同右、二二一頁。
(37) J.W.M. Chapman, "Japan in Poland's Secret Neighbourhood War," in *Japan Forum* No.2, 1995, p.245.
(38) Walter Schellenberg, *The Memoirs of Hitler's*

Spymaster, London, André Deutsch, 2006, p.152.

（39） 石黒健治『サキエル氏のパスポート ― 愛と幻の満州国』光文社、二〇〇一年、一二〇 - 一二一頁に引用。可読性を優先し、固有名詞の読みを多少変更。

（40） 手嶋龍一・佐藤優、前掲書、二二四頁。

（41） 手嶋龍一『スギハラサバイバル』新潮文庫、四六九頁。

（42） 岡部伸『消えたヤルタ密約緊急電』、一八六 - 一八七頁。

（43） エヴァ・パワシュ＝ルトコフスカ、アンジェイ・T・ロメル、前掲書、二二五 - 二二六頁。

（44） 中日新聞社会部編、前掲書、一四一頁。

（45） レニ・ブレンナー『ファシズム期のシオニズム』法政大学出版局、二〇〇一年、三三三頁。

（46） 阿部吉雄「資料調査：上海のユダヤ難民の観点から見た杉原リスト」（九州大学大学院言語文化研究院『言語文化論究』第二三巻、二〇〇八年）一八七頁。

（47） 原文は、〝Współpraca polsko-japańska w czasie II wojny światowe〟（Biblioteka《Kultury》, tom 487, Zeszyty historyczne, Instytut Literacki, Paryż, 1994）で、ポーランド研究誌『ポロニカ』に、エヴァ・パワシュ＝ルトコフスカ、アンジェイ・T・ロメル著「第二次世界大戦と秘密諜報活動」（六号、一九九五年）として訳出された。

（48） 岡部伸『消えたヤルタ密約緊急電』、一八六頁。

（49） フェリックス・ティフ編纂『ポーランドのユダヤ人』みすず書房、二〇〇六年、九九頁。

（50） ヤン・T・グロス『アウシュヴィッツ後の反ユダヤ主義 ― ポーランドにおける虐殺事件を糾明する』白水社、二〇〇八年、一三九 - 一八二頁の第三章「キルツェ・ポグロム ― 事件の経過」を参照。

（51） ゾラフ・バルハフティク『日本に来たユダヤ難民』原書房、二〇一〇年、八 - 九頁。

（52） レオン・ポリアコフ『反ユダヤ主義の歴史 第五巻』、二八三頁に引用。

（53） ヤン・T・グロス、前掲書、二九五頁に引用。

（54） ソリー・ガノール『日本人に救われたユダヤ人の手記』講談社、一九九七年、九六 - 一二八頁。

（55） Michäel Prazan, *Einsatzgruppen*, Ed du Seuil, 2010, pp.138-160 et pp.290-291.

（56） 尾崎俊二『記憶するワルシャワ ― 抵抗・蜂起とユダヤ人援助組織ジェコダ』光陽出版社、二〇〇七年、三四二頁を参照。

（57） 野村真理『ガリツィアのユダヤ人 ― ポーランド人とウクライナ人のはざまで』人文書院、二〇〇八年、三五 - 四五頁を参照。

（58） 高橋武智訳『ショアー』作品社、一九九五年、二〇三 - 二〇四頁。

（59） 岡部伸、前掲書、一八三頁。

（60） cf. Stewart A. Stehlin, *Weimar and the Vatican, 1919-1939 : German-Vatican Diplomatic Relations in the Interwar Years*, Princeton University Press, 1983, p.53.

（61） 〝Mit Brennebder Sorge〟は、以下のサイトで閲覧でき

る。cf. http://www.vatican.va/holy_father/pius_xi/encyclicals/documents/hf_p-xi_enc_14031937_mit-brennender-sorge_ge.html また、この回勅には、河村幸夫（法哲学）による見事な邦訳が、「回勅『深き憂慮に満たされて』の背景と意義」（西南学院大学『法学論集』第三四巻、二〇〇二年）に掲載されている。

(62) ベルナール・ルコント『バチカン・シークレット』河出書房新社、二〇一〇年、五六頁。

(63) Georges Passelecq & Bernard Suchecky, L'Encyclique cache dé Pie XI, Ed. La Découverete, 1995, p.284, p.290, etc.

(64) ベルナール・ルコント、前掲書、五九頁。

(65) 同右、六二頁。

(66) 『波』二〇一一年三月号。

(67) cf. http://www1.yadvashem.org/yv/en/righteous/faq.asp#criteria 千畝の場合、四つ目の条件に関しては、イスラエルの元宗教大臣が生き証人だが、ヴァルハフティクの有名な回想録（ヘブライ語版は一九八四年刊）以外に、篠輝久の『約束の国への長い旅』の英訳された原稿（ヤド・ヴァシェムの分類番号はYVI, M31-2861）が参照されている。ヴァルハフティクもパルディエルも日本語を解さず、原稿の英訳者は不詳。

(68) モルデカイ・パルディール『教会とホロコースト』柏書房、二〇一一年、三〇九 - 三一〇頁。なお五七八頁には、その詳細な典拠が示されている。

(69) 相田洋『NHKスペシャル　マネー革命　二　金融工学の旗手たち』NHKライブラリー、二〇〇七年、九六 - 一〇三頁。

(70) 手嶋龍一・佐藤優、前掲書、六四頁。

(71) cf. http://www.nikkeibp.co.jp/style/biz/feature/news/070115_taiwan/index3.html

(72) 手嶋龍一・佐藤優、前掲書、七七 - 七八頁。

(73) 二〇〇三（平成一五）年一〇月一六日の米紙ロサンゼルス・タイムズは、国防総省の長官室でサダム・フセインの所在を追跡する情報担当のボイキン国防次官代理（William G. Boykin）が、福音派の集会に制服を着たまま出席し、イスラム過激派が米国を嫌うのは、「われわれがユダヤ教、キリスト教を社会の基盤としているからだ。敵の名前はサタンだ」と発言し、「ブッシュ氏を大統領に選んだのも神だ」などと語り、ライス大統領補佐官が一九日のABCテレビの番組に出演し、「この問題に対する大統領の見解は明快だ。これは宗教戦争ではない。誰もそのような発言をすべきではない」と訂正する一幕があったことは記憶に新しい。cf. http://articles.latimes.com/2003/oct/16/nation/na-general16

(74) Zeev Sternhell, *The Founding Myths of Israel,* Princeton University Press, 1998, p.56.

(75) 『週刊金曜日』二〇〇九年五月二九日号。

(76) cf. http://www.mesora.org/13principles.html

(77) カレン・グレイ・ルエル、デボラ・ダーランド・デセイ『パリのモスク ― ユダヤ人を助けたイスラム教徒』彩流社、二〇一二年、二九頁。

(78) デニス・プレガーの『現代人のためのユダヤ教入門』（ミルトス、一九九二）では、ユダヤ教の食事規定コーシェルに関して、「ユダヤ教は、ユダヤ人にモラルある民であり、聖なる民であることを命じている。人類は神の似姿として創造されたが、また動物でもある。（……）ユダヤ教は、人間の動物的行為を否定したり侮辱したりする代わりに、律法を通してこれらを聖化する。動物的活動の中でももっとも頻度の高い、食べる行為の品位を高めるために、数多くのミツバ（おきて）を規定している」などとされているが、これでは理由は何もわからないと言っているのに等しい。この食物禁忌は、一般に考えられているような迷信的教条ではないし、「豚は反すうせず、腐敗した肉も食べる。豚が汚れた動物とされる理由の一つ」（新共同訳『聖書』スタディ版、一一七頁）という生物学的な説明にも説得力がない。宗教史家のジャン・ソレルは、「聖書のなかの食物の意味論」（Jean Soler, 〝Sémiotique de la nourriture dans la Bible〟 in *Annales*, juillet-août 1973, pp.943-955）というめざましい論文のなかで、レビ記における食物禁忌が、浄・不浄の分離と混淆排除という論理的規則にもとづいた分類を儀礼化したものであることを明らかにしている。レビ記や申命記また出エジプト記などに示されている食物禁忌は、性的タブーとともに記述されており、食物禁忌と性的なタブーは不可分の関係にある。食物禁忌が述べられているレビ記一一章で、陸海空の動物がいかなる定義を受けているかといえば、まず陸上動物は「ひづめが分かれ、完全に割れており、しかも反すうするもの」（一一：三）とされ、海中動物は「水中の魚類のうち、ひれ、うろこのあるもの」（一一：九）と定義され、さらに空飛ぶ鳥に関しては「羽があり四本足で動き、群を成す」（一一：二〇）は食べてもよいとされている。つまり、このタブーとは陸海空のどれか一つに結びついており、これらの三要素を混同したり、混淆したりする食物が不浄とされているのである。日本人が好きな寿司ネタのタコやイカがなぜユダヤ教の食物禁忌の対象になるかといえば、これらは先の定義に照らすと、水中に棲むという点では「魚類である」が、ひれ、うろこがないという点では「魚類ではない」曖昧な中間物だからである。つまり、「魚であり」かつ「魚でない」という本来分離されるべき背反する条件付けの膠着状態に関して禁忌が示されていることは、この食物禁忌が示す根本的な混淆が近親相姦であることが暗示されており、それは、申命記一四章二一節の「あなたの神、主の聖なる民である。あなたは子山羊をその母の乳で煮てはならない」という「子」と「母」の峻別に端的にあらわれている。ユダヤ教における食物禁忌は、性的禁忌、わけても家族や共同体を崩壊させかねない近親相姦のタブーと不可分の関係にあり、それは迷信どころか、古代ユダヤ人の実践的な知恵なのである。

(79) 「米領事館襲撃 映画宣伝の牧師に懸念を伝える」『毎日新聞』二〇一二年九月一三日付を参照。

(80) http://www.zcommunications.org/war-profiteering-and-halliburton-by-scott-harris

(81) ブッシュのしばしば「カーボーイ哲学」と揶揄される単

純な善悪二元論は、計算されたポピュリズムによるものである。その自伝（二〇一一）において、イラク開戦を決断したときのブレア首相とのやりとりは、それを端的に示している。「『戦争はやりたくない』私はトニーにいった。『しかし、やるつもりだ』。トニーも同意見だった。話し合いのあとで、トニーの首相府報道局長アラステア・キャンベルに私はいった。『おたくの親玉にはきんたま（度胸）があるね』。ダウニング街の上品な耳に、その言葉がどう解釈されたかはわからない。だがテキサス出身であれば、だれでもはっきりわかるはずだ」（伏見威蕃訳『決断のとき』下、二〇一一年、三一頁）。トム・フランクは、「アメリカのポピュリズム」（『ル・モンド・ディプロマティック』二〇〇四年二月号）という論文のなかで、「真のアメリカ人ならテキサス風の分厚いステーキや田舎暮らしを好み（ブッシュはレーガンと同様、牧場を所有している）、ごく普通のビール（輸入品にあらず）を飲み、手ずから仕事をし、国産の車に乗るものだ」とする共和党のポピュリズム政策を分析し、それが「リベラルを自称する高学歴者がよく愛用するもの」を徹底的に排除し、東部の左翼やリベラルの知識人たちが「アメリカ庶民の穏やかな暮らしに、ありとあらゆるゆがんだ文化を強要してきた」と説くことによって成り立っていると分析している。cf. http://www.diplo.jp/articles04/0402-2.htm

ブッシュの共和党のポピュリズム戦略は、小熊英二が『〝癒し〟のナショナリズム ― 草の根保守運動の実証研究』（慶應義塾大学出版会、二〇〇三）で調査した「あたらしい歴史教科書をつくる会」の支持者たちの考え方に酷似している。小熊は、「『左翼』なり『サヨク』に対する自らの立場は『普通の感覚を持った庶民』である」（八九頁）と支持者たちが考え、「良識的、普通の感覚、健全なナショナリズム、庶民、日本人としての誇り、伝統、産経、石原慎太郎（靖国神社公式参拝のときに顕著）」などを肯定的に評価し、「非武装中立論などをもてあそび、共産主義を支持し、偉そうに論壇からナショナリズム批判を行っていた、青白い進歩的知識人」（一八頁）を忌避すると分析している。この草の根保守運動における凡庸さやありふれたことの礼賛は、ロラン・バルトが『神話作用』（Mythologies, Paris, Ed. Du Seuil, 1970）において分析した、フランスのプジャード運動における、「他者であることへの拒否、異なったものの否定、同一性の幸福、似たものの評価」（p. 87）というプチブルの神話と比較し得るものだろう。

(82) ロン・サスキンド『忠誠の代償 ― ホワイトハウスの嘘と裏切り』日本経済新聞社、二〇〇四年、一一二 - 一一三頁。

(83) ヴァレリー・プレイム・ウィルソン『フェア・ゲーム ― アメリカ国家に裏切られた元ＣＩＡ女性スパイの告白』ブックマン社、二〇一一年、一〇二頁。

(84) セイモア・ハーシュ『アメリカの秘密戦争』日本経済新聞社、二〇〇四年、二六六 - 二九一頁。

(85) 小泉政権による米国の対イラク戦争への支持は、とりわけイスラム圏の大使経験者に反発を生み、天木直人・駐レバノン大使は、川口順子外相や竹内行夫外務事務次官に意見具申をしたが「勧奨退職」を通告され、『さらば外務省！—私は小泉首相と売国官僚を許さない』（二〇〇六）で、小泉政権の対米追従外交が日本の国益に反するものであると非難した。さらに、ウズベキスタン大使、イラン大使を歴任した孫崎亨は、『日本の「情報と外交」』（二〇一二）のなかで、イラン・イラク戦争でサダム・フセインが化学兵器を用いたときそれを黙認していたアメリカ政府が、対イラク開戦の口実として「大量破壊兵器」の開発を持ち出したことを批判した。

（86）手嶋龍一・佐藤優、前掲書、六四‐六五頁。

（87）Nosson Scheman & Meir Zlotowitz, *The Rabbinical Council of American Edition of the Arscroll Siddur*, 1987, 119b.

（88）ゼーベルクの教義史（*Lehrbuch der Dgmengeschichte*, 一九〇八）は、シカゴ大学の図書館でマイクロフィルム化されており、以下のサイトで閲覧できる。cf. http://archive.org/details/MN41842ucmf_

（89）『日本基督教の精神的伝統』基督教思想叢書刊行会、一九四一年、一六五頁。

（90）魚木忠一『日本基督教の性格』日本基督教団出版局、一九四三年、三〇‐三一頁。

（91）宮田光男『国家と宗教』岩波書店、二〇一〇年、四八一頁。

（92）佐藤優『はじめての宗教論 右巻』ＮＨＫ出版、二〇〇九年、二二三頁。

（93）佐藤優『神学部とは何か — 非キリスト教徒にとっての神学入門』新教出版社、二〇〇九年、一七六頁。

（94）『熊野義孝全集』新教出版社、第一二巻、一九八二年、六五六‐六八一頁。

（95）日本基督教団宣教研究所教団史資料編纂室編『日本基督教団史資料集第二篇　戦時下の日本基督教団（一九四一〜一九四五年）』日本基督教団宣教研究所、一九九八年、三一三頁。バルト神学受容史研究会編集『日本におけるカール・バルト：敗戦までの受容史の諸断面』新教出版社、二〇〇九年

（96）Paul Tillich, *My Travel Diary. 1936 : Between Two Worlds*, translated by Maria Pelikan, Harper & Row, New York, 1970.

（97）エーバーハルト・ブッシュ『カール・バルトと反ナチ闘争』新教出版社、上巻、二〇〇二年、四六‐四七頁を参照。

（98）Ｈ・Ｅ・テート『ヒトラー政権の共犯者、犠牲者、反対者 — 第三帝国におけるプロテスタント神学と教会の内面史のために』創文社、二〇〇四年、九四頁。

（99）ラインホルト・ゼーベルク『教理史要綱』教文館、一九九一年、二七二頁。

（100）Ｈ・Ｅ・テート『ヒトラー政権の共犯者、犠牲者、反対者——第三帝国におけるプロテスタント神学と教会の内面史のために』創文社、二〇〇四年、二七二頁に引用。

（101）Reinhold Seeberg, *Christiche Ethik*, Stuttgart, W. Kohlhammer, 1936, S.391.

（102）cf. Kurt Meier, *Die Theologischen Fakultäten im*

Dritten Reich, Berlin und New York, Walter de Gruyter, 1996. SS.381-385. Susannah Heschel, *The Aryan Jesus, Christian Theogogians and the Bible in Nazi Germany*, Princeton University Press, 2008, p.227.

（103） cf. *Von den Jüden und jren Lügen*, 1543. http://archive.org/details/VonDenJudenUndIhrenLuegen

ルターの神学的反ユダヤ主義に関する歴史的考察については、棚村重行「M・ルターにおける神学的『ユダヤ教徒論』の形成と変遷について：特にキリスト教の『絶対性』と『普遍性』問題に関連して」（東京神学大学『神学』第五六巻、一九九四年）。ユダヤ系の父とルター派の母を持つオランダ改革派の神学者ルネ・シュス（René Süss）がルターの「ユダヤ人とその嘘について」のオランダ語訳を付録し、アムステルダムで出版した『ルターの神学的証言』（*Luthers theologisch testament*, 二〇〇六）は、ルターの信仰義人の問題と「反ユダヤ」の問題と関連づけて波紋を呼び、一九八四年、ルーテル世界連盟は、ルターの反ユダヤ文書を放棄した（『キリスト新聞』二〇一〇年七月二四日付）。

（104） Reinhold Seeberg, *Zum Verständnis der gegenwärtigen Krisis in der europäischen Geisteskultur*, Leipzig, Erlangen, A. Deichert, 1923, S.102f.

（105） *Theologische Festschrift für G. Nathanael Bonwetsch zu seinem siebzigsten Geburtstage*（*17. Februar 1918*）. Dargeboten von H. Achelis, Leipzig, Deichert, 1918, S.17.

（106） Reinhold Seeberg, *op.cit.*, S.111.

（107） Daniel Boyarin, *Unheroic Conduct*, University of California Press, 1997, p.245.

（108） Reinhold Seeberg, *Christliche Ethik*, Stuttgart, W.Kohlhammer, 1936, S.341.

（109） cf. http://www.spiegel.de/spiegel/print/d-9087822.html

（110） cf. http://www.jta.org/news/article/2002/11/04/9538/What8217sinast

（111） cf. http://www.berlin.de/ba-charlottenburg-wilmersdorf/bezirk/lexikon/toni-lessler-strasse.html

（112） Zeev Sternhell, *op.cit.*, p.136.

（113） Eugen Weber, *Action Française. Roralism and Reaction in Twentieth- Century France*, Stanford University Press, 1962, p.231.

（114） "A propos de la « question juive »" in *La Vie spirituelle* (II, n° 4) en juillet, 1921, repris dans Jacques Maritain, *Œuvres Complètes*, vol.II, Editions Universitaires Fribourg, Suisse, 1987, pp.1197-1198.

（115） 『みるとす』誌（二〇一〇年一月号）二〇頁。

（116） 滝川義人『ユダヤ人解説のキーワード』新潮社、一九九八年、一七三－一七四頁。

（117） スーザン・ジョージ『アメリカは、キリスト教原理主義・新保守主義に、いかに乗っ取られたのか？』作品社、二〇〇八年、一一八頁。

（118） チャールズ・シルバーマン『アメリカのユダヤ人』サイマル出版社、三七八頁。

（119） cf. http://www.huffingtonpost.com/2008/05/21/mccain-backer-hagee-said_n_102892.html

（120） 該当ページはpp．一三二－一三三。上坂昇『神の国アメリカの論理』明石書房、二〇〇八年、六五－六六頁。

（121） John Hagee, *Jerusalem Countdown : A Warning to the World*, 2006, pp.92-93.

（122） Ibid., p.144.

（123） "McCain Seeks Distance From Pastor" in *The Washington Post*, March 1, 2008.

（124） マイケル・バーカン『現代アメリカの陰謀論』三交社、二〇〇四年、七〇頁を参照。

（125） 日本ではキリスト教徒の人口がわずかなのでキリスト教世界の動向が見えにくいが、イラク戦争を米国のキリスト教勢力による新たな「対イスラム十字軍」などという図式でとらえるのは、まったく誤ったものの見方である。イラク空爆の前に、ローマ法皇ヨハネ＝パウロ二世が、米国とイラクの双方に枢機卿を特使として派遣し、イラク戦争阻止に努力したことはよく知られているが、アメリカ国内でも、主要なプロテスタントを糾合する教会協議会（ＮＣＣ）のボブ・エドガー総幹事が、二月二七日、「戦争も手段の一つという考えには与しない」と述べ、全米カトリック司教会議は、三月一四日に「対イラク戦争は正当化できない」と声明を発していた。また英国では、英国国教会のロアン・ウィリアムズ（カンタベリー大司教）とカトリック大司教のコーマック・マーフィー＝オコーナーが共同声明でイラク戦争回避を訴え、日本のカトリック司教団も、三月二一日、イラク攻撃に反対する声明を発した。つまり、米英と日本のカトリックと主要なプロテスタント教会、つまり三ヶ国のキリスト教世界の大多数は政府の対イラク政策を非難していたのである。

二〇〇三年（平成一五年）一〇月一六日の米紙ロサンゼルス・タイムズは、国防総省の長官室でサダム・フセインの所在を追跡する情報担当のボイキン国防次官代理（William G. Boykin）が、福音派の集会に制服を着たまま出席し、イスラム過激派が米国を嫌うのは、「われわれがユダヤ教、キリスト教を社会の基盤としている（our foundation and our roots are Judeo-Christian）からだ。敵の名前はサタンだ」と発言し、「ブッシュ氏を大統領に選んだのも神だ」などと語り、ライス大統領補佐官が一九日のＡＢＣテレビの番組に出演し、「この問題に対する大統領の見解は明快だ。これは宗教戦争ではない。誰もそのような発言をすべきではない」と訂正する一幕があった。cf. http://articles.latimes.com/2003/oct/16/nation/na-general16

（126） Benjamin Natanyahu, *The Marranos of Spain : From the Late 14th to the Early 16th Century, According to Contemporary Hebrew Sources*, 1999, pp.243-248.

（127） 度会好一『ヨーロッパの覇権とユダヤ人』法政大学出版局、二〇一〇年、二五五－二五六頁。

（128） cf. http://www.ncccusa.org/news/02news86.html

（129） ダニエル・ボヤーリン「我が愛を審問する」、『ディアスポラの力を結集する』松籟社、二〇一二年、二四七－二四八頁。

(130) 内橋克人『悪夢のサイクル ネオリベラリズム循環』文藝春秋、二〇〇六年、一六六－一七〇頁を参照。
(131) ヨハネス・クラウス『回教の経済倫理』明治書房、一九四四年、九三－九四頁。
(132) 土井敏邦『米軍はイラクで何をしたのか―ファルージャと刑務所での証言から』岩波書店、二〇〇四年、五七－五八頁。
(133) 手嶋龍一・佐藤優、前掲書、二一七－二一八頁。
(134) 本山美彦『金融権力』岩波書店、二〇〇八年、一一八頁。
(135) 川上泰徳「増殖するイラクの傭兵会社」、『DAYS JAPAN』(二〇〇七年一二月号)を参照。

第7章

(1) マルク・アルテール『救出者―なぜユダヤ人を助けたのか』NHK出版、一九九七年、一七二頁。
(2) 平野久美子『坂の上のヤポーニア』産経新聞社、二〇一〇年、二六頁。
(3) 佐藤優『国家の罠―外務省のラスプーチンと呼ばれて』新潮社、二〇〇五年、三六四頁。
(4) 手嶋龍一・佐藤優、前掲書、二一九－二二〇頁。
(5) 鈴木宗男『政治の修羅場』文藝春秋、二〇一二年、一八二－一八三頁。
(6) マルク・アルテール、前掲書、一七九－一八〇頁。
(7) cf. www.komisija.lt/.../B.Mihok_RC_S.Suziedelis&C.Dieckmann_En.pdf
(8) ヤン・T・グロス『アウシュヴィッツ後の反ユダヤ主義』、一三九－一二〇頁。
(9) 杉原幸子『六千人の命のビザ』、四二頁。
(10) Mordecai Paldiel, *op. cit.*, pp.55-56.
(11) 杉原幸子、前掲書、三四頁。
(12) 中日新聞社社会部編『自由への逃走―杉原ビザとユダヤ人』、一五一－一五二頁。
(13) ヒレル・レビン『千畝』、四七六頁。
(14) 布施濤雄・小倉和三郎『追想 向谷容堂―恩師ベニンホフ先生を偲びつつ』向谷容堂先生記念文集刊行発起人会、一九六九年、一六五頁。
(15) 早稲田奉仕園百史編集委員会編『早稲田奉仕園一〇〇年の歩み 一九〇八－二〇〇八』、一三頁。
(16) 杉原幸子、前掲書、二〇〇頁。
(17) 瀬口昌久「堅く支える 杉原千畝と信仰」『北白川通信』第三四号、二〇一一年四月四日号、五二頁。
(18) 森徳一郎「美濃のキリシタン」、『キリシタン迫害と殉教の記録(中)』フリープレス、二〇一〇年、三〇三頁。
(19) 同右、三〇五頁。
(20) ソリー・ガノール『日本人に救われたユダヤ人の手記』講談社、一九九七年、九一頁。
(21) 渡辺勝正『真相・杉原ビザ』、二八二頁。
(22) 定形日佐雄「出エジプト記三一三－一五における神把握」、『聖書とオリエント世界』、一九八五年、五七－六〇頁を参照。

(23) 杉原幸子、前掲書、二〇〇頁。

(24) Mordecai Paldiel, *Diplomat heros of the Holocaust,* KTAV Publishing House, NJ, 2007, p.54.

(25) 内田樹は、『ためらいの倫理学』（二〇〇一年）の「レヴィナスを読む高橋哲哉」のなかでサルトルが「第三社会の被抑圧者の前に頭を垂れ、侵略者・簒奪者である帝国主義的フランスのブルジョワである我が身を『恥じ入り』、そうやって手に入れた改悛済みの特権に基づいて、すべての知識人に君臨した」として、知識人の「改悛」がある種の「特権」とリンクしていると批判している。歴史認識や戦争責任という、本来なら歴史学や社会思想上の思想レベルで論じられるべき問題が、内田の議論にあっては、所与の「正しさ」によりかかる惑溺や、知識人の立ち位置の争奪戦を批判する道徳論に転送され、多くの場合、左翼への執念深いルサンチマンの反芻によって終わるのである。平川祐弘（一九三一―）から竹内洋（一九四二―）に至る、学術的体裁を装った左翼へのルサンチマンの系譜として、それ自体が興味深い社会学的考察の対象ではあるが、内田自身が「深い徒労感」を覚えるという漫画家・小林よしのりの《純粋まっすぐ正義君》批判からパスカル・ブリュックネールの『無垢の誘惑』(*La Tentation de l'innocence,* 一九九五）まで、内実ある議論に入る前に自分の立ち位置を補強するために使い古された逃避策に過ぎない。「左翼」という固着点への反復強迫は、もちろん、先にその誤りを指摘した『私家版・ユダヤ人論』における日ユ同祖論の分析の個所にも回帰してくる。実際の同祖論者の著作も確認せず、宮澤とグッドマンの共著のなかに引用された極めて限定されたコーパスから導き出されるその「同祖論」考において、内田は、「日猶同祖論という思想は、このユダヤに対する親和性・共感的態度が、ユダヤに対する恐怖と無矛盾的に同居しているという点にある」と、主張しているが、このテーゼの誤りは、「ユダヤに対する恐怖」などまるでなく「親和的・共感的態度」しかない、ホーリネス教会の中田重治の例によって自明である。また、この「同祖論」考を導き出す理論的考察は、以下のようなものだが、これもまったく根拠薄弱なものである。内田は、こう述べている。「日猶同祖論のロジックとは、一言にして言えば、西欧において『罪なくして排斥せらるる』ユダヤ人とわが身を同一視することによって欧米諸国の告発する側に滑り込むというものである。被害者との同一視によって『告発者』の地位を得ようとする戦略そのものは別に特異なものではない。『周知の被害者』とわが身を同一化することによって、倫理的な優位性を略取しようとする構えは『左翼的思考』に固有なものである。『告発者』たちは、わが身と同定すべき『窮民』として、あるときは『プロレタリア』を、あるときは『サバルタン』を、あるときは『難民』を、あるときは『障害者』を、あるときは『性的マイノリティー』をと無限に『被差別』のシニフィアンを取り替えることができる。『被差別者』たちの傷の深さと尊厳の喪失こそが、彼らと同一視するおのれ自身の正義と倫理性を担保してくれるからである」（『私家版・ユダヤ文化論』七〇頁）。これほどまでに雄弁に、内田が実際の同祖論者の著作をまったく読んだことがないことがわかる一節はないだろう。「同祖論」者としては、小谷部全一朗、中田重治、酒井勝軍、佐伯好郎などの名前を挙げているが、これらの「同祖論」者には共通した特徴がある。これら全員がプロテスタントの牧師ないし説教師であり、同時に熱烈な天皇崇拝者にして反共主義者だということである。日猶同祖論のロジックを「『周知の被害者』とわが身を同一化することによって、倫理的な優位性を略取しようとする構えは『左翼的思考』に固有なもの」などとする内田の主張は、まったく根拠のない荒唐無稽な主張であり、間欠泉のように内田のテクストに噴出する、左翼への根深いルサンチマン以外の何ものでもない。

(26) 渡辺勝正『決断・命のビザ』、二九一頁。

(27) Mordecai Paldiel, *op. cit.*,p.52.「町のかどで、飢えて、息も絶えようとする幼な子の命のために、主にむかって両手をあげよ」という二章一九節。

(28) 渡辺勝正『決断・命のビザ』、三〇一頁。

(29) Hideko Mitsui, "Longing for the Other : traitors' cosmopolitanism," in *Social Anthropology*, European Association of Social Anthropologists, vol 18, Issue 4, November 2010, pp.413-414.

(30) 「千畝手記」、渡辺勝正『決断・命のビザ』、三〇〇－三〇一頁。

(31) 永岑三千輝『独ソ戦とホロコースト』日本経済評論社、二〇〇一年、一二一－一二三頁。

(32) 父親がJan Zwartendijkであるのに対して、Zwartendykの綴り。

(33) http://remember.org/unite/jan_zwartendijk_2005.html (最終更新は、二〇〇五年一二月三日)

(34) 参謀本部編『杉山メモ(下)』原書房、一九八九年、五七－六一頁。

(35) マルク・アルテール、前掲書、一六八頁。

(36) 同右、一六八－一六九頁。

(37) cf. Alexander Neumann, "Leben und Streben im Ghetto Kaunas 1941," in Vincas Bartusevičius , Joachim Tauber u. Wolfram Wette, *Holocaust in Litauen. Krieg, Judenmorde und Kollaboration im Jahre 1941*, Wien, Böhlau Verlag, 2003, S.146.

(38) Ibid., S.97.

(39) *American Jewish Year Book*, vol.41, New York & Philadelphia, American Jewish Publication Society of America, 1939-1940.

(40) David S. Wyman, *Paper Walls : American and the Refugee Crisis 1938-1941*, New York, Panyjeon Books, 1968, pp.168-169.

(41) cf. Gaylord T.M. Kelshall, *The U-Boat War in the Caribbean*, Naval Institute Press, 1994, p.436.

(42) ゾラフ・バルハフティク『日本に来たユダヤ難民』、九九頁。原文、p. 106.

(43) 松本玲子「オランダ都市の貌 ウィレムスタット(キュ

ラソー）とパラマリボ（スリナム）」、布野修司編『近代世界システムと植民都市』京都大学学術出版社、二〇一二年、三八九頁。
（44）同右、五五二頁。
（45）Mordechai Arbell, *The Jewish Nation of the Caribbean*, Jerusalem, Gefen Publishing House, 2002, p.161.
（46）アシュケナジ中心に建国が進められたことは、イスラエル国家の「ヨーロッパの飛び地」的性格を形作り、建国後にも深刻な対立を引き起こした。もっとも劇的な事件は、一九九六年一月末に、エチオピア系ユダヤ人はエイズ・ウイルス感染の危険性が高いとして、イスラエル血液銀行が同ユダヤ人の献血した血液だけを秘密裏に全面破棄していた事件である。この事件は、日本の報道各紙でも大きく取り上げられ、『読売新聞』（一九九六年一月三〇日付）は、「ユダヤ内部差別露呈」という見出しで、「イスラエルへの移民は一九七〇年代に始まり、エチオピアに飢饉が起きた一九八四年から翌年にかけて、イスラエルが『モーセ作戦』と呼ばれる極秘空輸を実施。一九九一年の第二次空輸作戦と合わせ、計約六万人が移民した。だが、他のイスラエル人は通常、エチオピア系ユダヤ人を呼ぶのに差別的な用語『ファラシャ（外国人）』を使用。エチオピア系ユダヤ人の宗教指導者ケシムは、国家主任ラビ庁から宗教的権威を認められず、子供たちは『再ユダヤ人化教育』のため宗教学校に通うことが義務づけられている。住居も粗末なトレーラーハウスに住むことが多くオフィス勤めなどホワイトカラーは少数に過ぎない。同ユダヤ人はイスラエル社会の最下層を構成している」と報じた。
（47）高尾千津子「アブラハム・カウフマンとハルビン・ユダヤ人社会：日本統治下ユダヤ人社会の一断面」『ロシアの中のアジア／アジアのなかのロシア（Ⅲ）』北海道大学スラブ研究センター編、二〇〇六年、五三頁。
（48）Roman Malek（ed.）, *From Kaifeng to Shanghai : Jews in China*, Sankt Augustin, 2000, p.317.
（49）生田美智子『満州の中のロシア』成文社、二〇一二年、二一六－二一七頁。
（50）Central Zionist Archives, Jerusalem, S63810.
（51）安江弘夫『大連特務機関と幻のユダヤ国家』、八幡書店、六七頁。
（52）同右、一五五頁。
（53）在満大使・梅津美治郎より阿部信行外相への報告（一九三九年九月二二日付）
（54）渡辺勝正『杉原千畝の悲劇』、八八－九〇頁。
（55）ゾラフ・バルハフティク、前掲書、一九四頁。
（56）阪東宏『日本のユダヤ人政策 一九三一－一九四五』、二八九頁。
（57）マレク・アルテール、前掲書、一六五頁。原文、p．一二二.
（58）ゾラフ・バルハフティク、前掲書、一五六－一五七頁。

第8章

（1）占部賢志「東京帝国大学における学生思想問題と学内管

理に関する研究」、『九州大学大学院教育学コース院生論文集』第四号、二〇〇四年、七四頁を参照。

（2） 中日新聞社社会部編『自由への逃走――杉原ビザとユダヤ人』、八四頁。

（3） 篠輝久『約束の国への長い旅』リブリオ出版、一九八八年、一三一頁。

（4） 同志社大学人文科学研究所キリスト教社会問題研究会編の『特高資料による戦時下のキリスト教運動』第二巻、二四一－二四二頁。

（5） 同右、七一頁。

（6） 中日新聞社社会部編、前掲書、八六頁。

（7） 米田豊・高山慶喜共著『昭和の宗教弾圧 ― 戦時ホーリネス受難記』いのちのことば社、一九六四年、一八頁。

（8） 中日新聞社社会部編、前掲書、八六頁。

（9） 中村敏『日本における福音派の歴史』いのちのことば社、二〇〇〇年、一五二頁。

（10） 最近、青木保憲が同志社大学神学部に提出した学位論文（「アメリカにおける福音派の歴史」二〇一一）の公開である『アメリカ福音派の歴史 ― 聖書信仰にみるアメリカ人のアイデンティティ』（明石書店、二〇一二）が刊行された。同書の序章のなかで、「一九七〇年代に入って、福音主義研究の深まりから、根本主義への注目は高まっていく。その傾向は概ね、『根本主義者は無学で頑な田舎者である』とする従来のイメージを変化させるものであった」とし、「福音派は、ルター、メランヒトン、カルヴァン、ツヴィングリなどに直接つながる存在」であるというケネス・カンツァーの見解を紹介し、カンツァーが「福音派が、プロテスタント・キリスト教正統派な系譜であると主張している」と紹介されている。青木は、『アメリカ福音派の歴史』の序章において、以下のように述べている。「上坂、蓮見、栗林のように、政治と宗教（特にキリスト教福音派との関わり）を考察し、また一般向けに紹介した書物は枚挙にいとまがない。しかし、彼らに共通して言えるのは、『宗教右派』『福音派』『キリスト教原理主義』という用語を学問的に区別することなく用いている点である。確かに時代性を敏感につかみ取り、最先端の動向をいち早く伝えるという使命を果たしている。しかし、宗教団体や政治運動の基盤となっている神学的立場、出自を指す用語に対する厳密さが低いため、共通基盤を持たないままジャーナリスティックな意見発信に終始してしまっている。本書で扱うような観点からすると、それらは表層的で断片的な知識を集積しているに過ぎない」（四四頁）。具体的に批判の対象になっているのは、上坂昇の『神の国アメリカ』（二〇〇八）、蓮見博昭の『宗教に揺れるアメリカ』（二〇〇二）、栗原輝夫の『ブッシュの「神」と「神の国」アメリカ』（二〇〇三）などだが、青木による「神学的立場、出自を指す用語に対する厳密さが低い」などの言明にうかがえるように、言語の対象指示の構造に対して、およそ研究に携わる者がこれほど無自覚なことはまれである。いうまでもないことだが、「用語」に意味が発生するのは「神学的立場、出自」によるものではなく、その「用語」が用いられるコンテクストによるものである。例えば、同書のなかでは〝foudamentalism〟という訳語が一貫して「根本主義」とされ、「原理主義」という訳語が退けられている。「根本主義」という語は一般の読者にはなじみのない用語だが、〝foudamentalism〟という原語が付記されている場合があるので、これが〝foudamentalism〟の訳語だと了解され、議論のなかにおいて概ね好意的な扱いを受けているので、メインラインのプロテスタント諸教会からの侮蔑語として用いられることがある「原理主義」という語を避けているとわかるわけである。また、用語はそれが発せられる場所によっても意味作用は異なり、誰もが神学事典の定義に従って発語しているわけではない。例えば、福音派の教会と聞けば、多くのヨーロッパ人はルター教会（アウグスブルク信仰告白派）を想起するだろうし、ルネサンス期の人文主義的なサークルを思い浮かべる教養層もあるだろう。福音主義とは、宗教改革以来のプロテスタントの神学的潮流を指すこともあれば、またリベラルなエキュメニカル派への対抗勢力にも使えば、最近では新シオニズム的主張が強調される宗派に対しても用いられる。上坂や蓮見は、北米を中心とする地域研究の研究者であり、彼らが現代アメリカの宗教現象に対して歴史的あるいは社会学的アプローチをする際の方法論と用語法は、学術的作法としてすこしもおかしなところはない。本文中に「根本主義の好戦的な態度、強硬姿勢、不器用さ、律法主義、そして理性より感情を優先して論争しようとする性質を、福音派は一貫して拒否し続けている」というマーティン・マーティの言葉が共感をもって引用されていることからわかるように、青木の「研究」は、ブッシュ大統領によって遂行されたイラク戦争以来、ヨーロッパや日本で抱かれている「福音派」に対するネガティヴなイメージを払拭しようという実践的要請を内包しているものと思われる。「福音派」（エヴァンジェリカル）という言葉が一般の日本社会に知られるようになった契機がイラク戦争であるにもかかわらず、批判の対象となっている上坂、蓮見、栗林が扱っているブッシュ政権時代の前で考察を終え、「アメリカという国は、『共通の未来』を描き出すことで、国民を結束させてきた『宗教的』国家である。福音派の『聖書信仰』が、国家の『共通目標』をより具体的に示すことに成功してきたため、この考え方を支持する人々を常に獲得してきたと言える」などと早々と出される総括には、大きな疑問が持たれる。また同書では、それ抜きには福音派の特異な終末論も《ユダヤ人》をめぐる問題群も極めてわずかしか扱われていない。ジェリー・フォルウェルを初めとする福音派の牧師や説教師たちがこれまで引き起こしてきた《ユダヤ人》をめぐるさまざまな事件についても扱われておらず、また福音派が極めて活発な言論を展開しているイスラエルとパレスチナをめぐる中東情勢に関する言及もほとんどないのは異様という他はないが、神学部の学生が読む教科書としては無難であろう。

（11）拙著『ユダヤ陰謀説の正体』筑摩書房、一九九九年、一九〇頁。

（12）同志社大学人文科学研究所キリスト教社会問題研究会編

の『特高資料による戦時下のキリスト教運動』第三巻、六二頁。

(13) 米田勇『中田重治傳』大空社、一九九六年、五二〇頁

(14) 美濃ミッションの弾圧に関しては、中村敏『日本における福音派の歴史』いのちのことば社、二〇〇〇年、一四七-一五〇頁。

(15) 同志社大学人文科学研究所キリスト教社会問題研究会編の『特高資料による戦時下のキリスト教運動』第二巻、二七四頁。

(16) 田中英道（西洋美術史）は、かつて自身が会長を務めた「新しい歴史教科書をつくる会」から脱退したメンバーで構成される「教科書改善の会」の賛同者であるが、最近はユダヤ問題に強い関心を寄せ、『澪標』第六二号掲載のユダヤ関連記事を公開している。そのなかで田中は、「日本ではユダヤ人の移民が少なかったため、「ユダヤ人問題」の書物は文学的な甘い視点のものが多い」とし、徳永恂『ヴェニスのゲットーにて反ユダヤ主義思想史への旅』（一九九七年、みすず書房）や、内田樹『私家版・ユダヤ文化論』（文春新書、二〇〇六年）、なども、ユダヤ人の戦略に乗ってしまい、一切、ソ連共産党問題、イスラエル問題を触れていない」ことを遺憾とし、戦時中のもっとも悪質な反ユダヤ文書である「四王天延孝『ユダヤ思想及び運動』（内外書房）は、共産党とユダヤ人の運動を結び付けたり、また国際連盟とユダヤ人とを結びつけ、日本を中国から追い出す工作をし、日本を敵としていたことを暴露している」などと高く評価し、同書を貸与した難波江紀子なる人物に謝意を表明している（cf. http://hidemichitanaka.net/column/single/111020/）。『戦後日本を狂わせたOSS「日本計画」』（展転社、二〇一二）のなかで、田中英道は、オランダ系ユダヤ人のローゼンフェルトの末裔であるとされるルーズベルトが大統領に当選すると、「シオン組合のルイス・リブスキー」がルーズベルト夫人に「アメリカの勇敢なる指導者を生んだことに賛辞を捧」げ、ルーズベルト政権時代の九名の「最高裁判事」の内の二名がユダヤ系で、その一人は「実に全世界シオン賢人会の会員であった」（二二一-二二三頁）などとしている。同書の第一章の「ユダヤ系であることの意味」の「ルーズベルト大統領の家系のルーツを調べてみると、祖先は十七世紀の末葉、オランダにいたユダヤ人 Claes Martenzan van Rosenvelt であることがわかる」で始まる個所（二一-二二頁）は、モルデカイ・モーゼの『日本人に謝りたい ― あるユダヤ人の懺悔』（日新報道、一九七九）の六章の「ルーズベルト大統領の家系のルーツを調べてみると、祖先は十七世紀の末葉、オランダにいたユダヤ人 Claes Martenzan van Rosenvelt である」から始まる個所（二一〇-二一二）と一字一句変わらない文がいくつもありながら、巻末の初出一覧では「書き下ろし」などとされている。ちなみに、同書の翻訳者の久保田政男は、一九三八（昭和一三）年に『世界転覆の大陰謀ユダヤ議定書』なる訳書を破邪顕正社から出版した久保田栄吉の息子である。久保田栄吉は、シベリア出兵の際に、もっとも早い段階で白衛軍内に流布した反ユダヤ文書を日本に持ち帰った人

物の一人である。
(17)『四王天延孝清話』報国社、一九四二年、一四三頁。
(18) 同右、二三六頁。
(19) 同志社大学人文科学研究所キリスト教社会問題研究会編の『特高資料による戦時下のキリスト教運動』第三巻、一四四頁。
(20) 同右、六二－六三頁。
(21) モルデカイ・パルディール『教会とホロコースト』柏書房、二〇一一年、六六頁に引用。
(22) 河島幸夫『戦争・ナチズム・教会』新教出版社、一九九三年、一二三－一二四頁を参照。
(23) 北出明『命のビザ、遙かなる旅路 ― 杉原千畝を陰で支えた日本人たち』交通新聞社、二〇一二年、一九一頁。
(24) 同右、四五頁。
(25) 同右、三九－四〇頁。
(26) インターネット上には、「ホーリネスの中田重治師はイスラエルの回復のために祈り続けてきました。これは私たち日本人キリスト者に与えられた使命であると確信」するという「イスラエルの回復を祈る福音派のクリスチャンのページ」(http://christianzionist.blog17.fc2.com/) さえあり、このサイトのリンク集は、先のクリスチャン・シオニスト団体の名前と重複している。「キリストの幕屋」について、漫画家の小林よしのりは、「わしが袂を分かった『新しい歴史教科書をつくる会』の内部にもイスラエルと特別な絆を持つ宗教団体の存在があった。会費のためにも動員のためにも『つくる会』に多大な貢献をしているこの宗教団体の一部の者たちが（あくまでも一部の者たちと言っておこう）、今回の九・一一テロ同時多発テロにおけるわしの反応に猛烈な敵意を持った。彼らは親イスラエル、親米、反パレスチナでなければならなかったのである」(『新ゴーマニズム宣言』第一二巻、二〇六頁) などと述べている。小林の指摘する「親イスラエル、親米、反パレスチナ」の立場は、「キリストの幕屋」の信者の一人が、第三次中東戦争（いわゆる「六日戦争」）にイスラエル側の義勇兵として参加したことに端的に表れている（「イスラエルの日本人義勇兵」、『朝日ジャーナル』一九六七年七月二三日号を参照）。「キリストの幕屋」と新しい歴史教科書をつくる会の関係に関するフィールドワークとして、小熊英二、上野陽子『〝癒し〟のナショナリズム ― 草の根保守運動の実証研究』（慶應義塾大学出版会、二〇〇三年）という研究がある。また、「日本教育再生機構」代表委員で「教科書改善の会」の賛同者でもある、種子島経（元・「新しい歴史教科書をつくる会会長」）は、「キリストの幕屋」のテレビ『希望之光』に出演（http://www.makuya.or.jp/tv/dijest/tv097.htm）するなど、依然として旧「つくる会」の人脈と「キリストの幕屋」との強い結びつきが見られる。先のミルトス社の河合一充（キリストの幕屋）は、「くだん日記」というブログの二〇一一年六月二一日付の記事において、千代田図書館に展示してあった中学用の歴史教科書のなかで評価できる「例外は、自由社と育鵬社の教科書。私は更に後者の教科書『新しい日本の歴史』に軍配をあげたい」

(http://kawaikazu.blog73.fc2.com/blog-entry-815.html)　などとしているが、この育鵬社の教科書とは、「教科書改善の会」が協力した教科書である。なお、「つくる会」分裂騒動以降の人脈と政治・宗教諸団体との関係については、俵義文『〈つくる会〉分裂と歴史偽造の真相』（花伝社、二〇〇八年）の八頁以降を参照。

(27)　cf. http://blogs.yahoo.co.jp/judahephraim/archive/2012/4/22

(28)　ゾラフ・バルハフティク『日本に来たユダヤ難民』一五七頁。

(29)　この共著『ユダヤ人陰謀説』は、宮澤の前著『増補 ユダヤ人論考』（新泉社、一九八二）と「重複する箇所が多」く、本来なら宮澤が前著を改訂して単著として出版されるべきであったと思われる。「あとがき」では、すべてグッドマンに文責があることが示されているが、関根真保も指摘する前著との重複個所（第二章から第六章まで）は確実に宮澤によるものと思われる。宮澤は本来英国史を中心とする歴史畑の研究者で、『ベニスの商人』など古典的なもの以外は、これまで文学領域をあまり扱っていない。最後の三分の一ほどの部分には、文学作品が頻出し英訳本との比較等もあるので、これらグッドマンの担当分が多くあるものと思われる。本書の価値は、膨大な文献を蒐集し的確なコメントを付した宮澤の驚嘆すべき力業であり、その記述は、ユダヤ人をめぐるさまざまな議論と距離を置き、その多様な布置を客観的に腑分けしようという自己抑制に貫かれている。一方、最後部のグッドマン担当分と思われる個所は、ひどく感情的で短兵急の即断が多く、にわかに同意できない主張が多々存在する。民族偏見や人種差別などのデリケートな問題を扱うからには、グッドマン自身が「全米ユダヤ人委員会」（ＡＪＣ）の活動について指摘しているように、もっと「品位ある穏やかな落ち着いたやり方」（四二二頁）に留意すべきであろう。とりわけ文学的テクストを扱う際に、そのなかの登場人物の誰かに「反ユダヤ主義」と見なしうる発言があるとその書き手を「反ユダヤ主義」者と即断するようなナイーヴな還元論は説得力を欠き、文学を論じる際の現代のさまざまな批評理論の成果がほとんど生かされていないことは、グッドマンが文学研究のアマチュアではない（イェール大学卒業後、コーネル大学で日本文学を研究し博士号取得）だけに驚かされる。また、ユダヤ人とイスラエル人、ユダヤ教とシオニズム等の用語がほとんど区別されることがなく、再定義もされないまま使用されるような粗雑な議論では、「反ユダヤ主義」という用語が、自分と異なる主張をする論者を非難するためのレッテル貼りに利用されかねず、日本における「反ユダヤ主義」の根絶に役立ちそうにない。また同書のタイトルは、原題（*Jews in the Japanese Mind : The History and Uses of a Cultural Stereotype*）通り、『日本人のユダヤ人観 ― 文化的ステレオタイプの歴史と用法』とそのまま訳出されるべきであり、邦題の副題の「反ユダヤと親ユダヤ」という二分法は誤解を増幅させかねず、極右や福音派の一部を除けば、引用されているほとんどの事例にあてはまらない。何も対象はユダヤ人に限ったことではないが、民族偏見や人種差別を根絶する前提は、「親」であればよく「反」であれば悪いということではなく、《民族》や《人種》などという概念そのもののいかがわしさを見極めることであろう。「ユダヤ人」に関してその多くがほとんど知識を持たない日本人が読む邦訳のタイトルとしては、むしろ逆効果が懸念される。しかしながら、宮澤正典による中間部は、もちろん日本人のユダヤ人観を考える上の「古典」的価値を持っている。また同書が捧げられている宮澤の師である菅原憲（旧台北帝国大学教授）による博士論文『独逸に於ける猶太人問題の研究』（一九四一年に日本評論社から刊行）は、――序にある「盟邦独逸」に関する社交辞令と巻頭写真の最後の「典型的北方種」の写真を除けば――今日においても価値を失わない内容を具備しており、復刻が待たれる優れた研究書である。

(30) 同右、二七〇 - 二七一頁。

(31) 山本七平『日本人とユダヤ人』角川文庫版、一四八頁。

(32) 前島誠『ナザレ派のイエス』春秋社、二〇〇九年、二〇三頁を参照。

(33) 日本では、一般にユダヤ教は律法ばかりの無情な宗教と思われがちであり、このような偏見を生む原因の一つに、いわゆる「モーセの十戒」がある。この十戒を読むとやれ「〜しろ」とか「〜するな」と、まるで気難しい学校教師の説教のようなうっとうしいイメージを受けるかもしれない。しかし、これは翻訳された日本語の語感から受けるイメージに過ぎないものであって、関根清三（旧約学）が『旧約における超越と象徴』（一九九四）で指摘するところによれば、これら命令・禁止口調で訳出された「〜してはならない」の部分は、神と契約を結んだ以上ヘブライ人たちなら当然「〜しないだろう」と本来とらえるべきものだと、ヘブライ語の文法の観点から説明している。関根清三『旧約における超越と象徴』東京大学出版会、一九九四年、八九 - 九〇頁。

(34) 杉原幸子『六千人の命のビザ』二〇〇頁。

(35) 山口県立大学『国際学部紀要』二〇〇九年三月、九六頁

(36) 渡辺勝正『真相・杉原ビザ』、一九四 - 一九五頁。

(37) 『ニコライの日記』、岩波文庫版、中、二〇一一年、四六五頁。なお、福沢諭吉によるキリスト教徒迫害については、都倉武之「明治十三年・三河国明大寺天主教自葬事件」（『近代日本研究』一八巻（二〇〇二年）、「愛知県におけるキリスト教排撃運動と福沢諭吉」（一）（二）『東海近代史研究』二五、二六号（二〇〇四、二〇〇五年））などを参照。

(38) 矢田績『懐旧漫話』（私家版）、一九二二年、二七頁。

(39) 鈴木範久『信教の事件史』オリエンス宗教研究所、二〇一〇年、四七頁。

(40) 鵜飼哲、酒井直樹、テッサ・モーリス・スズキ、李孝徳『レイシズム・スタディーズ序説』以文社、二〇一二年、二四 - 二六頁。

(41) 福沢諭吉の「国体」論に関しては他に、李栄「民権から国権へ ― ナショナリティの束縛」（大阪大学『国際公共政策研究』第一五巻、二〇一一年）などを参照。

(42) 『福沢諭吉書簡集』第三巻、岩波書店、二〇〇一年、一

四三頁。

(43)『ニコライの日記』岩波文庫版、上、二〇一一年、四四四‐四四五頁。

(44) 米原謙『日本政治思想』ミネルヴァ書房、二〇〇七年、五四‐六六頁を参照。

(45) 大滝晶子「明治期キリスト教主義女学校に関する一考察」(日本大学『教育学雑誌』第六号、一九七二年)を参照。

(46) 白井堯子『福沢諭吉と宣教師たち』未来社、一九九九年六月、三一二頁。

(47) 平塚益徳『日本基督教主義教育文化史』日独書院、一九三七年、一二七頁を参照。

(48) 平山洋『アジア独立論者 福沢諭吉』、一八〇‐一八一頁。

(49)『福沢諭吉と宣教者たち ― 知られざる明治期の日英関係』というタイトルから推測できるように、白井の著書には、二つのテーマがある。一つは、明治初期の日英文化交流史であり、もう一つは福沢とキリスト教との関係である。前者は、これまでいかなる歴史研究者も知らなかった資料にもとづく興味深いものである。そして、後者に関しては、白井が繰り返しキリスト教と福沢の緊密な結びつきを強調しているように、内村鑑三や吉岡弘毅から今日まで、とりわけキリスト教との知識人から繰り返し提出される福沢に対する批判と軽蔑の風圧を緩和する目的があるものと思われる。しかし、たまたま福沢との結びつきが強かった英国国教会とユニテリアンを格別に持ち上げる手法は、むしろ逆効果であろう。白井は「国教会は米国のプロテスタントの各宗派のようなセクトではない。国教会の宣教師は、教会は国家、社会の魂、良心であるという考え方を強く抱いていたから、彼らは、ミッション・スクールという特殊な世界にこもるのではなく、一般社会の人たちに対して社会の魂、良心としての影響力を与えていこうという傾向を持っていた」(三一一頁)などと要領を得ないことを述べている。国教会が「米国のプロテスタントの各宗派のようなセクトではない」などという主張は、白井が単にアングリカン中心にものごとを考えているというだけの話である。「セクト」という言葉は、「切る、断つ」を意味するラテン語の〝sectare〟に由来する言葉で、白井のような国教会を中心とする考え方からすれば、国教会を「チャーチ」とするのに対して、回心した信仰者のみから構成される下層社会や国家や社会に敵対する分子と結合した非国教会系諸派を意味している。言うまでもなく、白井の指摘は、マックス・ウェーバーが、一九〇六(明治三九)年にアメリカ体験をもとに書いた「アメリカ合衆国における教会とセクト」という論文で提示した「キルヘ」(チャーチ)と「ゼクテ」(セクト)という社会学的な類型を神学者のトレルチ(Ernst Troeltsch, 一八六五‐一九二三)が『キリスト教の諸教会と諸集団の社会教説』(*Die Soziallehren der christlichen Kirchen und Gruppen*, 一九一二)のなかで敷衍した、周知の制度論的な概念を踏襲したものである。「国教会は、たとえば米国プロテスタントの各宗派のようなセクトではなく、英国の国家権力と表裏一体の関係にあり、また国教会の宣教師は、『国教会という立場から常に国家と教会の密接な関係、そしてまた国家の良心、あるいは魂としての責任を強く意識していたから、当時の日本人たちの愛国心にもかなりの同情心を抱いていた』のである。すなわち彼らは、国家の精神的指導者としての自覚と大英帝国の長期的な国益についての展望を常にもっていた」（一〇五‐一〇六頁）として、白井は、国教会の宣教師ショーと福沢との「興味深い結びつき」を無邪気にも「小さな日英同盟」などと礼賛し、「経世の用具」としての宗教という福沢の視点を踏襲している。つまり白井は、みずからの著作の冒頭で引用している、内村鑑三が提起した、宗教を「国家或は社会の用具として利用せんと欲する者」という福沢批判の意味をまるで理解していないのである。首長令によって「聖俗領域における最高統治者」と国王を規定するような「国家或は社会の用具として利用せんと欲する」英国国教会に対して、「原始キリスト教の模範から離れるべきでないとするなら、およそ教団は教会（キルへ）として、つまり公的制度（Anstalt）の形ではなく、信団（ゼクテ）として、つまり自発的な形でしか組織されえなかった」（大塚久雄訳『プロテスタンティズムの倫理と資本主義の精神』岩波文庫版、一九八九年、二七三頁）ものとして、白井が貶下する「セクト」なるものは生まれたのである。「無教会主義を唱えた日本の代表的なキリスト教徒内村の福沢批判はまことに厳しいが、福沢は本当に『宗教の大敵』だったのであうか。そうであるとするならば、本書に紹介する福沢と英国国教会宣教師との密接な交流はどのように理解すべきであろうか」というのは、白井の問題提起の仕方そのものが間違っているのである。白井はまた、「国教会の原理は特定の地域に居住する人々のための、即ち地方教会、特定の神学に基づく教派主義ではない。したがって、教育事業を考える場合にも、特定の教派主義的宗教教育を注入する場としての学校よりも、その地域に住む人びと全体に対する人間教育の場としての学校を念頭に置いていた」という立教大学総長の塚田理（日本聖公会司祭）の論文を論拠としているが、これは単に日本における聖公会の立場と立教大学の建学理念を表明したものであって、これをもってSPGの宣教師たちを派遣した「英国国教会がもっていた性格」云々するというのは拡大解釈である。英国国教会が成立したヘンリー八世（一五〇九‐一五六三）の在位中に制定された「三九箇条」（一五六三）に、「ローマの主教は、このイングランドの領土においていかなる管轄権も持たない」（第三七条）、また「キリスト者の富や財産は、再洗礼派の人びとが誤って誇っているように、その権利、所有権、および占有に関して共有ではない」（第三八条）とあるように、英国国教会は、とりわけ再洗礼派とカトリックを排除して教義的立場を明確にすることによって成立したのである。この訳文は、他ならぬ塚田理によるものであり、日本聖公会も、一八八七年（明治二〇年）の第一回総会において、この「三九箇条」を祈祷書に再録すべきか否かで議論があったが、それが「特定の時代の特定の教会が特定の問題に対処するために作成した文書」の判断によって採用が見送られた。cf. http://fellows.freespace.jp/faec/thema/article03jun02.html この「三九箇条」は、オックスフォードとケンブリッジの両大学でも、一九世紀の半ばまでその同意が学生と教職員に要請され、さらに国教徒以外の者を公職から追放するために、一六七三年に「審査法」が制定された。このように英国国教会が「その地域に住む人びと全体」を考慮してきたのなら、再洗礼派、カトリック、ユダヤ人などが排除されるわけはないし、ヴィクトリア朝の著名な首相で姓そのものがユダヤ系を明示しているディズレーリ（Benjamin Disraeli, 一八〇四－一八八一）も、一三歳のときにイングランド教会に改宗していたからこそ選挙戦に出馬できたのである。

（50）小泉仰『福沢諭吉の宗教観』慶應義塾大学出版会、二〇〇二年、六一－六二頁を参照。都倉武之などを除けば、福沢諭吉のステイクホルダーたちが、この明大寺「自葬」事件の重要な意味合いをまったく理解していないのとは対照的に、福沢の宗教論と国権論や「国体」論の関係は、今日前例のない密度によって考察の対象となっている。とりわけ、米原謙による「日本における文明開化論」（韓国・東洋政治思想史学会 国際学術大会における口頭発表原稿、二〇〇三）、米原の指導下で書かれた李英の学位論文「明治初期の政治思想における道徳と自由 ― 福沢諭吉と中村敬宇を中心に」（二〇一〇）とそのレジュメ「民権から国権へ」（大阪大学『国際公共政策研究』第一五巻、二〇一一）、そして酒井直樹の論文「レイシズム・スタディーズへの視座」（鵜飼哲他著『レイシズム・スタディーズ序説』所収、二〇一二）には、福沢のキリスト教観抜きには成立しなかった福沢の国体論に関して、示唆に富む洞察が輻輳しており、福沢のみならず、近代日本思想史の研究の重要な里程標になるものである。本書の読者には、是非ともこれらに目を通して頂きたい。米原と李の論文は、インターネット上でも公開されているので簡単に閲覧でき、酒井の論文は近刊であるので入手しやすい。

（51）白井堯子、前掲書、三三頁。

（52）梅津順一「福沢諭吉の文明論とキリスト教」『聖学院大学論叢』第一二巻、二〇一一年、三六頁。

（53）三浦周「排耶論の研究」『大正大学大学院研究論集』（第三三巻、二〇〇九年）を参照。

（54）平山洋、前掲書、二九七頁。

（55）同右、一一八－一二〇頁。

（56）cf. http://blechmusik.xii.jp/d/hirayama/h35/

（57）「水木京太君編『福沢諭吉 人生読本』を読んで」『三田評論』一九七五年四月号、四二頁。

（58）丸山真男『「文明論之概略を読む」』中、岩波書店、一九八六年、二〇〇頁。

（59）cf. http://www.mepasie.org/rubriques/haut/pays-de-mission/le-japon

（60）山田雅子他訳『プチジャン司教書簡集』純心女子短期大学長崎地方文化研究所、一九八六年、七〇頁。

（61）cf. Gilles van Grasdorff, *La belle histoire des Missions étrangères 1658-2008*, Paris, Perrin, 2007, pp.362-373.

（62）フランシスク・マルナス『日本キリスト教復活史』みすず書房、一九八五年、二五三頁。

(63) アルーペ神父、井上郁二訳『聖フランシスコ・デ・ザビエル書翰抄』下、岩波書店、一九四九年、四六頁。
(64) 堂本昭彦『高野佐三郎剣道遺稿集』スキージャーナル株式会社、一九八九年、七九頁。
(65) 同右。
(66) 片岡弥吉『長崎のキリシタン』聖母の騎士社、一九八九年、一九〇頁。
(67) 片岡弥吉『日本キリシタン殉教史』智書房、二〇一〇年、三八七‐四七五頁。
(68) 米田綾子『岩永マキ』大空社、一九九八年、一七‐二二頁。
(69) 同右、四三頁。
(70) 森禮子『神父ド・ロの冒険』教文館、二〇〇〇年、八九頁。
(71) 一九四五年五月から地方紙での連載が始まって『鞍馬天狗敗れず』で大佛は、「作者の言葉」として「彼（鞍馬天狗）の不撓不屈の志である日本敗れずの信念の告白である」と書き前年一一月八日付の『東京新聞』では、「神風特攻隊の壮挙」について、「現代史に不滅の線を引いた。いや、人間の意志に基づいた未曾有の行動として歴史が新しく創められたと称してもいゝのである。十九歳から廿四歳の若人たちが、実に、この創世記の神々であった」と、青年たちに戦争協力へのファナティズムを鼓吹していた。「日本人として全く珍しく抵抗を貫いた」浦上のキリシタンへの肯定的評価は、こうした戦時中の自己の言論へのやましさ故であろう。
(72) 長島総一郎『日本のなかのキリスト教』PHP研究所、二〇一二年、九六‐九八頁。
(73) マザー・テレサと「神の愛宣教者会」と来歴に関しては、「神の愛宣教者会」の司祭であるジョゼフ・ラングフォードが書いた『マザーテレサの秘められた炎』（里見貞代訳）が女子パウロ会から刊行（二〇一一）されている。
(74) 渡部悌治『ユダヤは日本に何をしたか』成甲書房、二〇〇三年、一九八‐一九九頁。
(75) 太田龍『天皇破壊史』成甲書房、二〇〇二年、七九頁。
(76) 同右、五五頁。
(77) 布施濤雄・小倉和三郎『追想 向谷容堂 — 恩師ベニンホフ先生を偲びつつ』向谷容堂先生記念文集刊行発起人会、一九六九年、六五頁。
(78) 瀬口昌久「堅く支える — 杉原千畝と信仰」、日本基督教団北白川教会『北白川通信』第三四号、二〇一一年四月四日、四七頁に引用。
(79) 「このようにして道徳的法則は、純粋実践理性の対象および究極目的としての最高善を通じて、宗教に到達する。宗教は、一切の義務を神の命令として認識する。とはいえこれを神の裁可としてではなく、換言すれば、他者の意志による任意な、それ自体偶発的でしかない指図としてではなく、各自の自由な意志だけによって彼に与えられる本質的法則として認識するのである。しかし、それにも拘わらずこれらの〔道徳的〕法則は、最高存在者（神）の命令と見なされなければならない。我々は、道徳的に完全（神聖にして仁慈）であると同時に全能な意志によってのみ、従ってまたこのような意志と一致することによってのみ最高善―すなわち道徳的法則が我々の努力の対象となすことを我々の義務たらしめたところの最高善の達成を希望し得るからである」（第二編第二章五の「純粋実践理性の要請としての神の現前」岩波文庫版、二五八－二五九頁）。

（80） ハンナ・アーレント『イェルサレムのアイヒマン―悪の陳腐さについての報告』みすず書房、二〇〇〇年、一七頁。

（81） 石黒健二『サキエル氏のパスポート』光人社、二〇〇一年、二一四頁。

（82） 同右。

（83） 『和辻哲郎全集』第八巻、岩波書店、一九六二年、二五五頁。

（84） 同右、二四六－二四七頁。

（85） 宇野正美『見えざる帝国』ネスコ／文藝春秋、一九八九年、一五五－一五六頁。

（86） テッサ＝モーリス・スズキ『批判的想像力のために―グローバル化時代の日本』平凡社、二〇〇二年、二三三頁。

（87） cf. John C. Bennett, "Billy Graham at Union," in *Union Seminary Quarterly Review* 9, no. 4 (May 1954).

（88） 井門不二夫『世俗社会の宗教』日本基督教団出版局、一九七二年、四六五頁。

（89） ヴォルフガング・ベンツ『反ユダヤ主義とは何か』現代書館、二〇一三年、二八二頁。

第9章

（1） エヴァ・パワシュ＝ルトコフスカ、アンジェイ・T・ロメル、『日本・ポーランド関係史』、二二五－二二六頁。

（2） 杉原幸子『六千人の命のビザ』、一五一頁。

（3） cf. http://www.seniorage.jp/smnr_list.php?seminar_kbn=2&page=2

（4） 渡辺勝正『真相・杉原ビザ』、二九－三三頁を参照。

（5） 新関欽哉『第二次世界大戦下 ベルリン最後の日』、一一八頁。

（6） 阪東宏『日本のユダヤ対策 一九三一－一九四五』、九二－九三頁に引用。

（7） 渡辺勝正、前掲書、一七九頁に写真転載。

（8） 中日新聞社社会部編『自由への逃走―杉原ビザとユダヤ人』、一五一－一五二頁。

（9） cf. http://www.eigafan.com/topics/archives/2009/02/post_81.html

（10） *Visas for Life*, p.134.

（11） Mordecai Paldiel, *Diplomat Heros of the Holocaust*, KTAV Publishing House, pp.55-56.

（12） 佐藤研訳新約聖書I『マルコによる福音書／マタイによる福音書』岩波書店、一九九五年、八頁の注釈。

（13） Marek Halter, *La force du Bien*, Robert Laffont, 1995, p.293.

（14） ヒレル・レビン『千畝』、四三〇頁。

（15） 「対極の民・日本人とユダヤ人」（『自由』一九九七年九

月号）。漫画家の小林よしのりは、上杉千年の『猶太難民と八紘一宇』（二〇〇二）を気に入ったらしく、新ゴーマニズム宣言の第一六八章「瀋陽総領事とメディア規制法」で扱い、「官僚だろうし、わしのような言論の徒だろうと、『国のため、公のため』という信念がある時は、法＝ルールを破ってでも行動すればよい！　そしてルール破りの処分を受けて責任をとればいい！　杉原にはその『覚悟』があった。そこいらのリベラル派きどりの学者や評論家は杉原のこういう一面を隠してしまう。真実を語らないために、杉原が単純な人道主義者になってしまう」としている。ちなみに、件の「ユダヤ人を救った杉原ビザの経緯」とは、加藤英明が編集していた月刊誌『自由』に掲載された連載「対極の民・日本人とユダヤ人」の第九回目の共同論文とのことである。ブレズレン（同朋派）系の東住吉キリスト集会に所属するラジオ伝道者・高原剛一郎（ラジオ関西で「聖書と福音」を担当）との共同論文だとか、邦訳だけで原文のない「オリジナル」だそうである加藤英明による訳本など、引用する際に文責がどこにあるのか要領を得ないものが多いのは遺憾である。ちなみに、高原剛一郎の共同論文の副題は、「ナチスと日米の対ユダヤ姿勢」(11)、「原爆投下に反対したユダヤ人科学者たち」(12)、「東京裁判は戦勝国の復讐劇だった」(13)、「ユダヤ人が造った新日本」(14)などというものである。また漫画家の小林よしのりは、新ゴーマニズム宣言の第一一七章では樋口季一郎が満州で「二万人のユダヤ人」を救済したなどとしていた時代から相変わらず進歩が見られず、小林自身が称揚している上杉千年の本のなかでその児戯めいた虚説が訂正されていることにさえ気付いていない。漫画にはある程度の誇張表現はつきものなのだろうが、歴史記述はただ面白ければよいというものでもないので、樋口が救済したユダヤ人の数を二桁も水増しするのはいかがなものだろうか。また、杉原が残した言葉にも関係者の証言にも、天皇への言及は一切なく、千畝がキリスト者であることも知らない小林よしのりには、「オトポール事件」に関しても、上杉千年を見ならって、南京事件の犠牲者数を検討するのと同じ厳密さで調べてもらいたいものである。

(16)　竹本忠雄『天皇の霊性の時代』海竜社、二〇〇八年、二四八頁。

(17)　Eugen Weber, *The Hollow Years : France in the 1930s*, W.W. Norton & Co., 1995, p.8.

(18)　河野純徳訳『聖フランシスコ・ザビエル全書簡集』東洋文庫、平凡社、一九九四年、五七九－五八二頁。

(19)　杉原幸子、前掲書、五三頁。

(20)　渡辺勝正、前掲書、一九三－一九四頁。

(21)　正教（東方教会）の英訳では、"My name is Legion, for we are many."（cf. http://www.publicdomainbibles.com/attachments/RPT.pdf）であり、ネストレ・アーラント二七版からのモーリス・カレ（Maurice Carrez）による仏訳は"Mon nom est 'Multitude', car nous sommes nombreux."（Nouveau Testament interlinéaire grec / français, Alliance Biblique Universelle, 1994, p.170）となっている。

(22) ロラン・バルト他『構造主義と聖書解釈』ヨルダン社、一九七七年、二〇三頁。
(23) マルク・アルテール『救出者 ― なぜユダヤ人を助けたのか』、一七三頁。
(24) cf. http://www.ou.org/earthquake OU Earthquake Emergency Fund
(25) Solly Ganor, *Light One Candle. A Survivor's Tale from Lithuania to Jerusalem*, p.48.
(26) 杉原幸子、前掲書、三四頁。
(27) 丸山真男『「文明論の概略」を読む』岩波書店、一九八六、一〇八-一〇九頁。
(28) 中村元訳『ブッダ最後の旅 ― 大パリニッバーナ経』岩波文庫版、一九八〇年、一三一-一三二頁。
(29) 松尾剛次『葬式仏教の誕生』平凡社、二〇一二年、一四六-一五六頁。
(30) 丸山真男・世良晃志郎「歴史のディレンマ ― マルクス、ウェーバー、ポパーをめぐって」『丸山真男座談八』岩波書店、一九九八年、二四六頁。
(31) 片岡弥吉『日本キリシタン殉教史』時事通信社、一九七九年、六三二頁。
(32) 白石嘉治、大野英士編『ネオリベ現代生活批判序説』新評論、二〇〇五年、四四-四五頁。
(33) 平山洋『アジア独立論者 福沢諭吉』ミネルヴァ書房、二〇一二年、三一二-三一四頁。
(34) cf. http://blechmusik.xii.jp/d/hirayama/fukuzawas_style/05/
(35) ヘーゲル『歴史哲学講義』上、岩波書店、一九九四年、一五九頁。
(36) ゴーマニズム宣言スペシャル『大東亜論』第四章、『SAPIO』二〇一三年新年特別号、七八頁。
(37) 「駁福沢氏耶蘇教論」『六合雑誌』第三巻第二六号、一八八二年。
(38) ジョージ・M・フレドリクソン『人種主義』みすず書房、二〇〇〇年、五四-五七頁を参照。
(39) Frid. Blvmenbach, *De Generis Hvmani Varietate Nativa*, Gottingae, apud Vandenhoek et Rvprecht, 1795, 205.
(40) 「国権可分の説」『民間雑誌』一二編、一八七五年。
(41) 『明六雑誌』二八号、一八七五年六月。
(42) 平山洋、前掲書、巻末索引、一六頁。
(43) 齊藤貴男『機会不平等』文藝春秋、二〇〇〇年、四〇頁。
(44) cf. http://dl.ndl.go.jp/info:ndljp/pid/832935
(45) cf. http://www.mugu.com/galton/books/hereditary-genius/
(46) サンダー・L・ギルマン『フロイト・人種・ジェンダー』青土社、一九九七年、一三二頁。
(47) 高橋義雄『日本人種改良論』一三六-一三七頁。言うまでもなく、ハンセン病(癩病)は、感染力の微弱な伝染病であり、遺伝病でない。太平洋戦争が始まる年に、米国で「プロミン」療法が開発されるに及び治癒可能な疾病となった。戦後日本でもプロミンが輸入されて治療効果をあげたにもかかわらず、ハンセン病が治癒可能になったまさにその年の一九四八年（昭和二三年）に優生保護法が可決されたのは驚くべきことである。

（48）鈴木善次『日本の優生学――その思想と運動の歴史』三共出版株式会社、一九八三年、四〇頁。

（49）『福沢諭吉全集』第六巻、一九五九年、三四三－三四四頁。

（50）鈴木善次、前掲書、一一－四四頁。

（51）藤野豊『日本ファシズムと優生思想』かもがわ出版、一九九八年、三七四－三八一頁。

（52）谷喬夫『ヒムラーとヒトラー――氷のユートピア』講談社、二〇〇〇年、一五四－一五六頁を参照。

（53）Die Freigabe der Vernuchtung Lebensunwerten Lebens. S. 54.

（54）Ibid., S. 27.

（55）齊藤貴男、前掲書、一二頁。

終章

（1）ヴェイユによるギリシア語の前置詞「メタクシュ」から転用した概念に関しては、川口光治「《メタクシュ μεταξύ》：伝統と進歩の概念を超えるもの」（神戸学院大学年報『人間文化』第八巻、一九九七年）、池田華子「シモーヌ・ヴェイユにおける『メタクシュ』のはたらき：「関係」概念の捉えなおし」（京都大学大学院『教育研究科紀要』第五四巻、二〇〇八年）など。『重力と恩寵』には渡邉義愛訳（春秋社、二〇〇九）もあり、訳文はこちらの方が読みやすい。

（2）宮崎哲弥『身捨つるほどの祖国はありや』文藝春秋、一九九八年、三二－三三頁。

（3）入江昭『権力政治を超えて』岩波書店、一九九八年、一三〇－一三三頁。

（4）ジャン－フランソワ・フォルジュ『21世紀の子供たちに、アウシュヴィッツをいかに教えるか』作品社、二〇〇〇年、二七四頁。

（5）セイモア・ハーシュ『アメリカの秘密戦争――九・一一からアブグレイブへの道』日本経済新聞社、二〇〇四年を参照。

（6）高田珠樹による邦訳『シニカル理性批判』がミネルヴァ書房（一九九六年）から刊行されている。

（7）ヒュー・G・ギャラファー『ナチスドイツと障害者「安楽死」計画』現代書館、一九九六年、八五頁。

（8）「ブレーメン講演とフライブルク講演」、『ハイデッガー全集』第七九巻、創文社、二〇〇三年、三七頁。

（9）中日新聞社社会部編『自由への逃走――杉原ビザとユダヤ人』一五一－一五二頁。

（10）杉原幸子『六千人の命のビザ』六九頁。

（11）*Die christliche Liebesthätigkeit in der alten Kirche*, 1884.

（12）「〝命のビザ〟杉原氏がいたから私たちがいる」『中日新聞』二〇〇九年九月一八日付。

（13）cf. http://www.templeemeth.org/AboutUs/SugiharaMemorial/tabid/169/Default.aspx

【参考文献】

〔和文〕

佐伯好郎『景教碑文研究序論』三省堂、一九一一年
酒井勝軍『猶太人の世界往略計画』内外書房、一九二三年
酒井勝軍『世界の正体と猶太人』内外書房、一九二三年
包荒子『世界革命之裏面』二酉社、一九二四年
小谷部全一郎『日本及日本国民之起源』厚生閣、一九二九年
J・F・ラザフォード著/明石順三訳『和解』万国聖書研究会燈台社、一九三〇年
中田重治『聖書より見たる日本』ホーリネス教会出版部、一九三三年
中田重治『民族への警告』ホーリネス教会出版部、一九三三年
安江仙弘『猶太の人々』軍人会館事業部、一九三四年
モルトン・エドガア原著、酒井勝軍訳述『ピラミッドの正体』吉川弘文館、一九三五年
四王天延孝『四王天延孝清話』報国社、一九四二年
小辻節三『ユダヤ民族の姿』目黒書店、一九四三年
北條清一編著『増補改訂 思想線と国際秘密結社』晴南社、一九四四年
ヨハネス・クラウス『回教の経済倫理』明治書房、一九四四年
魚木忠一『基督教精神史研究』全国書房、一九四八年
アルーペ神父、井上郁二訳『聖フランシスコ・デ・ザビエル書翰抄』岩波書店、一九四九年
三村三郎『ユダヤ問題を裏返して見た日本歴史』日猶関係研究会、一九五〇年
レッシング『賢人ナータン』岩波書店、一九五八年
布施濤雄・小倉和三郎『追想 向谷容堂—恩師ベニンホフ先生を偲びつつ』向谷容堂先生記念文集刊行発起人会、一九六九年
シュタム/アンドリュウ『十戒』新教出版社、一九七〇年
古崎博『水銀と戦争』近東株式会社、一九七一年
樋口季一郎『アッツ、キスカ・軍司令官の回想録』芙蓉書房、一九七一年
稲垣真美『兵役を拒否した日本人』岩波書店、一九七二年
井門不二夫『世俗社会の宗教』日本基督教団出版局、一九七二年
同志社大学人文科学研究所キリスト教社会問題研究会編の『特高資料による戦時下のキリスト教運動』第一巻、一九七二年
同志社大学人文科学研究所キリスト教社会問題研究会編の『特高資料による戦時下のキリスト教運動』第二巻、一九七二年
同志社大学人文科学研究所キリスト教社会問題研究会編の『特高資料による戦時下のキリスト教運動』第三巻、一九七三年
相良俊輔『流氷の海』光人社、一九七三年
林正義編『秘められた昭和史』鹿島研究所出版会、一九七五年
鶴見俊輔『鶴見俊輔著作集 第二巻』筑摩書房、一九七五年
明石博隆・松浦総三編『昭和特高弾圧史 四—宗教人にたいする弾圧 下』太平出版社、一九七五年
イガエル・ヤディン『マサダ—ヘロデスの宮殿と熱心党の最後の拠点』山本書店、一九七五年

森山諭『現代日本におけるキリスト教の異端』ニューライフ出版社、一九七六年
相良俊輔『人類愛に生きた将軍　ユダヤ難民救出秘話』国土社、一九七六年
ロラン・バルト他『構造主義と聖書解釈』ヨルダン社、一九七七年
綾部恒雄編『アメリカの民族集団』日本放送協会、一九七八年
草柳大蔵『満鉄調査部』朝日出版社、一九七九年
カール・R・ポパー『開かれた社会とその敵』未來社、一九八〇年
デービット・J・ルー『松岡洋右とその時代』TBSブリタニカ、一九八一年
宮澤正典『増補 ユダヤ人考』新泉社、一九八二年
犬塚きよ子『ユダヤ問題と日本の工作』日本工業新聞社、一九八二年
マックス・トス『ピラミッド予言』徳間書房、一九八二年
リチャード・ディーコン『日本の情報機関』時事通信社、一九八三年
浅見定雄『にせユダヤ人と日本人』朝日新聞社、一九八三年
鈴木善次『日本の優性学―その思想と運動の歴史』三共出版株式会社、一九八三年
J・L・マーティン『ヨハネ福音書の歴史と神学』日本基督教出版局、一九八四年
柞木田龍善『日本超古代史の謎に挑む―日本・ユダヤ同祖論の深層』風濤社、一九八四年
宗教史学研究所編『聖書とオリエント世界』山本書店、一九八五年
レオン・ポリアコフ『アーリア神話―ヨーロッパにおける人種主義と民族主義の源泉』一九八五年
フランシスク・マルナス『日本キリスト教復活史』みすず書房、一九八五年
小野寺百合子『バルト海のほとりにて―武官の妻の大東亜戦』共同通信社、一九八五年
石堂清倫『わが異端の昭和史』勁草書房、一九八六年
山田雅子他訳『プチジャン司教書簡集』純心女子短期大学長崎地方文化研究所、一九八六年
マイケル・ウォルツァー『出エジプトと解放の神学』新教出版社、一九八七年
安江弘夫『大連特務機関と幻のユダヤ国家』八幡書店、一九八七年
森山諭『エホバの証人はキリスト教ではない』ニューライフ出版社、一九八八年
津山千恵『戦争と聖書―兵役を拒否した燈台社の人々と明石順三』三一書房、一九八八年
ツヴィ・ギテルマン『葛藤の一世紀―ロシア・ユダヤ人の運命』サイマル出版社、一九八八年
参謀本部編『杉山メモ』原書房、一九八九年
マックス・ウェーバー『プロテスタンティズムの倫理と資本主義の精神』岩波書店、一九八九年
片岡弥吉『長崎のキリシタン』聖母の騎士社、一九八九年

五野井隆文『日本キリスト教史』吉川弘文館、一九九〇年
小谷部全一郎『ジャパニーズ・ロビンソン・クルーソー』皆美社、一九九一年
梅本浩志・松本照男『ワルシャワ蜂起』社会評論社、一九九一年
湯浅赳男『ユダヤ民族経済誌』新評論、一九九一年
ゾラフ・バルハフティク『日本に来たユダヤ難民』原書房、一九九二年
東野利夫『南蛮医アルメイダ』柏書房、一九九三年
杉原幸子『六千人の命のビザ』大正出版、一九九三年
河島幸夫『戦争・ナチズム・教会』新教出版社、一九九三年
長谷川桂祐『遊びづくり四十年のあゆみ』タイトー社史編集委員会、一九九三年
ものみの塔聖書冊子協会『エホバの証人―神の王国をふれ告げる人々』一九九三年
テオドール＝オーギュスタン・フォルカード『幕末日仏交流記―フォルカード神父の琉球日記』中公文庫、一九九三年
南博『日本人論―明治から今日まで』岩波書店、一九九四年
関根清三『旧約における超越と象徴―解釈学的経験の系譜』東京大学出版会、一九九四年
永田秀郎『跪くひと 八代斌助』春秋社、一九九四年
井上順孝、大塚和夫編『ファンダメンタリズムとは何か―世俗主義の朝鮮』新曜社、一九九四年
ミヒャエル・ヴォルフゾーン『ホロコーストの罪と罰―ドイツ・イスラエル関係史』講談社、一九九五年
中日新聞社社会部編『自由への逃走―杉原ビザとユダヤ人』東京新聞出版局、一九九五年
レオン・フェスティンガー他『予言がはずれるとき―この世の破滅を予知した現代のある集団を解明する』勁草書房、一九九五年
渡辺勝正『決断・命のビザ』大正出版、一九九六年
ジョン・ミッチェル『奇天烈紳士録』工作社、一九九六年
魚木忠一『日本基督教の精神的伝統』大空社、一九九六年
酒井直樹『死産される日本語・日本人―「日本」の歴史―地政学的配置』新曜社、一九九六年
子安宣邦『近代知のアルケオロジー―国家と戦争と知識人』岩波書店、一九九六年
ペーター・スローターダイク『シニカル理性批判』ミネルヴァ書房、一九九六年
ヒュー・G・ギャラファー『ナチスドイツと障害者「安楽死」計画』現代書館、一九九六年
山本七平『日本教徒』文藝春秋、一九九七年
坪内隆彦『キリスト教原理主義のアメリカ』亜紀書房、一九九七年
マルク・アルテール『救出者―なぜユダヤ人を助けたのか』NHK出版、一九九七年
ソリー・ガノール『日本人に救われたユダヤ人の手記』講談社、一九九七年
レオ・メラメド『エスケープ・トゥ・ザ・フューチャーズ―ホロコーストからシカゴ先物市場へ』ときわ総合サービス出版

調査部、一九九七年
サンダー・L・ギルマン『フロイト・人種・ジェンダー』青土社、一九九七年
ジョン・グロス『ユダヤの商人シャイロック』青土社、一九九八年
津山千恵『イエス・キリスト 奇跡の人』三一書房、一九九八年
宮崎哲弥『身捨つるほどの祖国はありや』文藝春秋、一九九八年
藤野豊『日本ファシズムと優性思想』かもがわ出版、一九九八年
滝川義人『ユダヤ解読のキーワード』新潮社、一九九八年
入江昭『権力政治を超えて』岩波書店、一九九八年
杉原誠四郎『杉原千畝と日本外務省』大正出版、一九九九年
米田綾子『岩永マキ』大空社、一九九八年
五野井隆史『キリシタンが見た真宗』真宗海外史料研究会、一九九八年
デニス・プレガー他『ユダヤ人はなぜ迫害されたか』ミルトス、一九九九年
シェルダン・H・ハリス『死の工場─隠蔽された七三一部隊』柏書房、一九九九年
マーヴィン・トケイヤー『聖書に隠された日本・ユダヤ封印の古代史』徳間書房、一九九九年
カール・ボイド『盗まれた情報─ヒトラーの戦略情報と大島駐独大使』原書房、一九九九年
宮澤正典、デイヴィッド・グッドマン『ユダヤ人陰謀説』講談社、一九九九年
松浦寛『ユダヤ陰謀説の正体』筑摩書房、一九九九年
芳地隆之『ハルビン学院と満洲国』新潮社、一九九九年
谷喬夫『ヒムラーとヒトラー─氷のユートピア』講談社、二〇〇〇年
松尾弌之『民族から読み解く「アメリカ」』講談社、二〇〇〇年
森禮子『神父ド・ロの冒険』教文館、二〇〇〇年
渡辺勝正『真相・杉原ビザ』大正出版、二〇〇〇年
石田雄『記憶と忘却の歴史学』明石書房、二〇〇〇年
中村敏『日本における福音派の歴史』いのちのことば社、二〇〇〇年
安達一紀『人が歴史とかかわる力─歴史教育を再考する』教育史料出版会、二〇〇〇年
相田洋『金融工学の旗手たち』NHKライブラリー、二〇〇〇年
中澤啓介『ものみの塔の源流を訪ねて』からし種出版、二〇〇〇年
ジョージ・M・フレドリクソン『人種主義』みすず書房、二〇〇〇年
ハンナ・アーレント『イェルサレムのアイヒマン─悪の陳腐さについての報告』みすず書房、二〇〇〇年
ロバート・P・エリクセン『第三帝国と宗教─ヒトラーを支持した神学者たち』風行社、二〇〇〇年

ロバート・J・リフトン『終末と救済の幻想—オウム真理教とは何か』岩波書店、二〇〇〇年
鈴江英一『キリスト教解禁以前—切支丹禁制高札撤去の史料論』岩田書院、二〇〇〇年
ジャン＝フランソワ・フォルジュ『二一世紀の子供たちに、アウシュヴィッツをいかに教えるか？』作品社、二〇〇〇年
高橋哲哉『歴史／修正主義』岩波書店、二〇〇一年
内田樹『ためらいの倫理学—戦争・性・物語』冬弓舎、二〇〇一年
永岑三千輝『独ソ戦とホロコースト』日本経済評論社、二〇〇一年
石黒健治『サキエル氏のパスポート—愛と幻の満州国』光文社、二〇〇一年
鶴見俊輔『戦時期日本の精神史　一九三一‐一九四五』岩波書店、二〇〇一年
レニ・ブレンナー『ファシズム期のシオニズム』法政大学出版局、二〇〇一年
スタニスワフ・ミコワイチク『奪われた祖国ポーランド』中央公論新社、二〇〇一年
ヴァルダス・アダムクス『リトアニア　わが運命』未知谷、二〇〇二年
菅野賢治『ドレフュス事件のなかの科学』青土社、二〇〇二年
阪東宏『日本のユダヤ政策　一九三一‐一九四五』未來社、二〇〇二年
小岸昭『隠れユダヤ教徒と隠れキリシタン』人文書院、二〇〇二年
稲垣真美『良心的兵役拒否の潮流』社会評論社、二〇〇二年
木田献一『神の名と人間の主体』教文館、二〇〇二年
小泉仰『福澤諭吉の宗教観』慶應義塾大学出版会、二〇〇二年
テッサ＝モーリス・スズキ『批判的想像力のために—グローバル化時代の日本』平凡社、二〇〇二年
栗原輝夫『ブッシュの「神」と「神の国」アメリカ—宗教が動かす政治』日本キリスト教団出版局、二〇〇二年
エーバーハルト・ブッシュ『カール・バルトと反ナチ闘争』新教出版社、二〇〇二年
金子マーティン『神戸・ユダヤ難民　一九四〇‐一九四一』みずのわ出版、二〇〇三年
マーティン・ガードナー『奇妙な論理Ⅱ』早川書房、二〇〇三年
バーナード・ルイス『聖戦と聖ならざるテロリズム』紀伊國屋書店、二〇〇四年
セイモア・ハーシュ『アメリカの秘密戦争—九・一一からアブグレイブへの道』日本経済新聞社、二〇〇四年
ロン・サスキンド『忠誠の代償—ホワイトハウスの嘘と裏切り』日本経済新聞社、二〇〇四年
阪東宏『世界のなかの日本・ポーランド』大月書店、二〇〇四年
マイケル・バーカン『現代アメリカの陰謀論』三交社、二〇〇四年
バーナード・ルイス『聖戦と聖ならざるテロリズム』紀伊國屋

書店、二〇〇四年
ハインツ・マウル『日本はなぜユダヤ人を迫害しなかったのか』芙蓉書房、二〇〇四年
セイモア・ハーシュ『アメリカの秘密戦争―九・一一からアブグレイブへの道』日本経済新聞社、二〇〇四年
臼杵陽『世界化するパレスチナ／イスラエル紛争』岩波書店、二〇〇四年
鶴見俊輔・上野千鶴子・小熊英二『戦争が遺したもの』新曜社、二〇〇四年
藤原明『日本の偽書』文藝春秋、二〇〇四年
平山洋『福沢諭吉の真実』文藝春秋、二〇〇四年
武田徹『偽満州国論』中央公論新社、二〇〇五年
土井全二郎『義経伝説をつくった男』光人社、二〇〇五年
佐藤優『国家の罠―外務省のラスプーチンと呼ばれて』新潮社、二〇〇五年
田畑則重『日露戦争に投資した男』新潮社、二〇〇五年
白石嘉治、大野英士編『ネオリベ現代生活批判序説』新評論、二〇〇五年
丸山直起『太平洋戦争と上海のユダヤ難民』法政大学出版局、二〇〇五年
大関敏明『アメリカのキリスト教原理主義団体と政治支援団体』文芸社、二〇〇五年
津城寛文『〈公共宗教〉の光と影』春秋社、二〇〇五年
宮澤正典『日本におけるユダヤ・イスラエル論議』昭和堂、二〇〇五年
W・H・シュミット『十戒―旧約倫理の枠組の中で』教文館、二〇〇五年
ミルヤ・ファン・ティールホフ『近代貿易の誕生―オランダの「母なる貿易」』知泉書館、二〇〇五年
宮澤正典編『日本におけるユダヤ・イスラエル論議 文献目録一九八九～二〇〇四』昭和堂、二〇〇五年
中見立夫他『近代中国東北地域史研究の新視角』山川出版社、二〇〇五年
安川寿之輔『福沢諭吉の戦争論と天皇制論』高文研、二〇〇六年
河野博子『アメリカの原理主義』集英社、二〇〇六年
牧原憲夫『民権と憲法』岩波書店、二〇〇六年
渡辺勝正『杉原千畝の悲劇』大正出版、二〇〇六年
小林英夫『満鉄調査部の軌跡』藤原書店、二〇〇六年
ゲルハルト・フォン・ラート『古代イスラエルにおける聖戦』教文館、二〇〇六年
内橋克人『悪夢のサイクル ネオリベラリズム循環』文藝春秋、二〇〇六年
エリ・コーエン『驚くほど似ている日本人とユダヤ人』中経文庫、二〇〇六年
畑中幸子『リトアニア―民族の苦悩と栄光』中央公論新社、二〇〇六年
高橋秀寿・西成彦編『東欧の二〇世紀』人文書院、二〇〇六年
フェリクス・シフ『ポーランドのユダヤ人』みすず書房、二〇〇六年

内田樹『私家版・ユダヤ文化論』文藝春秋、二〇〇六年
手嶋龍一、佐藤優『インテリジェンス 武器なき戦争』幻冬社、二〇〇六年
度会好一『ユダヤ人とイギリス帝国』二〇〇七年
米原謙『日本政治思想』ミネルヴァ書房、二〇〇七年
小谷賢『日本軍のインテリジェンス—なぜ情報がいかされないのか』講談社、二〇〇七年
尾崎俊二『記憶するワルシャワ—抵抗・蜂起とユダヤ人援助組織「ジェコダ」』光陽出版社、二〇〇七年
デヴィッド・ハーヴェイ『新自由主義—その歴史的展開と現在』作品社、二〇〇七年
レオン・ポリアコフ『反ユダヤ主義の歴史』第V巻、筑摩書房、二〇〇七年
芦田道夫『中田重治とホーリネス信仰の形成』福音文書刊行会、二〇〇七年
米原謙『日本政治思想』ミネルヴァ書房、二〇〇七年
小林稔『ヨハネ福音書のイエス』岩波書店、二〇〇八年
本山美彦『金融権力』岩波書店、二〇〇八年
加藤哲朗『ワイマール期ベルリンの日本人』岩波書店、二〇〇八年
上坂昇『神の国アメリカの論理』明石書房、二〇〇八年
飯山雅史『アメリカの宗教右派』中央公論新社、二〇〇八年
小林英夫編『満州—その今日的意味』つげ書房新社、二〇〇八年
早尾貴紀『ユダヤとイスラエルのあいだ—民族／国民のアポリア』青土社、二〇〇八年
臼杵陽他編『ユダヤ人と国民国家—「政教分離」を再考する』岩波書店、二〇〇八年
野村真理『ガリツィアのユダヤ人—ポーランド人とウクライナ人のはざまで』人文書院、二〇〇八年
マイケル・ウォルツァー『正しい戦争と不正な戦争』風行社、二〇〇八年
スーザン・ジョージ『アメリカは、キリスト教原理主義・新保守主義に、いかに乗っ取られたのか?』作品社、二〇〇八年
エリ・コーヘン『驚くほど似ている日本人とユダヤ人』中経出版、二〇〇八年
ヤン・T・グロス『アウシュヴィッツ後の反ユダヤ主義—ポーランドにおける虐殺事件を糾明する』白水社、二〇〇八年
ジョナサン・ボヤーリン、ダニエル・ボヤーリン『ディアスポラの力—ユダヤ文化の今日性をめぐる試論』平凡社、二〇〇八年
エヴァ・パワシュ＝ルトコフスカ、アンジェイ・T・ロメル『日本・ポーランド関係史』彩流社、二〇〇九年
大鷹節子『戦争回避の英知—和平に尽くした陸軍武官の娘がプラハで思うこと』朝日出版社、二〇〇九年
砂村哲也『ハルビン教会の庭』PHP研究所、二〇〇九年
佐藤優『交渉術』文藝春秋、二〇〇九年
可児滋『レオ・メラメドから学ぶ金融先物の世界』時事通信社、二〇〇九年
芳地隆之『満洲の情報基地ハルビン学院』新潮社、二〇〇九年

藤巻一保他『宗教と事件』学習研究社、二〇〇九年
臼杵陽『イスラムはなぜ敵とされたのか―憎悪の系譜学』青土社、二〇〇九年
カール・R・ポパー『推測と反駁―科学的知識の発展』法政大学出版局、二〇〇九年
原田実『日本トンデモ人物伝』文芸社、二〇〇九年
手嶋龍一『スギハラ・ダラー』新潮社、二〇〇九年
前島誠『ナザレ派のイエス』春秋社、二〇〇九年
佐藤優『はじめての宗教論 右巻』NHK出版、二〇〇九年
ジョージ・M・フレドリクソン『人種主義の歴史』二〇〇九年
米原謙、永妻三佐雄編『ナショナリズムの時代精神―幕末から冷戦後まで』萌書房、二〇〇九年
バルト神学受容史研究会編集『日本におけるカール・バルト：敗戦までの受容史の諸断面』新教出版社、二〇〇九年
助野健太郎他編『キリシタン迫害と殉教の記録』フリープレス、二〇一〇年
鈴木範久『信教自由の事件史』オリエンス宗教研究所、二〇一〇年
早坂隆『指揮官の決断―満州とアッツの将軍 樋口季一郎』文藝春秋、二〇一〇年
平野久美子『坂の上のヤポーニア』産経新聞社、二〇一〇年
関根真保『日本占領下の上海ユダヤ人ゲットー』昭和堂、二〇一〇年
藤岡信勝他『新しい歴史教科書（市販本）』自由社、二〇一〇年
ベルナール・ルコント『バチカン・シークレット』河出書房新社、二〇一〇年
宮田光男『国家と宗教―ローマ書十三章解釈史＝影響史の研究』岩波書店、二〇一〇年
ヴァレリー・プレイム・ウィルソン『フェア・ゲーム―アメリカ国家に裏切られた元CIA女性スパイの告白』ブックマン社、二〇一一年
小坂井敏晶『増補 民族という虚構』筑摩書房、二〇一一年
中澤孝之『ロシアで活躍したユダヤ人たち』角川学芸出版、二〇一一年
白石仁章『諜報の天才 杉原千畝』新潮社、二〇一一年
ジョゼフ・ラングフォード『マザーテレサの秘められた炎』女子パウロ会、二〇一一年
太田俊寛『オウム真理教の精神史』春秋社、二〇一一年
佐藤優『三・一一クライシス！』マガジンハウス、二〇一一年
関口時正・沼野充義『チェスワフ・ミウォシュ詩集』成文社、二〇一一年
モルデカイ・パルディール『キリスト教とホロコースト』柏書房、二〇一一年
臼杵陽監修『シオニズムの解剖―現代ユダヤ社会におけるディアスポラとイスラエルの相克』人文書院、二〇一一年
「歴史読本」編集部『危険な歴史書「古史古伝」「偽書」の謎を読む』新人物往来社、二〇一二年
ヤコブ・M・ラヴキン『イスラエルとは何か』平凡社、二〇一二年

松尾剛次『葬式仏教の誕生』平凡社、二〇一一年
秦郁彦『陰謀史観』新潮社、二〇一二年
辻隆太郎『世界の陰謀論を読み解く』講談社、二〇一二年
岡部伸『消えたヤルタ密約緊急電』新潮社、二〇一二年
布野修司『近代世界史ステムと植民都市』京都大学学術出版界、二〇一二年
久米晶文『酒井勝軍 異端の伝道者』学研、二〇一二年
北出明『命のビザ、遙かなる旅路』交通新聞社、二〇一二年
孫崎亨『日本の「情報と外交」』PHP研究所、二〇一二年
カレン・グレイ・ルエル、デボラ・ダーラント・デセイ『パリのモスク―ユダヤ人を助けたイスラム教徒』彩流社、二〇一二年
土肥昭夫『天皇とキリスト―近現代天皇制とキリスト教の教会史的研究』新教出版社、二〇一二年
生田美智子編『満州の中のロシア―境界の流動性と人的ネットワーク』成文社、二〇一二年。
青木保憲『アメリカ福音派の歴史』明石書店、二〇一二年
井口治夫『鮎川義介と経済的国際主義』名古屋大学出版社、二〇一二年
平山洋『アジア独立論者 福沢諭吉』ミネルヴァ書房、二〇一二年
赤尾光春、早尾貴紀『ディアスポラの力を結集する』松籟社、二〇一二年
鵜飼哲、酒井直樹、テッサ・モーリス・スズキ、李孝徳『レイシズム・スタディーズ序説』以文社、二〇一二年
鶴見太郎『ロシア・シオニズムの想像力』東京大学出版会、二〇一二年
ジグムント・バウマン『液状不安』青弓社、二〇一二年
臼杵陽『世界史の中のパレスチナ問題』講談社、二〇一三年
ヴォルフガング・ベンツ『反ユダヤ主義とは何か』現代書館、二〇一三年
ベン・アミン・シロニー『日本の強さの秘密―ユダヤ人が歴史から読み解く日本の精神』日新報道、二〇一三年
雨宮栄一『ドイツ教会闘争の史的背景』日本キリスト教団出版局、二〇一三年
吉田俊夫「ユダヤ人と特務機関長」（『文藝春秋』一九六三年一二月号）
加瀬英明「日本のなかのユダヤ人」（『中央公論』一九七一年五月号）
J・W・M・チャップマン「真珠湾以前における三国同盟間の通信情報協力」（『軍事史学』第二七巻、第二・三合併号、一九九一年）
エヴァ・パワシュ＝ルトコフスカ、アンジェイ・T・ロメル「第二次世界大戦と秘密諜報活動」（『ポロニカ』第五号、一九九四年）
白石仁章「いわゆる〝命のヴィザ〟発給関係記録について」（『外務省外交史料館報』第九号、一九九六年三月）
丸山真男、世良晃志郎「歴史のディレンマ―マルクス、ウェーバー、ポパーをめぐって」（『丸山真男座談八』岩波書店、一九九八年）

渡辺克義訳「杉原千畝手記」（『北欧史研究』第一五号、一九九八年五月）
松浦寛「捏造される杉原千畝像」（岩波書店『世界』二〇〇〇年九月号）
長谷川照「歪曲される杉原千畝像」（『アエラ』二〇〇〇年一一月一三日号）
河島幸夫「ナチスの政権掌握とカトリック教会」（西南学院大学『法学論集』第三二巻、二〇〇〇年）
稲葉千晴「北極星作戦と日本―第二次大戦中の北欧における枢軸国の対ソ協力」（『都市情報研究』第六号、二〇〇一年）
白石仁章「杉原千畝研究の現状と展望」（上智大学『ソフィア』二〇〇一年五月二五日号）
田嶋信雄「北欧での日本の諜報活動と杉原千畝」（『中日新聞』二〇〇一年九月二五日）
都倉武之「明治十三年・三河国明大寺天主教自葬事件」（慶應義塾福沢研究センター『近代日本研究』第一八巻、二〇〇一年）
鈴木邦彦「『ヴェニスの商人』移入事始」（関西学院大学紀要『商学論究』二〇〇二年　五〇巻一／二号）
「堺屋太一、加藤寛、渡部昇一対談：バッシングのカゲで焼け肥り、《官勢いや増すばかり》」（文藝春秋『諸君！』二〇〇二年六月号）
阿部吉雄「戦前の日本における対ユダヤ人対策の転換点」（九州大学大学院言語文化研究院『言語文化論究』第一六号、二〇〇二年）
阪東宏「十五年戦争（一九三一－一九四五）における日本政府・軍のユダヤ人政策」（『駿台史学』一一六号、二〇〇二年）
河島幸夫「回勅『深き憂慮に満たされて』の背景と意義―教皇ピオ一一世のナチズム批判」（西南学院大学『法学論集』第三四巻、二〇〇二年）
岩村太郎「杉原千畝とロシア正教」（恵泉女学園大学『人文学部紀要』一五、二〇〇三年）
エヴァ・パワシュ＝ルトコフスカ「日露戦争が二〇世紀前半の日波関係に与えたインパクトについて」（防衛庁防衛研究所「平成一六年度戦争史国際フォーラム報告書」二〇〇四年）
野村真理「杉原ビザとリトアニアのユダヤ人の悲劇」（『歴史と地理　世界史の研究』山川出版社、二〇〇五年二月号所収）
金子マーティン「ハインツ・マウル氏の博士論文『日本人とユダヤ人』とその和訳本を検証する」（『歴史学研究』No.７９８、二〇〇五年）
野村真理「自国史の検証―リトアニアにおけるホロコーストの記憶をめぐって」（金沢大学重点研究『地域統合と人的移動』お茶の水書房、二〇〇六年）
エヴァ・パワシュ＝ルトコフスカ「ポーランドとの隠れた関係　杉原千畝、人道ヴィザ」（『中日新聞』二〇〇六年一一月三〇日夕刊）
伊藤明「ユダヤ難民に〝自由への道〟をひらいた人々」（日本交通公社『観光文化』別冊特集、二〇〇六年）
高尾千津子「アブラハム・カウフマンとハルビン・ユダヤ人社会」（北海道大学スラブ研究センター編『ロシアの中のアジ

ア／アジアのなかのロシア（Ⅲ）』二〇〇六年）
20世紀メディア研究所編「対ソ・対ロインテリジェンス活動」（『インテリジェンス』第〇〇九号、二〇〇七年）
白石仁章「外交官杉原千畝の在ハルビン総領事館および『満洲国』在勤中の活動を伝える調書について」（東京国際大学『国際関係学研究』二一、二〇〇八年）
胡谷智子「『キリスト精神 早稲田にも』奉仕園開設百周年迎える今年、沿革まとめる」（『日本経済新聞』二〇〇八年一一月一三日号）
白石仁章「〝杉原ヴィザ・リスト〟の謎を追って」（『外務省外交史料館報』第二三号、二〇〇八年一二月）
渡辺克義「駐ストックホルム・小野寺信武官夫人・小野寺百合子氏との会談（一九九三年九月一〇日）覚書」（山口県立大学『国際文化学部紀要』第一四号、二〇〇八年三月）
渡辺克義「駐カウナス日本領事館臨時領事・杉原千畝夫人，杉原幸子氏との会談（一九九三年八月四日）覚書」（『山口県立大学学術情報』二、二〇〇九年三月）
白石仁章「インテリジェンス・オフィサーの無念—史料が語る日本の情報戦」（『小説新潮』二〇一〇年三月号）
瀬戸昌久「杉原千畝の決断を支えた信仰」（カトリック社会問題研究所『福音と社会』Vol.２４９、二〇一〇年）
深井智朗・佐藤貴史「近代日本におけるユダヤ人問題の一断面」（岩波書店『思想』二〇一一年一月号）

〔欧文〕

Joseph A Seiss, *A Miracle in Stone or the Great Pyramid of Egypt*, 1877 ; La Vergne, TN USA, Kessinger Publishing, 2010.
Charles Taze Russell, *Thy Kingdom Come*, Millennial Dawn, vol. 3, 1891.
Reinhold Seeberg, *Zum Verständnis der gegenwärtigen Krisis in der europäischen Geisteskultur*, Leipzig, Erlangen, A. Deichert, 1923.
Reinhold Seeberg, *Christiche Ethik*, Stuttgart, W. Kohlhammer, 1936.
Amleto Vespa, *Secret Agent of Japan : A Handbook to Japanese Imperialism*, London, Victor Gollancz, 1938.
Alice A. Bailly, *Esoteric Astrology*, New York, Lucis Publishing Company, 1951.
Eugen Weber, *Action Française. Roralism and Reaction in Twentieth- Century France*, Stanford University Press, 1962.
Hans Kohn, *Nationalism : Its Meaning and History*, New York, D. Van Nostrand Company, 1965.
Abraham Kotsuji, *From Tokyo to Jerusalem*, Torath HaAdam Institute, 1975.
David Kranzler, *Japanese, Nazis and Jews*, Hoboken, NJ, Ktav Publishing House, 1976.
Micahael Walzer, *Just and Unjust Wars*, Basic Books, 1977.

John J. Stephan, *The Russian Fascists. Tragedy and Farce in Exile, 1925-1945*, London, Hamish Hamilton, 1978.

Marvin Tokayer & Mary Swartz, *The Fugu Plan. The Untold Story of the Japanese and the Jews during World War II*, 1979 ; Gefen Publishing House, 2004.

M. James Penton, *Apocalypse Delayed. The Story of Jehovah's Witness*, University of Tronto Press, 1985

TANAKH. The Holy Scriptures, Philadelphia, The Jewish Publication Society, 1985.

Menasseh ben Israel, *The Hope of Israel*, 1650; translated by Moses Wall, 1652, edited with Introduction and Noted by Henry Méchoulan and Gérard Nahon, Oxford, The Littman Library of Jewish Civilization, 1986.

Nosson Scheman & Meir Zlotowitz, *The Rabbinical Council of American Edition of the Arscroll Siddur*, 1987.

Zorach Warhaftig, *REFUGEE AND SURVIVOR, Rescue Efforts During the Holocaust*, Jerusalem, Daf Noy Press, 1988.

Maurice Carrez, *Nouveau Testament interlinéaire grec / français*, Paris, Alliance Biblique Universelle, 1993.

NESTLE-ALAND, *Novum Testamentum Grraece et Latine*, Stuttgart, Deutsche Bibelgesellschaft, 1994.

Robert Royal（ed.）, *Jacques Maritain and the Jews*, University of Notre Dame Press, 1994.

Marek Halter, *La force du Bien*, Paris, Robert Laffont, 1995.

Léon Poliakov（dir.）, *Histoire de l'antisémitisme*, Paris, Ed. du Seuil, 1994.

Yukiko Sugihara, *Visas for Life*, translated by Hiroki Sugihara, San Francisco, Edu-Comm, 1995.

Solly Ganor, *Light One Candle. A Survivor's Tale from Lithuania to Jerusalem*, New York, Kodansha International, 1995.

Eric Saul, *Visas for Life : The Remarkable Story of Chiune & Yukiko Sugihara and the Rescue of Thousands of Jews*, San Francisco, Holocaust Oral History Project, 1995.

George Passelecq & Bernard Suchecky, *L'Encyclique cachée de Pie XI. Une occasion manquée de l'Eglise face à l'antisémitisme*, Paris, La Découverte, 1995.

J.W.M. Chapman, 〝Japan in Poland's Secret Neighbourhood War〟 in Japan Forum No.2, 1995.

Hillel Levine, *In Search of Sugihara*, New York, The Free Press, 1996.

Kurt Meier, *Die Theologischen Fakultäten im Dritten Reich*, Berlin und New York, Walter de Gruyter, 1996.

David S. Wyman（ed.）, *The World reacts to the Holocaust*, Baltimore & London, The Johns Hopkins University Press, 1996.

Daniel Boyarin, *Unheroic Conduct*, University of California Press, 1997.

Michael Barkun, *Religion and the Racist Right. The Origins of the Christian Identity Mouvement,* The University of North Carolina Press, 1997.

Jean-François Forges, Eququer contre Auschwitz, Paris, ESF éditeur, 1997.

Zeev Sternhell, *The Founding Myths of Israel*, Princeton University Press, 1998

Pamela Rotner Sakamoto, *Japanese Diplomats and Jewish Refugees*, Westport, CT, Praeger Publishers, 1998.

John Cornwell, *Hitler's Pope. The Secret History of Pius XII*, New York, Viking, 1999.

Naomi W. Cohen, *Jacob H. Schiff. A Study in American Jewish Leadership*, Brandeis University Press, 1999.

Benjamin Natanyahu, *The Marranos of Spain : From the Late 14th to the Early 16th Century, According to Contemporary Hebrew Sources*, 1999.

Heinz Eberhard Maul, *Warum JAPAN UND DIE JUDEN. Die Studie über die Judenpolitik des Kaiserreiches Japan wärend der Zeit des Nationalsozialismus (1933-1945)* , Friedrich-Wilhelms-Universität zu Bonn, 2000.

Thomas Kaufmann u. Harry Oelke, *Evangelishe Kirchenhistoriker im Dritten Reich*, Chr. Kaiser Gütersloher Verlaghaus, 2002.

Mordechai Arbell, *The Jewish Nation of the Caribbean*, Jerusalem, Gefen Publishing House, 2002.

David Alvarez & Robert A. Graham, *Nothing sacred. Nazi Espionage against the Vatican 1939-1945,* London, Frank Cass, 2003.

Vincas Bartusevičius , Joachim Tauber u. Wolfram Wette, *Holocaust in Litauen. Krieg, Judenmorde und Kollaboration im Jahre 1941*, Wien, Böhlau Verlag, 2003.

Jacques Maritain, *L'Impossible antisémitisme*, 1937 ; Paris, Desclée de Brouwer, 2003.

Alvydas Nikzentaitis, *The Vanished World of Lithuanian Jews*, Editions Rodopi B.V. , 2004.

M. James Penton, *Jehovah's Witnesses and the Third Reich*, University of Tronto Press, 2004.

Marvin Tokayer & Mary Swarz, *The Fugu Plan: The Untold Story Of The Japanese And The Jews During World War II* , New York, Gefen Publishing House, 2004.

Alexander Hislop, *The Two Babylons. Romabism and its Origin*s, 1853 ; Edinburgh, B. McCall Barbour, 2005.

Tessa Stirling, Daria Nałęcz & Tadeusz Dubicki, *Intelligence Co-operation between Poland and Great Britain during World War II*, vol.1, London, Vallentine Mitchell, 2005.

Walter Schellenberg, *The Memoirs of Hitler's Spymaster*, London, André Deutsch, 2006.

Mordecai Paldiel, *Diplomat heros of the Holocaust*, KTAV Publishing House, NJ, 2007.

Gilles van Grasdorff, *La belle histoire des Missions étrangères 1658-2008*, Paris, Perrin, 2007.

Heinz Eberhard Maul, *Warum Japan keine Juden verfolgte. Die Judenpolitik des Kaiserreiches Japan wärend der Zeit des Nationalsozialismus*（*1933-1945*）, München, Iudicium Verlag, 2007.

Martin Kaneko, *Die Judenpolitik der japanischen Kriegsregierung,* Berlin, Metropol Verlag, 2008.

Susannah Heschel, *The Aryan Jesus, Christian Theologians and the Bible in Nazi Germany,* Princeton University Press, 2008.

Susannah Heschel, *The Aryan Jesus, Christian Theogogians and the Bible in Nazi Germany,* Princeton University Press, 2008

Jenichiro Oyabe, *A Japanese Robinson Crusoe,* University of Hawaii Press, 2009.

Reinhard R. Deorries, *Hitler's Intelligent Chief,* New York, Enigma Books, 2009.

M. James Penton, *Apocalypse Delayed. The Story of Jehvah's Witness, 2nd* ed., Univwersity of Tronto Press, 1997.

M. James Penton, *Jehovah's Witnesses and the Third Reich,* University of Tronto Press, 2004.

Michaël Prazan, *Einsatzgruppen,* Paris, Ed du Seuil, 2010.

Joseph Ratzinger, *Jesus of Nazareth,* San Francisco, Ignatius Press, 2011.

John C. Bennett, 〝*Billy Graham at Union,*〟 Union Seminary Quarterly Review 9, no. 4 (May 1954).

J.W.M. Chapman, 〝The Polish Connection: Japan, Poland and the Axis Alliance〟, Proceedings of the British Association for Japanese Studies, v. 2, 1977.

Christoph Dieckmann and Saulius Sužiedelis, 〝The Persecution and Mass Murder of Lithuanian Jews during summer and fall of 1941 : Sources and Analysis.〟

J.W.M. Chapman, 〝Japan in Poland's Secret Neighbourhood War〟 in Japan Forum No.2, 1995.

Ewa Pałasz-Rutkowska & Andrzej T. Romer, 〝Polish-Japanese co-operation during World War II〟 in Japan Forum No.7, 1995.

Sabine Breuillard, 〝L'Affaire Kaspé revisitée〟 in *Revues des études slaves,* vol.73, 2001, pp.337-372.

Jonathan Goldstein, 〝Motivation in Holocaust Rescue : The Case of Jan Zwartendijk in Lithuania, 1940〟 in Jeffrey M. Diefendorf, *New Currents in Holocaust Research,* Lessons and Legacies, vol. VI, Northwestern University Press, 2004, pp.69-87.

Hideko Mitsui, 〝Longing for the Other : traitors' cosmopolitanism〟 in *Social Anthropology,* Vol 18, Issue 4, November 2010, European Association of Social Anthropologists.

松浦寛（まつうら　ひろし）
1956年、愛媛県生まれ。
上智大学大学院文学研究科博士後期課程単位取得満期退学。現在、上智大学講師。
著書に、『ユダヤ陰謀説の正体』（筑摩書房）、『＜人間＞の系譜学－近代的人間像の現在と未来』（東海大学出版会、共著）。翻訳に、『イヨネスコの「マクシミリアン・コルベ」』（聖母の騎士社）。論文に、「捏造される杉原千畝像」（岩波書店『世界』2000年9月号）など。専門は、フランス文学と思想。特に、内外のファシズムと反ユダヤ主義の問題などに詳しい。

日本人の〈ユダヤ人観〉変遷史

2016年12月10日　初版第1刷印刷
2016年12月15日　初版第1刷発行

著　者　松浦　寛
発行者　森下紀夫
発行所　論 創 社
東京都千代田区神田神保町2-23　北井ビル
tel. 03（3264）5254　fax. 03（3264）5232　web. http://www.ronso.co.jp/
振替口座　00160-1-155266
印刷・製本／中央精版印刷　組版／フレックスアート
ISBN978-4-8460-1490-2　